ラルフ・アースキンの建築
人間性の追求

ラルフからの熱心でそして絶え間ない支援と、彼の妻、故ルース・アースキン(Ruth Erskine)がいなければ、この本は書く価値はなかったでしょう。アースキンのオフィスのすべてのメンバーが、この本で使う資料の収集と提供にとても貢献してくれました。特に記述しない場合には、すべての図版は作者によって提供されています。また、この本で使用した以下の図版の提供者に対して感謝を表したいと思います。

Ralph Erskine p.24-上右, 中右, 中左, 152-6, 160-1, 183-5, 184-1, 181-1, 181-2, 194-1／Architectural Journal p.134-5／Atelje Sundahl p.68-1, 78-1, 91-3, 104-1, 113-3, 137-2／Atelje Wahlberg p.69-2／Brecht-Einzig p.117-4, 117-5／Martin Charles (Architecture Press) p.134-4／Hans Hammarskold p.169-1／Lars Mongs p.120-1／Bert Persson p.113-4／Alan Williams p.184-2／Hubert Reiss Architects p.173-1, 173-2, 173-3／Skanska Gothenburg p.182-2／Swedish Museum of Architecture p.175-1, 175-2／Hunting Aerofilms p.24-下

翻訳版の際に新たに追加した写真、また新たにアースキンの子孫(Erskine Estates)から提供を受けた写真については各写真にクレジットを記している(訳者)

THE ARCHTECTURE OF RALPH ERSKINE
by Peter Collymore
Copyright © 1994 Peter Collymore

Japanese translation published by arrangement with
Peter Collymore through The English Agency (Japan) Ltd.

ラルフ・アースキンの建築
人間性の追求

ピーター・コリーモァ 著
北尾靖雅・玉田浩之 編訳

はじめに
北尾靖雅

　1940年代後半、第二次世界大戦が終結した世界には大きな「夢」があった。社会制度や経済制度の違いを超えて、人民／市民／国民が安心して暮らせる平和な社会である。1948年に世界人権宣言が出され、超国家組織である国連が活動を開始し、植民地が次々と独立、解放されたこの時代、世界の人々は東西の対立（冷戦）がはっきりとその姿を現すまでのつかの間の「平和」を実感していたであろう。しかしその後、世界は決して平和な社会を実現してきたとは言えない。東西、南北の対立構造は、グローバルとローカルの対立、宗教的対立、格差対立などへと変質／変化している。そういう意味でこの1940年代後半は現代のグローバル化した社会の出発点として極めて重要な時代であるといえる。この「出発点」を見直すことは、現代の我々の社会がどのような方向に進んでいるのかを具体的に理解することであるといえよう。

　しかし、1940年代後半をまたずに、平和、民主主義、社会福祉を実現していた国／社会がある。それはスウェーデンである。1930年代、スウェーデンは戦乱が相次いだ欧州においてすでに100年以上の平和を堅持していて、高度な福祉政策を持つ民主主義の社会を実現させていた。世界が悲惨な大戦を経なければ持ち得なかった社会の価値を10年以上も早く、スウェーデンの人々は獲得していた。

　このスウェーデンに憧れ、イギリスから渡っていった青年建築家が、本書の主人公、ラルフ・アースキンである。アースキンは1914年に生まれ、スウェーデンとイギリスで公共住宅をはじめ数多くの作品を残した建築家である。ただ彼はあまり文章を残しておらず、資料も豊富ではない。また彼自身をどういう建築家と括ることも難しいし、彼もそれを望まないタイプの人物と拝察する。とはいえ、少ない資料によると彼は「建築家はコミュニティが使用する物的な構造物を計画するけども、コミュニティを建設するのは住民である」（リチャード・ハッチ編、コミュニティアーキテクチャー p.165、『ソーシャルアーキテクチャーの展望1984』）と述べているし、あるいは雑誌「都市住宅」1980年3月号で、建築家山下和正と藤本昌也が行ったインタビューでは、藤本昌也は彼の印象を次のように語っている。「アースキンの建築活動が、私にとってとりわけ魅力的に思えたのは、時代を見渡す広範な視点を実践の中でダイナミックに包合していく、その包括性にあった。社会生活への並々ならぬ関心、価値ある歴史への関心、自然環境への深い関心といった、さまざまなものに対する関心から生じる複眼的視点の十全なる総合の中に、建築や環境をイメージしていくアースキンの姿勢こそ〈大地派〉建築家の姿勢であろう。彼は対談の中で、繰り返し、こうした彼独特の設計に対する姿勢を主張したが、一方で彼は、『建築は大袈裟な意味ではなく、社会の政治的、文化的発展の反映としてみなされ

るべきである』とする、北欧諸国の建築家たちが広く標榜する、社会的人道主義的立場を明確に表現したことが、とりわけ私には印象深かった」。こんなことから、彼の建築家としての一端が読みとれないだろうか。

　本書はRIBA（王立英国建築家協会）の建築家であるピーター・コリーモァ氏の"The Architecture of Ralph Erskine"の翻訳を中心に、アースキンの建築と活動を知る関係者の寄稿とともにまとめた。彼が多くの公共住宅の作品を遺して、永眠したのが2005年の春である。彼は奇しくも基本的人権が宣言された1940年代後半から、建築家として社会における職能の可能性を追求し快活に生きてきた。しかしながら、近代建築の歴史の中にはその存在は明確に見えない。残念なことに、これまでアースキンの建築活動はあまり知られておらず、日本でも雑誌の特集など一部の紹介に限られていた。それよりもむしろ存在を、意図的に、市民の環境の中に埋没させていたようにも感じる。

　明確な姿では見えないアースキンの公共住宅やそれに関わる思想を様々な角度から検証してゆくことは、住宅が基本的人権のひとつとして確立してゆく過程そのものを理解することであるとも言えよう。2008年は人権宣言が発せられて60年目の節目にあたり、また、京都議定書が実行に移される環境元年といわれる。人権と環境という現代の課題を、アースキンの作品や建築活動をとおして考えるのが本書のねらいである。民主的で福祉を充実させた平和な社会を求めたアースキンの建築活動を通じて、いったい日本の近代の人々は何を求めてきたのか、日本の近現代社会の理想とはどのようなものであったのか——そのことの検証にもつながると考えている。

　本書を通じて、アースキンの建築と、その生きた時代の息吹を伝えられれば幸いである。

　なお、本書内のカタカナ表記については、原語がスペイン語、ドイツ語、ポーランド語などの言葉が含まれているが、スウェーデン語圏内での事象に対しては、可能な限りスウェーデン語での発音を現地の研究者から聞き取り、それに倣ったカタカナで表記することに努めた。スウェーデン語圏外のイギリス、オランダ、オーストリア、ノルウェーなどの言葉の地域での事象は、それぞれの現地の言葉に極力近い発音表記に努めたことを附記しておく。

CONTENTS

はじめに　北尾靖雅　　　　　　　　　　　　　　　　4

第一部

ラルフ・アースキンの建築と都市　　ピーター・コリーモァ　19

1　序　　　　　　　　　　　　　　　　　　　　　　19

2　小伝　　　　　　　　　　　　　　　　　　　　　23
イギリスでの生活／スウェーデンへ／母国スウェーデン／
ドゥロットニングホルムでの生活と仕事／創作の方法／
建築コンペ

3　建築思想　　　　　　　　　　　　　　　　　　　32
参加／建築的な志向／住宅と共同体──実践されたアイデア／
寒冷気候と建築／高緯度地域のための方法

4　アースキンと20世紀後半の建築　　　　　　　　　54

5　21世紀に向かって　　　　　　　　　　　　　　　62

作品解説　　　　　　　　　　　　　　　　　　　　65

第二部

新経験主義とネオリアリズム　　　　　　　　　　　199
マリステッラ・カッシアート

ラルフ・アースキンとスウェーデンのモダニズム：　　203
機能主義と新経験主義
玉田浩之

ラルフ・アースキンとスウェーデンの福祉社会 ラスムス・ヴァーン	210
近代都市計画におけるラルフ・アースキン 北尾靖雅	214
協働設計、現代への展開 北尾靖雅	224
ラルフ・アースキン： 時・空間の影響を強く受けた人生 ヨハネス・トバット	234
ラルフ・アースキンに聞く： パブリック・ハウジングにおける 建築家の役割と住民参加 山下和正＋藤本昌也	236
今の建築家は詩をうたえるか ラルフ・アースキンを巡る対談ふたたび 山下和正＋藤本昌也	246
ラルフ・アースキン講演録： 建築――実用と普遍性の芸術	251
エピローグ 人権としての、良好な住環境 北尾靖雅	264

ラルフ・アースキン資料	272
ピーター・コリーモァ氏について	277
プロフィール	278

建築は他の主要な芸術すべてと
異なっているということを
私たち建築家は決して忘れてはいけません。
それは brukskonst ──
すなわち
利用可能な実用性の芸術なのです

Housing at Avesta, pp.84-85

Housing, Esperanza, pp.120-121

Housing, Esperanza, pp.120-121

Housing project at Valhov, p.145

Housing, offices, shops and church, Kiruna, pp.102-103

Housing at Nya Bruket, pp.138-139

Housing project, Myrstugeberget, p.146

Housing at Gästrike-Hammarby, pp.76-77

Housing, offices, shops and church, Kiruna, pp.102-103

私にとって機能主義とはスタイルではなく、思考の方法であり、私たちが関わっている活動に対して理解を深めるような作業のプロセスであるということです。それは機能主義建築の初期のプランやスタイルによって、定義されるべきものでは決してないのです。

Shops, offices and housing, Släggsmeden, p.147

Housing at Brittgården, pp.98-99

Own house at Lissma, p.66-67

アースキンは、イギリスからスウェーデンに移住した後、寒冷地の気候に適した建物の設計について問題意識を深めていった。北極圏の建築における、開口部の考え方をスケッチしたもの

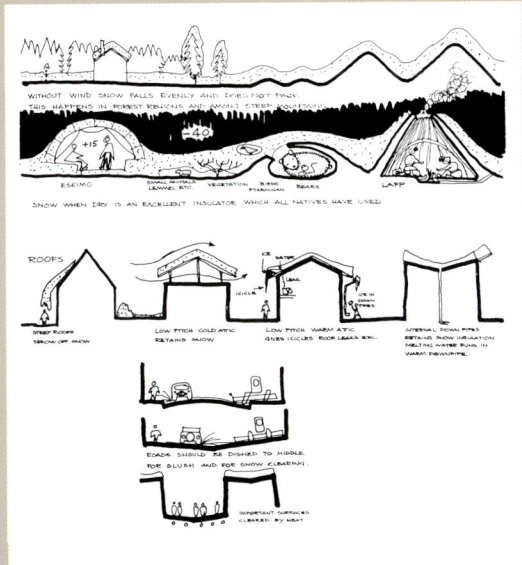

積雪に対するデザインの考え方のスケッチ

ボリヤフィヤルのスキーホテル

聖ヨーランス病院の職員食堂、集光装置のデザイン

吊り下げ構造のバルコニー、熱の縁を切る工夫としてデザインされた

© Maristella Casciato

ラルフ・アースキン、ストックホルム・ドコモモ世界大会にて(1998年)。

第一部

ラ ル フ ・ ア ー ス キ ン の 建 築
ピーター・コリーモァ

The Architecture of Ralph Erskine
Peter Collymore

1 ｜ 序

　20世紀はまもなく終わろうとしている──21世紀になると20世紀の歴史を評価し、議論を蒸し返す人が多く出てくるだろう。それまでは、時は流れ、何世紀もの間気づかれないままに過ぎていくのである。良い出来事や悪い出来事、目覚しい成功や惨めな失敗は分析され、様々な結論が導かれるだろう。今、まさに冷戦が終結し、東西を分断した壁や障害が取り除かれて、すべてが柔和で明るく思えたときに、民族的な「大変動」と反抗的な蛮行が勃発している。ロバート・バーンズの「人間の人間に対する非人道的行為が数え切れないほどの悲しみを生み出した」という言葉が思い出される。
　しかし、ラルフ・アースキンと彼の建築に目を向けると、我々の気持ちは高揚してくる。彼は、最近の対談の中で「時間をつなぎ合わせることはできない」と述べているが、彼の建物には、多くの人々に慕われるようなウィットに富んだ感覚があり、積極的で適切な態度や楽観主義的な態度というものがある。そこには、建物を設計して建設するときの充足感がみてとれる。つまり、それがアースキンの賞賛する基本的な人間らしい生活の姿なのだ。彼が気に入っている本の一冊に、バーナード・ルドフスキーの『建築家なしの建築』（渡辺武信訳、鹿島出版会）がある。この本は、人々が自分たちのコミュニティを形成するときに生じてくる、言葉では表しにくい有機的で土着的な建物を紹介する本だ。異なる気候条件が、それぞれに適切な建築を生み出すように、時間は経験の上に築かれる。そして社会的な組織やその姿が建物の計画と配置に反映されるのだ。
　そうした建物は、簡単なその土地の材料で組み立てられるのだが、特定の共同体の歴史的な流れの中で、洗練されて用いられ、絶え間なく改良される。ルドフスキーの本のタイトルにみられる、建築家に対する暗示的なメッセージは、アースキンを楽しませるものである。たったひとりの人間であっても、彼は大衆の願望に反対して権力を行使するあらゆる人々を信用しないのだ。そういった人々は建築家だけではなく、政治権力を持つ組織的な

人々でもあり、彼らは非民主的な力を押し付けていた。

　建築家は、彼らのクライアントや建物を利用する人々の意見を聞く。そして彼らを信用する。こうしたことによって、あらゆる意見や考え方が考慮され検討されてゆく。このようにして話し合いはグループの代表などを通じて進められている。建築家は、参加する人々と心を分かち合うことによって、円満な解決方法を見つけ出してゆくのである。建築家はこのような能力と、説得力を持っていなければならないのだ。

　ラルフ・アースキンは、1994年2月に80歳になった［訳注、原書出版時］。従って、彼は20世紀の大部分を経験したことになる。21世紀という時点から振り返ってみると、私たちは、いまだ近代建築の空間、構造、社会に関する建築的な思想の急激な発展を思い浮かべる。しかしそれは、ほんの、60年か70年前の20世紀初頭に始まった出来事なのである。それは、その当時の新しい形式の建築物に適合する新構法の可能性や、絵画、彫刻、音楽、ダンス、文学の新しい考え方の展開によって刺激を受けただけではない。世界中のスラム街で生活や仕事をする人々の衛生的にも劣悪な生活環境の貧困さによっても、建築の新しい運動は推し進められてきたのである。技術的、社会的な変化の速度は増し、都市が従来の境界線を押し広げた結果、輸送システムを改善してゆくという対処が試みられた。そしてこれは、いまだ試みられているのだ。

　アースキンのクエーカー教徒としてのしつけと家族環境は、彼の建築を特徴づけている。特権階級に対する社会的な関心が、彼の建築的活動の原動力となっていたのだ。彼の住宅作品は、状態の良い町や村を支えるコミュニティと社会的集団を再び活気づけ、コミュニティを活性化するような建築物を提供しようとするものであった。彼は中世都市の持つ多様な空間的経験や豊かな驚きのある空間に、建築創作に対するインスピレーションを見出していたのである。私は、こうしたアースキンの方法のなかに、人間らしさを見出し、親密さや親しみやすさを見ているのだ。

　しかも、中世の都市は、公共の文化遺産として存在しているが、強力な政治団体によって集約化された計画というよりむしろ、都市の建設に関与した人々の決断の結果であり、また、その表現であるという点に特色がある。アースキンは次のように述べる。

> 中世の都市は、民主的な社会の最も適切なモデルを提供しているように思える。それは、地政学上の変化や他の自然界の変化に対応するのと同様に、特別なニーズに対して、緩やかに適合させるという美意識なのだ。

　アースキンの中世都市へのこうした賛美は、狭い小道、商店、工房、家族連れや独身の人々のためのカフェや社交場などがコミュニティの感覚を大切にすることを意味し、そして、主要な交通を排除することによって生活の多様性と可能性を内包するものであるといえる。

The Architecture of Ralph Erskine
Peter Collymore

　アースキンの住宅計画の多くが、車を敷地の周辺に追いやるようにして、敷地内に安全と静けさをつくり出している。緊急車両が近づけるようにすることや、身体障害者のための通路を備えるなど、解決されなければなかった様々な問題もあったが、実現されている。
　古い城塞都市を思い出してみる。こうした街の城壁を通り抜ける町の入口には中世風の門がある。アースキンはスウェーデンのニア・ブルーケット(Nya Bruket)、イギリスのバイカー(Byker)、フィンランドのマルミンカルタノ(Malminkartano)、そして類似する住宅地の計画案で、開口部は内部空間の穏やかで静かな雰囲気への入口として、そして微妙な気候的な変化を示す空間への入り口、あるいは境界として設計している。そして「壁体建築」に囲い込まれた安定した空間がつくりだされている。
　設計の状況が許す限り、アースキンは過去(すなわち中世都市)を参照して、現代の建物の形を提案したのである。
　彼の作品には中庭式の住宅が提案される事例が多く見られる。イギリスの高齢者が生活をする老人福祉施設の多くの平面計画や回廊は、中庭式の特徴を備えている。バイカーではそれほど強調されていないが、ニア・ブルーケットとタップストローム(Tappström)にあるエーケロ(Ekerö)のプロジェクトでは、大きいコミュニティの中に、より小さいコミュニティをつくり出しており、住民のためのセミプライベートな空間が中庭に位置づけられている。タップストロームのプロジェクト(エーケロ・マラスタッド Ekerö Mälarstad と呼ばれている)では、歩行者専用道路とアクセス通路がお互いに切り離されて、ゲートウェイが中を貫いている。
　アースキンは、ストックホルムやイェーテボリ、そしてロンドンで、工場から大学の建物まで様々なビルディングタイプの設計をしている。こうした事例は、後に他の建物とともにこの本で述べていく。規模の大きいプロジェクトを実施する過程でも、アースキンは設計に対して、情熱的な姿勢を弱めることはなかった。
　イェーテボリは北欧のなかで最も大きな造船都市で港町のひとつであった。しかし都市開発の計画が考案された当時、都市の繁栄は過去のものとなっていた。造船所と工場は激減し、エータ(Göta)水路の両岸の土地は放置されていたのである。
　リッラ・ボッメン(Lilla Bommen)について見ていこう。この建物は赤と白の22階建てで、運河の反対側に位置している。オフィスビルと低層多面体の建物だ。波止場に面して建っており、ちょうど1939年に路面電車が渡っていた橋の後ろ側に建っている。港のはずれの南側には、フェリーとレジャー用ボートのための小さな停泊所があった。港の反対側には、ルンドとバレンティン(Lund and Valentin)が設計した新しい、ロビーがガラスで覆われたオペラハウスが建っている。これらの建築物の集合体は、イェーテボリの新名所であり、都心部が近いことを利用して、市民の憩いの場として水辺を市民に開放している。リッラ・ボッメンはイェーテボリのホワイト・アーキテクツ(White Architects)との共同で設計された(182ページ参照)。
　ロンドンのハマスミス(Hammersmith)のジ・アーク(The Ark)(184ページ参照)は島状の敷地に位

置しているが、片側に高速道路が通っている。もう片方に騒音を出しながら疾走する鉄道(地下鉄)の線路がある。

　アースキンは、西ロンドンの平凡な地区の魅力のない場所のプロジェクトに関わることには気が進まなかったのであるが、スカンジナビア人のディベロッパーとプロジェクト・マネージャーたちの目的に敬服していた。彼らは労働者階級を勇気づけ、おそらく活気を与えるような環境を求めていたのだった。ジ・アークのモノグラフである「ブループリント・エクストラ(Blueprint Extra)」のなかで、ヒュー・ピアールマン(Hugh Pearman)は、「最終的に、ジ・アークにおける本当の試練は、アークが使用者に合わせる方法にあるのではなく、その利用者がジ・アークに合わせる方法にあるのです。そして結果として異なる方法が発見されるのです」と言っている。ジ・アークというニックネームが、たとえこの場合のようにデザイナーによる命名であったとしても、一般の人々が心地よく感じることを暗示している。有名な愛称を持つ建物としてロンドンのビッグ・ベンやニューヨークのフラット・アイアンが、頭に浮かぶ。リンカンシャー州ボストンの教会塔はボストン・スタンプ(ボストンの切り株)として知られていて、平坦な風景越しに何マイル先からも見ることができる。イェーテボリにあるアースキンのリッラ・ボッメンは現在、イェーテボリの人々に「リップスティック」の愛称で親しまれている。

　ジ・アークはロンドンのロック・タウンゼント(Rock Townsend)とスウェーデンのレナート・ベルイストローム(Lennart Bergström)と共同で設計された。それは都市景観にとても強力な影響を与えた。この場合、プロジェクトを実現したのは正しかった。自治体の都市計画局がプロジェクトの目的を認識し、サポートを行ったことは、賞賛されるべきである。

　しかし、ジ・アークの南側の居住者から、列車の走る騒音が建物に反射するという苦情が出てきた。建物は高速道路からの音を減少させていたけれども、斜めに傾いたカーテン・ウォールは列車の音を下方に反射していた。

　アースキンは、ストックホルム中心部にあるセントラル・バスターミナル、世界貿易センター、オフィス、そしてホテルから構成される巨大なシティ・ターミナルを設計した建築チームの一員だった。そしてこの建物全体は、中央駅に続く線路敷きに覆いかぶさるようにつくられていた。長さ300mほどのこの多目的建築物では、内部の光を満ちあふれさせるために直線的なアトリウムを採用するという計画手法が用いられている。大抵の建築家ならオフィスとバスターミナルのコンコースを切り離したであろうが、この建物では、1階レベルの通路を歩くことができるし、バスターミナルの活気ある風景をオフィスから見下ろすことができるのだ。

　アースキンは、異なる活動がコミュニティの中で統合されうるところが多目的ビルの目的だと信じている。人々の考え方を大きく変えるには、十分な説得と議論が必要だった。即席の簡単な声明よりも広い視野で問題を捉えること、そしてタップストロームにあるエーケロ・マラスタッドの住宅地の事例のように、実際に敷地変更のために行政当局や政治家たちとも議論をすることは、社会における建築家の役割の一部だと、彼は考えている。

The Architecture of Ralph Erskine
Peter Collymore

このプロジェクトは、彼のオフィスの近くにある、およそ600戸の住宅からなる住宅地(160ページ参照)である。計画当初、敷地は水辺から遠く離れたところに計画され、いくらかは内陸部にあった。

　水辺の敷地は、工場やいくつかの施設の建設が指定されていたが、多くの論争と政治的な抗争の後、アースキンの考え方が多くの人々に理解され、結果的に、店やレストラン、アースキンサレン(Erskinesalen)と名づけられた小さな多目的劇場やバプテストの教会が活動的なコミュニティを形成する場所になった。彼を支援した地元政治家らと一緒に行動したという側面もあったが、当局の関係者との長い論争の末、アースキンの考え方が実現したことは、タップストロームにあるエーケロ・マラスタッドを見れば疑いのないことなのだ。地域の志を同じくする政治家たちとともに、彼は権力と長い間戦っていた。こうして、アースキンの考え方は定まっていったのである。現在、この地域は、非常に人気のある住宅地域となり、高い価格で取引されている。その結果コミュニティの混合した社会がくずれるのではないかということをアースキンは心配している。

2 ｜ 小　伝

イギリスでの生活

　ラルフ・アースキンは1914年に生まれた。彼はミル・ヒル(Mill Hill)で幼年期を過ごした。その村は現在、ロンドンの北方の郊外地の拡大の中にのみこまれてしまった。スコットランド人である彼の父はロンドンシティの海運事務所で働いていた。彼の母親は大学を卒業した女性で、たくましい性格の持ち主だった。アースキンの両親は、社会主義の知識人たちによるフェビアン協会の理想に引きつけられていた。バーナード・ショウ(Bernard Shaw)とともに、シドニー(Sidney)とベアトリス・ウェブ(Beatrice Webb)が活動初期の立役者だったフェビアン協会は、改革よりも進展を目指し、社会主義の発展の多面性に関する研究論文の執筆を行ったり、教育や立会演説を行うことによって、英国における社会主義の促進に取り組んでいた。フェビアン協会はクエーカー(フレンズ派教会)ではなかったが、アースキンの両親は彼にケンブリッジ近くのサフロン・ウォールデン(Saffron Walden)のフレンズ学校というクエーカー派の学校に行かせた。彼は1925年から31年までこの学校で生活しており、そこで、基本的なクエーカー教徒たちの信念を学んでいった。この経験が、社会や人間の住む場所、当然のごとく、建築についての見方の基礎となっていった。彼の将来の妻になるルースは、同時期にフレンズ学校で学んでいた女性である。1932年にアースキンは、ロンドンのリージェント・ストリート技術専門学校で測量学の勉強を始めたが、すぐ建築へと転向した。当時この学校はソーントン・ホワイト(Thornton White)により運営されていた。彼は学生が後に自分の考えに従って自由に課題に取り組むことを許可する前に、古典建築の研究を5年コースの初めの課題と

ミュースゥトゥゲベルグット集合住宅を望む、ストックホルム

エーケロにあるバプテスト教会の内部、ストックホルム

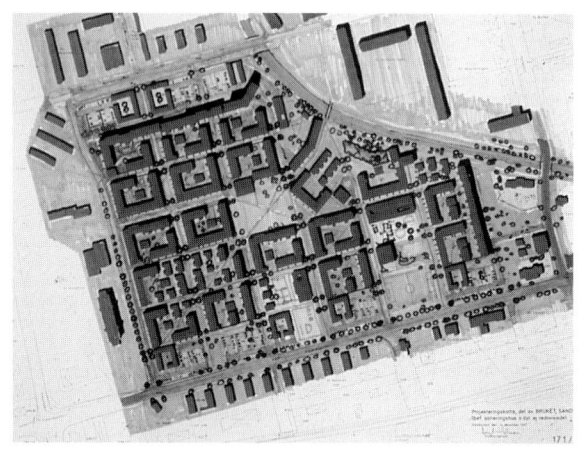

ニア・ブルーケット全体計画図、サンドヴィーケン

ジ・アーク航空写真、ハマスミス、ロンドン。鉄道と高速道路に挟まれた敷地にある

ゴードン・カレンによるスケッチ、テムズ川畔のニュー・マルローの計画

位置づけていた。

　その当時の経済不況のため多くの学生が3年間で去らなければならなかったが、アースキンは5年の修業期間を終えることができた。彼の仲間の中には、ピクチュアレスクの特質の理解や分析を通して、村や町、そして都市の改良と「都市景観(Townscape)」や「フロアスケープ」の価値(タウンスケープの視点から室内空間の視点まで展開した)についての論説を発表した、偉大な建築批評家ゴードン・カレン(Gordon Cullen)がいた。

　「アーキテクチュラル・レヴュー」誌でゴードン・カレンは多くの研究を発表した。彼の研究は、特に1939～45年にかけて、ニュータウンを計画する建築家たちに影響を与えようとするものであった。彼は建築物とその周辺環境、および風景に関して、非常に注意深く考えており、アースキンの作品に見られる彼の主張あるいは関心は偶然の産物ではないだろう。部分的ではあるが、確実にゴードン・カレンの影響によるものだといえる。カレンが自分の考えを説明するために想像上の近代建築を引用するとき、しばしばアースキンの作品に不思議と類似していることに気づく。アースキンは建築家の資格を得た後に、当時のイギリス近代建築運動の主導者たちである、テクトン(Tecton)、コリン・ウォード(Colin Ward)とルーカス(Lucas)、マクスウェル・フライ(Maxwell Fry)のもとで働こうとしたが、結局のところ、当時のウェルウィン(Welwyn)にある田園都市に事務所をもつルイ・ド・ソアソン(Louis de Soissons)の事務所に所属していた。

　彼にはスウェーデンを訪れる計画があったため、このオフィスに長く在籍していなかったが、田園都市に関するプロジェクトを行う事務所に所属することを選択したことは興味深い事実である。ルイ・ド・ソアソン事務所で働いていたアースキンは、夜には都市計画の研究をしていた。こうした都市計画への関心が、物理的・社会的な面で、町やコミュニティの基盤に関わる個々の建物や建築に対するアースキンの広い視野をもたらしたのである。田園都市デザインの理論や近隣地区計画は、イギリスの第二次世界大戦を前後してとても人気を博し、イギリスのニューキャッスル・アポン・タインのバイカー地区、スウェーデンのニア・ブルーケット、マーシュタ(Märsta)、エーケロ・マラスタッド他、多くの住宅・都市計画プロジェクトにおいてアースキンの設計に影響を与えた。

スウェーデンへ

　第二次世界大戦前後の数年間、スウェーデンの建築に対する人々の関心はあまり高くなかった。アスプルンド(Asplund)やマルケリウス(Markelius)、レヴェレンツ(Lewerentz)の作品は、アアルトと同様に輝きを放っていたが、当時広く知られ始めたばかりだった。しかし1938年頃には、スウェーデンではある種の福祉国家の原型が建設されており、それに見合った建築を持ちつつあるように見られていた。国民すべての生活水準を新しく平準化されたレベルに引き上げることができるようになっていた。

1930年のストックホルム博覧会は、当時のスウェーデンの国家としての地位を確固たるものとし多くの近代建築が建設された。アパートから橋まで、あるいは公園から家具や織物まで、建設の対象とするあらゆるものにた対して、清潔で分別があり、行きすぎでもなく、適切な建築がつくられていった時代だった。グンナール・アスプルンドやスヴェン・マルケリウス、あるいは他の住宅展で他の建築家たちが設計した建物を含め、戦前期のスウェーデンの建築物は、近代建築が十分に発展したことを示していた。その当時のヨーロッパやアメリカに建設された多くの近代建築よりも、それほど過激なものではなく、とても親しみやすいものであった。

　こうした状況のすべてが、今までは建築や計画の新しいアイデアに傾倒し、社会主義の政治的発展に興味を持っていた若い建築家のアースキンを引きつけたのだ。ナチス・ドイツの台頭とともに戦争の危機がヨーロッパに迫っていたが、アースキンは現状を知るため、1939年5月に自転車、リュックサック、寝袋を持ち、スウェーデンに向けて旅立った。

母国スウェーデン
　ストックホルムに到着すると、アースキンは、ウェイケ(Weijke)とオデーン(Ödéen)の建築事務所に入り、イギリス出身の友人ルース・フランシス(Ruth Francis)と結婚した。イギリスで秘書のトレーニングを受けていたルースは、アースキンと共に個人秘書として彼のオフィスで働くことになっていた。1939年9月にヨーロッパで戦争が勃発したとき、アースキンは仕事を失い、他の仕事の機会にも恵まれなかった。そこで、イギリスに戻って、クエーカー教徒のグループ(Ambulance Corps)に参加しようと考えたが、ストックホルムのイギリスの機関によって拒絶された。ドイツはデンマークを占領した後にノルウェーに侵攻した——1。イギリスでは、意図的に兵役を拒否したアースキンのクエーカーの友人たちは、彼らの信念のために投獄された。あるときスウェーデンで、アースキンとクエーカー教徒たちはドイツの刑務所や強制収容所で働くため、「フレンズ」のグループをつくることができるかどうかを調べたが、これは不可能であるとわかった——2。スウェーデンで戦争のあった数年間は、建築家はわずかな仕事の機会しか与えられなかった。しかしアースキンはストックホルムの近くのユープダーレン(Djupdalen)で発明家バルツァー・フォン・プランテン(Baltzar von Platen)のために丸太小屋のコテージを設計し施工する仕事を得た。同時に、彼は自分とルースのために近くに同様のコテージを建設した。建設業者との付き合いによってこれらのコテージを設計する機会を得たのである。さらにリダ・フリルフスゴード(Lida Friluftsgård)にあるホリデー・スキー機構からスキーセンターを建設する依頼を得ることができた。このプロジェクトは建築家のバーチ・リンゲルン(Birch Lindgren)との共同で行われた。そして当時の建築アシスタントのひとりだったのが、ナチ占領下のデンマークからの避難民であった、若いデンマーク人建築家オーゲ・ローゼンボルト(Aage Rosenvold)だった。

The Architecture of Ralph Erskine
Peter Collymore

　その後、ローゼンボルトはアースキンの事務所に入り、以来ずっとパートナーとなっている。そしてユープダーレン近郊のリスマ(Lissma)の山腹に開かれた敷地が、小住宅〈ザ・ボックス〉を建てるために親切な農民によって提供された。それは1941年から42年にかけての冬のことだった__3。〈ザ・ボックス〉はアースキン自身によって建設されている。ルースやオーゲ・ローゼンボルトの助けを得て、地元の石や古い窯で焼いた煉瓦を使用してつくられた。
　イギリスでは、アスプルンドやマルケリウス、レヴェレンツの作品が知られていた。アアルトの活躍でスウェーデンの近代建築はいくらか影が薄かったのだが、当時イギリスでは広く知られるようになった。〈ザ・ボックス〉では、古い鉄製ベッドの骨組みがコンクリート補強材として使用された。リスマに建設されたこの家には、多くの考え方が小さな寸法で詰め込まれた。この家はキッチンと居間の2つの空間から成り立っていた。そして居間は寝室、娯楽室、仕事部屋の役目も兼ねていた。限られた床面積を自由に使えるようにするため、ベッド(ソファーとしても使用される)は天井に吊り上げられた。アースキンの仕事机は、北側の断熱壁の全面を使った収納壁に折り畳んで収納されていた。家の側面壁には、丸太が断熱材として機能するように外部に積み上げられた。浴室も水道もなかったので、水は井戸から汲み上げられた。
　このアースキンによる初期の建築作品は、彼が後で展開することになる多くの特性を示している。ここでは特に、建築の機能と気候条件を検証することや、プランとディテールとともに独創的な解決策を編み出すという能力が発揮されている。このような幾何学的なプランの場合にも、直線的な形態を持つ非対称的な要素によってできた凹凸は、典型的なアースキンの計画／設計手法となり、後に建築と都市の設計で用いられている。リスマの家は孤立した山腹の森林の奥深くにあって、最も近い店から2マイルも離れていたので、彼とルースは、冬に生活物資を運ぶためにスキーをしなければならなかった。また、建築材料のような大きな物を運ぶために馬ぞりを使用しなければならなかった。
　アースキンは屋外での活動がとても好きだった。スウェーデンの山でスキーをして過ごし、セーリングをしたり、ドゥロットニングホルム(Drottningholm)の事務所の近くの凍ったメラーレン湖でスケートを楽しんだりした。その後、公衆浴場に行ったり、サウナに入ったりしていた。
　戦争が終わったとき、アースキンは自ら、スウェーデンの生活が好きだと感じるようになった。1944〜45年の間、彼はスウェーデンの王立芸術学校で学び、木材開発公社が後援する大量生産住宅に関するイギリスのコンペに参加して二等を勝ち取った。そして彼は建築コンペの'crash'プログラムに参加した。彼はこの頃、スウェーデン人の建築家と一緒に、1年間で11のコンペに参加し、彼ら全員がひとつ以上の賞を手に入れていた。このうち、アルデルース・テングボム(Anders Tengbom)と一緒にリンコーピング(Linköping)にある学校案を設計したり、レナート・ウリン(Lennart Uhlin)と一緒にウルリセハムン(Ulricehamn)の町役場の設計案を作成したり、ゲイセンドルフ(Geisendorf)とロードン(Laudon)と一緒にストックホルムの協議会オフィス

をつくった。また、再びテングボムと一緒にある雑誌のための小さい家のコンペに参加した。さらにイェスタ・ウィマン(Gosta Wiman)と一緒にイェーテボリの老人ホームのコンペを勝ち取った。このプロジェクトは後に実現されている。コンペを通じて、すべての建物を、異なった建築形式で設計したことはアースキンにとってとてもよい経験となった。

ドゥロットニングホルムでの生活と仕事

　リスマの〈ザ・ボックス〉で4年間生活した後に、アースキンは1946年にストックホルムの西のはずれにある、メラーレン湖のほとりのドゥロットニングホルムへ移った。彼は島にある昔ながらの家を借りて住み始めた。そして1963年にはその近くに自分たちの家とスタジオを建てた。新しい自宅兼事務所を建設する前に、アースキンはおよそ17年間、借家に住んで働いていた。この古い家は沢山の仕事が舞い込むにつれて手狭になってきたので、彼が長い間温めていた考えを真剣に考えるようになった。それは大きい貨物船を用いるというアイデアであり、夏の間、スケリイズ(Skerries、スウェーデンの沖の島)に出帆することのできる事務所であった。

　それに最も適した船はヴェローナ号(Verona)というテムズ川にある古い小型貨物船であり、1955年にロンドンのデットフォード(Deptford)において1,500ポンドで購入された。イギリス東海岸のフィン・ミル(Pinn Mill)で改装されたヴェローナ号は北海を横切って、キール(Kiel)運河を通り、経験豊富な船員とアースキンを含む乗組員によってドゥロットニングホルムまで航行した。テムズ川の小型貨物船は、潮汐水域のために設計されたもので、船底が平らな構造の船だったので、外海の北海にはあまり適していなかった。したがって航海は心理的に厳しいものとなった。

　いくつかの問題が臨時乗組員に起こった。すぐに酒にふけるキャプテンを解雇し、彼をキールからイギリスまで送り返すことになった。しかし、天候はとても不安定だった。イギリスからキールまでは穏やかな天候だったのだが、続く航海では強風に遭遇した。こうした航海を経てようやく、ヴェローナ号はドゥロットニングホルムのオフィスの近くに係留されたのだ。ヴェローナ号は12人の建築家が働くオフィスとして適しており、船首にコーヒー室があり、船長室にアースキンの部屋があった。およそ13年間、夏が来る度に、ヴェローナ号はニーコーピング(Nyköping)付近のロォガー(Rågö)へ3日間の船旅をしたのである。ヴェローナ号は漁師のボートハウスと並んで停泊していた。ヴェローナ号にはボートと釣具を1階に置いたままにしておき、屋根裏部屋が、岸を拠点とするオフィスとして引き継がれた。そして9月にはドゥロットニングホルムに戻っていった。事務所は毎年2、3カ月の間、ロォガーを拠点としていた。

　1年の中でもこの時期は、忙しい充実した仕事が行われる時期のひとつと考えられていたが、その活動には休暇が含められていたのである。建築家の一家は小型貨物船でやっ

てきて、漁師のコテージや納屋に滞在したり、近くでキャンプをしたりした。そこでは午前と夕方に仕事があったのであるが、長い昼休みをとって、セーリングや海水浴を楽しんだり、夜には食事や会話、そして音楽を楽しんだりしていた。こういうときのアースキンはバイオリンやリュート、およびアコーディオンの名人となったものだった。

　13年もの間、夏に定期的にロォガーを訪問した後、事務所の規模は大きくなっていた。そのような規模の組織の運営が難しくなった。夏の間、外部と連絡を取ることが困難だったので、事務所に長く所属している建築家たちは、成長した家族のために、別の休日を要求していた。ヴェローナ号はドゥロットニングホルムで係留されたままで、ときおり、所員を収容できない場合に使用する事務所として、あるいは特別な建築コンペに参加するチームのための拠点として使用せざるを得なかった。この小型貨物船はアースキンと彼の家族と友人が夏にバルト海を航海するために利用されていたが、ずっと浅瀬に係留されたままだった。スカンジナビアの建築家たちは、たいてい素朴な環境の中に事務所や住宅を持っているようだ。その風景は、湖や入り組んだ海岸線があり、たくさんの島々が沿岸に点在しているアーキペルゴの中にある。人口密度は低く、ストックホルム郊外の乱開発は制限されたままだったので、人々はドゥロットニングホルムのメラーレン湖を見渡しながら松の木の下で座って至福のひとときを過ごすことができるし、30分以内でストックホルムの中心街に行くことができる。

　アースキンがドゥロットニングホルムで事務所を開設したいと思っていた1963年の時点では、事務所を開設するためには、都市計画局の許可が必要だった。都市計画局の局員たちは当初、拒絶していた。ドゥロットニングホルムは、王宮の劇場と公園の完備された快適で古典的な国の宮殿がある場所で、グスダフⅢ世 (Gustavus Ⅲ) の母親が1766年に息子への結婚祝いとして建設したものだった。都市計画局の局員たちは、王家が所有する施設に極めて近いところで建築設計事務所のような商業活動を許可することはできないと感じていた。

　宮殿は以前に、絹織物工房のような小規模商業施設で囲まれており、この先例があるのだから、事務所の建設は当然許可されるはずだと、アースキンは主張した。この議論は功を奏した。1975年には、スタッフの数が15人から20人まで増えて、アースキンの家の隣にある建物よりも大きくなっていた。200m離れたところに別の家を買って、事務所はそこに移転した。

　第二の住宅は、色々な意味でよい事務所となった。様々なグループと活動に見合った様々な大きさの部屋があった。事務所の近くにレストランやカフェ・バーがなかったので、ドゥロットニングホルムでは、キッチンは必要不可欠なものであった。

　1981年に、アースキンは、事務所の規模の拡大と共に増加している事務的な仕事を減らす必要があると感じていた。また、厳選されたプロジェクトの建築の創造的な側面に集中

し、同様に、アースキンの個人的な活動をサポートしている事務所所員のアイデンティティと未来を確かなものにしたいと思っていたのである。

　こうした状況があったので、事務所を再編成することが決断された。そしてオーゲ・ローゼンボルト、ベングト・アールクゥイスト(Bengt Ahlquist)、ヒュバート・ライス(Hubert Riess)そしてルースを含む小さなグループと一緒に、アースキンは自宅の横のスタジオに戻った。事務所に残った者は、互いに議論した後に、協働組織を結成して、ストックホルムへ移った。彼らは、仕事を開始するにあたって、アースキン事務所で最大規模のプロジェクトを引き継ぐことになった。ストックホルムに建設を予定している650戸の住宅とその他の機能を持つプロジェクトを引き受けることになったのであるが、その他にも比較的小さな仕事を受けついでいる——4。彼らはアーケン・アースキン建築設計事務所A.B.(アーケン・アーキテクツ)という事務所をひらいた。2つの組織の間には協定があり、お互いのプロジェクトを支援し、そしてプロジェクトを抱えるアースキンを支援することになっていた。当時アースキンには進行中のプロジェクトがほとんど残されていなかったが、非常にアクティブに実務をこなしてゆく中で、彼の意図が仕事に反映された。

　イギリスのバイカーで大きな公営住宅団地計画が1968年に始まったとき、現地事務所が建設された。そこはドゥロットニングホルムにある事務所と同じくらいの規模の事務所となった。アースキンのためにスウェーデンで働いていたヴァーノヌ・グレイシー(Vernon Gracie)は、バイカー事務所を開設するためにイギリス南部で行っていた個人事務所の仕事を離れて戻ってきた。そして、ロジャー・ティロットソン(Roger Tillotson)など、他の仲間と合流したのである。イギリスとスウェーデンにある2つの事務所は相互に関連していた。イギリスの事務所は、設計監理、地方公共団体との協議、施工図の作成、積算を扱っていた。そして、バイカープロジェクトに関するデザインで協働していた。しかし、ほとんどの設計業務は、アースキン自身が拠点としていたスウェーデンで行われた。そしてバイカーのプロジェクトが最も忙しい時期には、何人かの所員は2つの事務所を行き来していた。バイカーでの仕事が完成に近づいた頃、「バイカーグループ」としての事務所は、アースキンがコンサルタントとして活動した状態のままで、他の建築の仕事を受けて自立できるまでに成長していたのである。すでにこのグループは、ニューキャッスル・アポン・タインのおよそ35マイル南のミドルズボロー(Middlesbrough)で住宅団地のプロジェクトを進めていた。

創作の方法

　アースキンの事務所では、プロジェクトを受注する前に、メンバー同士で新しいプロジェクト、クライアント、そして企画についていつも議論していた。必ずしも、すべてのプロジェクトへの要請(依頼やコンペへの招待)が受け入れられたわけではなかった。

　例えば、1969年にアースキンはペルーのリマに建設が予定されていた、低価格住宅のコ

The Architecture of Ralph Erskine
Peter Collymore

ンペに参加するように求められた。コンペ事務局のひとりが事務所業務を見学するためにスウェーデンにやって来て、アースキンにコンペに参加するよう促した。アースキンと事務所スタッフのどちらともが、そのときのペルー政権によい印象をもっていなかった。そして、当時のような政治情勢では適切に仕事をすることができないと感じていた。こうした理由でアースキンたちは、リマのプロジェクトへの参加を辞退している。しかし、そのような判断は容易にできるものではない。一方で、アースキンと彼のスタッフたちは、ペルーの軍事独裁政権がアースキンたちが何らかの方法で支持することを願っていた政治団体の類ではないと考えていた。軍事独裁政権が、どのような事情でスラム居住者や貧困な人々を助けようとしないのかわからなかったのだ。このような政府と関連する部署を通して仕事することで、人々を助けることが可能なのか、また、建築家がその建築の過程で影響力を持つことができるのか、本当に独立した仕事が可能なのか、あるいは、まったくそうでないのかということを、事務所の建築家たちは議論した。

　別の事案では、アースキンの事務所はフランス企業のために、カナダでニュータウンを計画する依頼を受けた。このニュータウンはウラン産業のために建設されることになっていた。事務所で一致した見解は、この依頼も断るべきであるということだった。アースキンは大筋同意していたが、多くのスタッフが考える以上に、これらの決断は厄介なものだと思う、と述べていた。この決定に賛成したものの、実際のところアースキンにとっては非常に決定は困難なものであった。「ウランは原子力を意味し、議論の余地があります。卑劣なのは原子力兵器なのです。しかし、その町は一握りの白人たちと貧しい多くのインディアンのためのものなのです」。

　たぶんペルーについても、アースキンは同じような見解を示すであろう。彼はそのような人々を助けるために、いつも力を尽くしていたのではないのだろうか。

　アースキンは、事務所がカナダのリゾリュート湾 (Resolute Bay) にある新しい住宅地の計画の依頼を、疑いもなく受け入れたのだと、皮肉めいた口調で述べている。このプロジェクトの重要な機能のひとつは、北極全体の軍事利用を支援する航空基地のために役立てることだったが、天候や科学の研究と将来の資源の発掘を支援するものでもあった。しかし、それは短期的に滞在する白人カナダ人や先住民イヌイットのために、複合住宅と都市施設を提供するという挑戦的な仕事であった。アースキン事務所の雰囲気は、彼の人柄に密接に関連している。キッチン周辺で紅茶を飲みながら自由に議論することが勧められている。この方法はクエーカー教徒の会議とどこか似ている。それはメンバーが気ままに行うようなものであり、明確な議論の方法を持たないものである。彼は講義をするとき、たくさんの話題と考えを提示するが、あらゆる方向に話題が逸脱しつつも、たいてい、主要なポイントや興味あるテーマに戻ってくる。

建築コンペ

　建築コンペは、イギリスよりもスカンジナビアやヨーロッパの方が普及している。一般的な方法と同じように、匿名の個々のデザインを提出する方法と、選ばれた何人かの人々が招待され、設計競技のためにお金が払われる指名コンペがある。後者をスウェーデンの人々はパラレル・スケッチ・コンペと呼んでいる。これはいわば、5人の建築家を「指名」してプロジェクトの提案を求める方法でもある。それは他のコンペの形態と違っていて、すべての参加建築家は、クライアント(雇用主)を含めた会議の場を通して、プロジェクトに対する考えと設計を展開してゆく。したがって、コンペの競争相手との間にほとんど秘密がないのだ。この会議には、クライアントが出席するだけでなく、興味をもっている利用者や従業員といった参考人たちが同席する場合もある。コンペの勝者は最終的に、関係者すべての中で一致した意見によって決定されるのだ。アースキンはこの方式で、フレスカーティにあるストックホルム大学の学生会館と図書館のコンペを勝ち取った。リゾネ(Rissne)の新しい街の設計は少し異なった方法のコンペの結果、生み出されたものである。このコンペの場合には数人の建築家が招待(指名)されたが、それは開発に対する考え方を提示してもらうためだった。1977年夏に、建築家たちが示した考え方について市民たちが検証したり議論したりする目的で、リゾネで展覧会が行われた。結果は明快ではなかったが、コンペで提案されたいくつかの考え方を、地方公共団体が計画段階で利用することになるだろう。

3 　建 築 思 想

　1953年に、アースキンは彫刻家エゴン・マーレル・ニールセンヌ(Egon Moller-Neilsens)と一緒に、「無名政治犯の彫刻コンペ」にエントリーした。アースキンたちが参加したのは、このような課題に対して型にはまったモニュメントをつくること自体に抗議するという意図があった。彼らがエントリーで提出した声明は次のとおりである。

> 過去の時代と(その政治犯の)信念というものは、それ自体モニュメントとして浮かび上がるもので、遠く離れ、近づくことができず、(社会の)底辺から見られるものなのです。それは、その時代と信念であり、政治犯を生み出したもの、そのものなのです(つまり政治犯をつくりだしたのは政府なのである)。私たちの信念は、そのようなモニュメントそれぞれが新しいドグマや新しい政治犯(思想犯、そして権威への信頼や迫害を行う囚人)をつくり出すということです。私たちの願望は、人間性の存在を信じるために本当のモニュメントをつくることであり、政治犯が信念を持って将来を見つめていたように、未来に目を向けることによって過去を思い出すことなのです。そして、将来に自分が所有する物、子供の人間性や繰り返される

再建された森の中のザ・ボックス

ロォガーの漁師の舟屋に停泊するヴェローナ号

エゴン・マーレル・ニールセンヌとアースキンの
提案した「無名政治犯の彫刻コンペ」作品

建築事務所として使われているヴェローナ号の船内

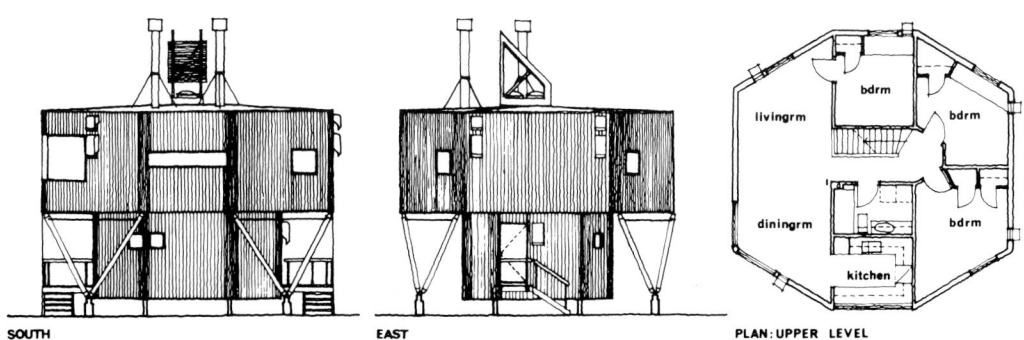

リゾリュート湾の住宅のための立面図と上層階平面図

希望というものでつくり上げることなのです。それは、彫刻の不可欠な部分を形
づくり、そこで政治犯たちは憎悪による破壊ではなく、自由な力を学ぶのです。

　最終的にはレグ・バトラー(Reg Butler)がそのコンペを勝ち取った。それは巨大なむき出し
の鉄製フレームで、高いところに吊し上げられた政治犯の姿が組み入れられているもので
あった。それに対して、アースキンとニールセンヌの出品作品はボウル型をしており、子供
たちの試合や大人たちの活動のためのアリーナを提案している。スキー、スケート、リュー
ジュ、ブランコやダンスを楽しんだり、討論や政治集会など先導的な催しを行うための劇場
を含んでいる提案だった。

　このコンペへの出品作品は、アースキンの時代に対する態度の多くを、小規模な作品であ
るにもかかわらず、凝縮して説明している。この作品は尊大さやモニュメントに対しての嫌悪
感を示し、そして情緒的なものではなく感受性が強い人間の持つ愛情を表現している。事
実モニュメンタルな建築物は所有者に影響を与えている。アースキンは愛情を表現しようと
していたのだった。畏敬の念ではなく、喜びとユーモアで溢れた彼の彫刻は採用されるべ
きだった。

　アースキンの声明にも、特定のプロジェクトを計画する団体やクライアントに向けた、簡単
な質問があった。彼らが必要としているものは何なのか、そして本当に必要としているもの
は何であるのか？　そして、この質問に続いて次のように述べている。建物の最終的な利
用者が設計のプロセスに参加することなく、建築家が本当に必要だと考えることを提供す
ることが、建築家の取るべき立場なのだろうか？

参加

　アースキンは、建物の最終的な利用者となる人と共にプロジェクトへ参加することが、共同
体における建築家の仕事のなかで、重要な部分であると考えている。彼の建築は、2つの
基本的な教訓に基づいている。その教訓のひとつは、建物は気候に関連していなければ
ならないということである。そしてもうひとつが、建物はそこに住む人々や利用する人々と関
係がなければならないということだ。これらの2つの教訓は、1920年代と1930年代の近
代建築を生み出すと思われていたものだった。近代建築は、20世紀の変化しつつある状
況の中、新しい工法と新素材を用いて、生活環境や労働環境を提供するという点で、機
能的であるはずだった。

　アースキンは、この近代建築の意思がクライアントと建築業者の要求や、形式主義や審美
主義のなかに覆い隠されるようになったと感じていた。あまりに形式的で、知的で、大袈
裟な新しい「ルネサンス」建築は、人々の要求に密接に関連づけた建物をつくることに失敗
していたし、あまりに意思決定をプロジェクトに注ぎ込むことに没頭していたので、建築家の

The Architecture of Ralph Erskine
Peter Collymore

考えと要求が、そこには保持されたままになっていた。アースキンが指摘するように、建築家はたいてい社会の中産階級の出身で、他の人々すべてが本当に必要とし、求めていることを知ることができない。もちろん共感を持って、彼らは知的な推測をすることができるが、建築家と利用者やクライアントとの対話がなければ、結果としての建物は、想定していたほどには、利用者の必要性に関連づけられることはないだろう。

　意思決定における閉鎖性、すなわち秘密主義、というのは、政府、民営機関、専門職（職能人）の人々が伝統的に当然持っている権利だと思われていたが、こうした秘密性が疑問視されるようになっている。医者、弁護士、銀行員、その他の専門家（職能人）たちは、一般に、彼らの仕事の方法や賃金調整の取り決めに関して、批判的な目を持った政府委員会と公共主体の両方によって調査されてきた。彼らの秘密主義（閉鎖性）と専門家たちの間でしか通じない言葉は信頼されていなかった。参加や公開の場での協議というものは、それがどこで行われようとも、あるいは参加によって人々のニーズに対する洞察が以前より深まるとしても、何をどうやってどこに建てるべきかということに関して、必ずしも建築家の考え方を大きく変えるものではないかもしれないということを、アースキンは述べている。

　協議という些細な活動、そしてあるときには参加者の意識の変化というものが、未来の居住者が持つ権利として必要なのである。つまり今後、環境をデザインする人に接するという権利なのだ。全体的な情報交換は、建築家とユーザーの興味を引くだろうし、積極的な関与の雰囲気をつくるべきなのだ。同時に、情報交換はプロジェクトに組み込まれた選択や限界について、またその建物では何ができて何ができないのかということについての、貴重な見識を近い将来の利用者に与えることになるだろう。

　1948年にアースキンはストックホルムのおよそ100マイル北にある、イェストリーケ・ハッマルビー（Gästrike-Hammarby）の小さな村の拡大を設計し始めた。そこで初めての参加型のプロセスのプロジェクトを提案した。それ以来、この方法は、アースキンの設計方法の基礎となった。このプロジェクトはパルプ工場を中心産業とする小産業都市の中に建設される住宅地の計画であった。1948年に開かれた公共の会議はスライド、図面、および模型を用いて、コーヒーを飲みながら行われた。また、アースキンとローゼンボルトは計画案を作成する前に要件となるすべての側面を調査するために、村の関係者の全員と話をした。しかし、この段階では、どの代替計画案も提示されていなかった。それ以来、35年間にわたって村の継続的な開発が行われている。明らかに、計画の初期段階から住民が参加したことが、イェストリーケ・ハッマルビーの連続した調和のとれた開発につながっている。

　北極カナダのリゾリュート湾に位置する、イヌリットと白人カナダ人たちの町となる新しい都市は、参加が不可欠であると判明した明白なケースである。2つのタイプのカナダ人がそのような極端な気候で共存するという問題は、建築家による解決策で融和されなければならない課題だったのだ。互換性と伝統性という基本的な問いが突き付けられた。アース

キンはすでに北極圏の建造物に関する知識と経験があったが、イヌイットや白人カナダ人たちが同じ街に住むとき、どのようにしてお互いに関係し合うのかについては十分に理解していなかった。第一に取り組むべき決断は、未開の北極地の中で敷地を選択することだった。

イヌイットとカナダ南部の人を含めて議論を行った結果、6つの敷地の調査と評価が行われた。そして、さらに気候や地質、プランニングを研究した結果、2つの敷地が選ばれた。ひとつの敷地が最善であるとして、満場一致で合意した。6つの異なった計画案が作成され、図面と模型で提示された。そこには、アースキンが特別に好んだプランはなかった。イヌイットと南部の人の両方が、計画を拒絶した。その計画は、イヌイットと白人、あるいは上層階級と下層階級が一体となる居住地の形成を奨励しようとするものだった。共同体はそれ自体の自治権と自治組織を持つことになっていたので、2つのエスニック・グループの間で、利益と権力の合理的なバランスを達成することに特別な注意が払われていた。この極北の地でイヌイットは永続的な居住者だったが、ヨーロッパ系カナダ人たちは過半数を占めており、組織と管理に対する豊富な経験も持っていたのである。

こうした統合政策にもかかわらず、私的利益のために強力な圧力団体を形成する可能性があった。こうした中、既存の村からイヌイットたちが新しい敷地に最初に移住し、このプロセスにより最初の住民の権利を確立するということが、人々が参加する議論で決められ、この方法は実行に移された。すでに、村で生活していたイヌイットや南から来た教師や様々な職業の人々は、彼らが好む住宅地を選び、大きな議論の後、街の中で散らばっている小さなグループの住宅を選んだ。これはヨーロッパ系カナダ人が住んでいる家やアパートとの接触の可能性を容認するのと同様に、旧友たちと近隣組合を組織することを容認するものだったのである。

こうした状況の整理によって、異文化の積極的な保持を許容しつつ、統合が進められることをアースキンは望んでいた。すべてのイヌイットは一戸建ての家を選んだ。彼らは大家族で、都市居住者の伝統とは異なっていたので、この成り行きは自然なものであった。リゾリュート湾でのプロジェクトに参加した経験をアースキンは次のように評価している。

> すでに私は、イギリスとスウェーデンで経験していたように、参加と議論が様々な結論を導き出すということに気づいていた。
> 第一に、居住者は様々な消費者のニーズと好みに関する情報を、プランナーと周辺住民に提供する。そこでは、異文化に関わっているということ、そして建築家はこれらのうち、ひとつにのみ属しているか、あるいはどれにも属さないよそ者である、という状況が特に重要である。第二に、できるだけ多くの将来の住民たちが積極的に豊富な知識を持って創造に対する責任を共有し、プランがその結

The Architecture of Ralph Erskine
Peter Collymore

果であることがプロジェクトの成功には不可欠である。第三に、訓練という教育的な視点が最も重要だ。

　恵まれない人々にあっては、特に訓練が必要なのである。これは抽象的思考や分析、問題解決、意思決定のプロセスにおいて必要なものである。もし、彼らが貧しい状況からの自由を望み、自尊心を持って近代社会に効果的に貢献することができる、本当に価値のある市民になるのであれば、なおさらそうなのである。

　この一方で、将来の居住者が参加しなかった多くのプロジェクトの例がある。英国のミルトン・キーンズのニュータウンにおけるイーグルストーンの例と、ケンブリッジ州のニューマーケットにおけるスタッドランド・パークでは、将来の利用者は協議に参加するということはなかった。しかしながら、ニューマーケットでは、第1段階は最初の住民が評価する調査を行い、住民の反応の評価が行われた。そして、その後、建設計画を実現してゆくために必要な、いくつかのコメントが寄せられた。同様の状況において、アースキンはスウェーデンで、「統計的手法によって選ばれた」レファレンス・グループと呼ばれる人々と共にプロジェクトを実行している。ニューキャッスル・アポン・タインのバイカーでは、さらに大きな住宅地建設計画のために、市民参加の手法がとられた。

　この計画は大部分がスラム街となっていた都市の一部を再生し、すでにその地域に住んでいる人々に新しい住居を与えるというプロジェクトだった。アースキンはニューキャッスル・アポン・タイン近くのクリングワースという小さな住宅地のコンペに勝利した経験がある。そして、この仕事が契機となって、約3,000戸の住居とその他の都市の様々な施設を建設することを目的とする依頼をバイカーの委員会から受けることになったのだ。政治家や行政職員と話をして、アースキンはその依頼の内容を熟考するために1ヵ月間を要求した。アースキンは地域住民と議論し、バイカーの特色を調査した。

　ドゥロトッニングホルムの事務所から来た、彼の娘ジェーン(Jane)とアルネ・ニルソン(Arne Nilsson)は1ヵ月間その地域に住んだ。その傍らで、アースキンは柔軟な建設のためのプログラムをつくった。それらの中には、その区域内に事務所を設立することが含まれており、ニューキャッスル・アポン・タイン中心部にあるタウンホールでの会議よりも、むしろ現場で会議を開いた。また、取り壊されることになっていたある建物を保全した。これは住民がそのまま残しておいてほしかった建物だったのである。そして、地域と近隣との関係や地域に対する愛着を保ちながら建設を進めるために、古いバイカー地区の建物を小さなスケールで少しずつ取り壊して、新しい建物を建設していく方法がとられた。

　また、いずれ入居する住民を含めた、できる限り広範囲な人々の建設プロジェクトへの参加が予定されていた。バイカーの人々はその地域に強い愛着を持っていたのだが、その一

方で既存の都市構造をよく思っていない人々の団体があり、古い街の構造が拒絶されていたことをアースキンは発見した。

　多くの既存の街路パターンと建造物の性質を保全する初期の計画案は、住民との話し合いのなかで却下されたのである。その代わりに、基本構想の主要な特性が活かされた。同時に、日当たりのよい南斜面を使った、テラスハウスを多く提供するために、市が以前に提案していた計画を変更し、アパートの数が大きく減らされた。

　建設用地の中で事務所を開くという決定は、非常に創造的なものだった。ほとんどの建築家は、設計事務所と建設用地の間にいくらかの距離が不可欠だと感じていたが、アースキンは思い切って、使用されていない葬儀屋の屋内に彼の事務所を設置することを決めたのである。住民は、製図板の前で働く建築家の姿や、開発の次の段階(1982年～83年で終わることになっていた)の設計過程を目の前に見ることができた。そして、住民は不平や疑問を投げかけることができたし、実際にそうしていた。さらに、より正式なミーティングが何度も開かれた。

　ミーティングは、開発に関する抽象的なコンセプトが議論される前に、住民たちの不平から始まる傾向にあった。バイカーでは、こうした事態が収束するにはある程度時間がかかるということを、アースキンは十分に承知していた。バイカーの人々は誰かの相談を受けることに慣れていなかったのである。それに対して、スウェーデンの人々は概ね計画と開発のコンセプトを受け入れることに対して柔軟であった。

　住宅の設計段階では、たとえば、家族、両親、子供、あるいは親戚や隣人の住宅が議題とされるべきであるように、それよりもずっと大きいプロジェクトのデザインでは、広範囲の人々が参加するべきなのだ。たとえば、スウェーデンのマーシュタ(Märsta)では、アーランダ(Arlanda)に新しいストックホルム空港を建設するという決定に続いて、その地域を再構築する必要性が出てきた。1968年にアースキンは、地域や敷地の潜在的な需要を調査するために、地域計画案を準備した。〈マーシュタ70〉と呼ばれるプロジェクトでは、プロジェクトの統括建築家(建築家プランナー：マスターアーキテクト)であるヨハネス・オリバーグレン(Johannes Olivergren)は、参加とパラレル・スケッチによって基本計画をつくるように提案した。4人の建築家はそれぞれ——アースキンはそのうちのひとりだが——マーシュタの異なる4つの区域を分担し、全体計画を作成するために住民と共同して計画を作成していった。クリストファー・アレグザンダー(Christopher Alexander)は米国から助言をした。このとき、わずかな設計料が公共主体から関係者たちに支払われた。そして、無作為に選ばれた一般市民が、ミーティングに参加した。それぞれの4つのグループには、植栽や照明や遊戯場のような、自分たちの地域の詳細な改良に関して使うことのできる、ある程度の予算が与えられた。アースキンが担当する住民グループとの最初のミーティングで、アースキンはその地域の地理的なアウトラインだけを示す用紙を持って来て、住民グループと合同でアイデアをスケッチした。4つ

The Architecture of Ralph Erskine
Peter Collymore

のグループの建築家は情報とアイデアをそれぞれに交換した。全体計画は1968年のアースキンのスケッチが出発点となっているが、プランは直線的な街村として展開し、入り江の北側にある道路によって連結された。1977年の段階では、実際にプロジェクトを実施する前のスケッチコンペは、より確実な実施プログラムとなった。アースキンが設計を担当した村、オストラ・ステニンゲ(Östra Steninge)は本書123ページに示されている。

　スウェーデンでは一般的なパラレル・スケッチを行うコンペも、設計プロセスに市民が参加する一例である。計画やデザインされている住宅に住む人々や、工場や事務所で働いている人々を探すのが不可能であるときに、アースキンは、住民の考え方を反映する代表グループを形成し、そして最終的なユーザーが持っているニーズを把握するために、社会調査の方法を使用した。

　それは多くのプロジェクトで使用されたテクニックだ。結果は様々であり、直接の参加ほど満足を得ることはできないが、有効な方法であると考えられている。アースキンは、関係者らに真の選択権があり、人々が意見を述べる機会を持てるように、本物の代替計画案を準備すると主張していた。これらの意見を踏まえた上で、アースキンは関係者が持っているのと同じように、優先すべき点を評価して発見し、そして最終的な決断に影響を与えるような話をする権利を持っていた。これは特に、市民参加を経て、彼の事務所での基本計画が予期しない方向に前向きに展開する際に、楽しんで行っていた仕事のやり方である。

　アースキンが市民参加のプロセスを強く支持し、その展開に力を注いだのには、次の2つの主な要因がある。

　それは、スウェーデンへの移住とクエーカーの教育だ。未知の国に移住する際に、スウェーデンの社会がどのように動いていたのか、どのようにして構成されたのか、そして、政治や社会の歴史、作法や慣習、その国が発展した方法など、イギリスとスウェーデンの間にある多くの違いを理解することが不可欠だった。このことは、彼がその国特有の気候の中で、スウェーデン人にふさわしい建物を、スウェーデンの建築家として設計する前に、吸収しておかねばならないことだった。彼は、建築活動を行う国、すなわちスウェーデンで生まれ育った建築家よりも、深くスウェーデンに関して理解しなければならなかったであろう。このことは必然的にアースキンの調査と議論の過程を発展させることになり、それは国内であれ国外であれ、どの建築プロジェクトにも用いられた。アースキンは、「プランニングにかかわる『専門家』は、居住者も人のニーズ、状況、願望の『専門家』であるということを認識しなければなりません」と述べている。続けて、「すべての人間には神的なものが備わっている」ということ、そして「必要不可欠な単一性、必要のない自由、すべての人間愛」にあるはずで、「本当の霊的な経験は普通の考え、行動、および気持ちで表現しなければならない」と述べる。こうした発言にうかがえるように、クエーカー教徒としての信念が、彼の参加のプロセスへの関与の基盤を築いたのである。

そして宗教的な儀式の代わりにミーティングを行うというクエーカー教徒の伝統が、アースキンの市民参加型のミーティングの基礎になっている。ミーティングでは、建築家が高いところから尊大に振る舞うことはなく、同じレベルで他の関係者を議論に巻き込んでいたし、プロジェクトのデザインに影響する最も重要な要素について、統一した結論に達するように試みられていた。

建築的な志向
　1976年に、アースキンの見解が有効な議論につながるかどうかを判断してもらうために、南アフリカの建築団体に、彼の考えや理想を概説した手紙を送った。その後、アースキンは、仲間を支援するために南アフリカに向かい、そこで、とくにバンツー族やカラー族の恵まれない人々のための住宅に関する会議に参加した。このとき、アースキンは多くの新しい発見をした。バンツー族の村には、労働と休養、コミュニティ内の出会いとプライバシー、そしてあらゆる年齢層と様々な活動の交差が、伝統的な村の構造と建物に反映されていた。この社会の組織は、私たち工業先進国のコミュニティ・プランがいかに安易であるかということを示していたのだ。建物はエコロジーの観点からも素晴らしかったのである。

> 遮光性、断熱性、通気性に優れている日干し煉瓦や泥のモルタル、および屋根葺き材が非常に経済的に用いられている。そして、彼らは、ほとんどお金を必要としない。簡単な資源を用いるだけで、冷却や暖房のためにエネルギーを使わない、そういう建物だったのだ。そして、それらは現代的で伝統的な色とモチーフを混合して用いながら、優れた芸術性で内側と外側が装飾されていた。それは優れた経済性と品質を持つ建築であり、建築家が学ぶことのできる作品なのである。これらバンツー族の村のそばにある、空調機やプールが備わった排他的な白人たちの郊外住宅は、逆に、原始的で自己中心性と孤立を深めているように思えた。彼らは無駄な「ブルドーザー」技術と非常に安易な心理学的で社会学的な計画手法を駆使している。

上記は「変化の道具(Instruments of Change)」の論説からの引用であるが、これらは、近代建築の顔を根本的に変えた重要な因子として抽出された4つのポイントである。この中には、意思決定のプロセスにおいての民主的な参加や、身体障害者などの少数派の権利の認識、使用するエネルギーや建築資源の節約がある。バンツー族の村はこうした実例を明確に我々に示しているのだ。アースキンは以下のように述べる。

　資源の経済的利用に詩的感情を見出し、現代のコミュニティに必要とされる多くの

The Architecture of Ralph Erskine
Peter Collymore

建物を提供するという建築の発展を望んでいる。そして、これら利用者によってつくられた市民のための、市民の建築を期待しているのだ。その結果、経済的で親しみのある魅力的な環境を形成する際に、いくつかの手法が利用されるようになった。そしてそれは、私たちが、再び盛り返した古いヨーロッパの村や都市を訪れた際に楽しむようなものであった。

また、ロンドン大学バートレット校とAAスクールでの講義の後に書かれた論文「建築――おおげさなふるまいか、それとも有用な芸術か」の一節で、アースキンはこのテーマについて詳細に述べている［訳注、本書251ページではアースキンのRIBAロイヤルゴールドメダル受賞記念の講演録を掲載しているが、以下のピーター・コリーモァ氏による引用と表現が似ている。ソースは同一のものと推測されるが、確実なことはわからないため、原書に忠実に訳したことを附記しておく］。

建築とは、人間が風景を変化させ、建物や町を建設したり、彼らの多くの需要を満たすために道路や橋、家具、その他の道具をつくるものとして発生します。それは私たちが存在するあらゆる所にあって、生活や文化の主要な表現に重大な影響を与えています。それはコミュニティを備えた芸術なのです。そして、建築家が過程にかかわるか否かに関係なく、これは真実なのです。同様に、建築は他の主要な芸術すべてと異なっているということを私たち建築家は決して忘れてはいけません。それはbrukskonst――すなわち利用可能な実用性の芸術なのです――5。しかし諸芸術のように、その建築の象徴性と詩的感情は優先する文化の特色と人々の要求するところを表しています。したがって、私たちの環境を築き上げる際に参加するすべての人には特別責任があります。そして、人々は私たちの時代の最も重要な目的が何であるかということを厳粛に考えるべきなのです。人権と民主主義に対する非常に深い信念を示している時代、または、科学者、文学者、メディアの人々が、私たちに世界中の人々の必要な情報を知らせる時代にあって、こうした参加のプロセスは注目されるべきなのです。現代は、多くのお金は有名なオフィスや、市の建物、教会、博物館、その他の特殊な建物に費やされています。しかし人間の本質は、無数の住居、作業場所、その他の構築物にみることができるのです。それは、非常に多くの人々にとって本当の要求に見合ったものなのです。こうしたことを観察することができるし、重要な問題となっているのです。

これらの言葉から、アースキンが社会正義や公平な建物資源の配分を考え、尊大で記念碑的な性格を持つ建築を拒絶していることを、読み取ることができる。しかも、ビルディン

グタイプとプランニングの微妙なバランスを信じており、こうした姿勢がにぎわいのあるコミュニティや実際にうまく使える建物をつくり上げてゆくことを可能にすると考えたのだ。この姿勢が事務所のすべての作品の基盤として存在しているのである。

アースキンの建築デザインにおけるもうひとつの設計決定の主な要因は、彼らが建設する場所の気候との関係だ。スウェーデンに移り住んで、自邸を建てて、初めて森で生活を営んでいたとき、アースキンは過酷なバルト海の冬に正面から立ち向かった。そしてそのような緯度では、特殊な性格の建物がつくられねばならなかった。厳しい寒さ、日照時間の短さ、および地吹雪という問題が、建物デザインに与える影響を迅速に評価する必要があった。

もちろん、気候風土を理解することのできる、その土地特有の建物があったが、穏やかなイギリスの気候のもとでの生活から、新たに建築を目指してスウェーデンにやってきたアースキンは、新しい方法で気候への問題を解決し、20世紀の建築の発展のために適切な工夫をする必要があると考えた。北極圏において支配的なデザイン傾向や、暑い気候に影響を受けている建築の特殊な要素についてアースキンは後にさらに詳しく考察している。

特殊な気候で建物を機能させる方法についての、アースキンの特別な関心は、彼のデザインのすべてに反映されている。それは北半球地方の建物だけにとどまるものではなかった。方位決定、卓越風（あるいは騒音公害）からの保護、日光の遮断と遮蔽、換気、そして室内ではコールドブリッジ、さらに雨水処理といった問題など、気候との関係にある本質的な特徴を確定するために、また、どのようにしてそれらを建築的に表現することができるかを決定するために、あらゆることが検討されている。

アースキンの解決策はしばしば型破りで、機智や想像力に富んでいるが、いつも物理的な要求に関連している。まだ、「機能は形態に従う(form follows function)」という初期近代建築運動の信条がそのまま残っていた。しかし、アースキンのデザインの多くは、建物の機能に適応した特別な形態を探り出すことから生まれてきたのである。スウェーデンのイェストリーケ・ハッマルビーやアベスタ(Avesta)の近くのフォールス(Fors)の工場は、特別な換気方法を必要としており、乾燥という木材パルプの製紙工場に欠かせない要求に対応した屋根や平面の形態を有している。スウェーデンのスヴァッパヴァーラ、カナダのリゾリュート湾、イギリスのバイカーの都市では、都市の北側境界線の周りを壁状の建物で囲んでいる。そして、この建物は北風から、都市を保護するという機能を果たしているのだ。さらに、陽当たりのよいところに居住施設を設けている。バイカーの集合住宅の場合、道路や鉄道からの騒音公害からの保護にも役立っている。アースキンの自邸では、屋根の形態は明らかに傘のようになっていて、両側面と両端が開いていて、雪と雨から、実際の屋根プレキャスト・コンクリートを保護している。そして同時に、建物躯体の温度で雪が分離することによって生じる、融雪や氷柱の危険性を避けることができるようになっている。同じ屋根の架構システムはスウェー

デンのニア・ブルーケットや他の住宅地の計画で使用されている。

　スウェーデンの短時間の日光を最大限活用するために、アースキンはしばしば建物の中にルーフライトを取り入れた。屋根にただ穴を開けるのでなく、建物の中央に低い角度の太陽光を取り込むために、ルーフライトの上部に反射板が取り付けられていた。このアイデアの初期のものは、1961年のストックホルムの〈ストローム邸(Villa Ström)〉で使用されており、その後の計画でもしばしば用いられている。特にリゾリュート湾にある、スウェーデンの〈ティブロ(Tibro)の町議会事務所(計画案)〉や、〈ストックホルム大学フレスカーティ校〉の学生会館のデザインでも使用されている。

　北半球地方の建築に用いられるバルコニー構造を極北の地で用いるには難点がある。建築家がコンクリートの床スラブから片持ち梁でバルコニーを持ち出す方法を極北の地で採用するならば、零度以下になるバルコニーの部分の影響が建物内部に入り込んで「コールドブリッジ」を形成してしまうだろう。そこで、アースキンは、屋根に取り付けたガントリー――6からスチール・ケーブルでバルコニーを吊す方法を考案した。1954年に最初に、ヴェクフェ(Växjö)のラスサコグの集合住宅地で使用している。これはバルコニーと建物との接触を最小限にしたものだ。

　ヴェクフェの事例のようなバルコニーはサンドヴィーケン(Sandviken)の住宅地の計画や集合住宅に使用された。そして、同じような建築的なアイデアはケンブリッジの〈クレア・ホール〉のアクセスギャラリーで工夫されていた。しかし、イギリスの建築法規では、コンクリート造で耐火性のあるケーブルを必要としていた。

　アースキンは、彼の建築が有機的であると記述されるのを好まないが、彼の建物にはある種の有機体のような外観がしばしば見られる。たとえば、アンテナ、採光装置、換気装置、チューブ状の管、その他の動物的な特徴を持つものがある。それは思想家であり建築家でもあるルドルフ・シュタイナー(Rudolf Steiner)の弟子たちの作品と表面的にはいくぶん似ている(たしかにアースキンはスウェーデンのルドルフ・シュタイナーの学校に自分の子供たちを通わせていた。その学校を選んだのはスタッフの熱意とその環境のためであった)。多くのデザインに見られる非対称性、屋根の不規則性、および伝統的な建物形式の特有の操作には、漠然とした類似性がある。しかし、アースキンは断固としてシュタイナーの建築と建築思想との関係性を否定する。彼自身の建築は実践的で、博愛的な種類のものだ。そして、彼は行き過ぎた神秘説をまったく信用しなかった。

住宅と共同体――実践されたアイデア

　アースキンは多くの住宅の設計を行った。この住宅に対する関心が、建築活動における住宅設計の領域で、彼の特殊な技能を引き出している。彼の住宅作品は、すでに述べたように、建築家は参加と情報交換のプロセスを通して将来の利用者と関わるべきだという

信念に基づいてつくられている。これは、いずれ利用者となる人々と建築家との距離を縮めるためであり、そうすることで人々と関係性の深い建築を提供するのである。アースキンはある論文で次のように書いている。

> 生活の領域に必要不可欠ないくつかの基本的な特質を私たちの作業の中に見つけようとしているのだ。幼少の頃から家族よりも大きな集団と自然に接することは、とても重要である。しかし孤立した家族というのは今日では一般的なものである。この孤立は、人々との接触の困難さにつながっており、社会的な態度として顕著な恐怖と攻撃性を持つようになるのである。これは、大都市で特に明らかになっている。もし人々が幼少時代から広範囲な社会的集団で生活する可能性があるのならば、「社会的な人々」が育っていく。社会というのは、幼児や高齢者のような年齢層だけでは成り立たないのである。20～50世帯のそれぞれの集団に管理人を用意し、コミュニティセンターをうまく設置することは、地方公共団体の運営費用の節約につながる。

多くの社会では、住宅地に住んでいる人々の半数以上はあまり動き回らない。小さな子供たち、主婦たち、高齢者や身体障害者がそこで一日の大部分を過ごす。アースキンは居住機能だけを持つ住宅地域を「不完全な有機体」と捉えている。彼は住宅地に「生活圏」をつくるための学校、商店、作業場、コミュニティセンター、オープンスペースが備えられるべきだと考えている。昼夜の静けさは、明確な環境基準になると考えられており、主に交通を分離することによって実現される。この計画は、住宅地域内の事故を減らすと同時に安全な遊び場を提供することができる。さらに計画地内の歩行者専用道路で社会的な交流ができるようにしている。

住宅地の周辺部に駐車場を配置することは、いくぶん不便な点もある。例えば車の所有者は、自分の車を常に見ることができない。また、物品を購入した場合、住宅地域内に集配システムが構築されているものの、集配地点から自宅の玄関までは自分で運ばなければならない。そのほか、身体に障害を持つ人々は、特別に道路を使用する権利を与えて、すべての住宅にアクセスしやすくしなければならない。

たしかに、こうした計画方法には否定的な側面があるが、肯定的な側面が否定的な側面より重要であると考えられる。

> 正面玄関で人と接触することは、主要な歩行者の流れに沿って街並みの活動をつくり出している。それは、住戸内にあるセミ・プライベートな内部の静けさと同調するもので、都市空間に強い社会的な連結性をもたらす。庭や住宅における

The Architecture of Ralph Erskine
Peter Collymore

　個々のプライバシーはできる限り保護される。したがってセミプライベートの物理的な構造は、社会的な経験を与え、「場所」と「コミュニティ」の方向性と独自性をつくり出すのだ。
　理想的な住宅の地域では、お互いが認識可能な「ゴシップグループ」と呼ばれる30～50世帯の規模に細分化され、歩行者道路や広場、駐車場周辺に配置されている。その中に、コミュニティルームや遊びの空間、その他必要な機能が用意されている。

　アースキンは、人々が住む環境を設計するために、これらすべての基本的な特質の獲得を目指してきた。そして、従来あまり住宅以外の建物をつくることなく、居住地域を構成しようとしがちな住宅デザインのあり方そのものを、いつも打開しようとしてきたのだ。これらの計画案は、地方公共団体で重視されていない小売商店や軽工業などの数々の施設と共に、村や都市として働くように考えられている。これが彼の都市計画の技法であり、彼の建築哲学なのである。
　多くのアースキンのプロジェクトでは、彼は計画の最初のコンセプトを拡大して、もともとのクライアントが考える以上に、計画の条件を考えていた。たとえ、当初予定されていた敷地から別の敷地にプロジェクトを移動させたとしても、建築的な解答のひとつとして、十分に説得力のある提案だった。ストックホルムにある〈エーケロ・マラスタッド〉のプロジェクトでは、彼は不規則に広がった村の中に計画されている新しい商業センターのコンペを勝ちとったが、そのとき提案されていた敷地が、2つの島を分割する水路の両岸側に少し移されている。この提案は完全に機能が充足した計画へと展開した。休日のボート遊びの魅力をつけ加えて、湖畔の村を社会的に統合させた。そして、ボート遊びとレストラン施設という付加的な要求は、この地域全体の風景をいきいきとしたものにしているのである。
　イギリスの〈バイカー〉の計画は、学校、保健所、パブのような商店と施設を必要とするほど大きいものだ。古いバイカーには、教会など、既存の建物を残している場所があった。それらは新旧のつながりをつくり出しているが、アースキンはそこに、あらゆるところに散在している多くの趣味のための部屋や小商店を加えた。スウェーデンの〈ニア・ブルーケット〉の計画では、ひと続きの住宅にそれぞれ中庭がある。そして、その庭には、別棟としてコインランドリーとミーティングルームがある。それは、古い村の洗濯場と同じように現代的で、社会的な役割を担うのである。また、若者と高齢者センターの両方につながっている社交クラブとスポーツクラブが設置されている。
　サンドヴィーケンのバルベラレンの近くにある集合住宅は、店舗、診療所、オフィス、社会施設を統合している。しかしながらアースキンの公営住宅団地の計画では、明白な敷地に対する非形式性の背後に、強い幾何学的な構造が隠れている。しばしばコート・ハウスに適

した長方形グリッドの敷地に置かれた集合住宅は、いわゆるくさび形のオープンスペースが現れるように、直線形のテラスに対して角度をつけて敷地に配置されている。しかも、オープンスペースは地域社会のセンターやサブ・センターに向けた歩行者道路につながっている。建物の間の空間は、隣接する空間を引き込んだり、導いたりする傾向があり、あまり特別なエリアではないが、子供の遊び場や座る場所、娯楽の場、特別な樹木を置くために用いられている。アースキンはいつも景観を整備するという目的で芝生や柵、あるいは伝統的な地域的な庭造りの方法で、空間を提供することは考えていなかった。むしろ、何かに使用される空間を残しておく方法をとっている。伝統的なランドスケープの方法は、たいてい乱暴に扱われたり、適切な基準で維持されないのである。

　実際にバイカーで、アースキンの事務所が行った最初の植栽計画は、徹底的な刈り込みと間引きを行うものだったが、少しも植物が生育しなかった地域の住民は植物の世話をするための知識をほとんど持っていなかった。

寒冷気候と建築
　イギリスの比較的温和な冬から、厳しい気候を持つ国、スウェーデンへと移住して、アースキンは特に、寒冷地の気候（風土）に適した建物をいかに設計すべきかという問題を意識するようになった。1950年代の半ばに、彼は北極圏の理想的な街に対するいくつかのアイデアをスケッチしている。1958年にはアークティック・タウン・プロジェクトのために図面を製作した。この計画案は、北極圏の街の基本的な特色がひと目でわかるものだった。そこは南斜面に位置しているので、あたかも、中世の城壁を巡らせた町のようだった。外側にほとんど窓がなく、連続した建物の壁面によって東、西、北が囲まれている。しかしこれは北極風とブリザードから町を守るためである。壁体建築に囲まれた陽当たりのいい場所にある居住地内部では、個々の家と小さな街の施設は分散されている。アースキンは、次のように書いている。

　　北方の都市は、孤立しているが故に、南の地域よりも魅力的に、そして目立つよう
　　につくられるべきである。北極圏の荒野で人間が住む環境をつくるためには、
　　ひとかたまりの建築として集合させるべきだ。

　1959年にアースキンは北極圏と亜北極圏における建物に関する彼の思想を解説する図面を展示するために、近代建築国際会議（CIAM）に招待された。CIAMは都市計画と建築における新しいアイデアの交換のためのフォーラムとしてウォルター・グロピウス、ル・コルビュジエ、およびアウト（Oud）によって1928年に設立されたが、第二次世界大戦の混乱の後、会議は勢いを失っていた。

The Architecture of Ralph Erskine
Peter Collymore

　しかしながら、都市問題に関する国際会議は1956年にチーム・テンの結成により再活性化された。オランダのオッテルローで開催された1959年のCIAMミーティングにアースキンを招待したのはチーム・テンのメンバーたちだった。

　後にアースキンはキルナやスヴァッパヴァーラのスウェーデン北極圏で、2つの住宅を設計するにあたって、これらの北極圏の都市研究から引用することができた。この都市は、国営のL.K.A.B.とよばれる会社により、鉄鉱石の発掘が行われている。1960年代前半に、この公営会社は、キルナでの業務を拡大して、スヴァッパヴァーラで、新しい鉱山を開くことを決定した。アースキンは、キルナの中心部分の再開発のために様々な計画を準備したのである。そして、最終的に国営住宅団地〈オルドリバレヌ(Ortdrivaren)〉を設計している。1961年に、アースキンは〈スヴァッパヴァーラの集合住宅〉の図面を準備し、そして1964年に完成している。

　これはアースキンが初めて実現した壁体建築だった。この「壁体建築」には町の北側に長く折れ曲がったテラスがあり、この建物はそれ自体が、極寒の環境に対するシェルターとして低層住宅を守るように設計されている。スウェーデンの北極圏付近での他の計画案には、1954年の〈ルレオ・ショッピングセンター〉、1950年のボリヤフィヤルの〈スキーホテル〉、そして、カナダ北西部の〈リゾリュート湾の居住地〉がある。これらは北緯74度に位置している。残念ながら、後半のプロジェクトは部分的にしか完成しなかった。スウェーデンの最南端でさえ北緯56度に位置しており、モスクワ、エディンバラ、カナダのハドソン湾と同じ緯度なのである。

　しかし、どのような人々がこれらの北極圏に居住するのだろうか。イヌイットとラップ族は遊牧の生活スタイルに見事に適した文化を持っているが、これらのネイティブの人々が南部の新しい都市生活の方法に引きずられ、魅力を感じるようになると、その文化は退化して崩壊するであろうと、アースキンは指摘している。また、その地域に移住する南部地方の人は、狩りと冒険的な活動以外には、遊牧民の文化の価値を見出さない。アースキンが理解していたことは、もともと住んでいなかった北部住民の特徴のひとつが「都心部から離れて、流行と文化の流れから遅れていると、意識している」ことである。アースキンは、北方に住む人々が風景に溶け込むように望んでいる。彼らは、文化的孤立というものを信じていない。イヌイットの人々とラップ族は、大きく異なる2つの文化の中に共通項を見出すことに大きな困難を感じていた。北部の住民が南部の文化との接触において感情的なつながりを維持するのに用いるひとつの方法は、大都会の新しい生活スタイルと思想を模倣することである。

　こうしたことはパーゴラ、アーケード、ブリーズ・ソレイユのような、建築的に無関係な特徴をもたらし、同様に、基本的な計画上の欠点をもたらした。そこでは、状況が必要とする特殊な要求が十分に考えられていなかったのだ。資源の調査、通信施設の設置、空港や他

の防御基地は、北部で仕事や生活をする多くの人材を必要とする。そのため、政府や産業が、新しい地に根を下ろしたり、彼らが得た特別な知識と経験をフィードバックするなど、永久的なバランスのとれたコミュニティを形成し、文化が成熟するために十分に長い期間滞在できるような人々を見つけることは難しくなる。

　一方、高賃金で、急進的かつ重い職責の環境の中で一時期成功し、亜北極がもたらす戸外での生活の可能性を楽しんでいた人もいた。そして子供たちは、状況に順応してゆくことにそれほど困難はないということを示してくれた。そして、たくさんの友達や親戚たちとのコンタクトも長く続き、南部の町と同じように店舗、レクリエーション、教育的な機会が十分に与えられていた。

　こうした「未開地」での生活は、大半の女性にとってはあまり利点がなかった。彼女らはしばしば孤独で、南方の「ゴルフばかりしている夫を持つ妻(golf widows)」のように、北方の「仕事や狩りや魚釣りばかりしている夫を持つ妻」となったのである。遅かれ早かれ、彼女たちは物足りなさと孤立に対して不満を言うようになり、夫や家族を、南の地方や仕事の都合により、引き戻したのである。アースキンはそのような環境に生きることの心理学的な圧力をよく知っている。スコット研究所(イギリスのケンブリッジにある)に提出した1968年の「北極圏レポート(The Polar Record)」の中で、彼は次のように書いている。

　空虚な北極の荒地や豊かな原野と、人々が群がっている温帯地域との間に横たわる、この亜北極の地域の特性とは何なのだろうか？　それは我々の生活をどのように形づくるのだろうか。建築家たちの少しの手助けで、我々が利用する建築と都市をどのように形づくるのだろうか。何にも増して、技術文明の出現するところにのみ世界は在るのである。この技術文明というのは、住みにくい気候の困難さや不毛の土地から得るわずかな収穫と格闘するといった、長く継続的な悩みから我々を解放してくれる。亜北極圏には豊かな都市文化や歴史もない。また、その場所で本当に必要な適切な技術も存在しない世界なのだ。亜北極圏は一年の間でも気候にかなりの差があり、夜間に上る太陽の下で、ほんの少し緑の茂る短い春を経て、毎年訪れる、冷たくて暗い不毛の冬が足早にやってくる、こういった世界なのである。そして、霧、雨、霜の日が短い日々へと戻り、冬には雪と氷の日々に戻るということが、毎年繰り返される。こうした環境は、その場所に住まい、この季節的変化を経験する人たちにとっては、とても重要なことなのだ。そこに住む人々にとって、気候の変化は受け入れざるを得ない出来事なのである。亜北極圏では、日が長くなり、融けた雪が溝に流れゆくような状況が、どのようにして精神を高揚させるのか、そして、その土地を支配している秋の霜や暗さに対して、どのように人々が耐えていくのか、といったことを見ることができるの

である。夏に、彼らは肌寒い湖に飛び込んで、白夜のなか散歩を楽しむ。冬には毛皮の襟を立てて家から家へと急ぐ。そして、屋内と屋外の両方共に光が灯されていないと、気持ちが沈む。こうした環境では、家や街というものは、春や夏の太陽に向かって咲く花のようでなければならない。しかし、その背後には影があり、冷たい北風が吹いているのだ。家や街は、テラスや庭、道に対して、太陽の暖かさを享受したり、防風の役割を果たしたりしている。建築物は南ヨーロッパやアラブ諸国のように、列柱を配したアーケードや迷路状に入り組んだ道のようであってはならないのである。しかし基本的な条件のなかで、最も類似している点は、人々の肌の体温を、快適な35℃に保つようにしなければならないということである。古いか、新しいかにかかわらず、南の美しい街を研究するとき、私たちが関心を寄せるべきであるのは、形態自体ではなく、人々が必要性を解決するときの発明の才と芸術性なのである。そこには独特な状況と時間があり、彼らがつくり出した安らぎと美しさがあるのだ。そのような方法だけが、個性的な、先住民族のアラスカ人、カナダ人、スカンジナビア人、または北部ロシア人の伝統を、生じさせ得るのである。

　寒冷地気候の生活に必要な物理的条件はもちろん厳しいものだから、調査を必要とする。亜北極圏には、居住地として成立し得るいくつかの地域がある。そして、宇宙や月に住むことが考慮されている時代に、北極や南極に住むことはありそうもない話とは思えない。南極は、大嵐の海洋によって囲まれた大陸であり、氷に閉ざされた厳しい気候である。そこで建設する住宅には、可能な限りの保護が施されねばならない。数年前までは主に探検家と科学者が訪問する場所だったのだ。しかし今日では、船旅の旅行者が毎年やってくるし、極地での鉱物資源の開発は行われるだろう。そこにコミュニティは確実に確立されるだろう。しかしながら、北極は様々な気候の陸地によって囲まれた海洋である。厳しく荒々しいところもあれば、多くの砂漠地域より雨や雪の降水量が少なくて静穏なところもある。陸地には主に荒涼とした山々や、氷河期に形成された木々が生えないツンドラ地帯がある。そして現在では、およそ800mの深さまで土は凍っている。生命は短い夏に雪解けする表面の数cmの範囲で生き延びているのだ。亜北極地帯とは、まばらに人が住んでいる北極圏周辺の広いベルト地帯で、不毛の北方の荒野から広がってゆき、寒帯の針葉樹林帯の樹木限界線の最南にまで広がっている。5月から6月にかけて地面は雪解けし、植物は短い間に成長し開花を始める。そして、昆虫の群れが空いっぱいに広がり、鳥たちが南から飛来する。

　夏の一定の光線のもとで、ツンドラ地帯は湖と池のある風景に変わるが、それらの水は何年も降り積もった雪からのものであり、大地が凍結しているために排水できない。数カ

月間、南の森林と荒野は花や、果実や、キノコがたくさん生える。森林地ができることで限られた農業が可能となる。夏が終わるまでには、樹木にたくさんの葉が生い茂り、そして秋の色に変化する。

　北極に適した建築に必要な要素は、場所に本来備わっているコントラストに注目し、建物が必要とする特別な保護機能に注意を払うことだと、アースキンは指摘している。夏の暖かさや輝かしい光、そして豊かな生活は、特別な防御が必要な冬の寒さと対照をなしている。こうした季節の変化によって人間の精神の必然的な変化は、建物と街における社会の変化にも反映されねばならないのである。

　人間が例外的に存在できる場所の、広大で野性的な自然における地理的な孤立は、人工的な環境が保護や補強を必要としていることを意味する。北極の建物に対する必須の評価基準は2つある。内部と外部の間の違いを高度に保護することと、安全で効果的な温熱環境を形成することだ。もしこれらが正確に設計されないのならば、少なくとも南から来る人々にとっては、このような高い緯度でコミュニティをつくり上げることはほとんど不可能である。

　冬の期間の強固な断熱構造とは対照的に、夏の間は太陽を取り込み、蚊や風を避ける装置が必要である。したがって、冬の「建物」は囲まれているが、夏の構造物とは違って、自立しているのである。一方では、包まれたり守られたりするものであり、一方で、生活を楽しくするものでもある。これらは高緯度地域に必要な現代建築に固有の基本要素である。

　このテーマを拡大して、アースキンは、オッテルローのCIAM '59会議で「高緯度地域のための方法」として建築的な考案を提示した。

高緯度地域のための方法（ラルフ・アースキンによる）
　寒さ——寒い地域では、新しい建物の外皮膜と表面積を最小限にする必要がある。また、多種多様な機能が、経済的な暖房と適切な機能を持つコミュニティのために、ひとつの共通する外皮膜の中にまとめられるべきだ。冬場には、常に循環システムが守られ、代替システムが用意されていなければならない。

　暖かい期間——短い夏を経験し、季節を楽しみたいという要求が高まるが、夏はほんの数週間しかない。

　雪——地吹雪の問題があるため、空気力学的な特性を考えた街並みや建物の形態や保護の方法、除雪車のための広い場所（道）、雪受けや、回収した雪の捨て場所が必要となる。雪をコントロールするとともに、雪が持つ美しさも考慮しなければならない。

　大地の凍結——低緯度の地域では、地面は気温よりもさらに安定した温度を保っており、建物の保護に適している。高緯度の地域では、永久凍土層の温度が安定しているため、

リサーのドーム式住宅

© Erskine Estate

ティブロの小店舗付き集合住宅に用いられた吊り下げ構造のバルコニー、コールドブリッジを抑制する

CIAM '59で北極圏での都市計画に関する研究成果を発表するアースキン、オッテルロー、オランダ、1959年

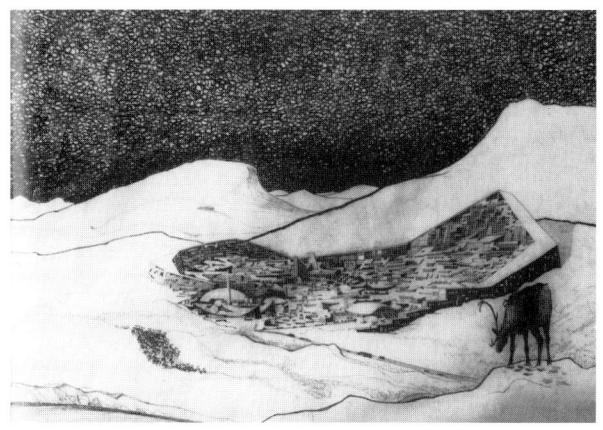

アークティック・タウンのスケッチ、1958年

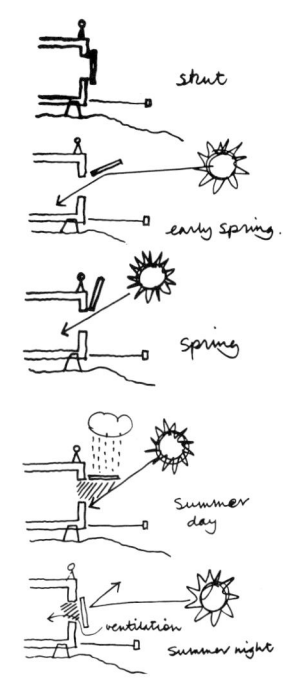

北極圏の街の建築の開口部に関するデザインの考え方

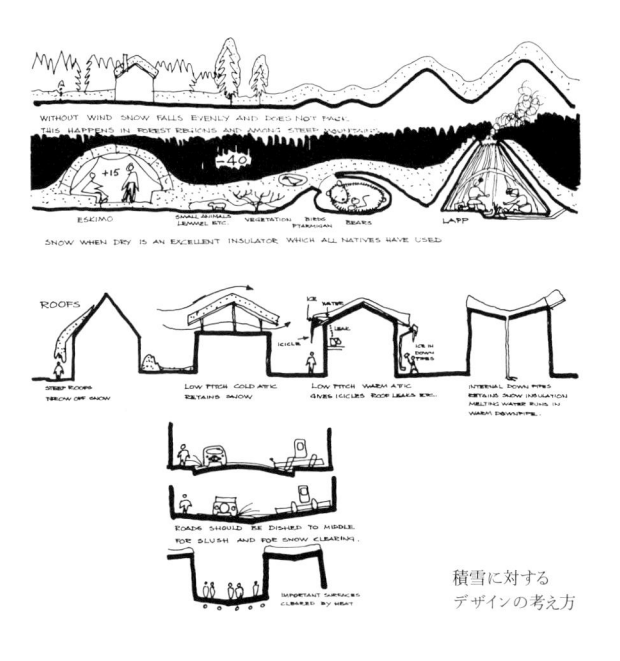

積雪に対するデザインの考え方

51

建物は地上に置かれる方がよい。

　光——極端な夏の光線と冬の暗闇は心理的なストレスを与える。また、夏場は白夜時の太陽光線を遮る必要があり、冬場はイラストが示すように、特別な窓によって寒さから守る必要がある。戸外のイルミネーションと雪の反射は冬の暗さを軽減させる。太陽高度の低さが、街や建物の形態に影響を与える。

　風——冷たい風は不快感を与えるので、風の防御が重要な要素になる。しかし、コントロールされた夏場の風は蚊を追い払う。雪を排除したり、道路や玄関のような場所での吹き溜まりを防いだりするために、空力を考慮した建物デザイン（角を丸くするなど）によって風が活用されるかもしれない。雪の美しさは北方生活の一部とならなければならない。

　空気の排出——とても寒いところでは、天気は比較的穏やかである。冷たい空気は低い方に流れ、窪地や低いところにある街や建物では、人々に不快感を与える原因となる。冷たい空気の流入は南斜面に沿った建物の正しい配置と形によって避けられ、冷たい空気はさらに下に流れることになる。

　太陽熱／放射——太陽の熱は北極圏において積極的に利用される要素となる。しかし夏の白夜の期間は不快な暑さをもたらす。このことが北側に窓を設けることを困難にしている。一方、南斜面と南面の壁は快適性を高め、エネルギー効率を上げる。それらはまた、夏の間は夜間に影をつくる。また、太陽熱はエネルギーとして使用することもできる。

　動物——広大な自然の中では、狩りや釣り、アウトドアスポーツを年中楽しむことができる。夏場は虫が大量に発生するため、家には通気性のよいスクリーンを設けなければならない。

　植物——冬にはすべてが雪の中で枯れてしまう。そして、夏にはすべてが緑色に輝き、秋には赤く色づく。植物学上の限界や、その地域の特性は誤解され、間違った方向へ導いてきた。アウトドア・ガーデン、インドア・ガーデンの正しい扱いを改善したり、保護したり、提供しようとしてきたのである。

　微気候——上記のように、春、秋の高度の低い太陽光線を取り入れ、窪地や谷間に溜まる冷気を避けるために、建物は南斜面に建てられるべきである。しかし、それらの建物はまた、夜の冷気を和らげる早朝の太陽光線を浴びるために南東に向いていなければならず、夕方まで内部が明るいように南西からの太陽光線も確保しなければならない。また、極北の地に住む人々は白夜も楽しむことを忘れてはならない。巨大なドームや吊り構造の被膜式屋根を使って、建築家や技術者たちは、北極圏の街を建設するいくつかのプロジェクトを行った。こうした都市の物理的な利便性の向上により、経済的なランニングコストと暖房が実現可能になった。しかし、このような街は組織的で内向的なものになりやすいため、社会的、心理的な問題が発生する。屋外の風景との接触は間接的で希薄なものになるだろう。消極的な社会的関係については、北方の国々から報告されている。そこでは、

The Architecture of Ralph Erskine
Peter Collymore

人々は外界に接触しなくても生活でき、それは込み入っていない社会のほうがうまくいくということを暗示している。

　北極圏と亜北極圏の冬はたくさんの不利な点があるのだが、さわやかな春の風、雪に反射して輝く太陽、オーロラ(北極光)は、北方に住んでいる人々とウィンタースポーツを楽しむために高い料金を払って来た南方の人々のどちらをも喜ばせるものだ。ドームの下で科学的につくられた街(都市)ではなく、もっと微妙な、建物の形態が工夫されねばならない。たとえば、防御された戸外の歩道は空や太陽、雪に向かって開き、悪天候時には囲まれた暖かな日光の降り注ぐ街路を結びつけ、雪の吹き溜まりを避けて建物の地下や構造物の北側を走れるように、第三の車道というべき循環システムをつくる必要がある。前述のように、保護を目的とした壁体建築とは別に、並木や灌木が風雪を防ぐように植栽するのがよい。

　孤立——極端な環境の状態は、個人や社会の緊張を高める。高水準の社会的、文化的施設の提供と一緒に住居を集めることは、必要不可欠なことだ。個人的な交流は、特に重要で難しい問題だ。コミュニティは有効な交流のための可能性を提供しなければならない。そして、それぞれの人々の領域を保護することも同様に重要だが、小さく独立した社会の内向的な生活においては難しかろう。人種、文化、階級の障壁は問題をさらに複雑にさせるだろう。日常的にそこに見られる実用的な面だけを強調せずとも、人間は北極圏に魅了されるはずである。

　1966年に、アースキンはイスラエルのアシュドッド(Ashdod)で地中海のニュータウンのコンペに招聘された。北極と暑い乾燥地の建物の間の類似性は明らかであり、それはアフリカへの訪問の後に再確認された。また、高温多湿の気候条件での類似性は重要だが、同じくらいに明らかというわけではない。北極では、太陽を捕らえて、微風を避けることが重要だ。暑い乾燥地では、太陽を避けて、微風を捕らえることが重要なのである。北極には漂流雪を伴う寒い白い砂漠が広がっている。熱帯には、熱砂の伴う黄色い砂漠がある。どちらも、特別な資源があるときを除いて、共同体は通常小さく孤立している。そして、伝統的な文化は遊牧だった。両地域での文化全体は非常に特殊化されていて、極端な気候の影響に直接関連する生存のための技術を見出した。

　暑い気候と寒い気候との間で類似する課題のひとつが、エネルギーバランスの問題である。どちらの気候条件でもデザインする際に、暖めたり冷やしたりする建物があり、重要なのは外部空間と内部空間の間の寒暖差なのである。外気温がマイナス10℃であるのか、50℃であるのかは、それほど重要なことではなく、内部空間を20℃にする。建物を冷やすのが暖めるよりたいてい高価ではあるが、主要な問題は30℃という気温差なのである。寒い気候の建物の問題のインパクトは、あらゆる気候条件下での建築物に関するアースキンの考え方を具体化した。

気温、風の向き、季節の変化、特殊かつ普通の気候学的な状態を注意深く考察することによって、彼は様々な状態に適した順応性のある建築物を設計した。彼の建築は一般的な20世紀のものとは正反対である。同じデザインの建物が世界中に建設されていて、異なる気候条件下でも、エネルギーを浪費する機械によって維持されているのである。

4　アースキンと20世紀後半の建築

　20世紀の最も影響力のある建築家の多くは、彼らが生まれたその国から他国に移って急成長した。多くの場合、1930年代のドイツを出て行かざるを得なかった人々だった。そしてその多くは故郷を出る前にすでに有名になっていた。ウォルター・グロピウス、マルセル・ブロイヤー、およびエリック・メンデルゾーンらは、イギリスで数年間過ごし、活動を休止していた。そして米国に向かう前に、地元の建築家と協働して影響力のある建物を建てた。ミース・ファン・デル・ローエは、1920年代にすでに彼より先に移住していたリチャード・ノイトラ、R.M.シンドラー、およびエリエル・サーリネンのように直接米国に渡った。異国に移住して新しい環境の中、活躍しなかった建築家たちもいたが、アイデアに満ちていて、創造力のある近代建築運動の英雄たちは、すぐに新しい地に根を下ろした。彼らはアメリカの建築の環境に親近感を抱いた。

　アースキンの場合、25歳のときにリュックサックひとつで、彼自身の少しの建築的な評判も何もなく、単身イギリスを去りスウェーデンへ移った。しかし、社会的な理想があり活気溢れるスウェーデンは、彼の建築に影響を与え、彼の建築の種子が発芽して成長するための肥沃な土壌を供給した。その後、ミース・ファン・デル・ローエたちのように、彼は出身地（イギリス）で重要な計画を築き上げた。彼は、近隣計画や村のスケールに関するイギリスのタウン・プランニングの考え方をスウェーデンに広め、そこでそれらを発展させて、特殊な気候を考慮してよりよいものに変更した。彼がイギリスに戻って建築を行うときには、さらにそれを推し進めていた。

　ラルフ・アースキンは非常にバイタリティのある男性だ。彼が世界中で行っている講義や事務所での会議のときの議論や会話は情熱的である。冬には、昼休みに彼のオフィス近くの丘のふもとで凍ったメラーレン湖にスケートに行って、休みの日にはスウェーデンの山々でクロスカントリースキーをして楽しむ。夏の休日には、島の周辺やフィンランドに向かってバルト海を越えてセーリングをして過ごすことがあった。アースキンは何時間も語ることができたし、広い範囲にわたって、彼の得意な話に興じるが、いつも主なテーマか元の話題に話が戻っている。退屈することなく長時間にわたって、そのような信念を興味深く話す人を、私は彼以外には知らない。話は、政治から内輪のことまで、原子力発電所についての討論からテレビの影響まで、芸術文化の破壊から設計プロセスなどにおける公共の参加まで、

The Architecture of Ralph Erskine
Peter Collymore

あらゆる方向に変えることができる。彼には、フリーハンドのドラフトマンとしての痛快な器用さと高いクオリティが備わっている。そしてそれは、正確かつ明快に彼の考えを説明するのを可能にしている。

　彼のスケッチのラインは魅力的で、多くがおおざっぱなものであるが、ひと目でその建築の考え方がわかる。アースキンの個人的なスタイルは、ルイス・カーン、ル・コルビュジエ、またはミース・ファン・デル・ローエのものと同じくらい多くのものがある。多くのスケッチには、上の方に気球が描かれている。通常のジェット機に対抗して最初、皮肉めいて用いたものだったが、それは彼のトレードマークやロゴとなっている。オフィスの端に描かれた大きな気球が、バイカーの事務所として改築された葬儀屋の店先にある。1974年のアースキンの60回目の誕生日には、事務所が気球を借りて、アースキンと彼の妻を空高く送り出した。

　これまでに私は、アースキンがデザインをする際に影響を受けたもの、最終的な決定は自分でコントロールすべきだと感じていたこと、そして彼の建物に関係するものの概要について示した。

　デザイン・プロセスにおけるユーザーの参加、気候の注意深い調査、および社会的な状況すべてがそれらの役に立っている。アースキンは、建物自体を議論することには控えめだった。彼は例えば、有機的建築の実践者、あるいは特別な建築グループや派閥に属していると見なされることに対して控えめに戦っていた。しかし、あえて彼の建物を説明すれば、ロマンチックな機能主義といえるだろう。

　つまり、アースキンは実用的で使用可能な建物を設計するのであって、外見上の美的な考えを主題としているのではない。そうしたものは、地形的な初期条件や建築が要請する古典的なプログラムのような特質を損なってしまうのだ。地勢や方位という人々の空間の利用上の要求にしたがって、様々な方向に展開しうる形態、つまり、ゆるやかで適応性の高い形態を使う。このことによって、アースキンは、形式的なものが許容する範囲よりも少ない制約のなかで、より自然な理論でプロジェクトを展開させることができる。

　これまでの初期の近代的な建築物に適用されているものとしての、機能主義という言葉は、陸屋根とテラスのついた新しい「白い建築」を形式化するために考え出されていた。それは、1920〜30年代にかけてある種の衝撃を与えた。これらはストライプ状の装飾を持った建物で、新しい空間や建築的な考えを取り入れているが、「住むための機械」として、住むという機能を極限に抑えていた。

　アースキンの建物は、住宅、オフィス、店舗、工場、あるいはいかなる利用が意図されるとしても、それぞれに見合った形態を与えている。しかし、クライアントや建築家の権力が大げさに示されたり、それ自体が永続するように誇示したりするような、暗示的なものや象徴的なものを、避けようとしていた。それぞれの建物に見合った形態を探求する中で、アースキンは過去のプロジェクトの形式を次のプロジェクトに押しつけるような、堅いスタイルで考

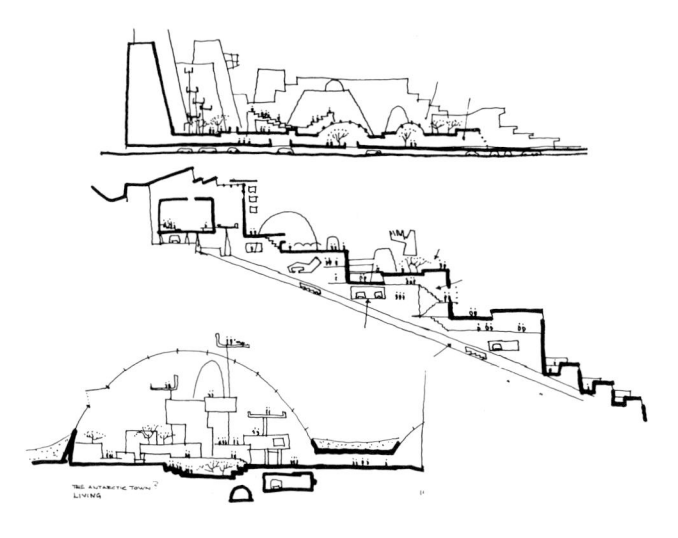

北極圏の街の断面計画、ドーム状の中心地と都市空間の断面スケッチ

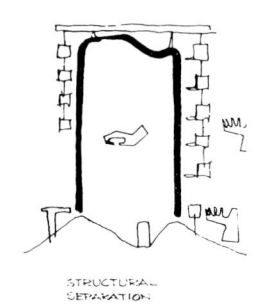

寒冷地での「分離」による構造的な解決方法

スヴァッパヴァーラのためのインテリア空間のスケッチ

アースキンの生活風景、スウェーデンの亜北極の大地（キルナ近郊）

アースキンの生活風景、ウエルウィン田園都市の住宅地

The Architecture of Ralph Erskine
Peter Collymore

えることのないようにした。当然ながら、設計の経験を経て発展したことがあったし、建物を発展させるようなボキャブラリーや文法を蓄積していた。アースキンとその事務所によるプロジェクトは、しばしばロマンチックで、説得力があり、関連性があったり、個性的であるので、すぐに彼のものだとわかる。

彼の建物は、初期近代の建築家が愛していた船や流線型の航空機のデザインの方法と比べてみれば、美しくなかった。そうした建築家たちは、美しい形態は効率的な機能に従うのだと考える傾向にあった。効率的で役に立つ航空機や船、または機械が必ずしも洗練されているというわけではなく、ずんぐりとして重々しくなる、ということをアースキンは悟っていた。たとえば、ガゼルは驚くべきスピードで走るすばらしい動物であるが、神はまた、2つのピンの電気ソケットのような鼻やピンクの目をしているが、かわいらしい巻き毛の尾をもつブタもつくったのだ、とアースキンは指摘している。

建物も、居住者と一般大衆に慕われるようなブタの尾のような性質を持っている限り、重々しくて優美でなくても、効率的である場合がある。たいてい、彼の建物の基本構造は、明瞭でわかりやすいものであるが、バルコニー、手摺り、玄関、煙道、換気装置、ルーフライト、太陽光調節器、雨樋またはウォーターシュートのような、オリジナルで新解釈の建築部品によって「装飾」されている。こうしたものは、それぞれの機能とそれが提供する付帯設備において、しばしば魅力的であり、重要なのだが、単に建物の表面や建築部品を理由に彼の建物が面白いというのではない。町や村のスケールでのアースキンの計画は、いつも明確で、絵画的な可能性に満ち溢れている。

彼は、ヨーロッパの町と村の経験から参照していたが、ルネサンス建築の形式を避けて、形式張らない小さな街区構造、非対称形の商業用の広場、中間的な空間、連続した歩道のつながり、閉鎖、および路地のデザインに専念している。しかし、明らかに、まとまりのない歩行者ルートであるにもかかわらず、アースキンは通常のパターンで分類し、格子状のコート・ハウスやテラスつき住宅によって囲まれている中庭で住宅をグルーピングするのである。そこには、いつも幾何学的な骨格があり、規則性が与える安心感と平穏をもたらしている。それは、構造の反復性がコスト削減をもたらすというような利点に共通するものだった。スウェーデンのサンドヴィーケンにある〈ニア・ブルーケット〉や、イギリスの〈バイカー〉のような計画案を検証すれば、そうした散策の喜びをつくるために、限られた手段で成し遂げられたことがわかるだろう。

舗装道路やフェンス、ランドスケープ、開口部、建物の下や建物に挟まれた空間は、たいてい単純でおおまかにつくられているにもかかわらず、すべて注意深く考えられている。そして、また、住宅区域のパブリック・スペースから、住宅群のセミプライベート・スペースを抜けて、家の庭のプライベートな場所に至るまで、そこには漸次的な変化がある。そうした変化は、舗装の変化、木製パーゴラ、細い小道、イスの配置、子供の遊戯物、全体的な風景と植栽

の適切な配置によってわかるようになっている。
　これらは、「防御可能なスペース」という概念でニューマンによって再定義された古くて由緒あるデザインの仕掛けであり、アースキンと彼のチームはこの仕掛けを先ほどの技法によって展開している。バイカーは、タイン川の素晴らしい眺望とその川にかかる4つの見事な橋の見える山腹に建てられている。ニア・ブルーケットは、運河の東側の境界線に近い平坦な場所にあり、直線道路によって敷地が囲まれている。ここでは、計画は規則的で、ゴシップ・グループと呼ばれる小規模な住宅が持つ庭が連なっており、格子状の歩道とアクセス道がある。
　個別の庭は、下見張りなどの色や形の変化によって、内部の特徴をつくっているが、外壁の黄色い表現は、その地域に統一感を与えて、2つの間の視覚的なつながりをつくり出している。多様性と規則性の間のバランスが適切になっている。プランが単調であると考えられるかもしれないが、土地のもつ雰囲気が非常に快く、静かで家庭的である。アースキンによる多くの住宅建設計画では、車は周辺にある駐車場に駐車される。そして、これにはいくつかのデメリット、例えば、所有者による乗り物の管理や玄関口へのアクセスの困難さなどがあるが、結果として生じる車の往来のない敷地は、静かで安全であり、良好な住宅地の風景をつくり出すという大きなメリットがある。ニア・ブルーケットには、バイカーのようなスケールの壁体建築はないが、それでもなお、長く低いテラスが建物の北側界にもあって、その下には2つの門がついている。
　1950年代後半の〈バイカー〉、〈ニア・ブルーケット〉、〈ニューマーケット〉、〈ミルトン・キーンズ〉の前に、アースキンは特に南スウェーデンのティブロにある〈ブリットコルデン(Brittgården)〉という住宅地を計画した。その当時、チーム・テンは1956年にユーゴスラビアのドゥブロヴニク(Dubrovnik)で会合し、1959年にはオランダのオッテルロー(Otterlo)で会議が行われた。
　盛んに議論された話題は、新しい多くの住宅を特徴づけていた近隣性やアイデンティティ、場所の雰囲気といったことの欠如であった。それまでの「ハウジング」という言葉は、コミュニティの繁栄にとって不可欠なものの多くを排除していたように思われていたのだ。
　一般大衆が異議を申し立て始めるよりもずっと前に、チーム・テンの建築家たちが、新しい建築のこうした局面に注目していたことは興味深いことである。
　平坦な敷地にある〈ブリットコルデン〉は、長方形状に計画されていて、敷地周囲に3階建てと4階建てのテラスハウスの混合体があり、住棟のサイズに関してはコート・ハウスのスケールに合わせている。この計画は、アパートに対してギャラリーアクセスという計画手法を用いたアースキンの初期の例だ。それは、当時のチーム・テンをはじめ、様々な場所で議論されていた集合住宅へのアクセスの手法であり、この手法は支持され、伝統的に最低限の規模であったギャラリーを広げることになった。その結果、こうした手法は発展し、やがて「空中の街道」となり、地上レベルでの歩行者のためのネットワークで、建物から建物へとつなげる

The Architecture of Ralph Erskine
Peter Collymore

ことを可能にしたのだった。
　ブリットコルデンでアースキンが提案したギャラリーには、椅子が備えてあり、被覆材として木を使用することによって、実に人間味に溢れていて、人々が利用しやすいようにつくられている。彼は、道路よりも、むしろ快適で有効な社会的な歩道を創造しようとした。多くの建築家たちが荒っぽくて図式的に過ぎる考え方を捨てようとしているときに、こうした歩道のあり方は、人々に受け入れられやすいことを示していた。
　アースキンは〈バイカー〉の壁体建築でギャラリーアクセスを使用した。そして、明るい色で染めた材木で被覆加工し、プランターを備えつけ、それらをある程度囲むことによって、ギャラリーアクセスの利用の仕方を工夫した。それは、居住者が好む場所となり、さらには、壁体建築に日当たりのいい場所をつくることになった。ギャラリーアクセスは〈ニア・ブルーケット〉の建物の2階でも使用されていたが、ギャラリーへとつながる階段には地表面レベルにドアが備え付けてある。その結果、ギャラリーは共同バルコニーであるかのようになっている。それが特殊な要望に対する適当な解答だと思えたならば、アースキンはタワーを設置したり、ある地点にひとまとまりの住宅群を設置し、再びギャラリーを設けることだろう。1954年の〈ヴェクフェ〉で、彼は大きなプレファブ・コンクリートの壁パネル、階段、およびバルコニー・ユニットを使用し、レール上を走るモービル・クレーンを使って適切な位置に吊す方法により、6棟の8階建てのアパートを設計・施工した。
　これは、住宅建設の工業化に対する関心が高まっていた時代のことだった。住宅部材の大量生産が、従来の手作業の建物よりも低コストでより高品質につながると考えられていた。アースキンは屋根の上のガントリーに引っ掛けられた鉄鋼製の棒でプレキャストのバルコニーを吊した。この手法は、彼が後でスウェーデンのサンドヴィーケンの〈スラッグスメーデンヌ(Släggsmeden)〉と〈バルベラレン(Barberaren)〉で使用している。さらにアースキンは、ケンブリッジのクレア・ホールでも使用しているが、そこでは建築物の検査官の指導によって、やむを得ずコンクリートの中にケーブルを入れた。
　1962年に高層の建築がスウェーデンの亜北極のキルナで建設されているが、敷地は中心市街地にあった。この建物は、丸味を帯びたコーナーをもち、積雪に対応した急勾配屋根をもつ、特色のある形態をしたタワー型の住棟になっており、プレキャスト・コンクリート構造とテラコッタの断熱パネルを使用していた。その後に、彼はドゥロトッニングホルムの〈自邸〉で水平性と垂直性の微妙な変化をつける際に、同じパネルを使用した。高緯度の地域でタワー状の建物を採用することは、太陽の角度が低いときに、アパートによりたくさんの太陽光を供給するのに有効だった。低層建築群は、低い太陽高度で、お互いに完全な影をつくってしまいやすいのだ。しかしアースキンはまた、これらの高層建築群に沿ってテラスをいくつか設計していた。
　私は彼を、ロマンチックな機能主義者と見ている。アースキンのいくつかの計画案の中に

は、彼の建設に対するそうした姿勢が示されている。彼のプロジェクトを実現しようとする試みは、1941年から42年にかけてのリスマの森の中の自邸に始まる。
　そこでは、彼は近くにあった荒廃した古い煉瓦窯から拾い出した煉瓦を使用していた。そして、古いベッドの骨組みをコンクリート補強に使用した。南ラップランドにあるボリヤフィヤル(Borgafjäll)の〈スキーホテル〉のプロジェクトでは、建築資材の多くが入手しにくく工場からも遠く離れていたので、コンクリート煉瓦は現場でつくらなければならず、スレートの床は近い石切り場から粗削りの状態で手に入れていた。そして、最も近い木材加工工場が120kmも離れたところにあったので、この地方の森林から粗く切り出された質の悪い材木を使用せねばならなかった。また、外部に用いられた支柱は電柱だった。集成木材梁でさえ現場でつくられた。また、鉄鋼コネクタや照明などの電気関連器具は、地元の鍛冶屋によってつくられた。リサァ(Lisö)島のドーム式の住宅では、クライアントが鉄鋼製作所を所有する土木技師だった。クライアント自身の製作所でつくることができる鉄鋼ドームを設計し、彼の住宅のためにその施設を使用することは自然なことだと、アースキンには思えたのだ。
　アースキンは必要性から価値を生み出すことに興味を持っていたが、そうした興味は、単なる挑戦としてではなく、専門家の解決法を提示したいという動機から来るものだった。そして彼の興味は、新しい規制や状況を受け入れるようになっていったのである。例えば、1970年代に求められた建築の特別な基準は、身体障害者に適応した建物を示すことだった。その要請には、ひとつの階に広いエリアを提供すること、アクセスに対する注意深い配慮や避難所のディテールが見られることがあった。それは、社会的にだけではなく、身体障害者の人々の参加を通して開発することができるようにすることになっていた。
　アースキンの建築は、他の人が制限的だと感じる要素を創造の糧にしている。同じことが、1970年代と1980年代のエネルギー問題にも当てはまる。風車、熱ポンプなどのあらゆる種類のエネルギー集約機とソーラー・パネルの開発は、アースキンの興味を引いた。彼は、いつも偶発的な要素と機能的な部品が、ブタの尻尾のように建物に活気を与えると考えた。〈バイカー〉でさえ、北面の壁体建築についていえば、必要は発明の母だったのである。「壁」は平面プランや異なる高さで面取られているが、その切り立った巨体は受け入れやすいデザインに調整する必要があった。建築的に分節することは費用がかかるので、アースキンは抽象的な形態を持った壁に模様をつけるために、一定の範囲の煉瓦の中から使えそうな色の変化を用いて、大規模な壁面装飾を施した。それはまた、「バイカー」という言葉の抽象性が意味するように、この計画案の西側の面を覆っている空中歩廊にある。彼の建物の多くは、通常、色づけに関してはおとなしいものだったが、板張りが使用される最近の作品では、彼は入手しやすい明るい染色材を最大限活用した。
　スウェーデンには、その土地特有の深紅の染色をした板張りの建築物がある。この着色は銅産業に由来するものだ。色の種類は異なるが、アースキンは強い色を多様に使用して

アースキンの生活風景、ドゥロットニングホルムの風景

アースキンの生活風景、ミルヒルからロンドン市内を望む

ラルフとルースによるノルディク賞メダル、アースキン自身がデザインした

アースキン(1994年)、ドゥロットニングホルムにて

バーデダンメンの開発計画図

いる。濃紺は、黄褐色、オレンジ、緑、白、ピンクとは対照的な色である。それらは、何カ月も続く雪景色に対して、とりわけ鮮やかに見える。〈ニア・ブルーケットの住宅〉の中庭はそれぞれ、隣人と区別するための色のコードがあり、「家の敷地」であることを、その家の「占有者」に示しているのだ。

　ロマンチックな機能主義者であることの面白さは、デザインの原動力が、解決されねばならない社会的な問題と機能的な問題の両方から生まれている、ということだ。アースキンのデザインは、独創性を発揮し、しばしばそれを強調することによって、ロマンチックな解決方法を示している。

　たとえば、ケンブリッジの〈クレア・ホール〉では、金属屋根には地上の水路に引き込むためのいくつかの雨樋が設置されており、雨水が敷地全体に流れるように床面に小さな水路がデザインされている。ケンブリッジの中央部を走るキングス・パレード通り沿いにも、同様の水路がある。アースキンは、雨樋に適したいくつかの小さい装飾的な水車をスケッチしているが、残念ながらこれらはつくられなかった。

　雨水処理の問題へのアースキンのアプローチは、必要に迫られて美を生み出すこと、建築の古くからある必要性という要求に機能的な解決策を見つけて楽しむというひとつの例にすぎない。

　国際的な建築界の動向が、信念が無く社会参加を欠いているときには、非常に多くの建築家たちが素人芸に迷い込み、20世紀建築の欠点に失望するのだ。そこでは、しばしば近代の信念が原動力となっていることが忘れられている。そうした中で、アースキンは未来の建築のあり方のひとつを示しているのだ。象牙の塔の概念は確かに好奇心をそそり、魅力がある。しかし、ラルフ・アースキンと彼の仲間たち／協働設計者たちは現在、献身的で想像力や機知に富み、楽しみながらも地に足をつけて基本的な建物の問題を解決しているのである。

5 ｜ 21世紀に向かって

　1984年にアースキンは賞金10万ドルのウォルフ賞（Wolf prize）を芸術部門で受賞した。1981年にウォルフ財団により設立されたこの賞の意図は、科学と芸術のどちらの面の活動でも傑出した専門家に賞を与えることによって科学と芸術を促進することだ。審査員たちは、アースキンは長い間、広い心で都市や建築の利用者と直接に接触をしながら、建築における人間主義的なアプローチを体現してきた専門家であるとみなしたのだった。アースキンはこの賞金を元手にラルフ・アンド・ルース・アースキン北欧財団を設立し、賞状とメダルとともに、2年に1度、50,000クローネを授与することにした。個人でも、あるいはグループや組織でも、革新的、社会的、生態的、そして美的な特性の建物やコミュニティの形成に貢献して

The Architecture of Ralph Erskine
Peter Collymore

いる人々に対して、この賞が与えられた。

　この賞は、機能的で経済的な面を尊重するもので、特権をあまり持たないことが利点となった。賞の審査員は北欧の国々から呼ばれている。この賞は1993年にソウェト(Soweto)とドゥドゥザ(Duduza)の建物のプロジェクトを行った南アフリカのヨ・ノエロ(Jo Noero)に与えられた。アースキンはマツ、カバ、鉄、そしてリネンの組合せで、メダルとリボンをデザインした。

　ウォルフ賞は社会的あるいは建築的な問題に仕事上取り組んでいる建築家たちなどを奨励するために用意された。この賞の理念が(新しい取り組みをする人々に対して)実用的な財政上の支援を続けていくことになるだろうとアースキンは確信していた。

　近年ようやく、エコロジーは私たちの時代の最大の関心事となった。私たちの意識に与える影響とその問題の範囲は、日増しに増加しつつあるように思える。というのも、人間の活動がエコロジーと関わりがないということはあり得ないからだ。

　1993年にフィンランドで行われたエコロジーセミナーで、アースキンはエコロジカルな建物において大きな展開があるかどうかと質問されたとき、関心を持つ人がいる限りそうなると思うと述べている。続けて彼は、エコロジカルな問題は商業的な関心から取り上げられているが、残念ながら、単に物を売るときのセールスポイントとして用いられており、そこには本当の信念というものはない、と言っている。「建築家たちがその最前線に立つことが望まれているのだ」。

　彼は、スウェーデンにおけるエコロジカルなプロジェクトの多くは世界の貧しい地域とあまり関係がないと考えていた。「それらは物事を少し改善しようとする豊かで浪費的な社会にだけ関係がある。エコロジカル・ビレッジは優れた取り組みであるかもしれないが、彼らはひと家族あたり1台か2台の車を所持しているし、私たちは皆、車が環境破壊の主な理由のひとつであることを知っているのだ。……私がスウェーデンに来たとき、建築家たちは社会におけるその役割が何であるかに関して、かなり異なった考え方をもっていた。そして建築家、都市計画家、研究者たちなどがこの取り組みの最先端にいた。機能主義のアプローチは優れた創作方法から美意識の問題として学問上のスタイルへと下落した。絵画におけるキュビズムは、雨漏りのする陸屋根と非常に大きな窓のついたキュビズムの建築になった。その後、機能主義のアプローチは生産方法の僕と化した。同じようなことがエコロジカルな建物にも生じる可能性がある。つまり内容が欠落し、スタイルや商業上の問題に取って代わられるかもしれない。概して現在の私たちの職能は、エコロジカルな生活方法の最前線には立っていない。実際に建築家の中には、ただ商業的な価値しかないファッションとしての建築をつくっている人もいる。私たちはこの地球を破壊しているのを理性的に理解しているにすぎず、それ相応に行動を起こしてはいないのだ」。

　アースキンは、南アフリカを訪れてナミビア(Namibia)北部のプロジェクトについて指導してい

るが、その都市計画が「人口の90％が車を所有していないにもかかわらず、照明のついたアスファルト舗装の大通がある。これは車のために設計された一種の西洋郊外住宅地のコピー」であると考えた。そこでアースキンはあまりお金を使わないことを提案した。その金額は、木陰をつくるために植樹した小道を設けることや、学校や図書館や店、その他の施設へのアプローチ空間をより短い距離にするのに十分な予算だった。彼は計画を練り直すことを提案し、建物が暑い太陽に晒されるのを最小限に抑えて、人々が自分自身の必要性に応じて建物を建てるという自由を与えるようにした。「そこには建築的な図面はないでしょう、しかし自助努力を助けることはあるでしょう」。

アースキンに与えられた数々の勲章とは別に（1987年のRIBAのロイヤルゴールドメダル賞を含む）、彼は1989年にユニークな「贈り物」を受け取った。その年、ストックホルムの建築博物館が彼の最初の住宅である〈ザ・ボックス〉の再建を支援していたのだ。アースキンはストックホルム南部のリスマの森に小さい家を建てていた（66ページ参照）。アースキンの家族はおよそ4年間そこに住んでいたが、それ以来その建物は廃屋となっていた。レプリカを建設するというアイデアは、建築ライターのオーレ・ベングトゥソンヌ（Olle Bengtzon）の発案だった。彼はこの再建プロジェクトを引き受けるように、請負開発業者であるレイホルド・グスタブソンヌ（Reinhold Gustavsson）を説得した。現在それは、ドゥロトッニングホルムから数キロ離れた森の端に建っている。この住宅を訪ねると、それがいかに洗練された小屋であったかがわかる。そこには、後の作品に続くことになった多くの兆しがうかがえる。

エネルギーを意識したデザインと、住まいを形づくる小空間の巧みな活用方法に価値が認められるように、あらゆるディテールが完璧に復元された。大きい窓が南に面しており、それはテーブルの高さに合わせた低い水平連続窓を除けば唯一の窓だ。これらはアースキンがそれ以来多くの建物に利用しているアイデアのひとつだ。北側では、丸太が床から屋根まで本棚の本のように積み重ねられ、熱を補給する以前に、断熱材としての役割を果たしている。北側の内壁には食器棚が並べられている。

アースキンと共に雪の降る農場からこの小屋まで歩いたことのある人は、アースキンが50年前に設計し、住んでいたレプリカの家で座るというのはまったく奇妙な経験といえるだろう。現在、異なる風景が目前に広がり、世界そのものも変わっている。

---

1 アースキンは担架兵を志願した。アースキンのクエーカーとしての平和主義の現れと考えられる
2 担架兵は野戦病院に負傷兵を運ぶ役割であり、救急介護など医療に関する知識や経験が必要なので、アースキンの希望は受け入れられなかったと考えられる。なお、ここでの英国機関とは在ストックホルム英国大使館のこと
3 この小住宅はドゥロットニングホルム近くの森の中に再建された（本書66ページ参照）
4 多くの建築家がこうした運動に加わろうとしたと言われている
5 'brukskonst'に関しては本書264ページ、エピローグ参照
6 クレーン状のフックのこと
7 現在も産業遺産として保存の対象になっている。かつては製鉄産業のブルークだったが、近代はパルプ工業のブルークになった

作品解説

リスマの自邸（ザ・ボックス） 66／リダ・フリルスフスゴードのスキーセンター 68／ユットルプの集合住宅 69／スツールピクの家 70／モリン邸 72／マットレス工場 73／アーバホャの木造教会 74／ハッマルビーの住宅地 76／サルシファー・ドゥブナスの家 78／イェードラオースの集合住宅地 79／ボリヤフィヤルのスキーホテル 80／フォールスの製紙工場 82／エネクゥイスト、ホルム＆カンパニー研究所・オフィス 83／アベスタの住宅地 84／ボーイスカウト小屋 86／ハッマルビーの木材パルプ工場 87／シェーブデの住宅 88／ルレオのショッピングセンター 90／ヴェクフェ、ラスサコグの集合住宅地 92／エングストロム邸 94／マレル社のオフィスと倉庫 96／セガトの教会 97／ブリットコルデンの集合住宅地 98／ソレントゥナのオフィス 100／オステルマンスの自動車工場 101／キルナの集合住宅地 102／ユットルプの学校 104／ガデリウス邸 106／ストローム邸 108／ノルドゥマルク邸 110／ケンブリッジの再計画プロジェクト 111／バルベラレンのアーバンセンター 112／スヴァッパヴァーラの集合住宅地と計画案 114／アースキン自邸 116／セルゲル広場のコンペ案 119／エスペランヌサの集合住宅 120／レ・クロセットの休暇村 122／マーシュタ地区のマスタープラン 123／アシュドッドセンターのコンペ案 124／マルモォのパン工場とオフィス 125／クレア・ホール 126／クリングワースの集合住宅地 128／ニューマーケットの集合住宅地 130／バイカーの集合住宅地 132／ティブロのカウンシル・オフィス案 135／スウェーデン国会議事堂コンペ案 136／ボダフォールスの教会 137／ニア・ブルーケットの集合住宅地 138／イーグルストーンの集合住宅地 140／リゾリュート湾の居住地 142／公営休暇村計画 144／バルホーブの集合住宅地 145／ミューストゥゲベルグットの集合住宅地 146／スラッグスメーデンヌの集合住宅 147／ストックホルム大学学生会館 148／ストックホルム大学図書館 150／ストックホルム大学体育館 153／ストックホルム大学ユーリスタナス・ハウス 155／ストックホルム大学アウラ・マーニャ 156／ストックホルム大学礼拝堂 158／エーケロ・マラスタッド計画案 159／エーケロ・マラスタッドの集合住宅地 160／バレンテュナの休暇村計画案 162／マルミンカルタノの集合住宅 163／タペテセラレヌの集合住宅 164／アキテーヌの国民休暇村プロジェクト 166／ヨッホベェルグのホテルプロジェクト 167／ウプサラの図書館計画案 168／1980年王立庭園博覧会パビリオン 169／アーバッカの集合住宅地計画 170／ティーゲル港再開発計画案 171／ケルンのオフィスビル案 172／グラーツの集合住宅地 173／シティターミナルと世界貿易センター 174／アンコナの都市再生案 175／聖ヨーランス病院の職員食堂 176／エリクスバーグの都市計画案 178／マーシュタのスケートリンク 179／ウメオの集合住宅地 180／トゥリアンゲルンの再開発計画 181／リッラ・ボッメン 182／ジ・アーク 184／バーデダンメンの開発 187／クロスレール駅計画案 188／ステナングサンドの都市計画 190／オランダ城塞都市の再開発 191-193／ルグネットの都市計画 194／グリニッジ・ミレニアム・ビレッジ 195

リスマの自邸（ザ・ボックス）

スウェーデン、スールエンゲン　1942
Own house at Lissma, Solangen, Sweden

___1　バルコニーから森を見る
___2　再建されたザ・ボックス
___3　スケッチ・パース
___4　平面図
___5　背面は防寒を兼ねた薪の保管スペースになっている

アースキンの自邸。ユープダーレン（Djupdalen）の近くにある。敷地は、運搬用の馬やそりの貸し出しを行っていた農場主から提供された土地の一画だった。建物本体は小さく、高さ2m×6m×3.6mの空間をもとに計画されている。この空間が、暖炉や煙突によって、台所とリビングスペースとに分割されている。北側の壁には、台所用の食器棚や、折りたたみ式製図机が並ぶ。これらの棚は、裏側が家の外側にある薪の保管スペースとなり、北側壁面の断熱空間となっている。ベッドは、使わないときには天井へと引き上げることができ、かつソファとしても利用できる。浴室や水道はなかったが、井戸があった。煙突をつくっているときに、アースキンはデンマーク人のオーゲ・ローゼンボルト（Aage Rosenvold）に出会う。彼は煉瓦積みを行い、建設の手助けをしていた。彼らは以来ずっと、パートナーとして設計活動を進めていった［訳注、現在はエーケロに再建されている］。

© Y. Kitao

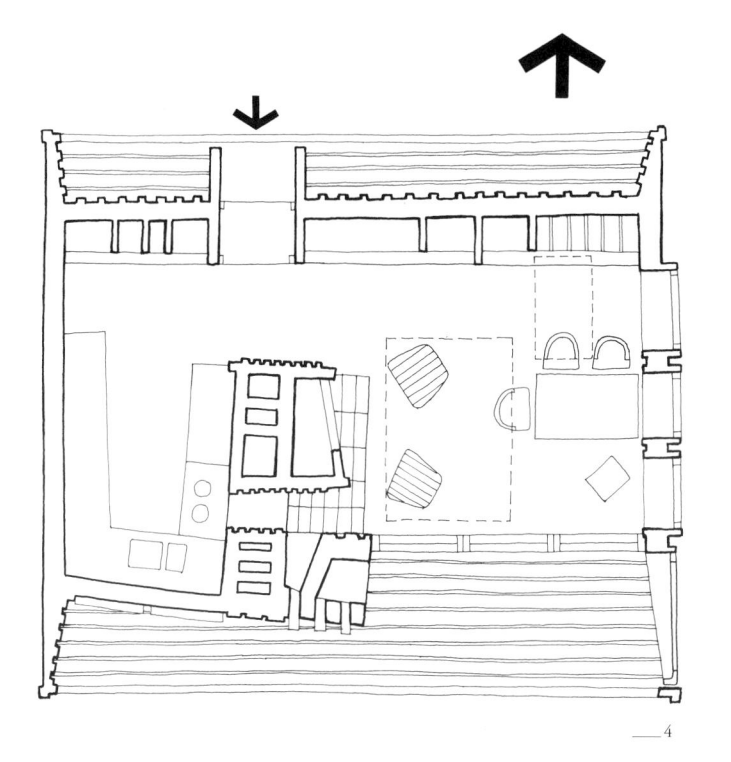

67

リダ・フリルスフスゴードのスキーセンター

スウェーデン、リダ・フリルスフスゴード　1942-43
Ski and summer holiday centre,
Lida Friluftsgård, Sweden

協力者
オーゲ・ローゼンボルト
グスタフ・ブリッチ・リンデルン

ユープダーレンに住むヴァルツァー・フォン・プラトンの家は、ストックホルムから南へ20kmほど離れたところにある。この家は、スキーや夏の屋外スポーツのセンターとして機能する丸太小屋の建物とつながっている。台所と200人を収容するダイニングルーム、更衣室、およびサウナがあり、そしてバラックの建物を再建してつくられた建物の宿泊設備が、後に増築された。屋根にはタイルが張られ、床にはセラミックが敷かれている。家具とインテリアはこのプロジェクトのために特別にデザインされた。

——1

——1　ダイニングルーム

ユットルプの集合住宅

スウェーデン、ユットルプ　1945-55
Housing at Gyttorp, Sweden

協力者
ソーレン・ウィマーストロム
エリー・アザギリ
オーゲ・ローゼンボルト

ノーベル賞を創設したアルフレッド・ノーベル(Alfred Nobel)は、ヴェストゥマランド(Västmanland)県にあるこの町にダイナマイト工場を建設した。工場は徐々に大きくなり、工場労働用の住宅が必要となっていた。そこで、当時の工場長は雑誌に掲載されたアースキンの建築を見て、彼に地域開発案の作成を依頼した。

求められたのは、数十年の期間の需要に応えるよう、新しい建物群を小さな集合体として段階的に建設し、地域内に点在する既存の住宅群と一体化させていくことだった。建物は軽量コンクリートで建設され、濃い色で彩られた。赤と黄、緑と青、そして黒と白が用いられ、森と湖に面した3階建ての集合住宅の外壁は緑で塗られた。

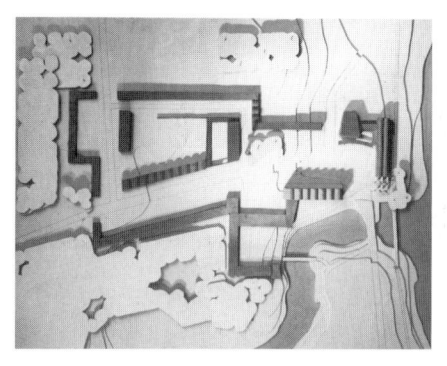

___1　テラスハウスを望む
___2　住宅地の模型
___3　住宅地の景観
___4　テラスハウスの中庭
___5　テラスハウスの平面図

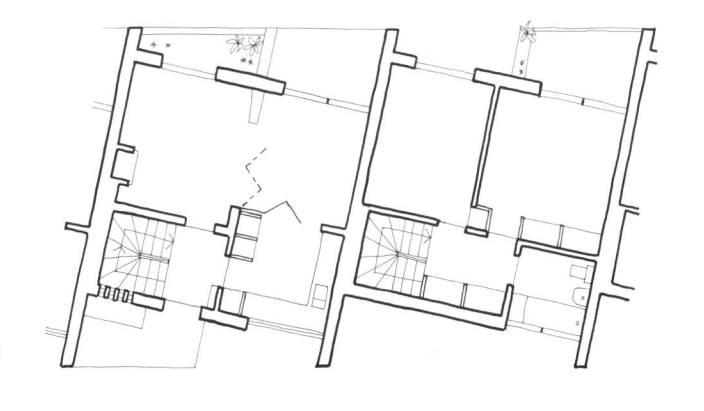

スツールビクの家

スウェーデン、スツールビク　1947-48
House at Storvik, Sweden

協力者
オーケ・マルミンヌ

イェストリーケ・ハンマルビー(Gästrike-Hammarby)で工場のマネージャーをしているエロフ・ニルソヌ(Elof Nilsson)は森からあまり離れていないところに自分の家を持ちたいと思っていた。後でふれるが、この街でアースキンは工場とそこで働く労働者の住宅地を建設している。これはアースキンがはじめて、スウェーデンの気候の問題に特に注意を払った建築物の例と言える。以下はプロジェクトに関するアースキンのレポートから引用している。
「複数の居住棟と中庭から構成される初期段階のスケッ

―1　平面図にはベランダと初期に提案
　　 された中庭が描かれている
―2　インテリア
―3　南西より見る

チ・プランは、温暖な気候に適した住宅の典型を避けています。永く住める住居となるように、熱損失を減らすことを考え、できる限りコンパクトなプランにしたものが『冬の家』で、そして、ベランダとバルコニーが家を取り囲み、短いスウェーデンの夏を楽しめるようにしたものが『夏の家』です。屋根は内部の配水管に沿って傾斜しており、たびたび生じる雨樋の凍害を避けるために、屋根の上に雪を留めておくようになっていて、これは冬の間、危険な雪が屋根から滑り落ちるのを避け、同時に屋根の雪によって断熱するという2つの利点があります。住宅内の生活は、一定のリズムを持つべきと考えました。小部屋で真冬を過ごし、春にはベランダと庭で過ごす。夏の間は森に行って過ごし、秋の夜には焚き火をして過ごし、冬には暖かい家の中に戻る。これが一定の生活リズムであり、これがスウェーデンにおける生活のリズムなのです」

© Erskine Estate

モリン邸

スウェーデン、ストックホルム郊外、リーディング　1947
Molin house, Lidingo, near Stockholm, Sweden

協力者
ソーレン・ウィマーストロム

ランドスケープ・アーキテクトとして、また、住宅雑誌の編集者として活躍するモリン夫妻は、アースキンに自分たちの家を設計するように依頼した。構造はコンクリートブロックを用いており、塗装仕上げされている。階段は壁に埋め込まれており、ダイニングルームには石造の床がある。庭に面した壁は傾いており、壁全体を覆うようにツタ植物用のワイヤーが張られていた。

——1

——1　西側から見た断面図
——2　南面する壁面は傾いており、ツタ植物が茂る

© Erskine Estate

——2

マットレス工場

スウェーデン、コーピング　1947-50
Mattress factory, Köping, Sweden

協力者
ソーレン・ウィマーストロム
ウーベ・オルリック

この計画はオフィス、大食堂、倉庫、および工場から構成されている。オフィスと羽毛工場を覆う鉄筋コンクリートのシェル状の屋根があるが、オフィスのバルコニーを覆っているシェル状の屋根の一部は、コールドブリッジを防ぐために構造的に切り離されている。屋根は100mmのロックウールの断熱材と、50mmの空気層、板囲い、および2枚のアスファルトのフェルト層で仕上げられている。

© Erskine Estate

―1

――1　工場全景

アーバホャの木造教会

スウェーデン、ボリヤフィヤル　1947-49
Timber church at Avasjö, Borgäfjall, Sweden

協力者
ソーレン・ウィマーストロム
ウーベ・オルリック

アースキンは、この教会を既存の地形に沿うように設計している。鐘楼やカーペットなど屋内の備品もデザインした。教会の建物は教区住民が部分的に建設を行った。照明器具は70kmほど離れたところに住んでいた教会の教師がつくり、十字架像とキャンドルは地元でつくられた。家具は、普段は家具をつくっていない地元の工場で製作された。祭壇の掛け布は、ラップランド地方の人々が使う伝統的なスズ製の糸の刺繍が施され、カーペットは主婦たちがつくった。屋根は松の板葺きで、内部はその土地の粗い板材を塗装して仕上げられている。

――1　教会内部

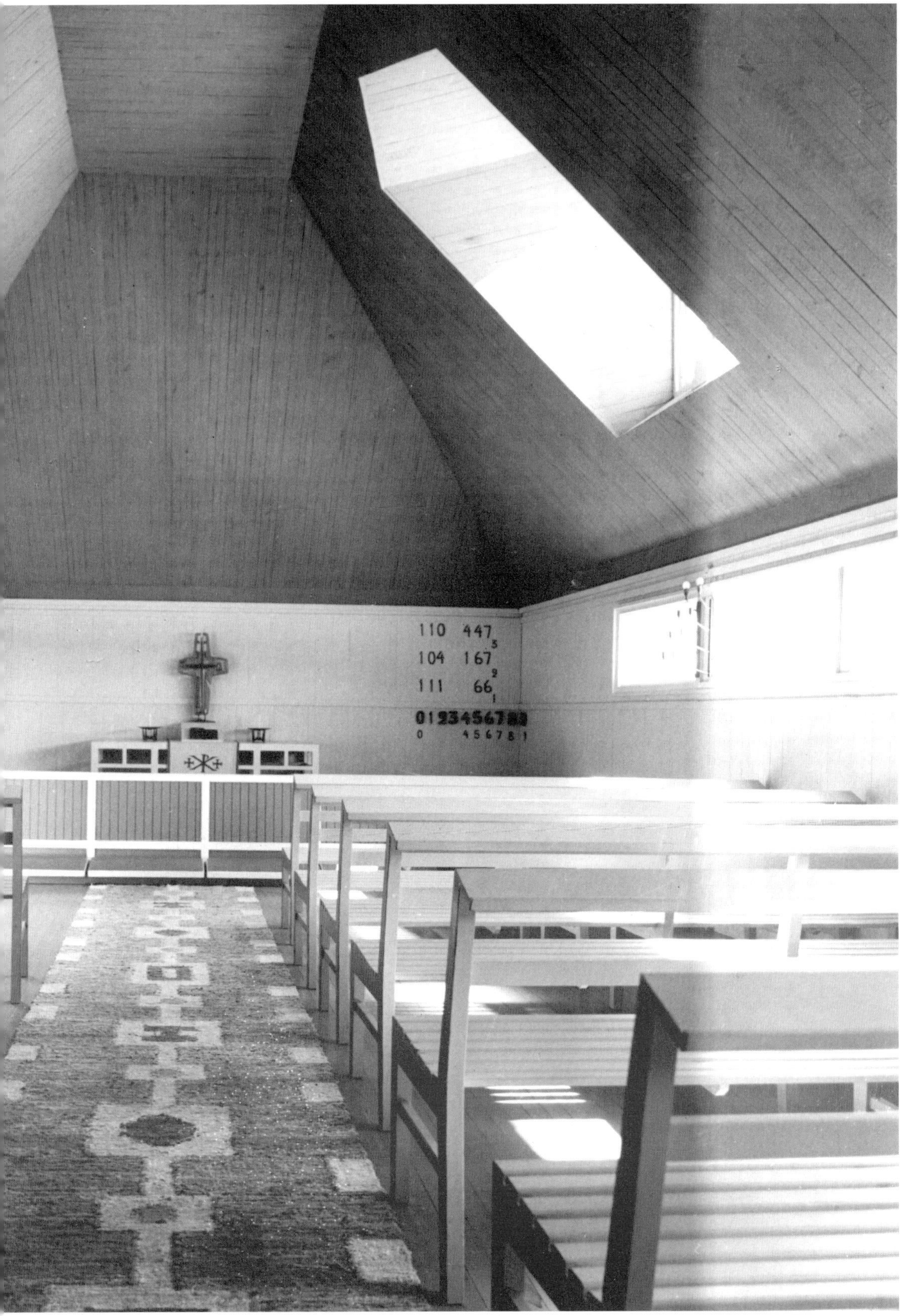

1

ハッマルビー
の住宅地

スウェーデン、イェストリーケ・ハッマルビー　1948
Housing at Gästrike-Hammarby, Sweden

協力者
オーゲ・ローゼンボルト
ソーレン・ウィマーストロム
ローランド・ズバー
ジョン・モートン
ベレス・ウィルコックス

―1　ビレッジ・グリーンに面しているテラスハウス
―2　連続住宅を見る
―3　テラスハウスの平面図

［訳注］現在も産業遺産として保存の対象になっている。かつては製鉄産業のブルーク（214ページ参照）だったが、近代はパルプ工業の村になった

アースキンが何年にもわたって建設に関わってきたこの小さな街は、様々な要素が散在し、雑然とした状態に陥っていた。イェストリーケ・ハッマルビーはそうした「すき間」を大規模に「埋め」てゆくプロジェクトである。そこにさらに住宅を建築するために計画案が準備された。彼の最初の建物は1948年にまでさかのぼる。この街全体が「保全地区」［訳注］に指定されている。イェストリーケ・ハッマルビーは近隣のパルプ工場と結びつきがあり、企業の影響力が強い街である。この街はかつて、鉄鉱業が盛んで、川沿いには古くからの住宅と教会が建ち、その向かい側は並木道となっている。アースキンは街とこの通りを関連づけ、戦後イギリスへ訪問した際に感銘を受けた植物の魅力を思い出して植栽を施していった。街の緑やその多様な組み合わせが、このプロジェクト以来、彼の作品によく採用されている。ニューマーケットとミルトン・キーンズというイギリスでの作品だけでなく、スウェーデンのマーシュタやティブロでも同じことが言える。

住宅は国の融資を受ける形で分譲販売された。敷地の区画割は小規模につくられ、こうした住宅の規模はイギリスによく見られる住宅のあり方と似ている。アースキンのランドスケープは、住人がそれぞれ誇りを持って育てた庭をつなぎ合わせ、公共空間へと連続させる植栽計画をもっている。コミュニティ・ホール、老人センター、店舗つきアパート、ガソリンスタンド、給水塔が建ち、さらにこの産業都市に必要な新しい用途の建築が加えられた。これは、住民参加がデザイン・プロセスの一部となった最初の事例である。彼は街に関わり、すべての人と話をし、コーヒーやパンを持参して参加するオープン・ミーティングを開いて、スライド、パース、模型、図面をもとに計画案が議論された。

© Y. Kitao

―1

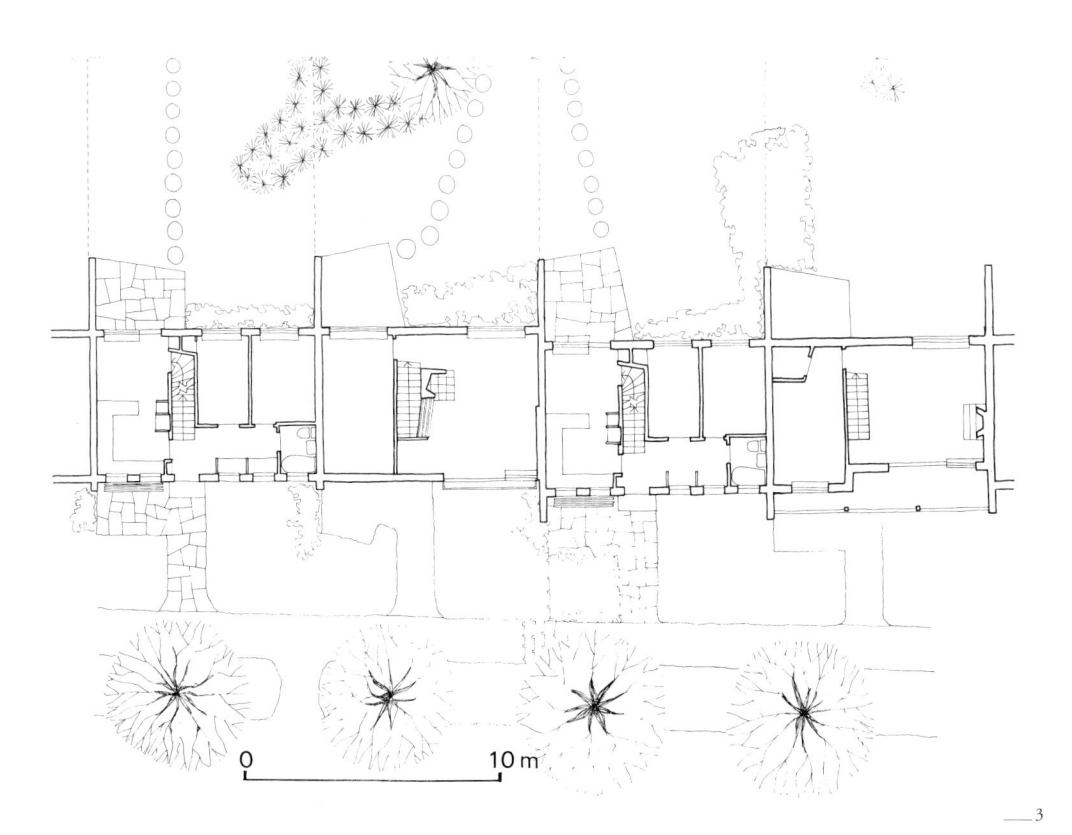

_2

0   10 m

_3

77

サルシファー・ドゥブナスの家

スウェーデン、ストックホルム　1948-49
House at Saltjö-Duvnäs, Stockholm, Sweden

協力者
ソーレン・ウィマーストロム

―1　側面から見る
―2　住宅全景

© Erskine Estate

イェードラオースの
集合住宅地

スウェーデン、サンドヴィーケン郊外　1951
Housing at Jädraås, near Sandviken, Sweden

協力者
オーゲ・ローゼンボルト

この村はハッマルビーの住宅地と同じ会社によって建設された。もともと林業に携わる人々のために設計された住宅地である。この地域の産業が衰退してしまい、この住宅は分譲販売された。森林は、別の村の緑地を供給するために、中央の木々を間引いて移植されていた。この計画はイェストリーケ・ハッマルビーのような保全地区になるようにつくられた。

—— 1　住宅地内の風景
—— 2　配置図

ボリヤフィヤルの
スキーホテル

スウェーデン、ボリヤフィヤル　1948-50
Ski Hotel, Borgafjäll, Sweden

協力者
オーゲ・ローゼンボルト
レナート・ベルイストローム
ジョン・スタールホーフ

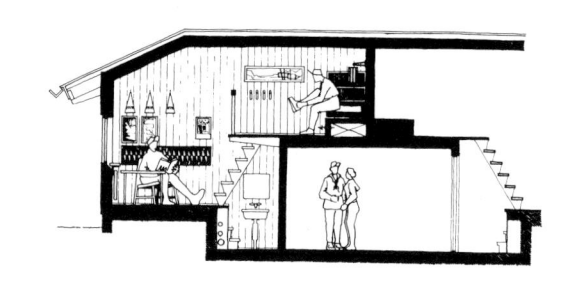

——1

ボリヤフィヤルの自治体は当初、村に滞在するスキーヤーや旅行者のために、ダイニングホールをデザインするように依頼した。当時、この地にやって来るスキーヤーたちは近くの村に宿泊していた。この計画は70〜80人の宿泊客を収容可能なホテルの建設へとつながっていった。建物は南ラップランド地方にあり、スキーだけでなく、魚釣りや山登りに訪れる人々が利用する。
ホールは、大きな傾斜屋根を持った開放的な空間となっていて、冬には子供用のスロープになる。この山道のような空間のあちらこちらに階段がある。客室は3階にあり、廊下が谷川のように迂曲している。
このスキーホテルは遠隔地のプロジェクトであるため、地元で生産される材料を活かして安価につくられている。基礎を掘って取り出された砂利は、地域の水力発電用ダムのプロジェクトで利用できるよう売却された。地元の森林から産出された粗挽きの木材も室内外を問わずに用いられている。最も近い木材産地は、敷地から120kmの位置にある。また、地元の石も利用されており、粗いスレートの床は採石場から切り出されたものだ。梁をつくるために現場で薄板を張り合わせた木材もある。そして、鉄製の金物は地元の鍛冶屋がつくった。長い木の柱は電信柱である。
当初、屋根はフェルトの上に樺の樹皮を敷き詰め、そこを芝で覆うという従来の手法で緑化されたものであったが、これには失敗し、金属のデッキに取り替えなければならなかった。インテリア全体は木材で仕上げられ、褐色の色調を出すためにアンモニアで処理されている。そのほか、木材の多くが濃い黄色、緑色または赤色で着色されている。ラップランドの衣装のように、この村の建物は濃く着色されていることが多い。アースキンが設計して以降は、アースキンが加わることなく、多くの手が加えられている。

——1　個室と廊下の関係
——2　上層階平面図
——3　インテリア
——4　ホテル外観（屋根はスキーヤーたちが滑り降りることができる）

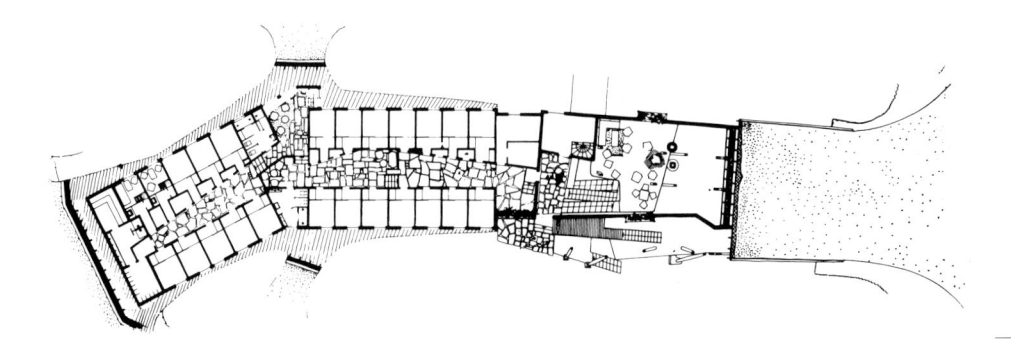

——2

© Erskine Estate

___3

© Erskine Estate

___4

81

フォールスの製紙工場

スウェーデン、アベスタ、フォールス　1950-53
Factory for the manufacture of cardboard,
Fors, Avesta, Sweden

協力者
レナート・ベルイストローム

ダンボール紙を生産する工程には最長120mの機械を用いる必要がある。この機械は水を貯めてパルプを運搬するためのもので、多様な機械部品で構成されており、加圧、吸気、加熱、乾燥、表面仕上げの工程を経て、ダンボールへと加工する。その長大な機械の生産ラインは、クレーンによって稼働していて、全体が一区画を形成している。

大量の水を蒸発させ、建物から排出する必要があったが、室内の温かい空気や室外から入ってくる新鮮な空気を温めていた。これらの熱交換器は場所をとるので、建物の主要通路の両端にある換気棟に設置された。

また、建物は設備を囲うための過程の「ウェットエンド」［訳注］で広くなっている。通路に沿った円柱はクレーン車、屋根の梁、および外側の壁を支える。建物が拡幅しているところでは、屋根の梁は片持ち梁とし、独立した煉瓦の壁は自立している。また、機械を収容するこれらの壁の曲線形状は、風圧に対して耐えられるようにデザインされている。冬の間、こうした多湿の生産工程では結露の危険があり、外壁や窓、そして天井の冷害の危険性を考慮する必要がある。また、天井結露はその下にあるダンボール製作過程にダメージを与えるかもしれない。吊り天井はアルミニウムでつくられた。その結果、建設コストは削減され、軽い構造で、反射光を増す効果があった。特に地面が雪で覆われたときに、天井面のカーブは中央の通路に日光を反射する。建物の換気装置の主な空気取り入れ口は、入ってくる雪の量を減らすために、下を向いている。

また、アースキンは1953年に工場労働者のための住宅をいくつか建設している。

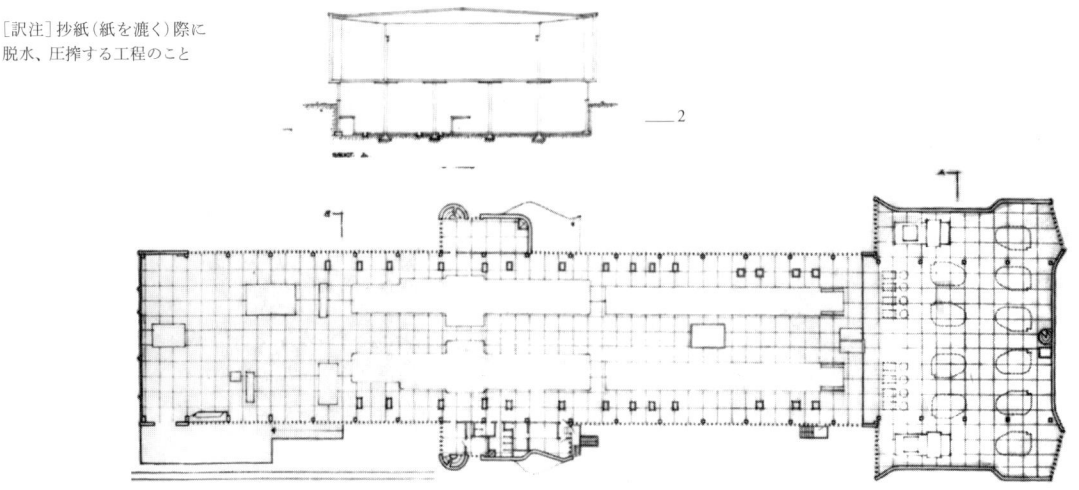

© Erskine Estate

―― 1

―― 1　外観
―― 2　断面図
―― 3　平面図

［訳注］抄紙（紙を漉く）際に脱水、圧搾する工程のこと

―― 2

―― 3

エネクゥイスト、
ホルム＆カンパニー
研究所・オフィス

スウェーデン、ストックホルム　1951-53
Laboratory and offices, Enequist, Holme and Co.,
Stockholm, Sweden

協力者
ソーレン・ウィマーストロム

この建物は化粧品や医薬品をつくる工場だが、保管庫と研究所と事務所を兼ねている。最上階は事務所となっており、中層階には研究所がある。地下と1階の一部は保管庫と発送所になっている。鉄筋コンクリート構造が採用され、柱の上部はキノコ形状をしており、壁は充填コンクリート製である。細長いファサードはアスベストパネルの軽量構造になっている。

——1　ダブル・コラムの柱とワイヤーでテンションがかけられた窓枠
——2　階段を支える柱の詳細
——3　外観

© Erskine Estate

アベスタの住宅地

スウェーデン、アベスタ　1953
Housing at Avesta, Sweden

協力者
ソーレン・ウィマーストロム

アベスタの製鉄所の所有者であるアクセルソヌ・ジョンソン(Axelson-Johnson)はその会社で働く技術者と仕事場の職員のための住宅を必要としていた。敷地は2つの川に挟まれた場所にあり、粘土と砂利の層のために基礎部分の設計に大きな課題があった。若い技術者エベルト・リンドルゴ(Evert Lindberg)は建物重量と掘削重量を

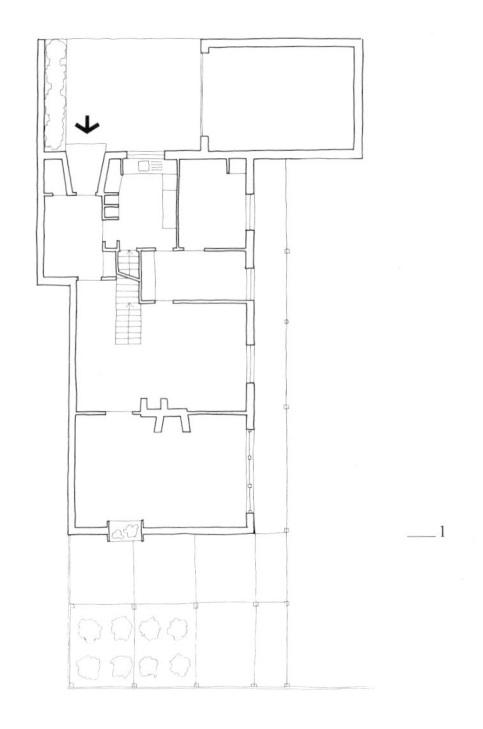

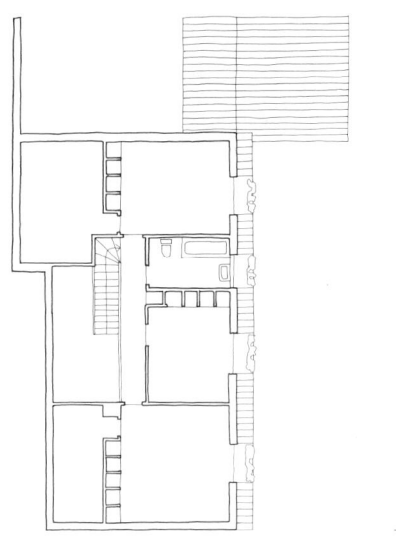

同じにするという新しい掘削システムを採用することによってこの問題を解決した。彼はエンジニアとしてだけでなく、コンサルタントとしても仕事をしていた。彼との共同は特にルレオのショッピングセンターで続けられた。

——1　1階平面図
——2　2階平面図
——3　広場から住宅を見る(1、2の平面図とは異なる住宅のもの)

——3

© Y. Kitao

ボーイスカウト小屋

スウェーデン、ドゥロットニングホルム近郊、ロバァ 1953
Scout hut, Lovö, near Drottningholm, Sweden

協力者
ビルゲルニゲル

メラーレン(Mälaren)湖岸の森林にあるボーイスカウトのためのミーティングハウスは「キャンプファイヤーを囲む円形の屋根」をつくることが計画の基本にあった。テント小屋の構造がルーフライトを増やしており、近場の丘の頂上から低い角度の太陽を取り込んでドラマチックな光で内部を満たしている。室内には、野外彫刻のあるバルコニーがあった。屋根は黒に塗装されたガルバリウム板で葺かれている。模型で小屋の形をデザインした後に、図面を起こした。しかしながらこの建物は火事で焼失している。

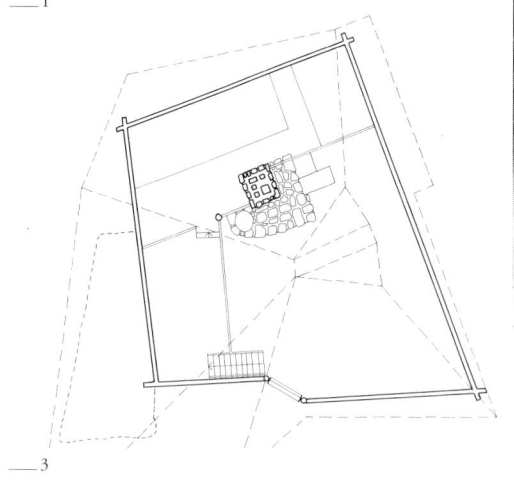

© Erskine Estate

―― 1　全景
―― 2　インテリア・スペース
―― 3　2階平面図
―― 4　1階平面図

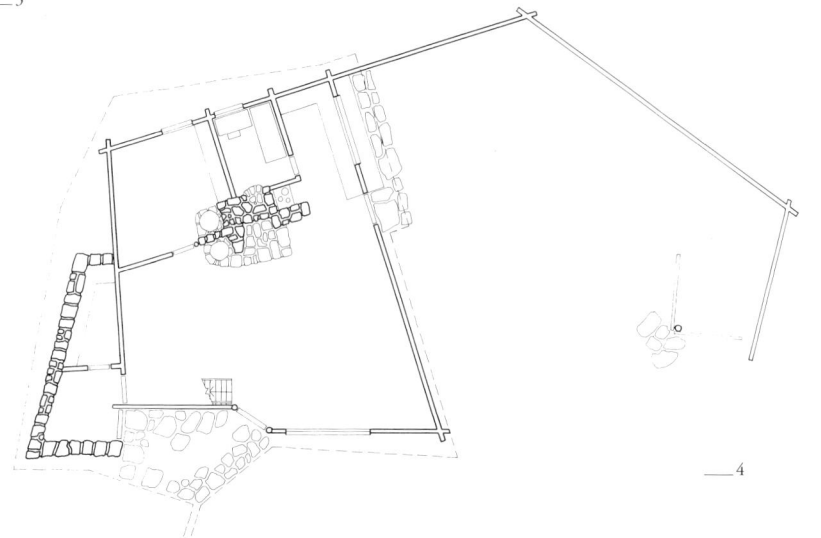

ハッマルビーの木材パルプ工場

スウェーデン、イェストリーケ・ハッマルビー　1952-53
Wood pulp factory, Gästrike-Hammarby, Sweden

協力者
レナート・ベルイストローム
ベレス・ウィルコックス

この建物の主な機能はフォールスの製紙工場(82ページ)と同様、大量の水を蒸発させることにあった。2％の繊維を含む水がポンプでホールまで送られ、その繊維がマットの上に乗せられてダンボール状態に乾燥させられる。熱く乾いた空気は、屋根の上の大きな熱交換器を通して水を蒸発させ、外から入って来る新鮮な空気を暖める。熱交換器は建物全体に広がっており、二重屋根から空気を取り込み、機械室を通して排気している。アルミニウムの吊り天井は重量を抑えている。また屋根は建物の特別な機能や、機械に不可欠な部分としての特徴を表現した。屋根には先の尖ったダクトの形が与えられた。

——1　工場の部分
——2　全景

シェーブデの住宅

スウェーデン、シェーブデ　1954
House at Skövde, Sweden

協力者
レナート・ベルイストローム

この住宅はスクリーン・ウォール・システムによってつくられている。家族の様々な活動のために、壁と壁で異なったゾーンを囲むようにしており、敷地に自由な空間をつくり出している。囲まれた壁の端に、大きいガラス窓、または周囲の庭の外の景色が見える扉がある。しかし食堂は庭とはつながっておらず、穴を開けられた壁とハイサイドライトからの明かりを通して灯される。注目すべき点はテーブルだ。スウェーデンでは、たいてい食事を台所でとるが、正式な食事はこのような形式をとる。食堂はそれを反映してデザインされている。1階の壁は軽量コンクリートブロック製である。これらは集成材の梁を支持し、梁は2階の荷重を支えている。外部は粗挽きの板で仕上げられ、内部は薄く着色したパイン材で仕上げられている。

――1　暖炉を通して階段が見える
――2　全景
――3　森を通して全景を見る
――4　1階平面図

© Erskine Estate

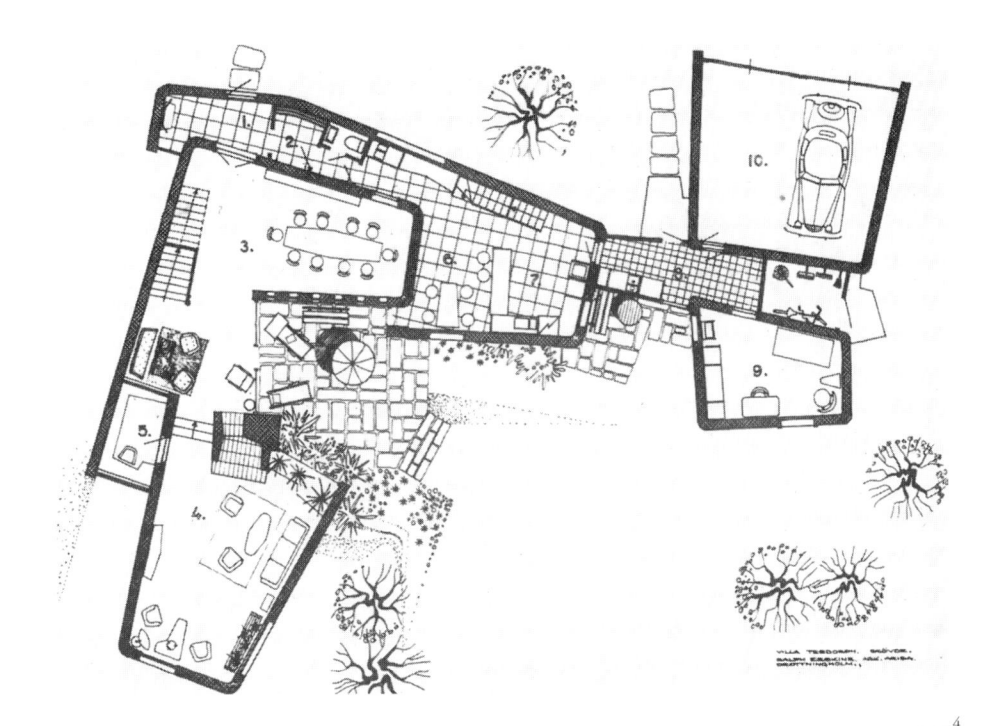

_____3

ルレオの
ショッピングセンター

スウェーデン、ルレオ　1954-56
Luleå shopping centre, Sweden

協力者
ベント・ブラスベルグ
ブー・スンデベルグ
ヘンリク・ニレセン
ヨルゲン・アンデルセン

―― 1　長手方向断面図
―― 2　スケッチパース
―― 3　内部空間はショッピングモールとなっている

アベスタの住宅建設計画(84ページ)の技術者であるエベルト・リンドルゴは、ルレオ中心街の活用に興味を持つ開発者と縁があった。

本来の計画では上階を住宅とし、下階に店舗を配置することになっていた。当時、大屋根を持つショッピングセンターというアイデアが浮かんだときには、すでに計画は始まっていた。これは当時紹介されていた新しいアメリカのショッピングセンターの事例に、ある種近いものだった。

ショッピングセンターのための新しいアイデアに適合するように、建物と市街地との関係を変えることが試みられた。その結果、建物の構造を変えることによって適切な規模に改変することになった。このプロセスのすべてにおいて、アースキンは刺激的で貴重な経験を得ている。彼は上階にホテルをつくることを考えていたが、これは後に省かれた。映画館は地下に集められ、閉じた空間としてコンサートや放送スタジオにも使用された。柱と柱の空間が狭いために、計画の変更が必要になったとき、数々の困難な問題が生じた。この街は夏も肌寒い亜北極圏にあるため、暖かくいくぶん外部の空間が感じられる場所にすることが、このプロジェクトの目的となっていた。そしてこの建物はショッピングセンターでありながら、人々が出会う場所でもあった。それはその街の人々と同様にスウェーデンの遠く北部地方からやってきた旅行者にも役立つように意図されている。

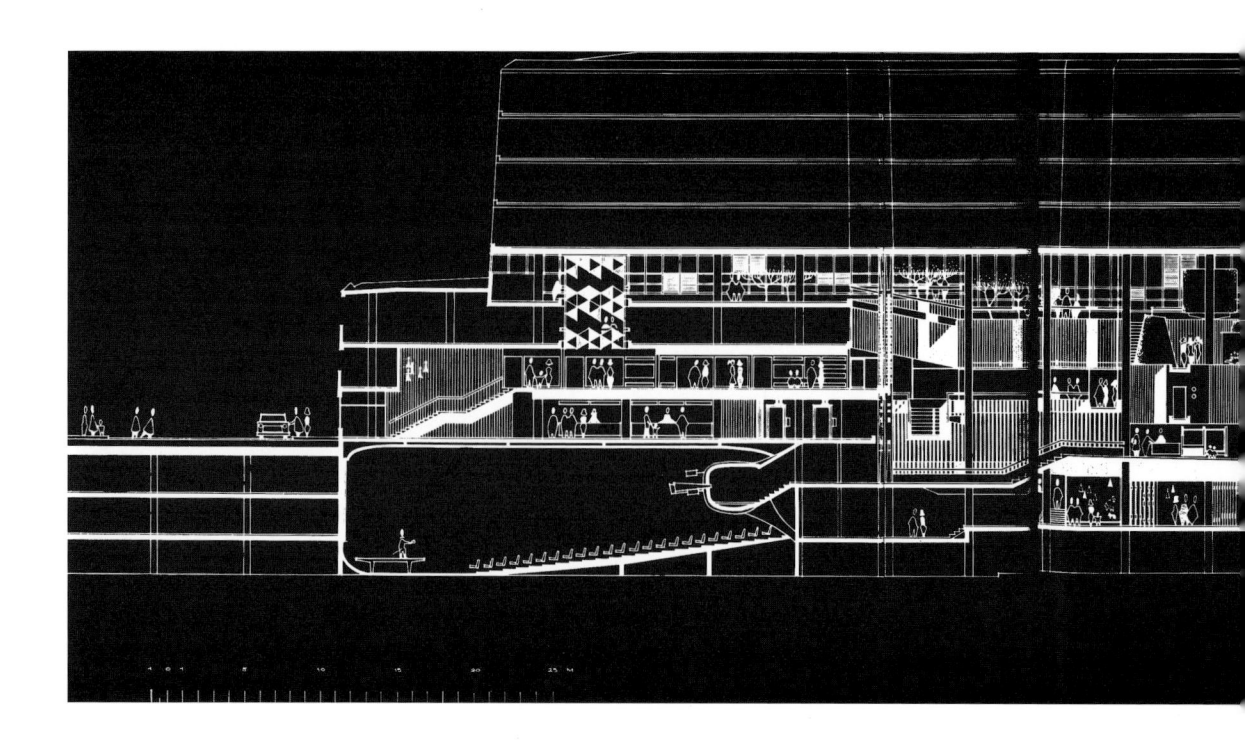

経済的に熱を利用するコンパクトな形の建物は、雪や氷、熱の損失、そして冷気と戦うために設計されている。三層ガラスの控えめな大きさの窓が必要なところだけ導入されているが、内部と外部との視覚的なつながりを与えるために、道路に面したところには大きな窓が設置されている。インテリアは後の所有者である地元の建築家によってかなり変更されている。

ヴェクフェ、ラスサコグの集合住宅地

スウェーデン、ヴェクフェ　1954
Housing at Lassaskog, Växjö, Sweden

協力者
オーゲ・ローゼンボルト

© Y. Kitao ——1

© Y. Kitao ——2

——3
© Y. Kitao

このプロジェクトが動き出したとき、建築生産の工業技術は黎明期にあった。4つの建設会社がそれぞれ異なった建築システムを所有しており、建設会社は市場調査を通じて建築システムをつくった。プロジェクトに参加する建設業者を決めるための入札はアースキンの考えに基づいて行われ、建物の品質は入札書類が定めていた。

このプロジェクトでは、プレキャスト・コンクリートの部材は建設現場でつくられたが、バルコニーは他の場所でつくられ、屋根の上からクレーンで吊り下げて取り付けた。この装置はサンドヴィーケンのアースキンの建築(112ページ)でも用いられたものであり、主体建築物とバルコニーの構造的な接触を軽減している。そうすることで外部と内部との間にコールドブリッジが生じないようにしている。それには十分な視覚的なインパクトもある。ヴェクフェは小さな「清潔な」街だったので、その主な被覆加工したパネルは銀白色のコンクリートリブを用いた。しかし建設後におそらくは(大気などの)汚染のために、予想に反して薄汚いグレー色に染まってしまった。階段やリフトシャフトやダスト・シュートは事前につくられている。すべてのアパートには南に面したリビングルームがあったが、これは真冬の太陽を数時間でも取り込むために非常に重要なことだった。窓はその南外壁面にあって、建物の角は丸くなっており、凍害の危険性を減らすために最も突出した部分は取り除かれて、建物の包み込むような外皮膜の機能を強調している。薄暗いエントランスポーチのついた開放的な1階は、南部の気候に適しているに過ぎないと考えられたために却下された。入口のキャノピーはコールドブリッジを減らすためにそれ自体が自立している。地表面にはランドスケープデザインを施し、路面は上階から見て楽しめるように、グレーと黒のアスファルトで模様がつけられる予定だった。

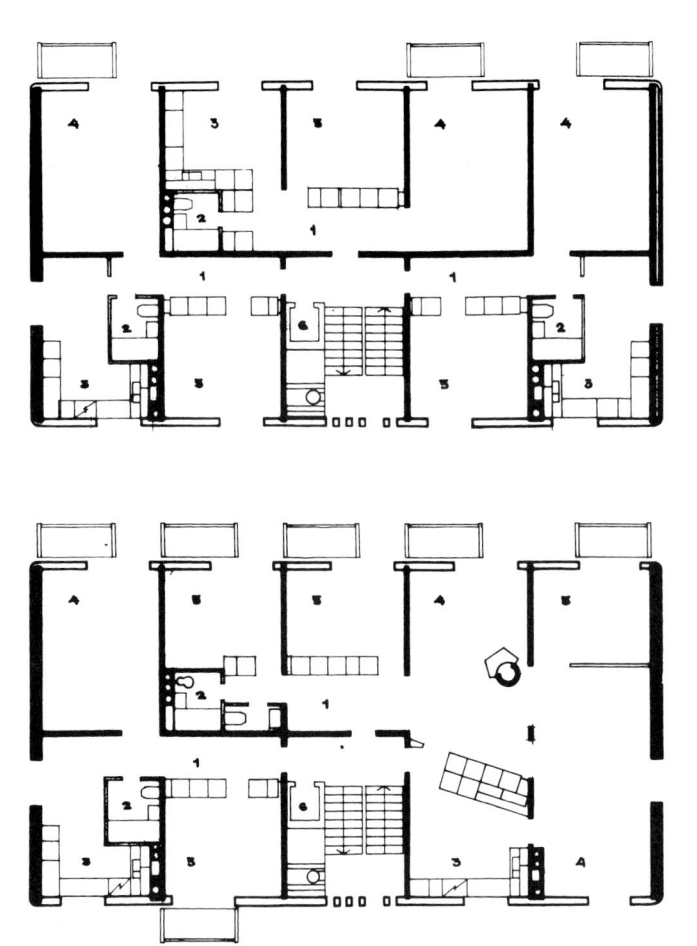

___1 吊り下げられたバルコニー
___2 建物の接地部分
___3 外観
___4 標準階平面図（下）と
　　最上階平面図（上）
　　1：ホール
　　2：浴室
　　3：台所
　　4：居間
　　5：寝室
___5 全体配置図

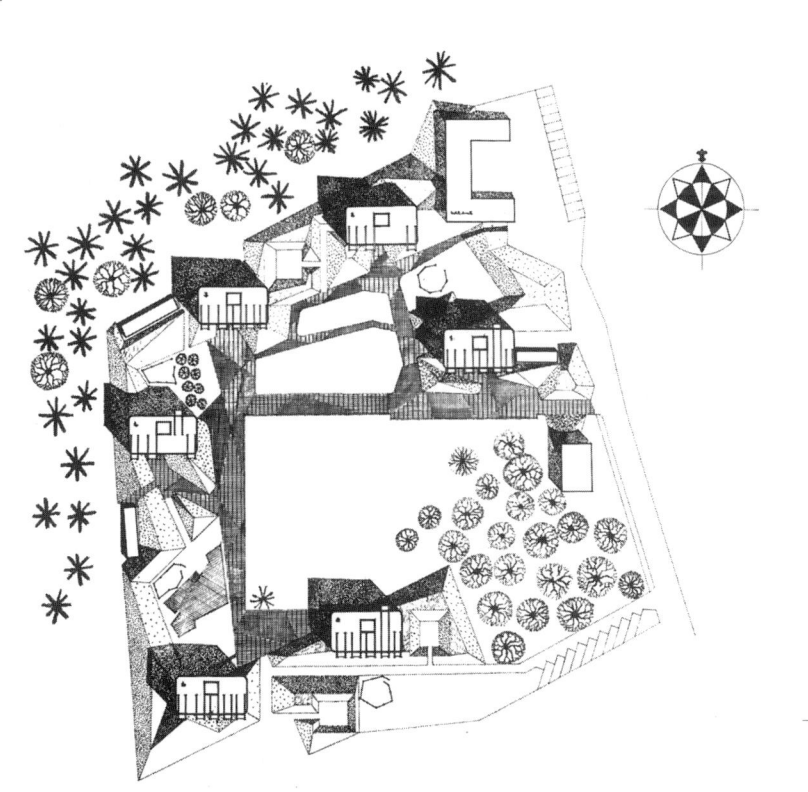

エングストロム邸

スウェーデン、ソールンダ、リサー　1955-56
Engstrom house at Liso Island, Sorunda, Sweden

協力者
マルコム・アンドリュース
ブー・スンデベルグ

施主は鋼材組立工場を所有していた土木技師であり、同時に優れた芸術家でもある。使用できる素材はグラスファイバーやアルミニウム鋼板になると考えられたが、ドームは、施主の要望により自分の工場で裁断した3mm鋼板でつくることに決定した。

この3mm鋼板は軽量のT字型構造材の上に取り付けられている。窓枠は鋼板に溶接された。窓や出入口に必要な鋼材の裁断は、現場で必要に応じて行うことができた。鋼材の内側の断熱はロックウールの100mm厚を使用した。天井と壁の化粧材は石膏ボードとし、鋼材に固定されたスタッドの間に取り付けられた（1981年の省エネルギー規則では200mmのロックウールと三重ガラスが必要だった）。追加してつくられた大きな暖炉と建物の中央にある煙突の空気を循環させて建物を暖めている。内部については、子供部屋はアースキンのドゥロットニングホルムの自邸（116ページ）と同様に「ひと続きの部屋」を分節している。外部にはシェルターつきの中庭がつくられており、季節や時間に応じてシェルターの取り付けと取り外しを行うことができる。この家は別荘として建てられたが、日常的な生活にも使える建物である。

——1　港側から建物を見る
——2　建物周辺図兼配置図
——3　1階平面図

——1

© Erskine Estate

95

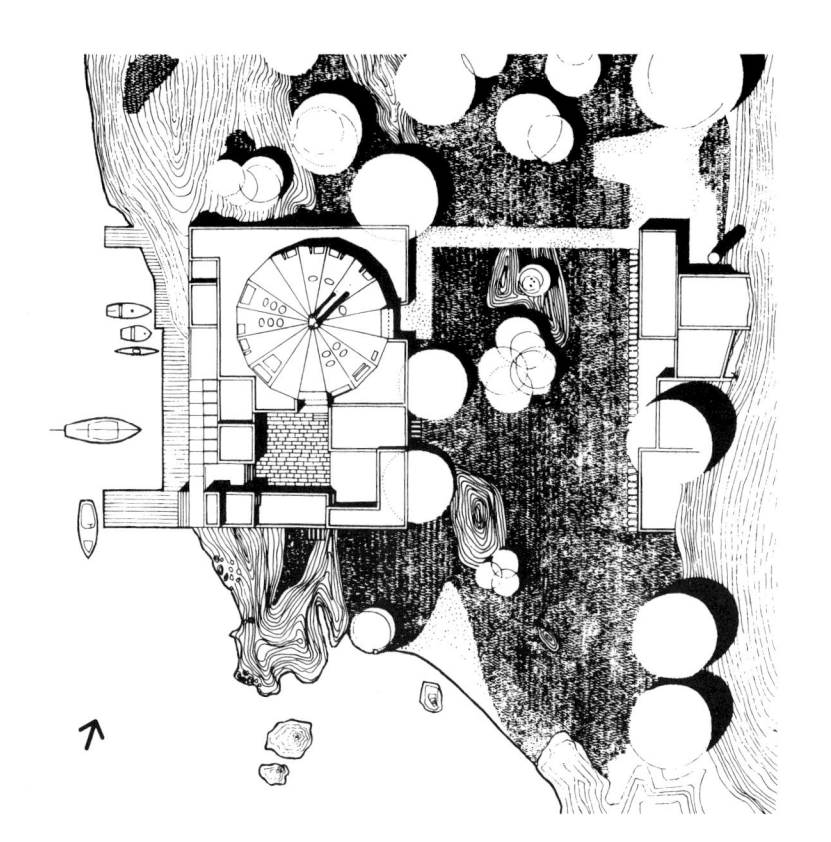

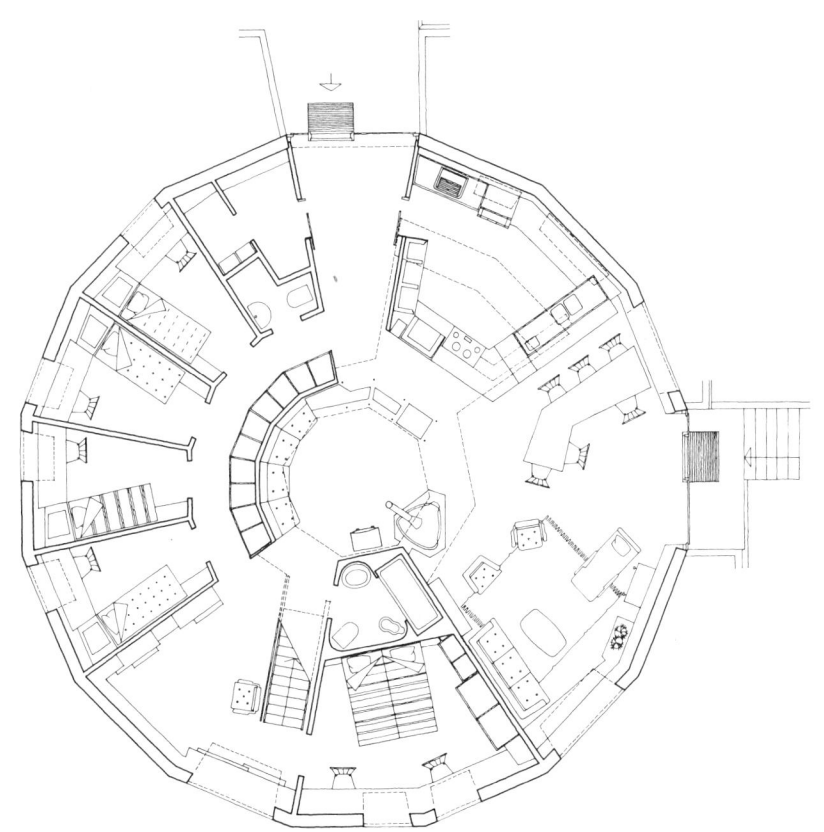

マレル社の
オフィスと倉庫

スウェーデン、ストックホルム　1955-56
Offices and warehouse, Möller and Co., Stockholm, Sweden

協力者
ナグブ・フレドリクソン

このオフィスビルでは、建物の基壇部分が倉庫となっていて、そこにはガラスのスパンドレルで装飾されたチーク材のカーテン・ウォールがあり、中にはロックウール断熱材が充填されている。窓は二重ガラスで、倉庫の建物はルーフライトによって採光されている。外部には赤煉瓦を用い、内部には黄色く塗られたコンクリートフレームが使用されている。(野菜や果物の)小売業者は、自分たちのトラックでホールに乗り込んで商品を積み込むという「キャッシュ＆キャリー（Cash and Carry）」の倉庫として使っていた[訳注]。また、建物には冷凍庫とバナナの成熟室がある。外観はその当時の典型的なカーテン・ウォールの建物だったが、オフィスや階段やエレベーターの内部計画は、ありふれた廊下の配列に楽しさを加えるために、有機的な形態が用いられており、アースキンの好みを示している。

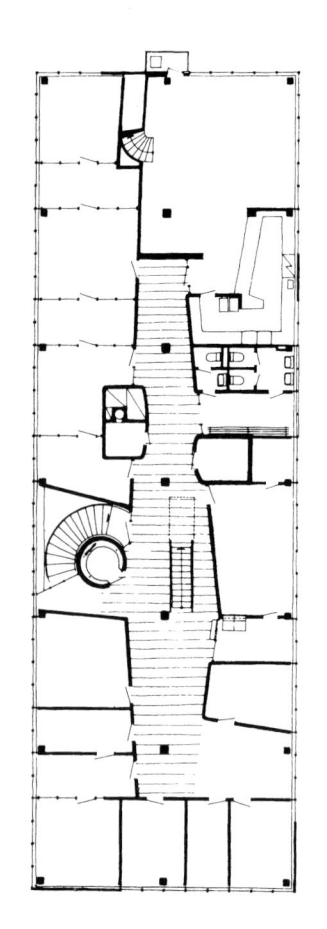

——1　典型的な事務所フロアの平面図
——2　全景

［訳注］スーパーマーケットのように車で建物に直接出入りして買い物ができる

© Erskine Estate

セガトの教会

南ローデシア(ジンバブエ)　1960
Church at Segato, Southern Rhodesia (Zinmbabwe)

これはアフリカのミッション系教会のための計画で、スウェーデンのルーテル派教会によって依頼されたものである。地元の司祭は、伝統的なスウェーデンらしいデザインを求めていたので、この計画を受け入れなかった。外部空間は、アフリカの会議の形式を反映させて、人々が木の下で教育が受けられるような場所にする予定だった。

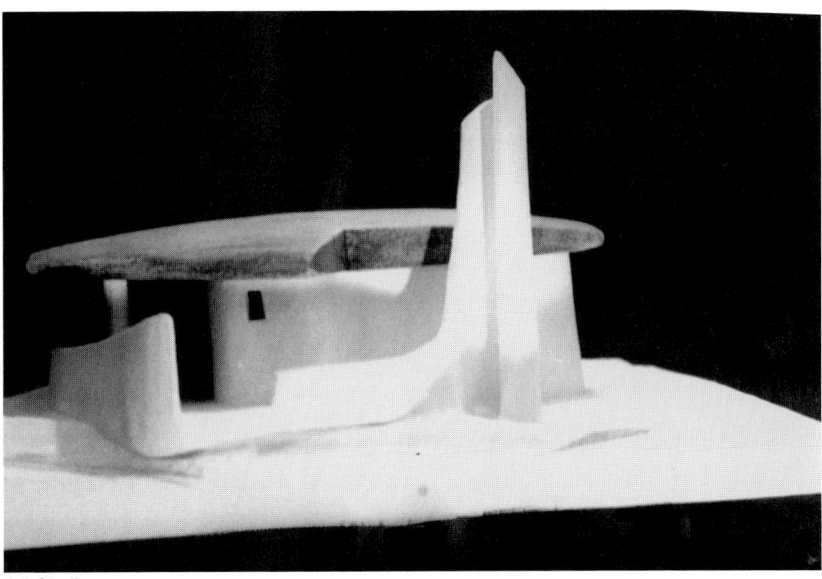

——1　模型写真

© Erskine Estate

——1

ブリットコルデンの集合住宅地

スウェーデン、ティブロ　1959
Housing at Brittgården, Tibro, Sweden

協力者
オーゲ・ローゼンボルト
ハーベルト・ジャイビレル

ティブロ町議会は、家具生産が盛んな都市の郊外に住宅地を計画するよう、アースキンに依頼した。スヴェンスカ・リクスビゲン（Svenska Riksbyggen：建設業者の協同組合）は契約者であると同時にクライアントだったが、アースキンは町議会から仕事を依頼されていた。この計画は開始から完成まで7年かかっており、85軒の独立住宅と255戸のアパートにより構成されている。これらの住居ユニットはワンルームタイプや3ベッドルームタイプのアパート、高齢者住居、障害者のための住居など、幅広いタイプを用意している。計画の基本的な目的は中央にある静かな歩行者の領域から交通を完全に分離し、同時に家から車までの歩く距離を減らすこと、そして協同組合や個人が所有する住居や賃貸住宅を合わせた段地を提供することであった。構造はコンクリートの床と壁からできており、外壁は250mm厚の軽量コンクリートが採用されている。ギャラリーでは木造軸組構造が用いられている。屋根は180mm厚のコンクリートに断熱材、換気用の空洞、水留め板、屋根仕上げ材（ルーフィングフェルト）で構成されている。

―― 1　住棟を見る
―― 2　アクセスギャラリーより俯瞰する
―― 3　全体配置図
―― 4　アクセスギャラリーの部分平面図

ACCESS GALLERY

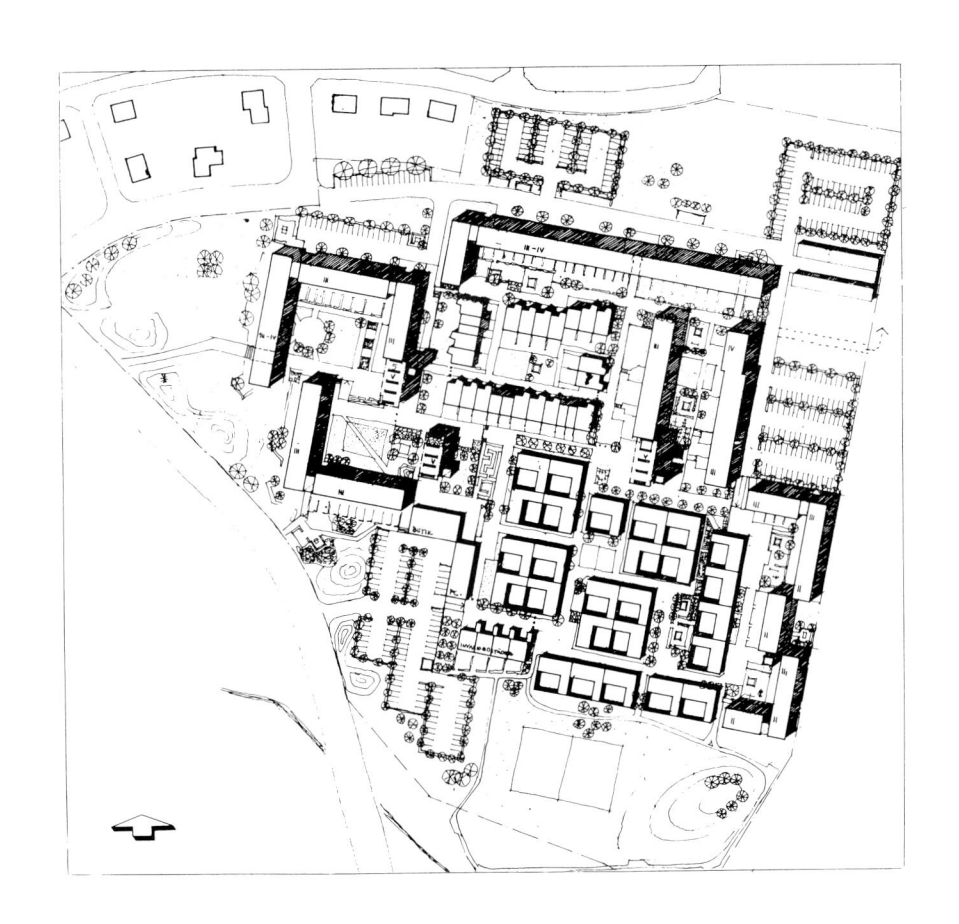

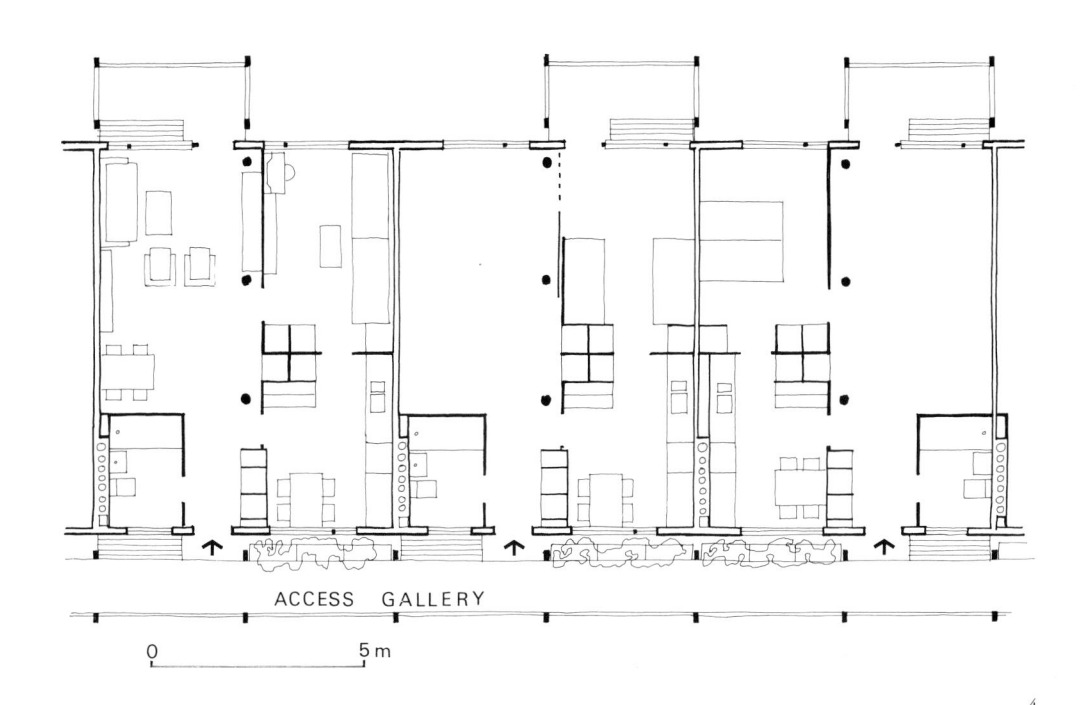

0 5m

ソレントゥナのオフィス

スウェーデン、ストックホルム、ソレントゥナ　1957-58
Offices, workshops and laboratories, Sollentuna, Stockholm, Sweden

協力者
コードリンドン・フォーサース
ニック・アンカー

この建物は医療機器販売業者の全国組織のための地方拠点施設である。オフィスは1階にある。垂直壁にシポレックス・プレキャスト・コンクリート・パネルを使用しており、また同じ素材がパーティションの内部に使用されている。窓は階高に合わせたアルミニウムフレームを用意し、そこに二重ガラスやアスベストセメントのパネルを取り付けるようになっている。内部の柱が六角形になっているので、事前につくられたパネルパーティションをひとつの面にきちんと入れることができる。

―― 1　全景
―― 2　1階平面図と
　　　倉庫の断面図

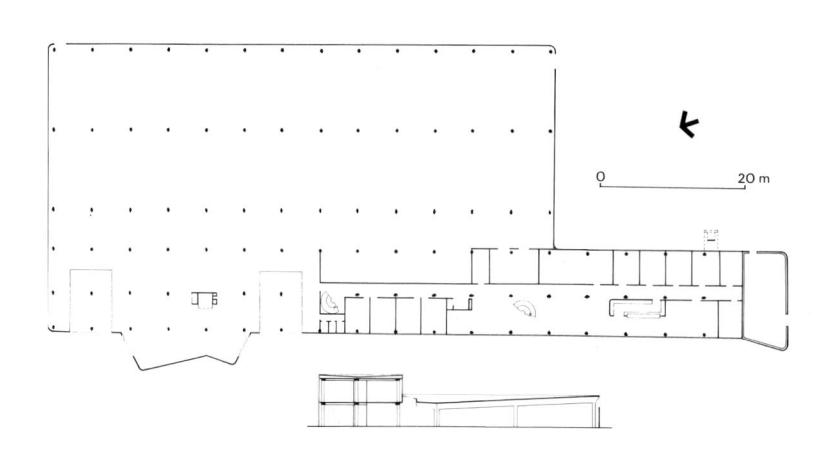

オステルマンスの
自動車工場

スウェーデン、サーデルテリエ　1961
Ostermans car assembly plant, Södertälje, Sweden

協力者
レナート・ベルイストローム

工場の主要な部分は、中2階の大多目的ホールで、別棟にはオフィスと大食堂がある。構造は、軽量プレキャスト・コンクリートのパネルと木製窓が取り付けられた鉄筋コンクリートのフレームから構成されている。

――1　外観

キルナの集合住宅地

スウェーデン、ラップランド、キルナ　1961-66
Housing, offices, shops and church, Kiruna, Lappland, Sweden

協力者
パール・オヴェ・スコゥーネス

キルナは北極圏にあり、鉄鉱石を産出する鉱山の町である。この町は1950年代から60年代にかけて再建されたが、1970年代の経済的な混乱による産業の衰退によって、現在では荒廃している。アースキンはおよそ2万人の市民のために、中心部の全体計画を行ったが、最終的にはその計画のうち、小さな区画が実施されただけだった。この町は古い道路パターンと従来の方法で再建された。

ルオサヴァーラ(Loussavaara)山の裾野に位置するキルナは、スウェーデンの最も高い山であるケブネカイセ(Kebnekaise)の近くにあり、南には亜北極圏の素晴らし

—1　全景
—2　街との接続空間
—3　標準階平面図
—4　住宅地と市庁舎
—5　全体計画図　（○の部分が建設された）

い景色が広がっていた。ここは1年のうち8カ月も雪が降るような気候で、太陽が水平線上に出ない1カ月の間に、気温はマイナス40℃まで下がることがある。最も高い建物(10層と13層)は敷地の北端にあって、屋根は影を減らすために北側ほど急な勾配になっている。この住宅地の建物の屋根は、雪と氷が地上に滑り落ちるのを防ぐように設計されている。全体の建築の計画は地下駐車場の上部に置かれ、建物群は暖かい空気の循環する通路でつながっている。車庫の屋根は冬と夏の利用に合わせて、遊び心のある大きな彫刻としてデザインされている。基礎の上部は丸みを帯びていて、断熱された建物は大きさを控えめにした三層ガラス窓を用いて最小限の表面積となるようにしている。十字形の壁構造は内部にシポレックス製材と発泡ポリスチロール製の断熱材を使用している。建物の外部は赤色、茶色、テラコッタ色、黄土色や黄色に塗られている。小さな外部バルコニーは、採ってきた魚や獲物を自然に冷凍できるように、吊り下げ台としてデザインされた。リビングルームの窓は内部を暖め、風除けのついたバルコニーに対して開いている。

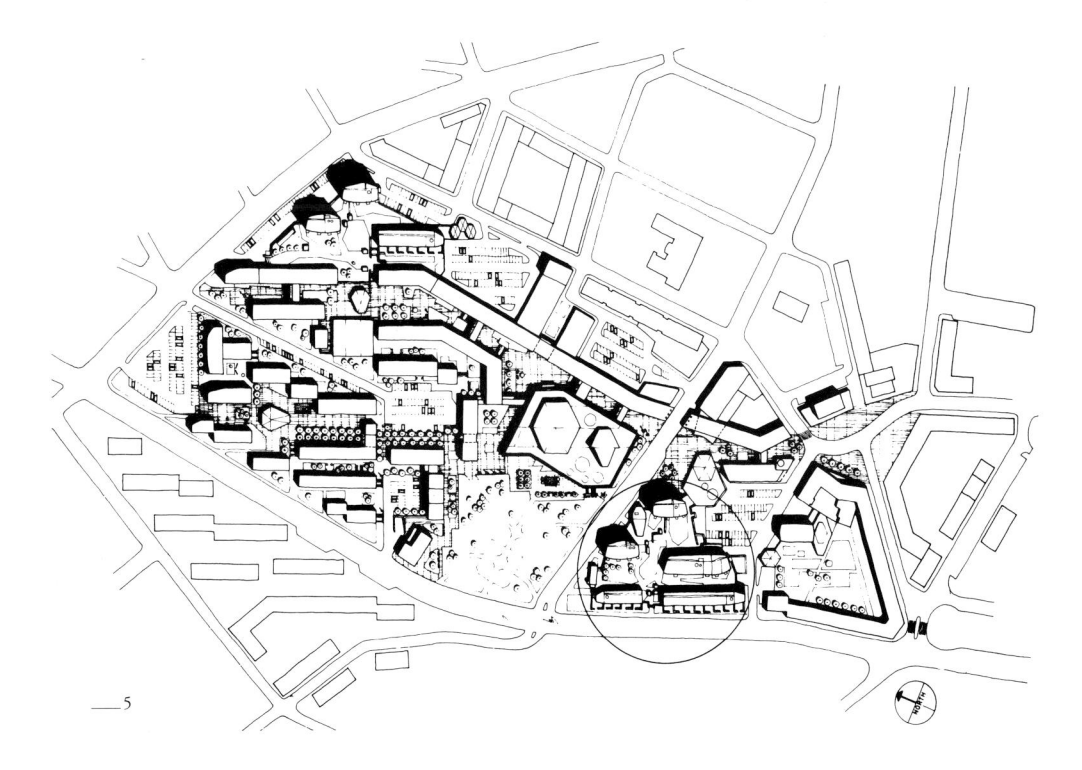

—4

—5

ユットルプの学校

スウェーデン、ユットルプ　1961
School at Gyttorp, Sweden

協力者
マイク・リネット
ジョン・エリオット

アースキンは1959年にオッテルロー(Otterlo)で行われたチーム・テン(TeamX)の会議で、初めてアメリカ人建築家のルイス・カーンに出会った。カーンはプロジェクトの持つ存在意義を理解するまで、新しい建築物の形態を探求することを先に延ばすと語っていた。建物のフォームは機能から必然的に生まれてくるものだ。アースキンは建物がどうなりたがっているか、ということについて書かれたカーンの論文の考え方に倣った。以下はアースキンの論文 *What a school wants to be* からの引用である。

おそらく政治家や建築家、教師、生徒がどうあってほしいかというよりもむしろ、何が必要かということの方が重要だ。私たちや世界や宇宙について、またひとりの人間のありかたについて学ぶ場所として最適なのは家族だ。学校の中には、個人として生きていく場所があり、形成と再形成を行う大小様々なグループなど、場の集合体があり、それらは保護されている。そうした場というものは「部外者」という意識が生まれるのを抑制している。「部外者」といえども、ユットルプ、ヴェストゥマランド、スウェーデン、ヨーロッパ、あるいは世界における一部分なのだ。最年少の子供たちの教室は、家庭と家族のもつ親密さや忠誠心を直接的に反映した部

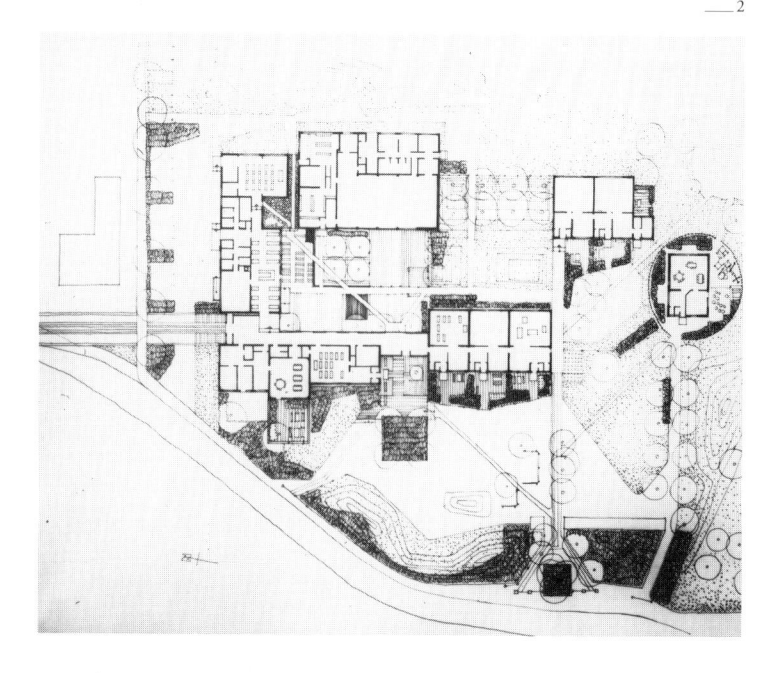

―― 1　子供たち
―― 2　配置図兼平面図
―― 3　入口付近の写真
―― 4　投射図

屋になっている。共同作業や創造的な遊びをする教室は、木などのような自然素材でつくられ、手触りをよくしており、快適で暖かく、保護された優しい場所になっている。また、そこは親しみやすくなっており、大きすぎたり、高すぎたりすることはない。それは人々（先生や友達）との交流を円滑にするもので、様々な感情と英雄伝のような子供の現実世界や生活を守るものだ。

それはまず学校の中にある家庭的な場であり、学校以外のものと強いつながりを持たずに、作業や遊び、食事や休憩をするためのものだ。教室の隣には小さな部屋がある。心地よい椅子、水道、作業台のあるその部屋は親密な作業や遊びができるようになっている。

その教室の隣には出入口のスペースがあり、コートをかけたり、手を洗ったりするための場所であり、雨をしのぐための屋根や風を防ぐためのスクリーンを持った外部空間となっている。そしていわゆる部外者、つまり学校内の年上の子供たちによってつくられるコミュニティと接する場所にもなっている。彼らはそこに入ってもいいか尋ねなければならない。

いくぶん年長の子供たちのためにも2つの教室が用意されており、それらは子供らしい不安感から彼らを守る役目があるが、逆に、彼らの好奇心を妨げないように周辺に対しても開いている。教室は、魅力的な未来と安心できる過去の間で変化するものであり、それらに対応できるように、煉瓦や原初的な技術を用いた素材でできている。

高学年の子供たちの部屋は、学校は、世界、国、村の中の一単位であるという、彼らの発達した集合意識と一致している。教室は人間や技術や思想への関心を育てる場所であり、時代や宇宙への関心を引き出す場となっている。

© Y. Kitao

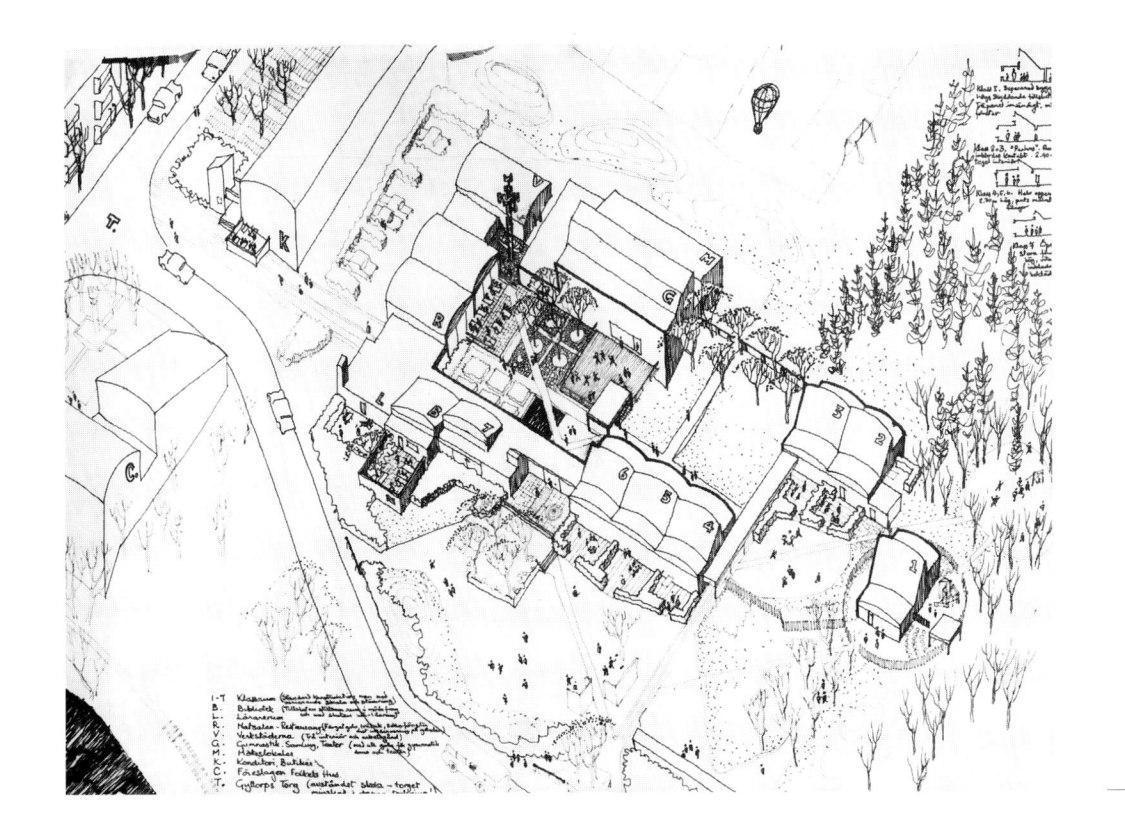

——3

——4

105

ガデリウス邸

スウェーデン、ストックホルム、リーディング　1961
Gadelius house, Lidingö, Stockholm, Sweden

協力者
パール・オヴェ・スコゥーネス
マイク・リネット

クライアントは数年間日本で仕事をし、暮らしていたこともある。この住宅は住居と仕事の接待の場として計画された。したがって各部屋は個室や家族室、居間など様々な人数に合うように仕切られた。この後者の領域、つまり居間の部分は3つのスペースに分けられ、窓や暖炉といった造り付けのインテリアの要素によって、それぞれの場の性格が決定されている。この住宅は3つの別荘の一部として計画され、敷地の小高い部分を囲い込むように配置されており、急傾斜の中に埋め込むように建造されている。玄関テラスと駐車場から見ると、芝に覆われた屋根と3つの玄関が見えるだけである。そこから階段が住宅の内部に引き込まれ、夏に用いるテラスに向かって空間が広がっている。さらに、水辺に向かって敷地の傾斜が続く。屋根は急斜面の敷地の上に平らな空間をつくり出す庭として使用されている。家は内部断熱したコンクリートで建てられ、インテリアは全体的に白く塗装されている。外壁は打ち放しコンクリートとなっており、岩場から真っ直ぐ立ち上がっている。現在では、耐用性が期待できないことから、白に塗装されている。

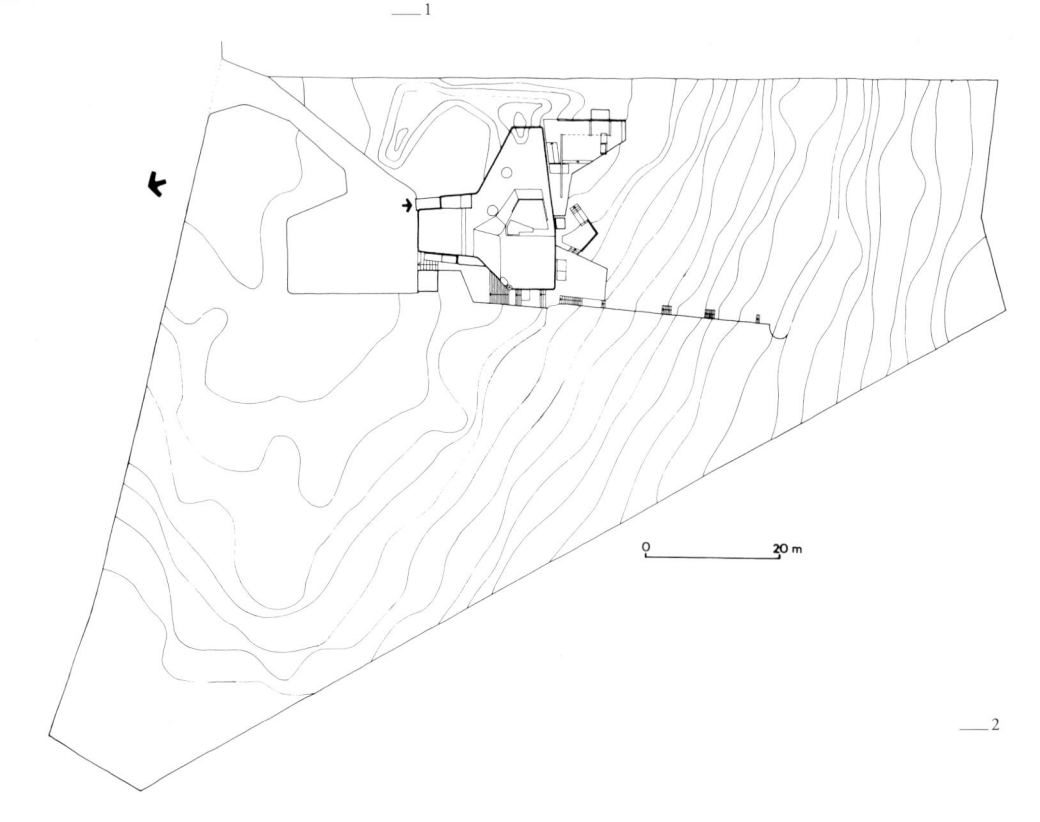

© Erskine Estate

___1

___2

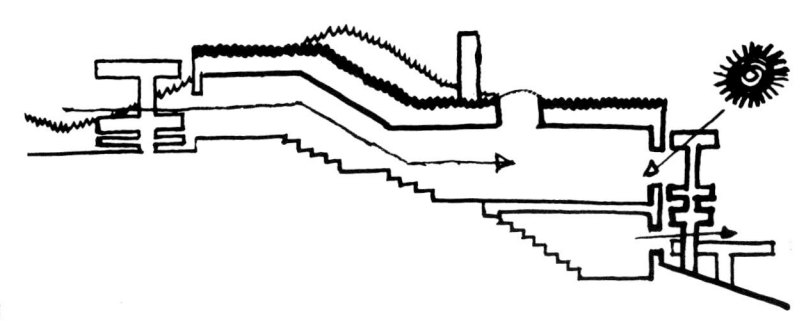

___1 住宅の全景
___2 敷地図兼配置図
___3 断面図
___4 平面図
___5 屋根
___6 建物と庭

ストローム邸

スウェーデン、ストックホルム、ストックサンド　1961
Villa Ström, Stocksund, Stockholm, Sweden

協力者
マイク・リネット
ニック・アンカー

クライアントは一風変わった家が欲しくて、アースキンに設計を依頼した。敷地はバルト海に向かって開いた急斜面になっており、素晴らしい眺望の立地だった。ここでは、アースキンの気候に配慮する姿勢が見てとれる。アースキンは開口部付近の外部からもたらされる影響を減らすために立方体にすべきだと考えた。この場合、バルコニーは建物から吊すのではなく、連結した柱に載せて自立するように設計した［訳注］。同じように入口のキャノピーはコールドブリッジの影響を避けるために住宅本体に直接触れないようにしている。そして、窓は適度な大きさに保たれている。屋根の上に取り付けられた反射板は、ルーフライトを通して家の中心部に、低い角度の太陽光を取り入れるために使用される。

もともと家の中心は、中央に配置したボイラー室で下から暖められる「中庭」となるように設計されたが、後に音楽室に変更された。床のレベルは、敷地の傾斜を利用して螺旋状に下りられるようになっており、住宅は最上階から入るようになっている。床レベルが様々な高さに設定されているので、ある部分では部屋の高さが2倍になっている。

―1 インテリアスペース
―2 住宅を見上げる
―3 入口階レベルの平面図
―4 平面と断面のコンセプト・スケッチ

［訳注］舟のデッキから着想が得られたと考えられている

© Erskine Estate

Villa Ström
Ralph Erskine 61

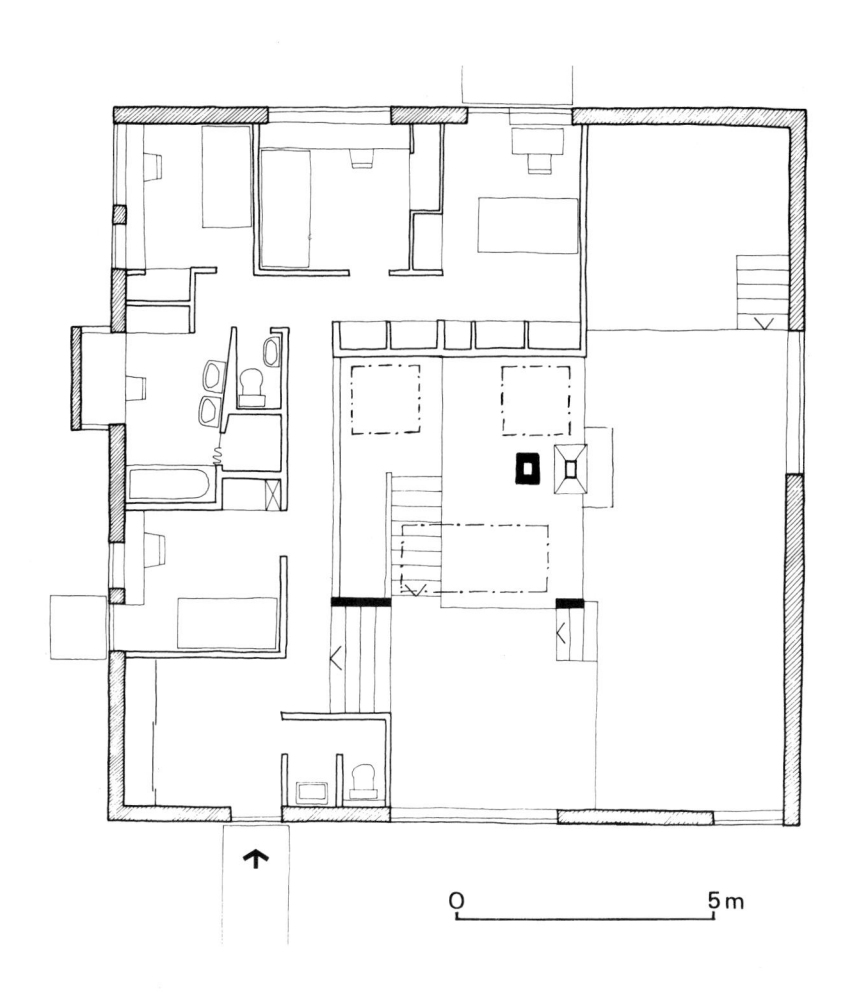

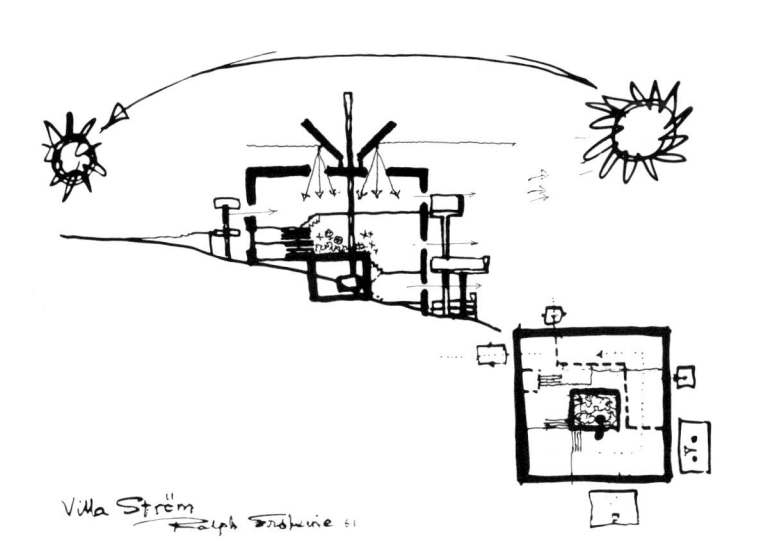

ノルドゥマルク邸

スウェーデン、サーデルテリエ　1962
Villa Nordmark, Södertälje, Sweden

協力者
ニック・アンカー
ヴァーノヌ・グレーシー

古い郷愁を漂わせる丸太小屋の構造が用いられているが、現代風にアレンジされている。直径150mmの丸太は、端を切りそろえており、従来木材の接合部分に用いられていたコケに替えて発泡プラスチック材を用いて接着された。内側には100mm厚のロックウール断熱材が充填され、樹脂合板の大パネルで仕上げられている。この合板はベイマツ、パイン材、カバ材を用いていて、部屋ごとにアレンジされている。天井が壁と同じ質感になるように、屋根の梁には集成材が用いられている。これらの構造は、構造体自体で安定するように工夫されており、それ相応に詳細な設計がされねばならなかった。壁の内部にはもうひとつの壁があり、その壁は上部から吊されているため、スライドさせることができる。そしてすべての取り付け部品と壁の開口部は耐用性をもつようになっている。住宅の各部分は、風や鹿やエルク(ヘラジカ)による被害から守るように、中庭を取り囲んで建てられている。ランドスケープの計画もひと続きの大通りや「部屋」になるように、周辺の森を「彫りこむ」工夫がされていたが、実現されていない。

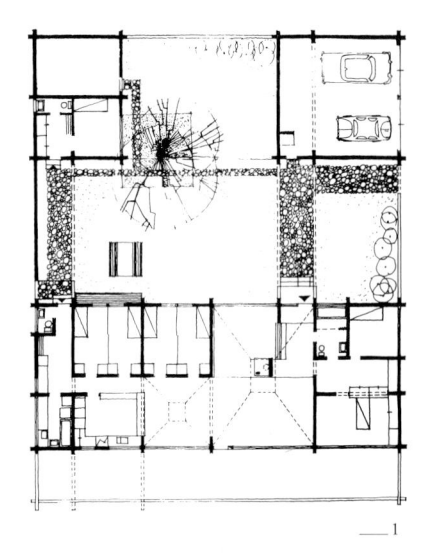

―1　平面図
―2　暖炉のあるインテリアスペース
―3　外部テラスを見る
―4　全体を見る

ケンブリッジの
再計画プロジェクト

イギリス、ケンブリッジ　1962
Project for replanning the centre of Cambridge, England

大学で不動産学を学んだR・スタッフォード・スミス（R. Staford Smith）は住宅を研究するためスウェーデンを訪れ、そこでアースキンに出会った。その後、彼はアースキンに町の計画の専門家としてケンブリッジに来るように依頼した。アースキンは仕方なく依頼を引き受けている。彼はオンブズマンになって様々なグループの間に立った。そして3週間滞在して皆と話し合い、新駅と町の古い中心部を東側で結びつけるという代替計画案を作成した。

協力者
ニック・アンカー
ヴァーノヌ・グレーシー

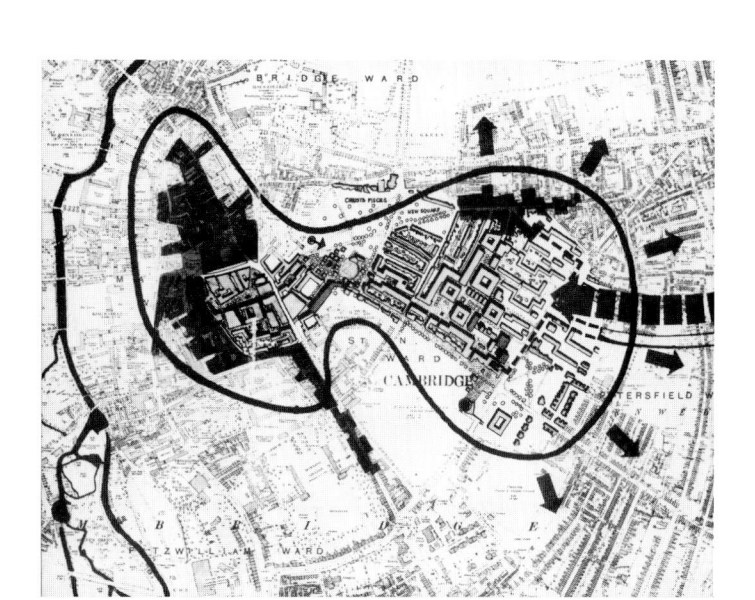

―1　ケンブリッジ再生計画案
―2　既存バスターミナル近傍の空間計画

バルベラレンの
アーバンセンター

スウェーデン、サンドヴィーケン、バルベラレン　1962-72
Housing, offices and shops, Barberaren,
Sandviken, Sweden

協力者
オーゲ・ローゼンボルト
ベングト・アールクゥイスト
パール・オヴェ・スコゥーネス
ジェーン・アースキン

——1　高層棟断面図。中庭の下に駐車場がある
——2　低層棟断面図（高層棟との関係）
——3　高層棟と歩行者路
——4　サンクン・ガーデン
——5　低層住棟と高層棟
——6　配置図

サンドヴィーケンは鉄鋼業の町として知られ、特にステンレスや高品質の鋼鉄を専門としている。アースキンは同市中心部の都市計画の設計を建設・開発業者から委託された。この建設業者とはすでに彼は近くのイェストリーケ・ハッマルビーでプロジェクト（76ページ）を共に行っていた。この計画は多様な目的に応えるものだ。敷地は中央通りから奥まった場所にあり、ショッピングセンターや診療所を付属する医療センター、国の年金事務所やレンタル・オフィス、そのほか、多様な形式のアパートにより構成されている。しかし計画全体はコンパクトで規則性を保っている。規模の異なる建築群は、濃い赤色の煉瓦と赤いモルタル材を使用することによって調和のある景観を生みだしている。駐車場はクラブハウスと共に地下に設置された。以前から立っていた大きなモミとカバの木は、新たに植えられた木々と共に中庭の景観を構成している。敷地を貫く歩道は保存され、その歩道には新たに屋根がつけられた。

アースキンの建築デザインに特徴的なバルコニー・デザインは、ヴェクフェ、ラスサコグの集合住宅地（92ページ）のケーブルによる吊り構造を発展させたものだった。様々な建物の屋根の上部に大きなコンクリート製ガントリーを設置し、アパートの前面にバルコニーを吊ってファサードから飛び出させている。またコールドブリッジを防ぐため、バルコニーと壁とをつなぐ幅は最小限に抑えられている。

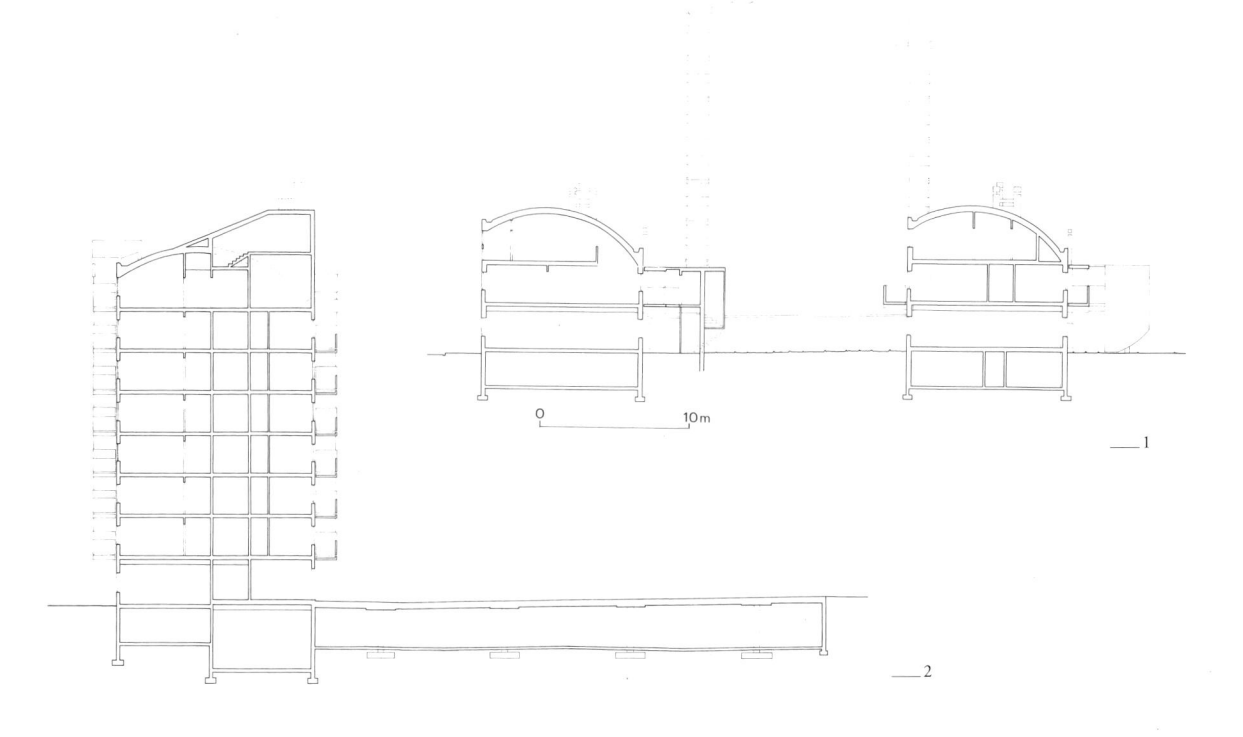

——1

——2

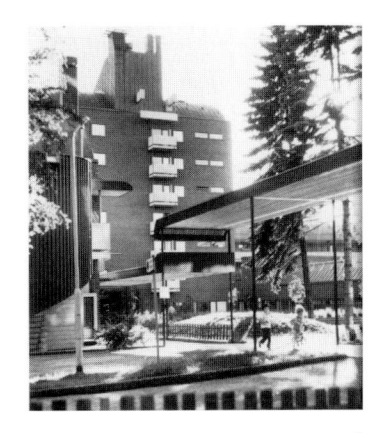

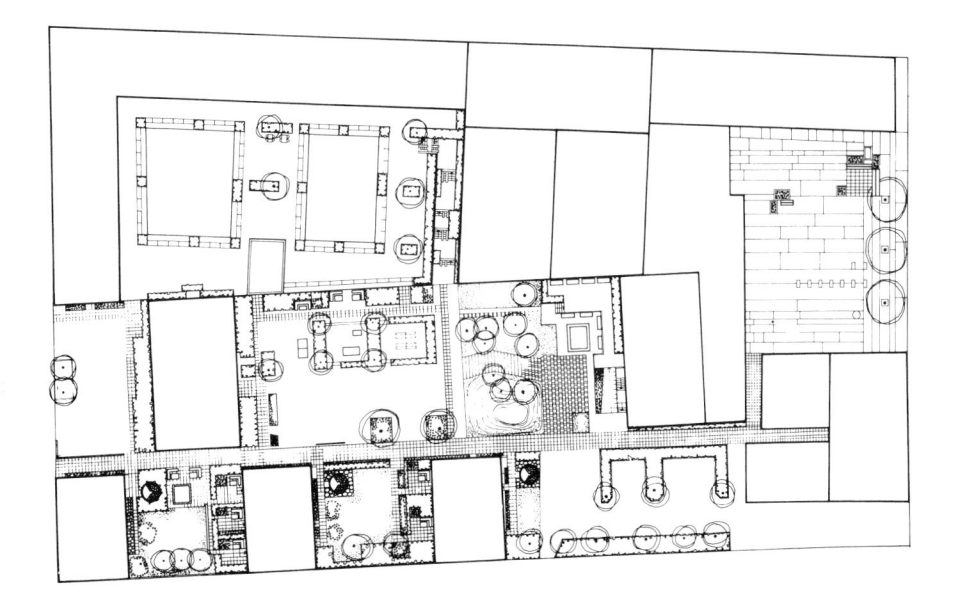

___3

___4

___5

___6

113

スヴァッパヴァーラの
集合住宅地と計画案

スウェーデン、ラップランド、スヴァッパヴァーラ　1963-64
Housing and community plan, Svappavaara, Lappland, Sweden

協力者
オーゲ・ローゼンボルト
パール・オヴェ・スコゥーネス

国営の鉄鉱石の採掘会社(L.K.A.B.)は、キルナのおよそ40km東に位置するこの町で鉱山の開発をはじめた。この会社は非公開のコンペを実施し、アースキンともうひとりの建築家が同じ一等賞を受賞した。ストックホルム出身の地域計画家はアースキンの計画を受け入れるべきだと忠告した。アークティック・タウンの研究はスヴァッパヴァーラの計画の先駆けとなるものだった。長い壁体建築はアースキンの初期の研究にいつも登場していた。北極のブリザードに背を向け、太陽を居住区が享受できるように南側に開いている。壁体建築はここで初めて建設された後に、バイカー(132ページ)や北極圏カナダのリゾリュート湾(142ページ)においてさらに大きな形態で実現されている。またその他の多くの建築物とプロジェクトでは小さな形態で表れている。しかしスヴァッパヴァーラでは、鉱山住宅地という特徴が(この壁体建築を含む)全体計画を完成させるには不利な条件となってしまった。

この町は、特に鉄鉱石に依存しており、経済的な変化を受けやすい単一の企業からなる住宅団地(企業城下町)だった。全体計画は、壁体建築が孤立し、小住宅群や村々も寂しい状態で、縮小されていた。すべての施設が既存の居住区と切り離され、ラップランドの住環境のように、生活機能や福祉施設などが必要不可欠なものでさえ不足していた。壁体建築には建物の全体を貫く中央歩廊ギャラリーがあった。そしてその歩廊ギャラリーは地上部分で公共の区域と接続しており、趣味の部屋、診療所、洗濯場を提供している。散歩のための太陽が降り注ぐギャラリーは保護されるべきだった。さらに学校や店やバス停、そして他の施設に囲われた道へのアクセスが提供されるべきだった。この内部の通路は他の施設とまったく接続されておらず、装飾や家具もなかった。この計画は意図されていたほどには役割を果たすことができなかった。

——1　壁体建築と囲まれた広場
——2　壁体建築のバルコニー
——3　亜北極の気候を感じとっているアースキン
——4　住宅地の初期計画案

115

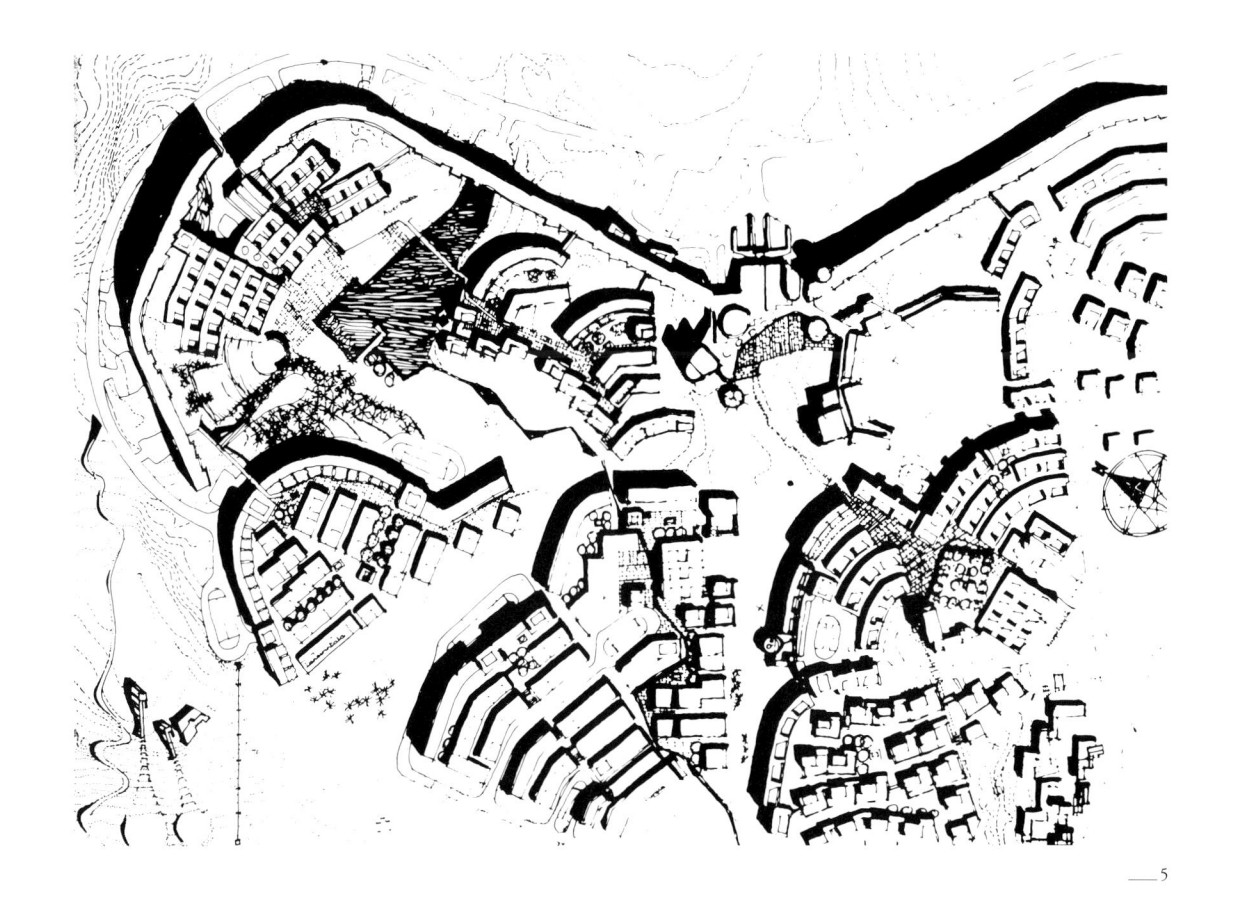

アースキン自邸

スウェーデン、ドゥロットニングホルム　1963
Erskine's own house, Drottningholm, Sweden

協力者
ヴァノーヌ・グラド

アースキンはドゥロットニングホルム地区の建物に見られる地方的な特徴に新しい解釈を加えて、自邸のデザインに取り入れている。

この地方では母屋といくつかの別棟が建てられるのが通例だが、アースキンの自邸ではアトリエとガレージが別棟となっている。それは全体構成の中で3つの要素を形成している。この地方には特徴的な勾配を持つ屋根のデザインがある。屋根は瓦か黒く塗った亜鉛板葺きになっている。またこの地域では、漆喰を塗った壁が一般的だった。この住宅はシポレックスという白い軽量断熱性のプレキャスト・コンクリートのパネルでつくられ

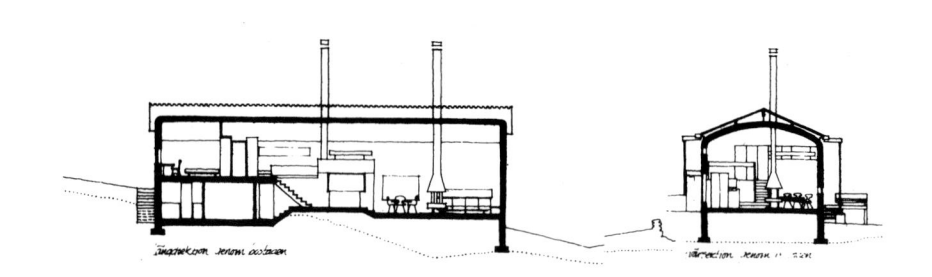

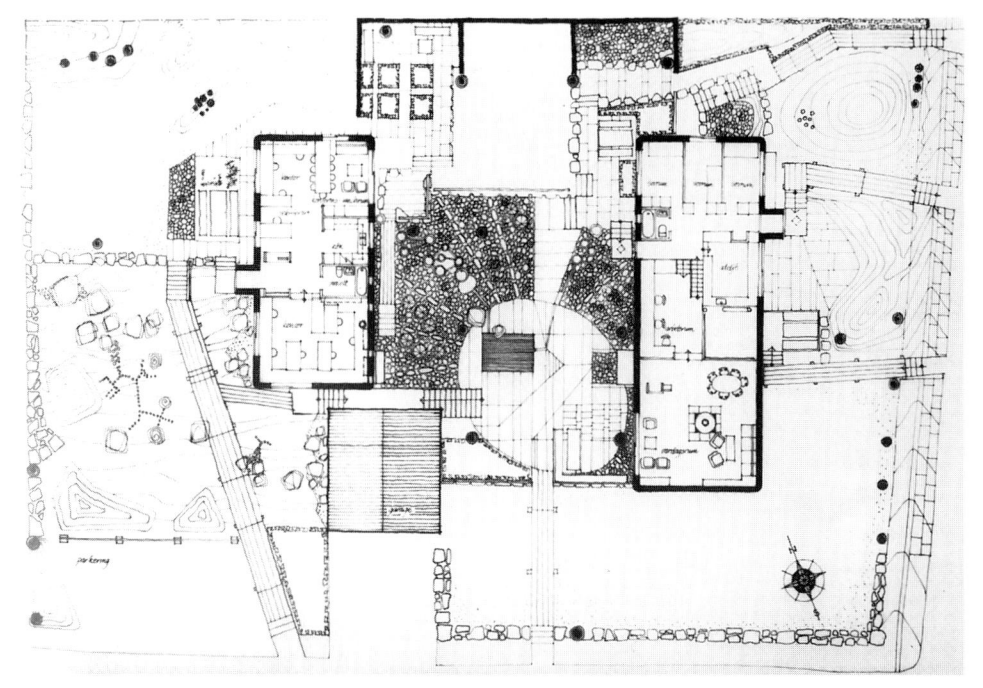

ている。これらには何の装飾も施されていないが、中心からランダムに金属の歯をつけた特殊なスレッジ・ハンマーを1枚1枚のパネルに沿って引くことによって、表面に浅めの粗い溝を刻む仕上げとしている。コーナー部のパネルは、屋根のエッジ部のパネルと同様に丸みがつけられ、それによって屋根全体が緩やかなヴォールト状の形となった。このヴォールト屋根を形成するために鋼材が用いられており、室内からはT字型の鋼材部分だけが見えるようになっている。また高い金属製の煙突もこの地方の特徴である。屋根は黒っぽい波型状金属板の傘としてシポレックス・パネルの上にはっきりと(建物と屋根を分けて)空きスペースをとって、分離し固定されている。これによって内側の屋根は雪や雨から遮断されるのだ。この屋根の構成により冬季の降雪をその場に留めておくことができ、融けて凍りついて氷柱となる危険もない。伝統的な屋根の形状は、雪が凍結してしまい、雨樋や排水用縦樋を詰まらせてしまう。台所は家の中から道行く人と会話できるように小さなダイニングテラスを備えている。庭には岩や生け垣があり、敷板の歩道を備えた小さな空間がある。メンテナンスの必要が少なくて、除雪がしやすくなっている。また岩は日中に太陽熱を集積して夜に放熱する。

---4

---5

---1 長手断面図
---2 短手断面図
---3 配置図兼平面図。西側に事務所、東側に住居がある
---4 インテリアスペース
---5 住宅の側面
---6 断面図。計量鉄骨で支えられたコルゲートの屋根がプレキャスト・コンクリートのパネルを保護する

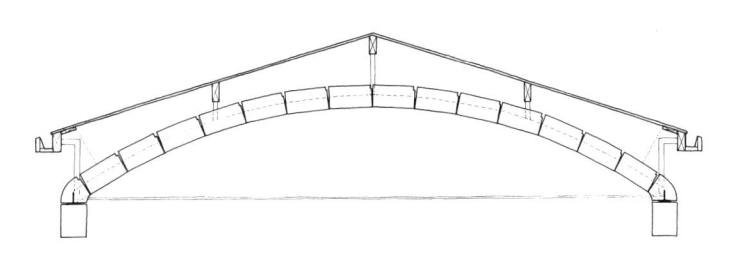

---6

© Y. Kitao

—— 7

—— 7　自邸(右)と事務所棟(左)
—— 8　事務所棟

© Y. Kitao

—— 8

セルゲル広場の
コンペ案

スウェーデン、ストックホルム 1965-66
Sergels Torg planning competition, Stockholm, Sweden

このコンペの目的は、ストックホルム中心部のセルゲル広場に、中心的役割を担う「文化の家」の設計案を公募することだった。アースキンと彼の同僚であるアルデルース・テングボム(Anders Tengbom)とレオニー・ガイセンドルフ(Leonie Geisendorf)はコンペの要項から逸脱して、用意された建設用地から海岸線にいたるまでの全域を対象にした提案をした。この理由により、彼らのエントリーは失格となったが、一等賞と同じ合計点の「買収計画」賞が授与された。この計画の主な特徴は歩行者専用道路にあった。この道路は町から水辺へと人々を誘導するための「航路」や「リビングルーム」となっていて、片側の建築群には文化的な施設が入ることになっていた。6カ月以上にもわたって、2つの計画案とその課題について、市民とマスメディアによる徹底的な討論が行われた。そののちに、市当局は代替案を却下してペーター・セルシング(Peter Celsing)の一等案を建設している。

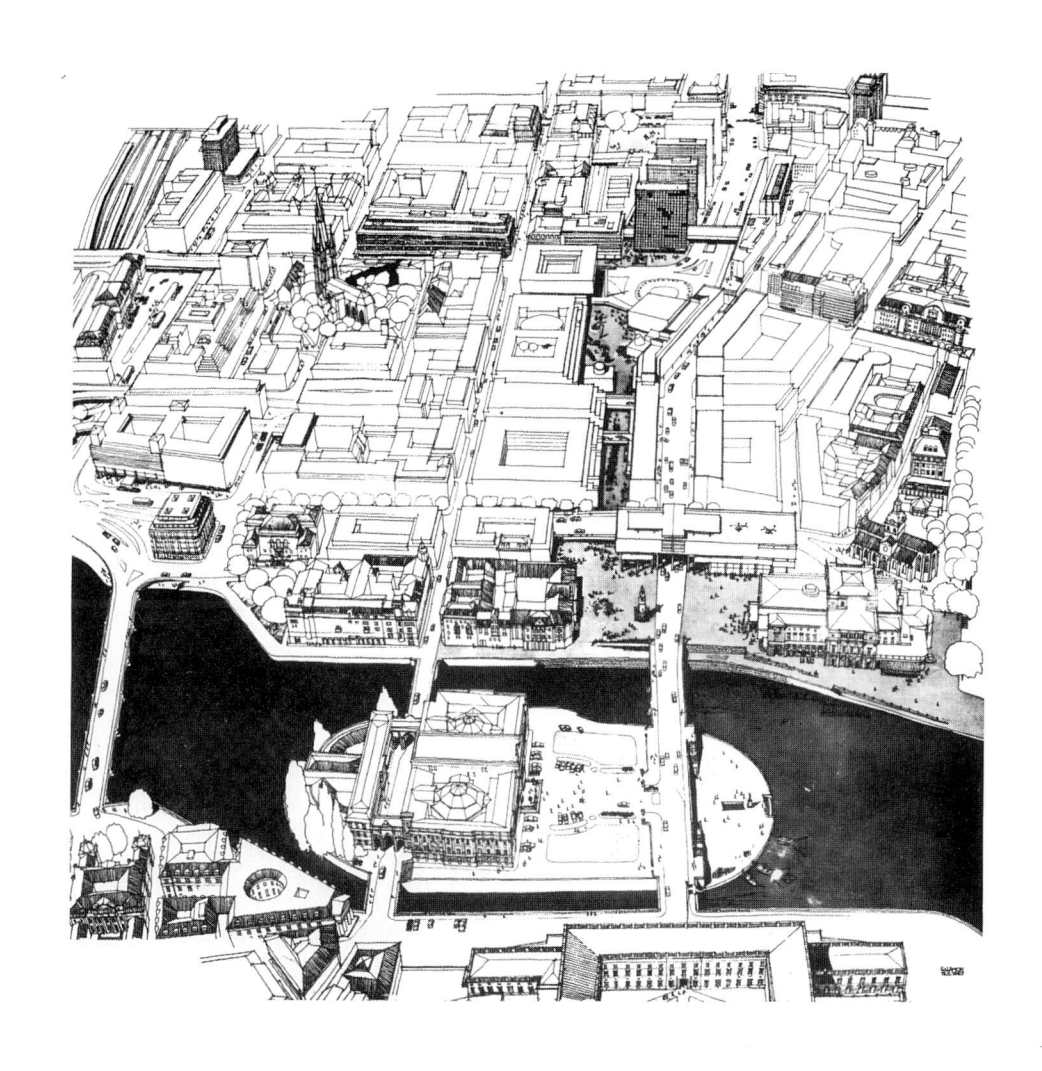

—1 「文化の家」コンペ案

エスペランヌサの集合住宅

スウェーデン、ランドゥスクロナ　1968-71
Housing, Esperanza, Landskrona, Sweden

協力者
オーゲ・ローゼンボルト
マイク・リネット

ランドゥスクロナは造船の町で、ニューキャッスル・アポン・タインのバイカーと似ているが、造船関連の仕事で来訪した居住者が多くいた。建物は地方の「コスト基準」に従っていたので、バイカーの集合住宅（132ページ）よりも安価で建設された。

ランドゥスクロナはスウェーデンの南西海岸にあり、建設地は町から2km離れている。建設地の南側は、1953年に建てられた良好な住宅地に接している。アースキンは1963年の指名コンペで勝った。設計の目的は、地方の環境に不可欠な部分を形成しながら住宅群を創設することだった。また、手頃なコストで合理的な製作

凡例
1 ホール
2 食事室
3 居間
4 寝室
5 台所
6 トイレ
7 浴室
8 物置
9 ユーティリティルーム
10 庭への道

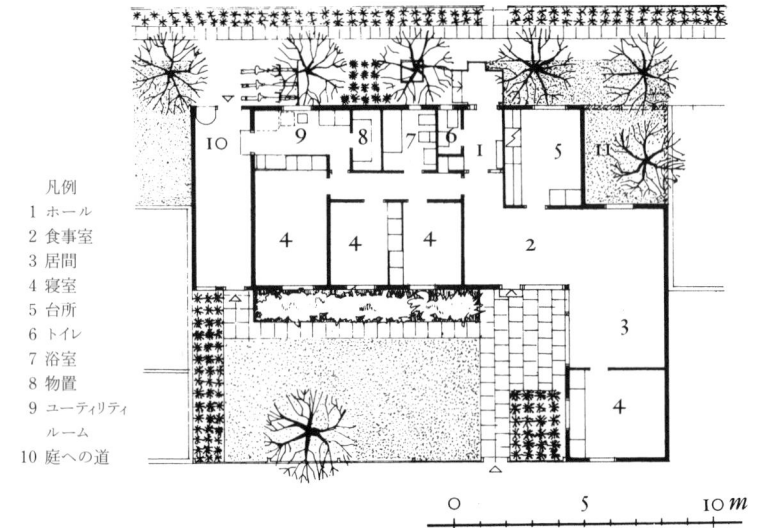

――1　道路側の駐車場
――2　中庭型住宅の1階平面図
――3　共有庭と住棟
――4　住宅地内の街路景観
――5　住宅地内の小径
――6　全体計画図（案）

が可能な標準のユニットを生産した。そして交通システムの分離をはかり、海岸からの風、外部の雑音、日当たりを考慮し、通行人を保護したり、人々が自然に接触したりすることができるようになっている。このように建物の規格化を行うと同時に、高度の個性ある表現をそれぞれの家に与えている。

海岸道路沿いの2階建てのテラスは、土手と駐車場とともに交通の騒音を低減することに役立っている。住宅群は1階建てのコート・ハウスと2階建てのテラスハウスを規則的に配置して設計されている。住棟グループは、それぞれ不規則な路地によって独立している。それぞれの住棟グループでは、ローカル・コートを提供するために、一戸建ての住宅は建設されなかった。これらのグループの軸を回転させることで、主要な領域の団地との結びつきと変化に富んだ歩行者のルートを生み出している。56戸のコート・ハウスと61戸の2階建てテラスハウスがあり、そのうちの43戸は敷地内に車庫がある。5.5haの敷地内に、282台の駐車場が用意されている。既存の樹木を保護するために細心の注意が払われ、既存の建物は共同施設として改装された。

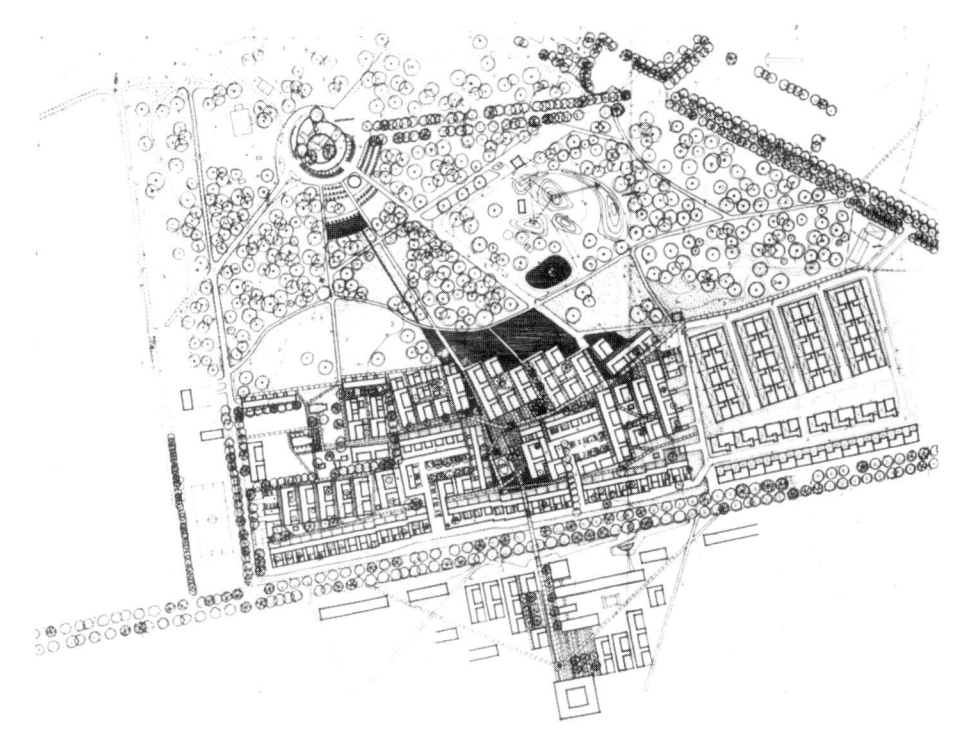

レ・クロセットの
休暇村

スイス、バライス　1966
Les Crosets, Valais, Switzerland

スイスの休暇村地域のためのこのプロジェクトはイギリスのアンドリュース(Andrews)、エマソン(Emerson)、シャーロック(Sherlock)の建築事務所を通して委託されたものだ。彼らはのちにミルトン・キーンズ(Milton Keynes)のイーグルストーン(Eaglestone)の集合住宅のプロジェクトで、アースキンと共に働くこととなった建築家たちである。湖は休暇村として整備されることになっていた。そこには中心となる村や家族村やセミ・プライベートの村があり、スキーリフトや他の関連施設も備えていた。

——1

——1　パースペクティブ・スケッチ

マーシュタ地区の
マスタープラン

スウェーデン、マーシュタ　1968-80
Planning and housing projects, Märsta, Sweden

協力者
クラース・タム
ターブジョーン・エイナルソン

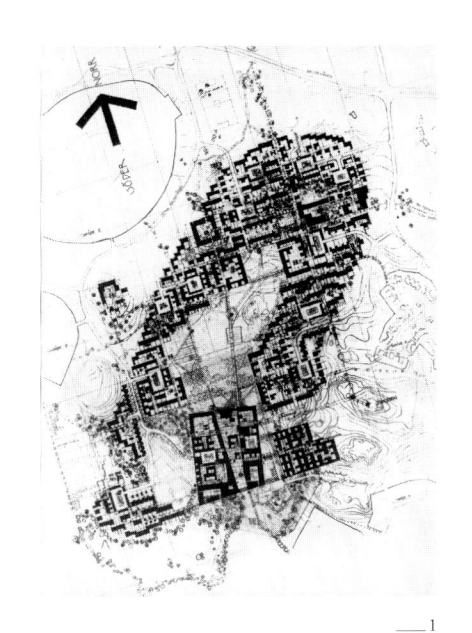

アルランダ(Arlanda)にあるストックホルムの新国際空港は、地区の再開発計画と集合住宅の建設を伴うものと予測されていた。1968年にアースキンは地区計画を準備し、マーシュタから少々離れた水際まで取り込んだ開発計画案を提示した。これはプロジェクトの必要性と敷地の可能性を探求するためのアイデア・スケッチだった。「マーシュタ70年」計画については、その計画に興味を持っていた建築家ヨハネス・オリバーグレン(Johannes Olivergren)が参加とパラレル・スケッチ方式によるコンペを提案し、アースキンを含む4人の建築家を招集した。オリバーグレンはマーシュタを4つの地域に分割し、住民の参加を通して地域の拡大に向けた全体計画を立案していった。1968年にアースキンが描いたパイロット・プランのスケッチが出発点だったが、1970年のマーシュタの拡張計画案は、入江の北側で道路によって連結させるような直線的な街村として発展している。1977年に行われた予選のスケッチ・コンペ案は、一層強固で実現性の高いプログラムとなった。アースキンは詳細にひとつの村の設計を展開していった。

オストラ・ステニンゲ(Östra Steninge)には、テラス形式の住居が300戸あり、太陽熱を利用できるように最大限南面に向けられた。また、託児所、店、居住者センター、学校、デイセンター、およびレクリエーション施設もつくられる予定となっている。また、アースキンは何らかの軽産業をその村に誘致することを希望している。

―1
―2
―3

―1　地域計画案
―2　パースペクティブ・スケッチ
―3　1968年の地域全体計画案

アシュドッドセンターの
コンペ案

イスラエル、アシュドッド　1966
Competition for centre of Ashdod, Israel

イスラエル人の建築家と特別に招待された外国人の建築家6人が参加したこのコンペは、フランスの事務所が勝ち取ったが、イスラエル人の建築家パールステン (Perlstein) によって建設された。

アースキンは設計に入る前にイスラエルに招待され、北極と高温で乾燥した気候の町の間に見られる類似性に着目している。すなわち人々が砂漠に囲まれていること、そして焼けるような風や凍てつくような風から自分自身を守らなければならないという類似性である。建物は、内側と外側のどちらも一定の温度を保つように設計しなければならなかった。アシュドッドセンターのプロジェクトでは、砂漠の風に対抗するためにシェルターと風除けを用意しなければならなかったが、同時に海から吹く涼しい風を利用してデザインする必要もあった。

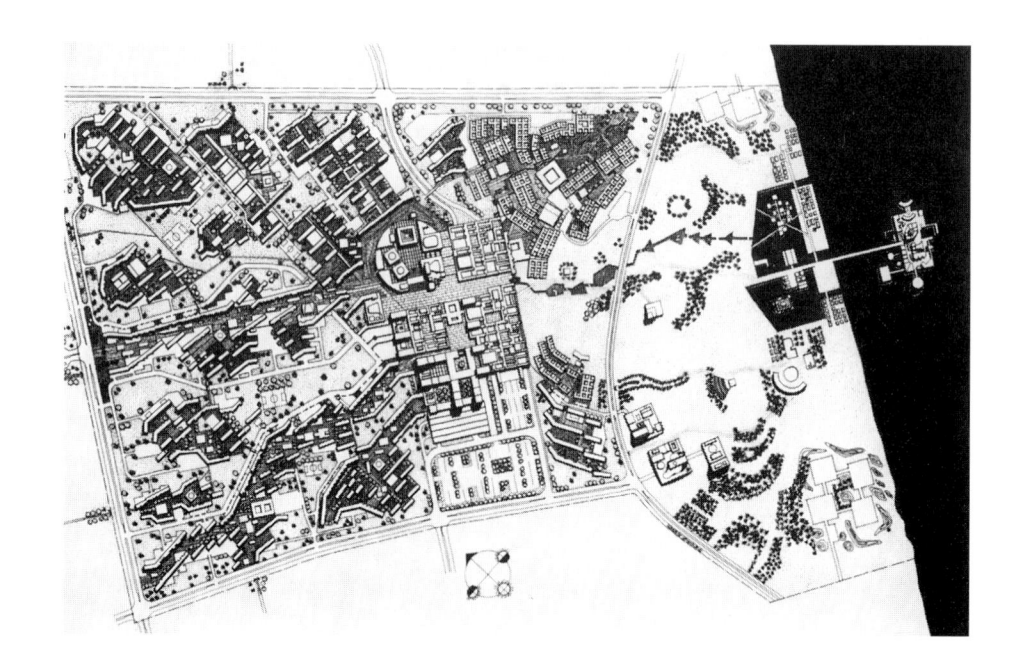

——1

——1　全体配置図

マルモォのパン工場とオフィス

スウェーデン、マルモォ　1969
Offices for bakery, Malmö, Sweden

協力者
ニック・アンカー
ヴァノース・グラド
マイク・リネット
アルネ・ニルソン
ジェーン・アースキン

このプロジェクトの第一段階は、事務所施設を備えた大きなパン工場を設計することで、さらにはパンの生産の連続性を維持するために、段階的に事務所を建設する必要があった。建築法規による制約があったにもかかわらず、ひとつの屋根の下で様々な機能のすべてが満たされるように設計案がつくられていった。下層部分の建物はコンクリート構造になっており、上層部分の事務所は鉄骨造になっている。

計画の第二段階は倉庫と冷蔵室、そしてこれらの上部に事務所を建設することだった。道路から直接エレベーターで入ることのできるこの最上階の事務所は17m×70mの大きさで、周囲すべてをガラス張りとしている。天井はアルミニウム枠にファイバーグラスの布を張って、配管類を隠している。間接照明には通常の電球が取り付けられているが、他の照明はアースキンによって特別に設計された家具の上に取り付けられている。ケーブルは床面のコンセントから取り出し、机の間に配線されている。

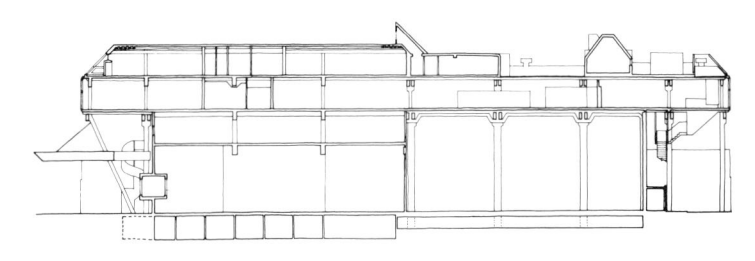

---1　断面図。事務所が工場の上部にある
---2　1階平面図
---3　事務所のインテリアスペース
---4　全体写真

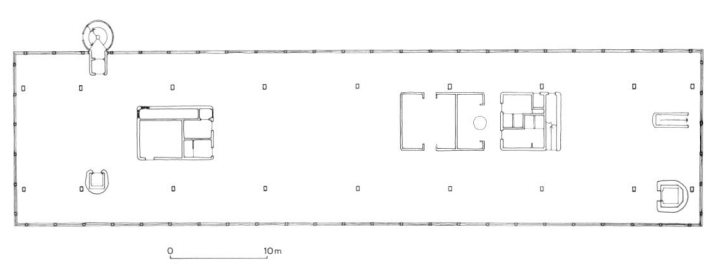

クレア・ホール

イギリス、ケンブリッジ　1968-69
Clare Hall, Cambridge, England

協力者
マイク・リネット
ベングト・アールクゥイスト
ジェーン・アースキン
トニー・スミス
ツイスト&ウィットリー

クレア大学は大学院生用の住居を建設する必要があった。そこでは、大学院に通う留学生たちの小さな共同体を支援するための公共空間、セミナー室、研究室、ダイニングルーム、そして談話室を設置することが求められた。アースキンはこの建築物に関するレポートで次のように述べている。
「ニューマーケットやティブロのように、ケンブリッジにおいても自由で魅力的な環境を形成したいと願ってい

―1　中層住棟を見る
―2　低層居住空間の中庭
―3　中層住棟と低層をつなぐ中庭
―4　平面図
―5　雨水の流れを考慮したデザイン

た。そうした環境は、中世の記憶やルネッサンスのモニュメントがあるのではなく、構築するというよりもむしろ新しい社会のつくり手たちを結びつけるためのものだ」。敷地はケンブリッジ中心部の緑の多い住宅地区にある。その地区はアースキンが、変化に富んだ小規模な建築の複合体として開発していたところだった。

地下部分に駐車場を配置することによって、敷地は歩行者の移動のために開放され、敷地内に歩道や路地が用意されていた。住宅のそばには「家族の道」があり、研究室と談話室の近くには「学者の道」があった。

計画全体の中で低層部分にあたる中央部には、道路に平行した立体的な建物によって境界線が形成されている。それはアースキンが他のところで試みた壁体建築と共通するものであり、気候をコントロールする可能性を持っていた。またこうした境界線は入口の通路を指し示している。直線的なスロープ状の屋根は端になるほど高くなっていて西側を遮断している。この計画には、長く緩やかな傾斜のアルミニウム製の屋根がいくつかあり、雨水が巨大な雨水管に流れ込んで地上の水路に注ぎ込むようになっている。

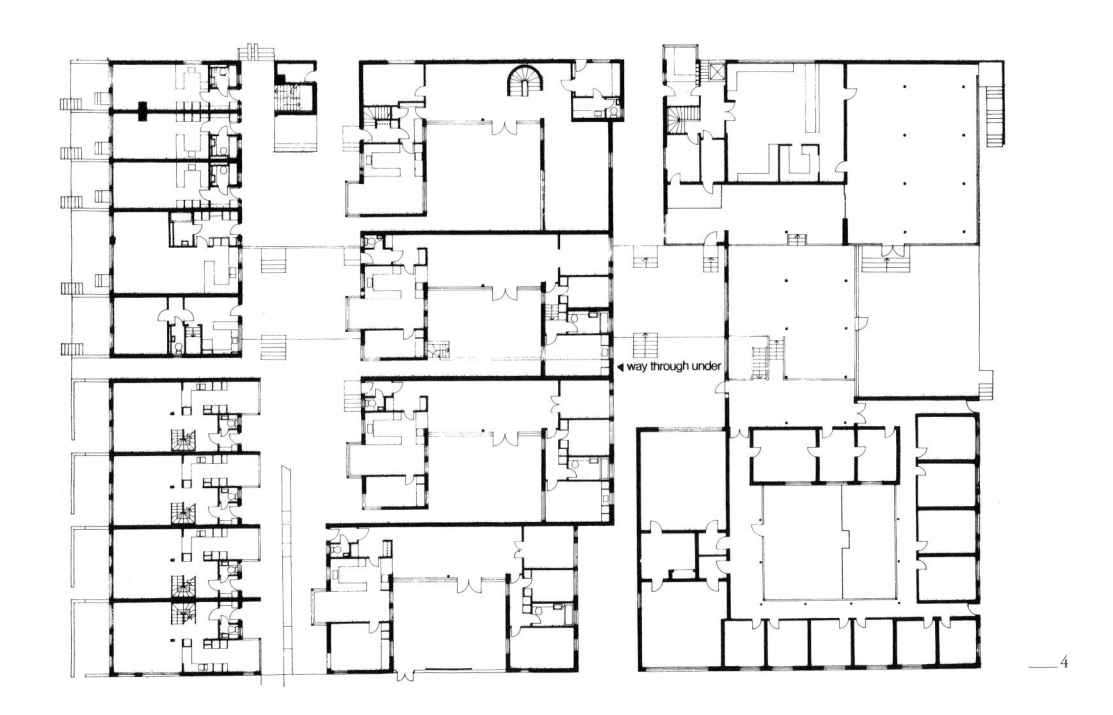

—4

—5

クリングワースの
集合住宅地

イギリス、ニューキャッスル・アポン・タイン　1969
Housing at Killingworth,
Newcastle upon Tyne, England

協力者
ベングト・アールクゥイスト

アースキンは地元の開発業者から招聘され、このプロジェクトに関わった。招聘したのはスタンリー・ミラーだった。ミラーはニューキャッスル・アポン・タインの衛星都市であるクリングワースの湖のそばに計画された住宅の非公開コンペに参加している。ニューキャッスル・アポン・タインは、のちにアースキンがバイカーの住宅建設を行うこととなる都市だ。このプロジェクトは一部が建設されたにすぎず、気持ちのよい水辺の防波堤と陸地のほとんどが建設されていない。住宅地には広場があり、水辺には人々がアクセスできるようになっていた。住宅地は洗練されすぎないよう、高価になりすぎないように意図されている。南イギリスの裕福な村というより、ノーザンバーランド州にある「普通の農村的な住宅地」というべき村である。

――1　住宅外観
――2　港に面した住宅
――3　住宅の入口
――4　港と広場のある住宅地のスケッチ
――5　全体計画図（西側だけが建設された）

LAKE

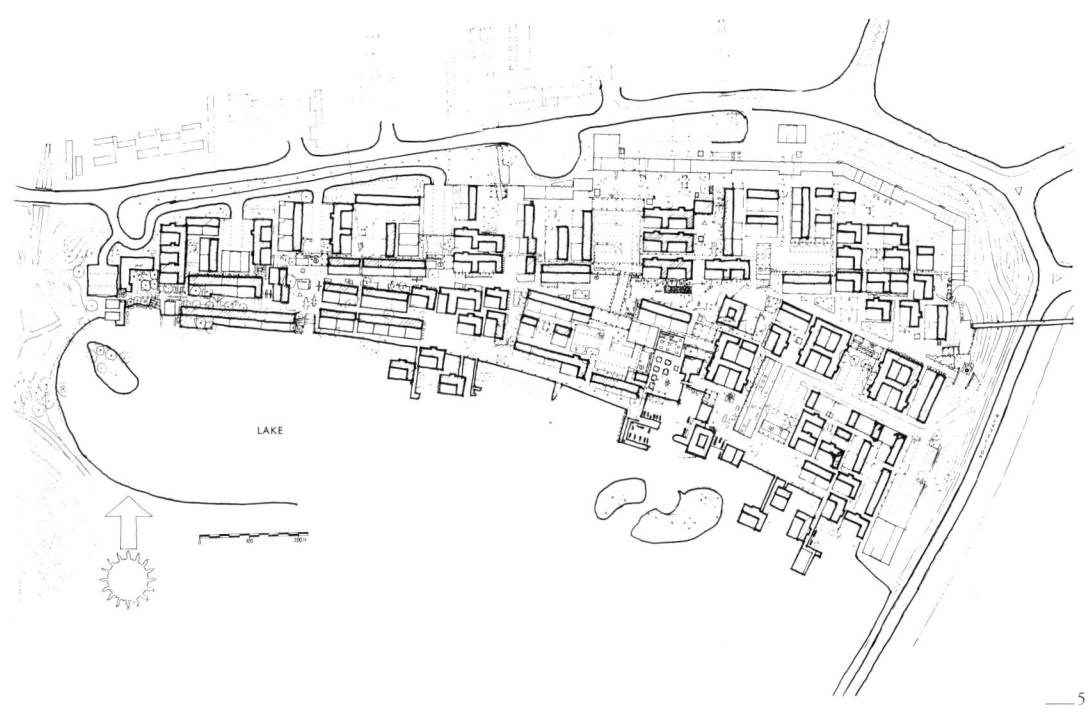

ニューマーケットの集合住宅地

イギリス、ニューマーケット　1969
Housing at Newmarket, England

協力者
クラース・タム
パール・タム

スタッドランズパーク(Studlands Park)の敷地はニューマーケットの北端にあって、町を通るバイパスが敷地の境界となっている。
ボヴィス新住宅会社(Bovis New Homes Projects Limited)は低価格の市場に向けた低コストの住宅を設計するように、アースキンに依頼した。彼らはミルトン・キーンズに続く、イーグルストーン集合住宅のクライアントでもあった。
1970年に3,250戸の2ベッドルームの分譲住宅が完成した。その後それらの価格は急上昇している。ここに

——1　中庭
——2　住宅地へのアプローチ
——3　街路景観
——4　1階平面図と2階平面図
——5　全体計画図(将来計画も含む)

は高齢者住宅を含む550戸の住宅があるが、もともと100エーカーの敷地に1エーカー当たり13戸の密度で920戸建設する計画だった。

基本的な計画と設計の趣旨は、車のないコンパクトな住環境をつくることで、それはコミュニティの周縁部をガレージで囲い込むことで保たれている。このプロジェクトでは、敷地内の歩道や中庭や子供の遊び場を考慮しており、これらの領域は子供や高齢者にとって安全で、すべての人々にとって快適なものとなっている。植栽は、大規模な地域社会活動を満足させるものになっている。

第一段階が完成した後に、ハーバード大学のR.トランシク(R. Trancik)によって、新しい住宅の住民の反応に関する社会調査が行われた。そしてその結果は、アースキン事務所の仕事を要約するものだった。計画のすべては完成しなかったが、数軒の店舗が公民館と同じように建設された。

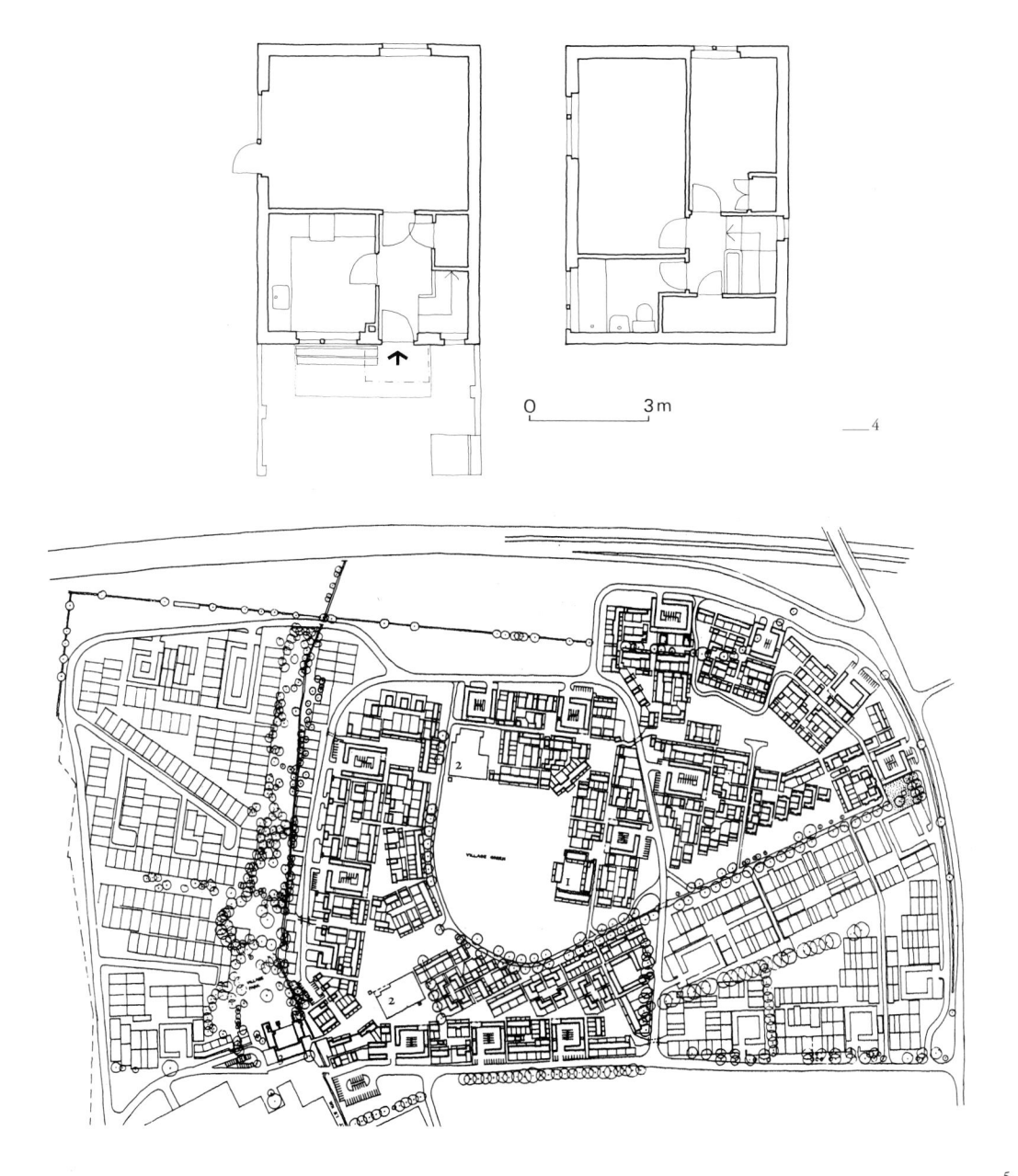

――4

――5

バイカーの集合住宅地

イギリス、ニューキャッスル・アポン・タイン　1969-81
Housing at Byker, Newcastle upon Tyne, England

協力者
ヴァーノヌ・オラクル
ロジャー・ティロットソン
マイク・リネット
ペール・グスタヴスソンヌ
トニー・スミス
ケン・マックケイ
マイク・ドレージ
ニルス・バイキング
デーヴ・ヒル
トレバー・ハリス
ダン・テラス
ダグラス・ワイズパートナーズ

ニューキャッスル・アポン・タイン付近のクリングワースに住宅を建設した後、保守派の都市計画委員会はアースキンに、バイカー地区の再開発計画への協力を依頼した。バイカー地区は、街の中心部から約1.6km離れた地点に位置し、既存の住宅群は小規模で、どこか陰気な雰囲気を漂わせており、地域開発が必要な状態になっていた。アースキンは現場でこうした状況を1カ月間観察したうえで「計画趣旨」を提出した。そこでアースキンが強調したのは、バイカーの住人自身がコミュニティの未来像を描けるように、目に見える形で明快な枠組みを設定することだった。

最初に建設されたのはジャネット広場である。これは試験的な要素を盛り込んだ計画であり、住民側の反応と計画の有効性がうかがえるモデルとして46戸の住宅

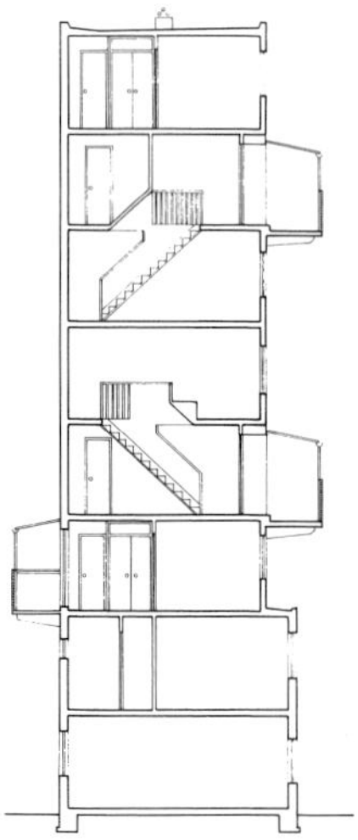

___1　バイカー・ウォールの断面図
___2　ケンダール通りの中庭型住宅の配置図兼平面図
___3　敷地全体図

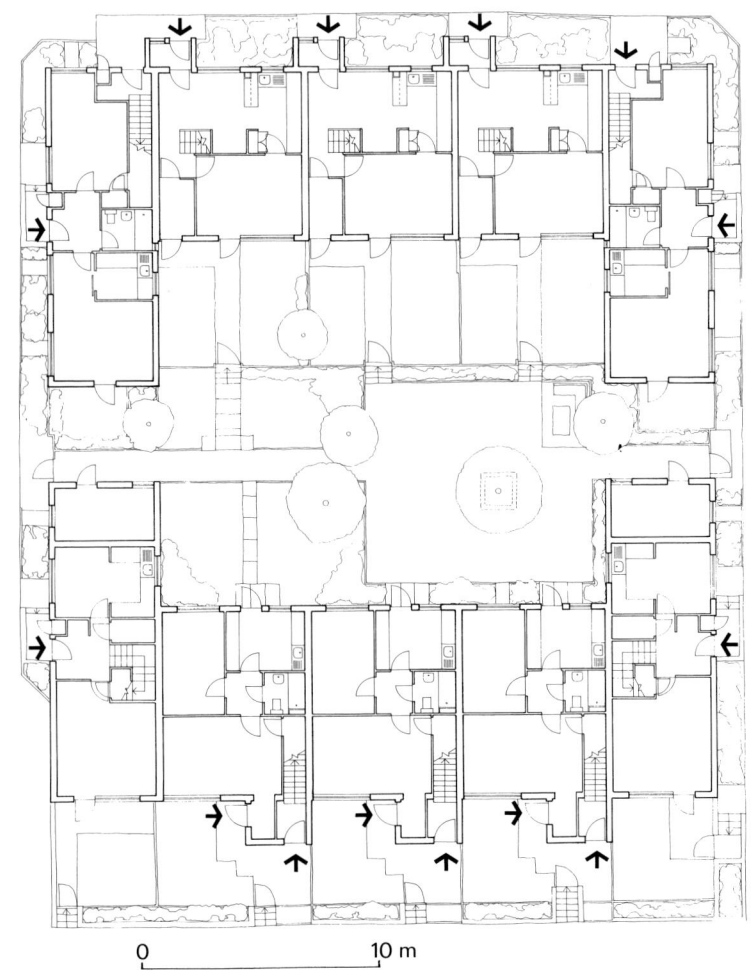

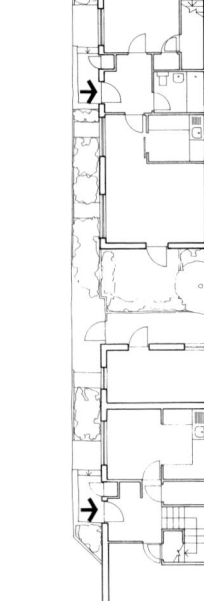

が建設された。

このプロジェクトでは、イギリスとスウェーデンの建築家がバイカーとドゥロットニングホルムの事務所にそれぞれ16〜20人ずつ集まって作業にあたった。住宅の約80％は低層の建物であり、計画案の中で最も驚くべき部分は壁体建築(wall building)である。

スウェーデンのスヴァッパヴァーラで行われた北極研究の成果である外周壁はその先駆的な例であり、北極風を阻んで前方の街を保護する防御壁の役割を果たしていた。バイカーでは、丘の尾根に沿って建造された壁体が北海から吹き降ろす風を遮断し、前方の南向きの斜面を保護している。さらに、新たに地下鉄路線の敷設や環状道路の計画もあったので、防音も壁体の主要な機能になっている。そうした壁体建築の持つ特別な機能を理由に、建設費用の追加財源を得ることができた。壁体建築の内部につくられた住宅の内側からは、タイン川にかかる4つの橋が交差する素晴らしい風景を望むことができる。

巨大な壁面の色彩構成はアースキンのデザインによるもので、様々な色の煉瓦を組み合わせている。

壁がそそり立ち、その存在が都市のスカイラインを引き立たせているにもかかわらず、バイカーの街づくりのなかで依然として最も重要な部分は、壁体建築の下の丘に建つ低層住宅群であるということはいうまでもない。完成した計画は様々な規模の2,317戸もの住宅を含み、およそ7,850人を収容する。

―4　住宅地内の建築景観
―5　北西側から見たバイカー・ウォール
―6　小さな商店のある街角
―7　小径より高層住棟を見る

ティブロの
カウンシル・オフィス案

スウェーデン、ティブロ　1969
Council offices, Tibro, Sweden

協力者
ベングト・アールクゥイスト

このプロジェクトは実現していないが、アースキンの好んだテーマの多くを示している。例えば、公共の場にアクセスしやすい会議室、新しくて開放的な形態、波打つ天井や屋根の形状、そして低い北方の光を内部に取り入れる屋根の反射板が示されている。

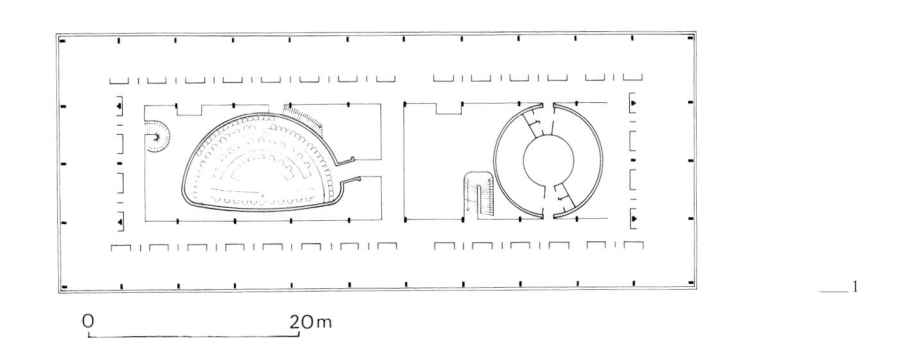

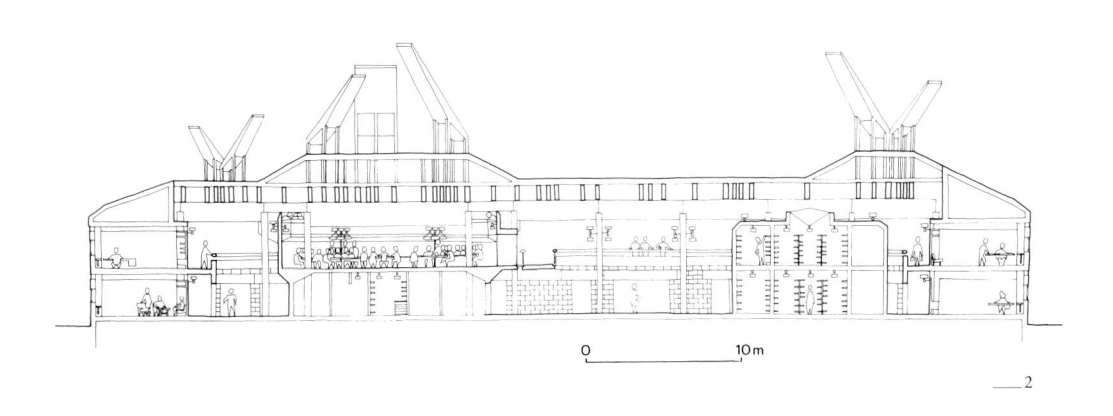

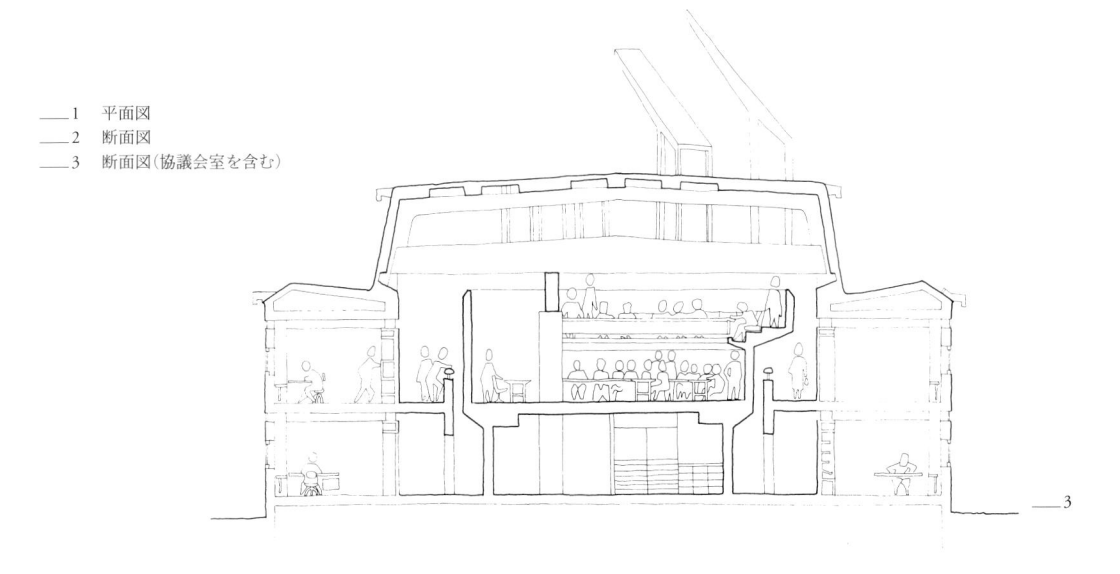

___1　平面図
___2　断面図
___3　断面図（協議会室を含む）

スウェーデン国会議事堂
コンペ案

スウェーデン、ストックホルム　1971
New Parliament building competition,
Stockholm, Sweden

コンペの対象となる敷地はストックホルムの中心にある島で、橋により両端がつなげられていた。静かな記念碑としての建物は民主主義に適しているが、過度に豪華であってはならないとアースキンは考えていた。1階は国会の建造物と平行して公共のコンコースを配置することになっていた。

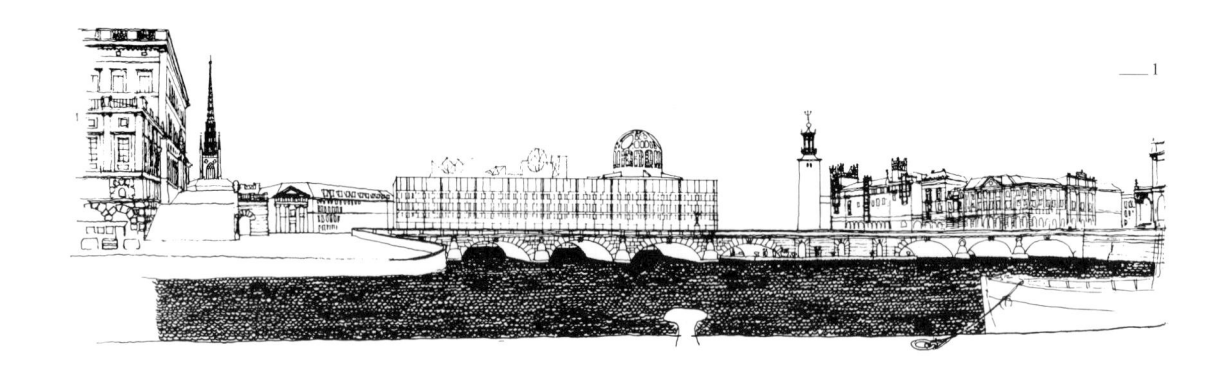

―― 1　スケッチ・パース
　　　（コンペ案）

ボダフォールスの教会

スウェーデン、ボダフォールス　1972-73
Church reconstruction and extension,
Bodafors, Sweden

セガトの教会の設計を依頼（97ページ）したのと同じ祭司は、ボダフォールス教会の再建をアースキンに依頼した。その教会は修理するには状態が悪く、集会室や洗礼室、登録事務所、およびボーイスカウトのための部屋の設備を追加し、改良することを要求していた。外観全体は無装飾の不規則な挽板（粗挽板）が張られていて、内装は未処理のきめの細かい挽板が張られていた。地場の工場で挽かれた木材を使っている。

協力者
マイク・リネット
ジェーン・アースキン
セガット

―1　入口側外観
―2　外観
―3　インテリアスペース

ニア・ブルーケットの
集合住宅地

スウェーデン、サンドヴィーケン　1973-78
Housing at Nya Bruket, Sandviken, Sweden

協力者
オーゲ・ローゼンボルト
マイク・リネット
ジャヌシ・ハルキビッチ

この計画地はアースキンの設計によるバルベラレン(112ページ)とスラッグスメーデンヌ(147ページ)の集合住宅の建っている街の中心部から見て南方に位置している。敷地は平坦で、北東部には水路が流れている。
全体は750戸で構成され、35〜50戸ずつ中庭を介して規則的に配置されている。中庭に面した壁には彩色された木板が使われており、その色の違いによって、それぞれの中庭が隣地と区別される。中庭の外壁は断熱性のあるブロックでできている。大部分は2階建てで、上階が住居になっており、屋根つきの通路もしくは

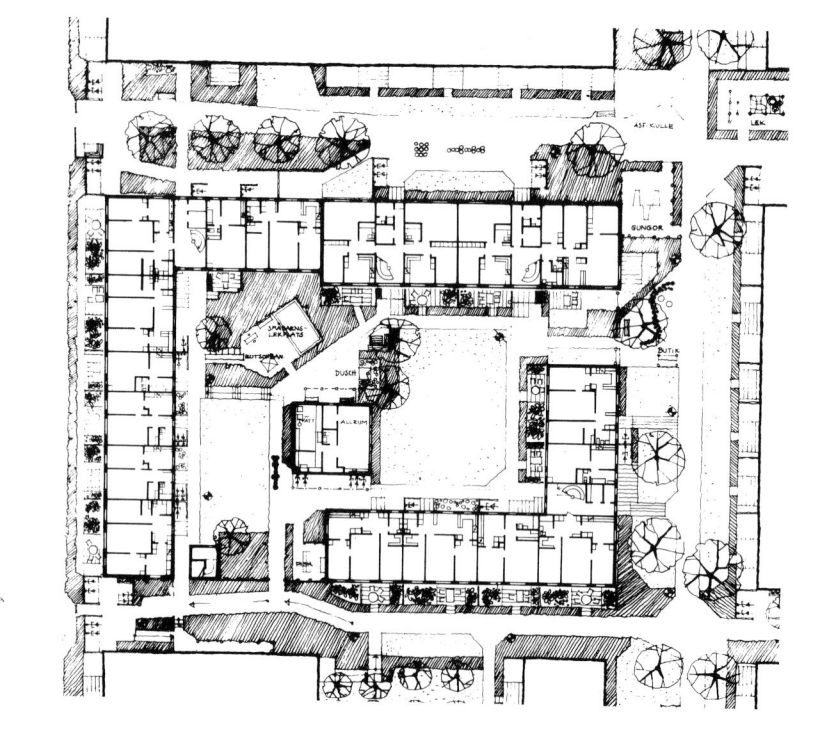

―― 1　標準的な住棟の1階平面図。
　　　中庭中央の建物は
　　　洗濯室と集会室となっている
―― 2　住棟
―― 3　中庭にある集会室
―― 4　全体敷地図
　　　1：一般住宅　2：駐車場
　　　3：スポーツ・センターと老人ホーム
　　　4：幼稚園　5：小川
―― 5　幼稚園のインテリアスペース
―― 6　幼稚園

階段つきのポーチからアクセスできるようになっている。それぞれの中庭には別棟の共用の施設があり、コインランドリーと小さなキッチンのある多目的スペースが配置されている。そして、セミ・プライベート空間に入ることを表現するパーゴラが各中庭の入口に設けられている。

北側の境界線沿いには低層の壁体建築が配置され、そこには出入口用の通路があり、その通路は駐車場や近隣の店舗へとつながっている。駐車場は南側の境界線沿いに配置されているので、敷地内部は車の通らない、静かで安全な環境となっている。敷地の北東部角には、快適で小規模の幼稚園が建つ。

このプロジェクトで最後に完成した建物のひとつが、反アルコール同盟(TemperanceUnion)によって運営される公共施設だった。建物の一部は老人ホームとなり、残りの部分はスポーツセンター、カフェテリア、会議室、そして機織や陶芸や木工が教えられるスタジオに提供された。会議室はこの住宅地全体のためのもので、住宅局が要求したものである。

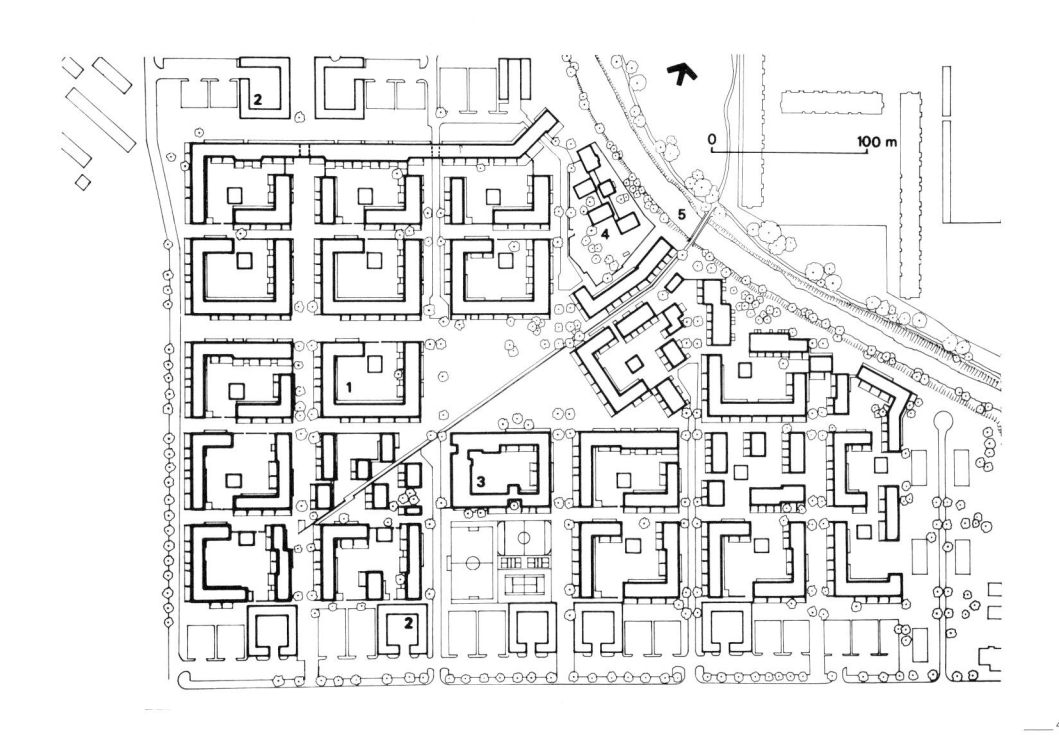

——4

——6

——5

139

イーグルストーンの集合住宅地

イギリス、ミルトン・キーンズ　1973
Housing at Eaglestone, Milton Keynes, England

協力者
マイク・リネット
クラース・タム
アンドリュス
シャーロック＆パートナー

アースキンは、ニューマーケットのボヴィス(Bovis)社の要請で住宅を設計することになった。この開発業者が参加する指名コンペで、アースキンはミルトン・キーンズニュータウン内のイーグルストーン地域の住宅地の設計に取り掛かっている。当初の計画では800戸の住宅を予定していたが、アースキンの設計で建設されたのはその一部だった。

対象となる市場の状況や床面積や設備の規格についてはクライアント側がしっかりとコントロールしていた。安全性と静けさといった利点を持つニューマーケット(130ページ)のように、人と車が交差しないように分離された。

ニューマーケットで多く使用している普通の煉瓦の代わりに、イーグルストーンでは、強い色彩で着色された木板と、ブロックや煉瓦が使用された。その結果、住宅群は多様な風合いを見せている。

この敷地には、小高い丘にあるという有利な点があった。丘を登っていくと開けた風景が見えてくる。住宅群はさりげない丘の村を形成している。プランはアースキンらしい規則的な中庭の集合形態を示すものだったが、このプロジェクトでは一戸建てと二戸建て(二戸で一棟になっている住宅の形式:デタッチドハウス)を混合させている。

___1　イーグルストーン住宅地の中心の広場。小店舗、診療所、スポーツクラブハウスがある
___2　小径のある空間
___3　住宅地内の景観
___4　街の中心部の計画案
___5　アースキンは街区全体の計画案を準備したが一部しか完成しなかった

141

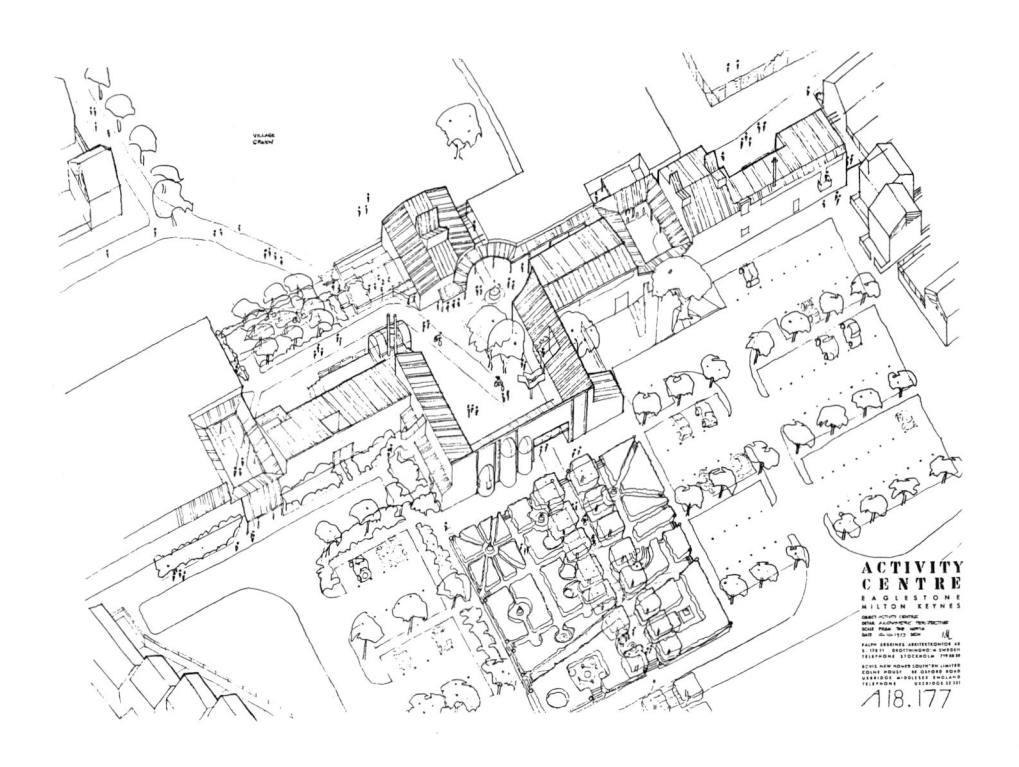

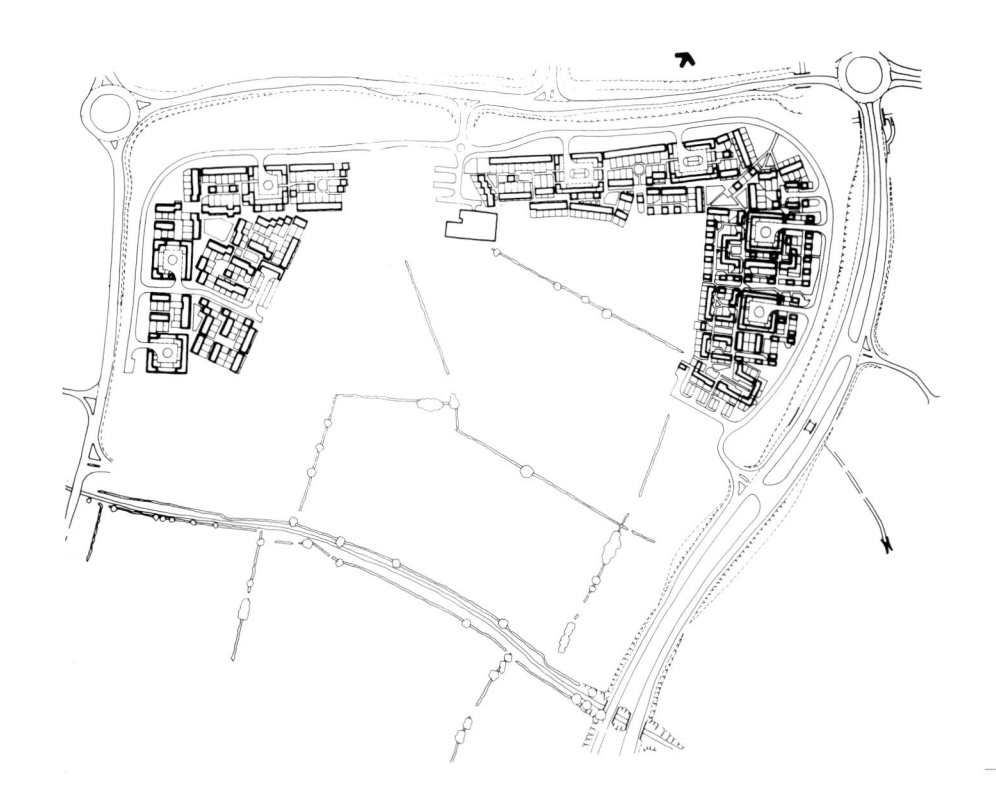

リゾリュート湾の居住地

カナダ、ノースウエスト準州　1973-77
Township, Resolute Bay,
North West Territories, Canada

協力者
パール・オヴェ・スコゥーネス
ボリス・クリイェット
アイアヌ・エルメス

―― 1　初期全体計画案
　　1：アイスホッケー場
　　2：タウンセンター
　　3：ホテル
　　4：アパート
　　5：学校
　　6：新しい住宅地
　　7：再建築された教会
　　8：建築された健康センター
　　9：住宅地
―― 2　立・断面スケッチ
―― 3　完成したリゾリュート湾の居住地
―― 4　戸建て住宅の建築模型

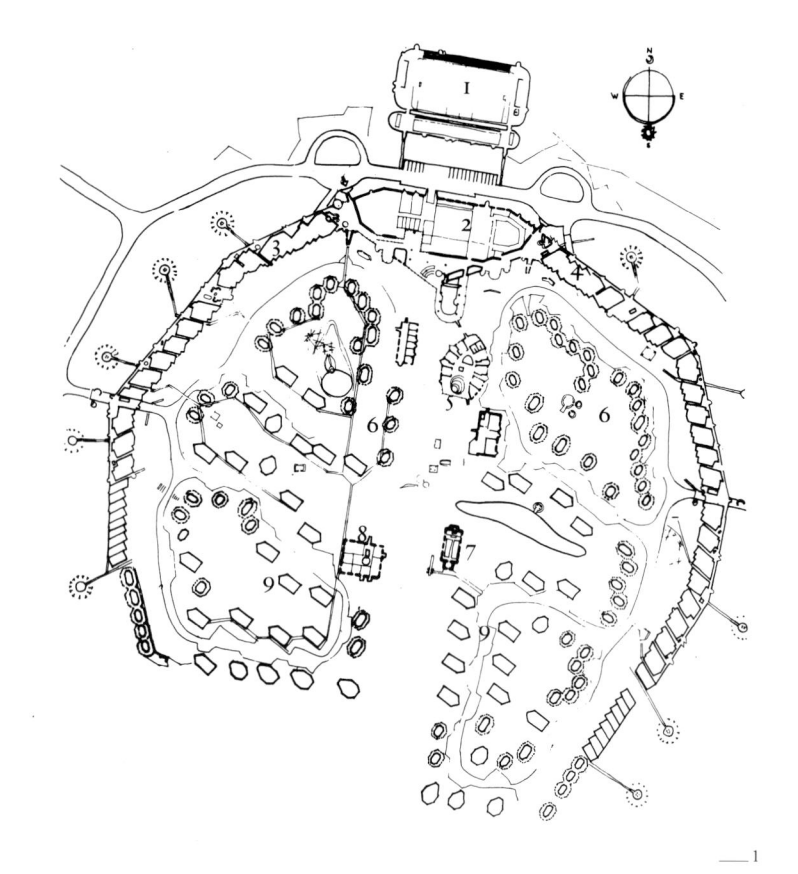

リゾリュート湾は磁北から数マイル離れた永久凍土層の地域にあり、凍土の深さは700mにも及ぶ。測候所と空港が1947年にアメリカとカナダの共同によって設置された。1953年に、イヌイットのグループは住宅地を定めるように決断を迫られ、空港からおよそ6.4km離れた海岸に敷地を選んでいる。空港で生活するのは南の地域から来た職員たちで、夏のピーク時には500人にも及んだ。しかしこの地域を2つの異なる居住地に分けたことが、完全な人種差別につながっていった。こうした異文化間の状況と極限の気候と場の疎外感は、特殊な問題を提起した。
新しいコミュニティは、異なったタイプの住宅や、オフィスの労働宿泊施設、商店、倉庫を提供する予定で、それは、学校、図書館、体育館、趣味やクラブルーム、メディカル・センター、消防署、警察署、銀行、郵便局、店舗と同じようなものだった。イヌイットの人々の建設への参加は必要不可欠だった。最良の敷地の選定や建物を建てない場所の選定、建物の配置やデザインの決定など、プロジェクトのすべての局面でイヌイットの人々の参加が実現した。そのプロセスを経て、いくつかの異なった敷地が検討された。温度、風、吹雪の観測と測定が行われ、それと同時に実験場でのテストが行われた結果、2つの敷地が選び出された。
南から来た人々とイヌイットの人々の双方が、城壁状の都市構造を持つ都市計画案の特徴を高く評価し、6つの都市計画案からひとつを選び取った。この都市計画は気候を緩和し、外部空間の活動領域に風のシェルターを用意している。さらに中央部の小さな建物の周辺に生じる地吹雪を減少させていた。寒冷地の不毛地帯の中で、人々の生活環境を保護している感覚をつくり出し、そしてアイデンティティの確立や一体感をつくり上げている。
社会的な考察を行った結果、経済的問題を最優先し、一世帯家族用の住宅をデザインすることとなった。それ

——2

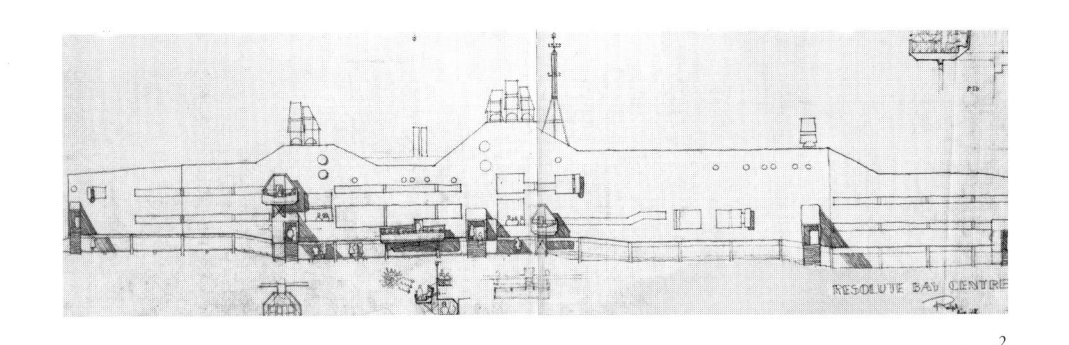

© Erskine Estate

——3

らは最小限の表面積で最大の内部空間を提供できるコンパクトな形態で設計されていた。そして、乱気流によって引き起こされた吹雪を減少させるような空気力学的な形状を持っている。また、建物の下の空間は永久凍土層が溶けないように保護し、建物を吹雪から守っている。そして、住宅の中心に低緯度の太陽光を取り入れるために、屋根には反射鏡が取り付けられている。

また、換気窓の上部には自動除雪装置があった。そして、異常な冷気や深夜の太陽光を遮るシャッターがあり、吹雪によって閉じ込められることを避けるために用意された2つの出入口があった。

残念ながら政治や経済などの要因で、このプロジェクトは新しい敷地に、住宅テラスや汚水処理施設や新しい道路を建設し、多くの古い建物を再配置したところで中止された。カナダ北極圏の多くの建物の計画が中止されたが、この地での空軍基地がそれほど重要ではなくなったためである。

——4

公営休暇村計画

スウェーデン、ハルジュダレン　1975-77
Holiday housing project, Härjedalen, Sweden

アースキンはスウェーデン中央部の山岳地帯にある既存の村と新しい休暇村に、住宅と付帯施設を統合しようと考えていた。この魅力的な計画は開発業者によって承認されたが、アースキンはプロジェクト全体が商業的になりすぎると感じて辞退している。

協力者
パール・タム

―1　小集落のパースペクティブ
―2　休暇村のキャビンの断面図

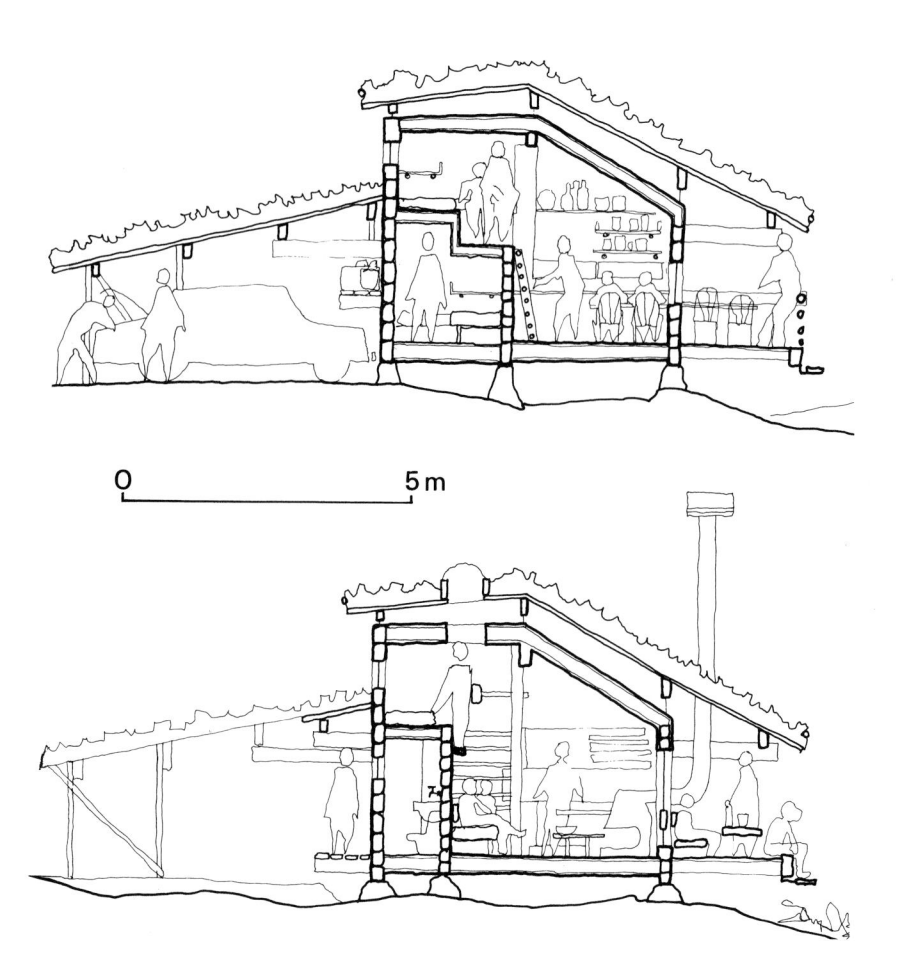

バルホーブの集合住宅地

スウェーデン、サンドヴィーケン　1976-77
Housing project at Valhov, Sandviken, Sweden

協力者
オーゲ・ローゼンボルト
ヤヌシ・ハルキワイッチ

敷地はニア・ブルーケットがある街の中心部から離れているが、歩行者道によってつなげられている。当初、計画は350戸程度の住居から構成されており、独立住宅やアパートのほか、店舗、学校、託児所、保健所、青少年クラブ、共同体センター、高齢者住宅が設計された。街の中心部に出るまでの距離は、車を所有している人が昼食のために帰宅することを考慮すると重要になってくる。将来を見据えて、居住者のために街と住宅を近付けるように計画されるべきだろう。

―1　3人が居住する住宅の1階平面図
―2　全体計画図(計画案)
―3　街路景観
―4　子供たち

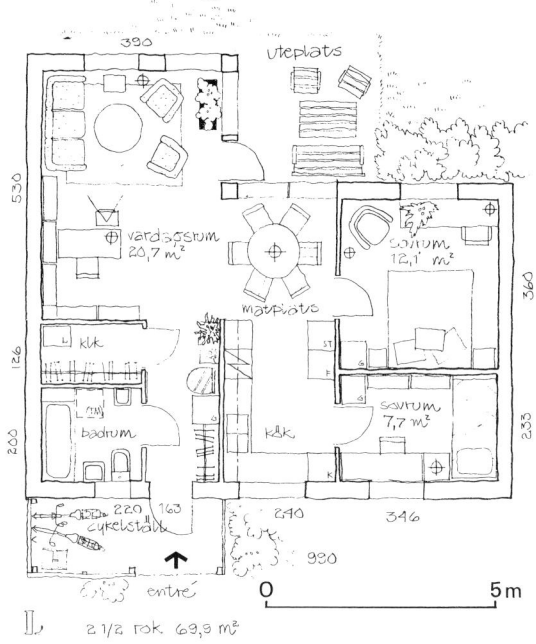

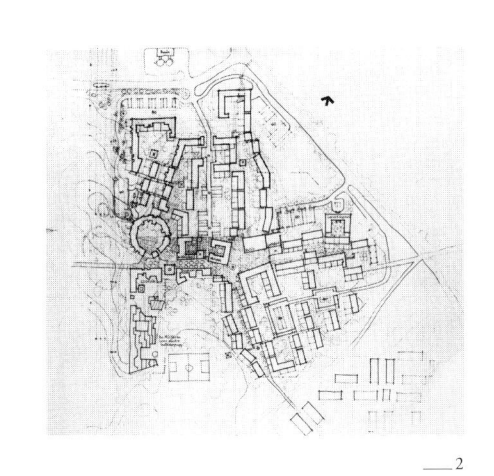

ミューストゥゲベルグットの集合住宅地

スウェーデン、フッディゲ　1975-77
Housing project, Myrstugeberget,
Huddinge, Sweden

敷地はストックホルムの近くにあり、地下鉄路線の上に位置する。この団地では、道路を横切る歩道橋により、近隣と丘の上の村をつなぐことが望まれていた。

協力者
クラース・タム
トーブジョーン・エイナルソン

―― 1　湖の風景の中の集合住宅地
―― 2　外観
―― 3　丘陵地の住宅のパースペクティブ

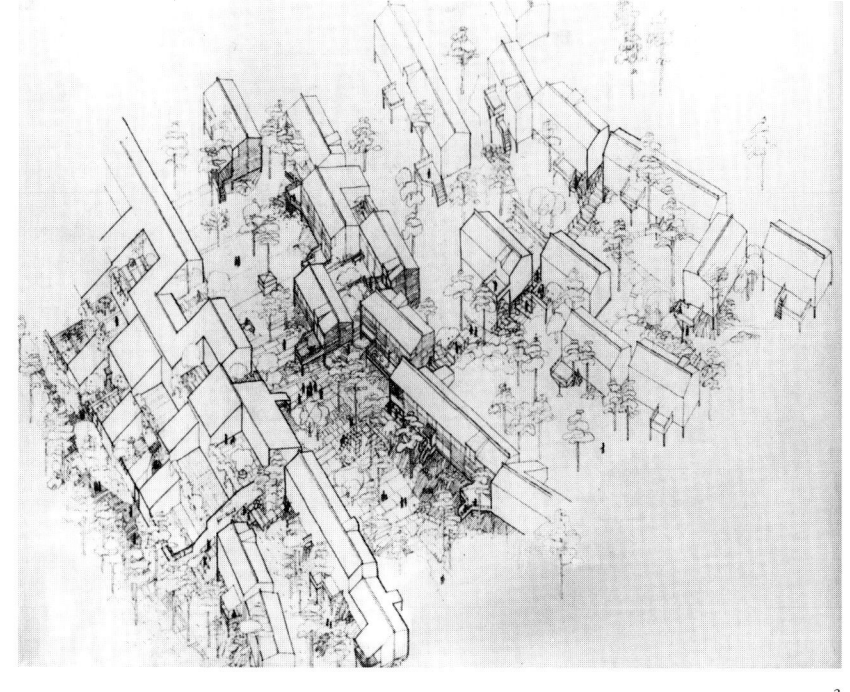

スラッグスメーデンヌの集合住宅

スウェーデン、サンドヴィーケン、
スラッグスメーデンヌ　1973
Shops, offices and housing,
Släggsmeden, Sandviken, Sweden

協同組合から依頼されたこの多目的建築物は、バルベラレン(112ページ)の集合住宅の立地を決定した後に建てられた。ここでは、2つの建物群が街の中心部の風景の「目印」となるように、赤い煉瓦と赤いモルタルが使用されている。吊りバルコニーのために用意されたガントリーを含む、すべてのコンクリートの部品が工場で事前につくられた。その後、傾斜のついた金属屋根がバルコニーの上に取り付けられた。

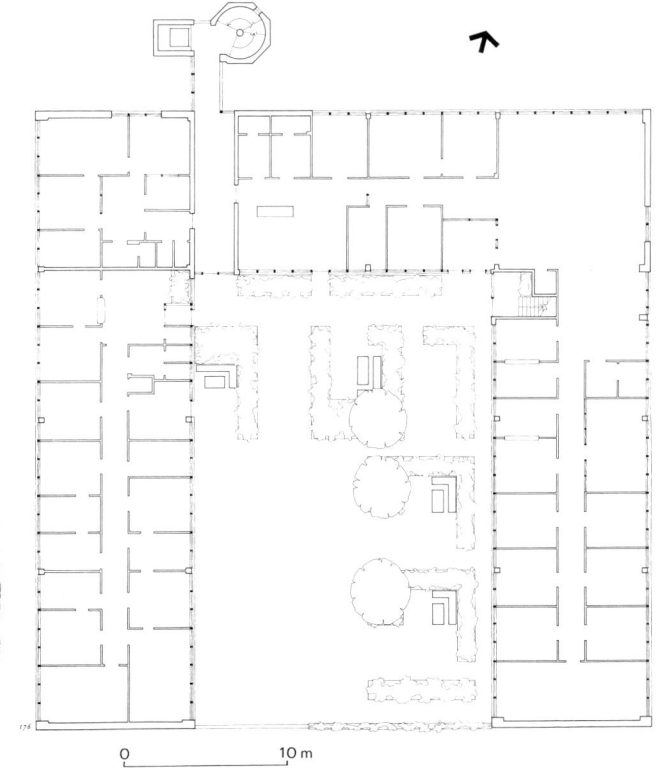

協力者
オーゲ・ローゼンボルト
ジャヌシ・ハルキビッチ

——1　全景写真
——2　2階平面図：中庭の小店舗を見下ろす
——3　談笑する人々と集合住宅

ストックホルム大学
学生会館

スウェーデン、ストックホルム、フレスカーティ　1974-82
Library and students' centre, Frescati,
Stockholm, Sweden

協力者
ベングト・アールクゥイスト
パール・オヴェ・スコゥーネス
エリク・ミィルバッハ
パール・タム

―― 1　側面の段状空間
―― 2　学生会館全景
―― 3　ストックホルム大学配置図
　　　1：学生会館
　　　2：図書館
　　　3：体育館
　　　4：法学部棟（ユーリスタナス）
　　　5：アウラ・マーニャ
　　　6：礼拝堂

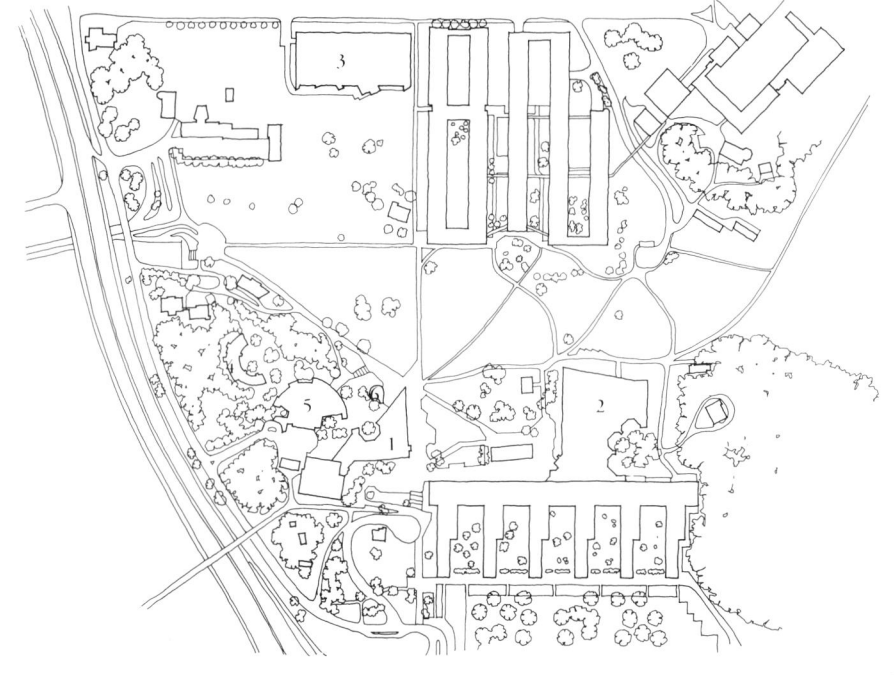

アースキンは4人の地元ストックホルムの建築家とともにコンペに招かれ、ストックホルム大学フレスカーティ校の新図書館の計画をすることになった。彼はコンペの競合相手と1974年に6ヵ月間の作業を行った。設計の過程でお互いに相談し、学生や教員や地方議員で構成されたレファレンス・グループと呼ばれる代表者たちと議論した。その結果、アースキンの設計案がコンペを勝ち取った。計画立案の作業は1980年に完了し、建設が開始された。

会館の建物は1981年に完成している。この作品はアースキンの最もダイナミックな部分を示している。平面や立面図には力強い幾何学形態が並び、これらが互いに連結し、ぶつかり合うことによって多様な空間が生み出されている。その屋根構造はどこかボリヤフィヤルのスキーホテル(80ページ)を彷彿とさせる。新しい建物は斜向かいの既存の農業博物館と連結させて、既存建物を転用している。上階にはセルフサービスのカフェテリアを付属させたダイニングホールが設置され、1階には共用の部屋が備え付けられた。

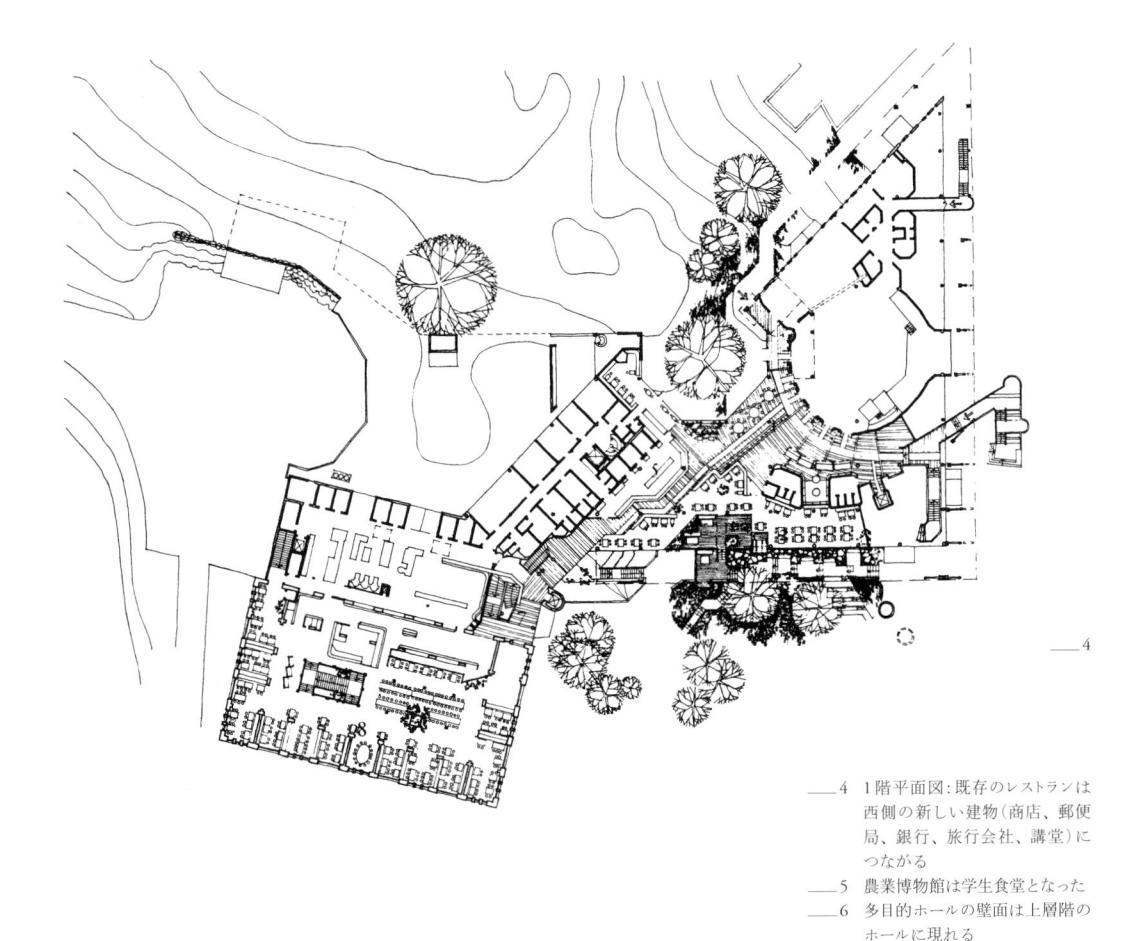

――4　1階平面図：既存のレストランは西側の新しい建物(商店、郵便局、銀行、旅行会社、講堂)につながる
――5　農業博物館は学生食堂となった
――6　多目的ホールの壁面は上層階のホールに現れる

ストックホルム大学図書館

スウェーデン、ストックホルム、フレスカーティ　1981
Library, Stockholm University, Frescati,
Stockholm, Sweden

協力者
ベングト・アールクゥイスト
パール・オヴェ・スコゥーネス
エリック・マルバッチ

アースキンにとってキャンパス内で2つ目の作品となるこの図書館はコンペで勝ち取ったものだった。コンペの競合相手はクライアントの代表者らと一緒にプロジェクトについて議論していた。この建物はキャンパス内では新しい構造体であり、アースキンによる貢献のひとつである。アーチ状のコンコースが建物を既存の敷地範囲と接続し、カフェテリアと椅子のある休憩所が中心を形成している。図書館には変化に富む3つの立面がある。メイン・コンコースの入口には読書用のバルコニーがあり、コンクリート製支持柱によって主要建築物から張り出している。キャンパスに面した端の立面は、他のものと同様に正方形でなく東側の立面には張り出した窓があり、木々の繁る静かで親近感のある風景を映し出している。内部は奥行きのある平面計画となっているが、明るい「光庭(light wells)」によって光が取り入れられており、読書スペースを上から見ろすことができる。「本の街路」の上には殻のような形をしたグリーンハウスのような空間がある。屋根と高層階はステンレスで仕上げられている。低層階は大きなプレキャストコンクリート・パネルでつくられている。

―― 1　図書館の全景
―― 2　吹き抜けのある通路空間
―― 3　突出するバルコニー
―― 4　読書室

—3

—4

—5 集光器を屋根に持つ建物。内部はカフェになっている
—6 図書館のメインエントランス

—5

—6

152

ストックホルム大学 体育館

スウェーデン、ストックホルム、フレスカーティ、1982-83
Sports Hall, Stockholm University,
Frescati, Stockholm, Sweden

フレスカーティ校のキャンパス内で、アースキン設計の3つ目の建物では、主要なスパンに楕円形の集成材梁を使用し、日光がすべての階に降り注ぐようにしている。平坦で波形の金属屋根材は、様々な濃い色で仕上げられている。風変わりな木構造の建物が南入口側につくられていて、事務所、会議室、およびスポーツショップを外部の空間に併設している。

協力者
ベングト・アールクゥイスト
ニーナ・ヤンソン

―― 1 外観
―― 2 屋根に取り付けられた集光装置
―― 3 屋内のカフェテリア

―― 1

© Y. Kitao
―― 2

© Y. Kitao
―― 3

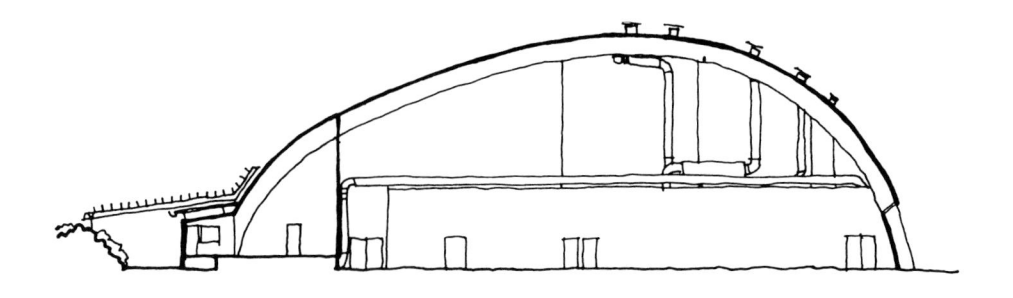

―4 断面図
―5 平面図
　　1：事務室　2：会議室　3：カフェ　4：受付
　　5：スポーツショップ　6：更衣室　7：体操室

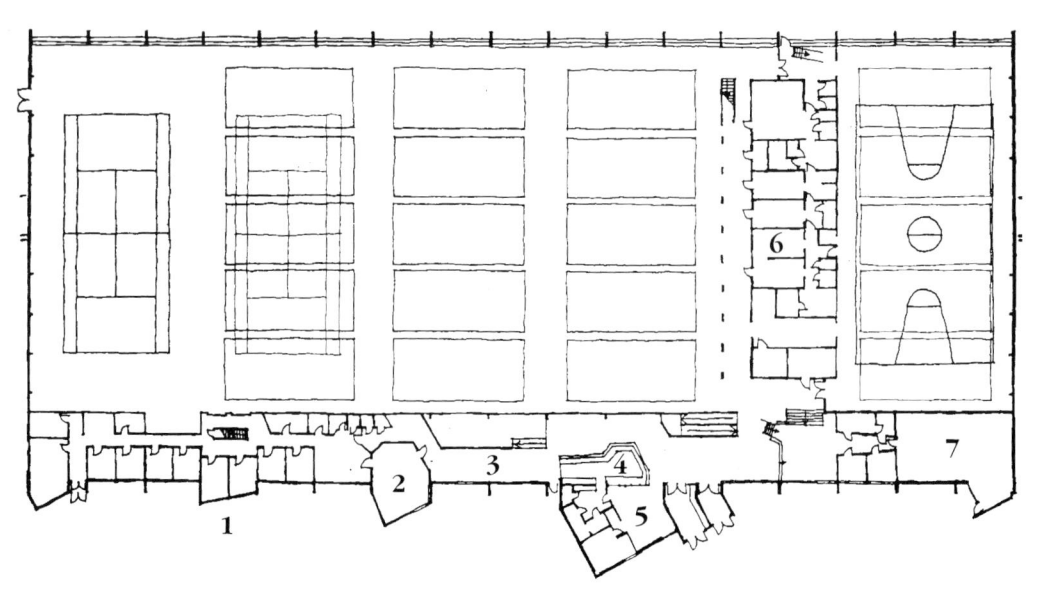

ストックホルム大学
ユーリスタナス・ハウス

スウェーデン、ストックホルム、フレスカーティ　1986-90
Juristernas House, Stockholm University, Frescati, Stockholm, Sweden

協力者
イルグマル・フルディヌ
ラディカ・ウッシュルソンヌ
ジャン・リェドストロム
ペルティ・キッキネン

大学キャンパスの4作目の建物である事務弁護士会センターには、オフィス、書店、図書館、講堂、研究室、そしてカフェがある。建物はノーベル・ハウス付近の丘の森の中にある。その屋根は1階や2階の様々な空間の高さに合わせて、上下に波打っている。

___1　中庭と回廊の接続空間
___2　うねった屋根を持つ外観
___3　1・2階平面図
　　　 1：事務室　コンファレンス・ルーム
　　　 3：事務室　4：書店　5：舞台
　　　 6：講義室　7：待合室　8：入口
　　　 9：バー　10：キッチン　11：従業員室
　　　12：クラブ・ルーム　13：洗濯室
　　　14：講義室　15：グループ・ルーム
　　　16：温室

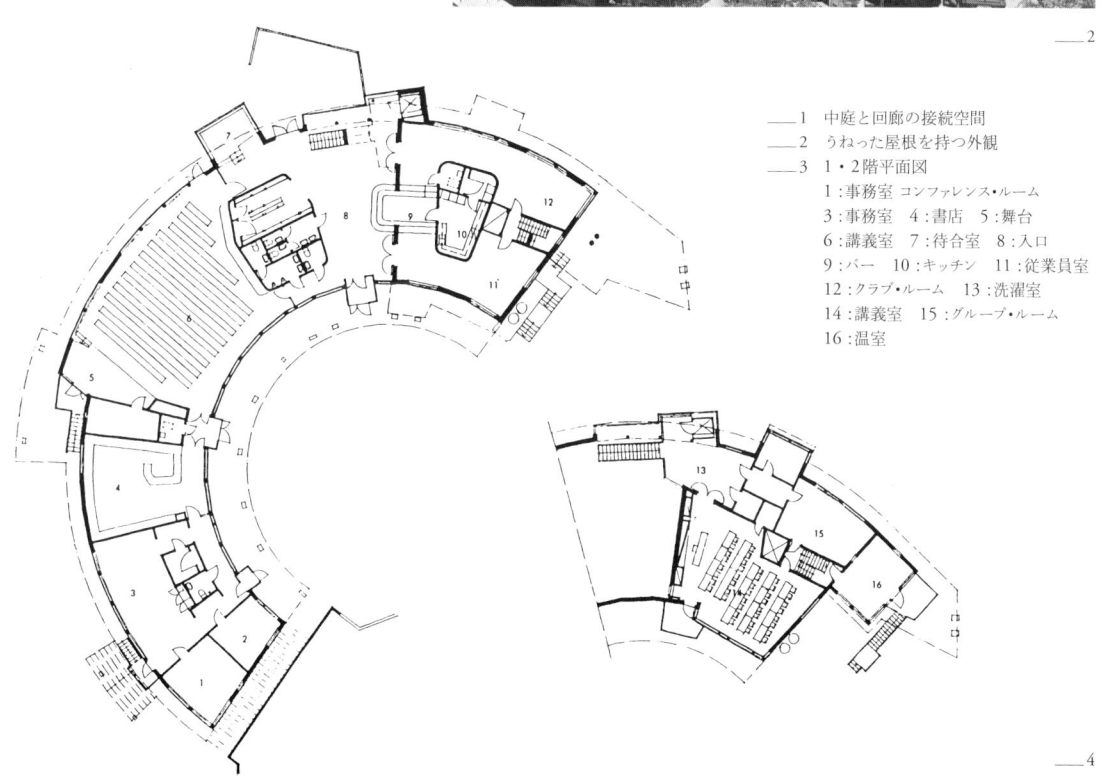

ストックホルム大学
アウラ・マーニャ

スウェーデン、ストックホルム、フレスカーティ 1994
Aula Magna, Stockholm University, Frescati, Stockholm, Sweden

この建物は学生会館と法学部棟の間の丘に配置されている。ローマ劇場形式で、講演や学位授与式などのために1,200席が用意され、アウラ・マーニャは学生会館、キャンパス、および後部にある駐車場から傾斜した座席の半階上がったところに入ることができる。光の反射板が再び使用される予定だ［訳注、1996年に竣工した］。

協力者
ラース・ウィルソン
ジョナス・クラソンヌ
ジャン・リェドストーム

—1
© Y. Kitao

—2

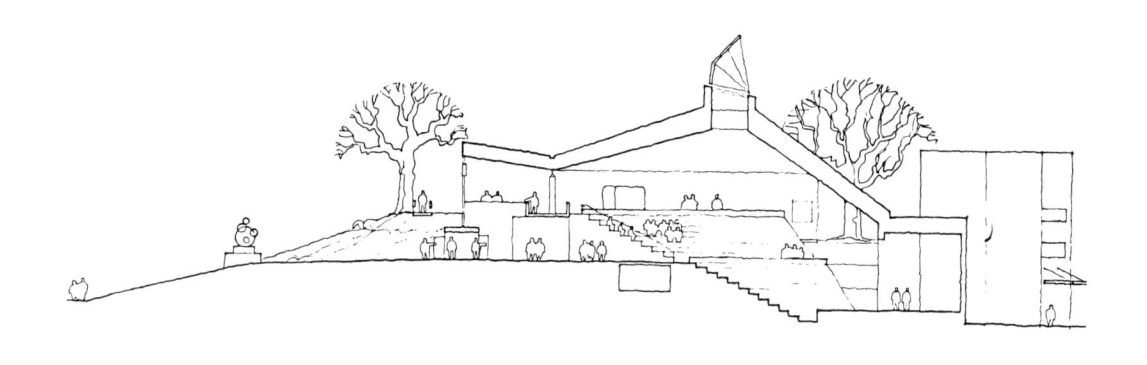

___1 ホワイエ
___2 全体計画図
___3 断面図(基本設計)
___4 立面図(基本設計)
___5 エントランス

© Y. Kitao

157

ストックホルム大学
礼拝堂

スウェーデン、ストックホルム、フレスカーティ 1994
Chapel, Stockholm University, Frescati, Stockholm, Sweden

協力者
ディナ・エル・ミダニ

小さな礼拝堂や瞑想空間は、アウラ・マーニャと学生会館の機能を補足するように設計されている。それは大学敷地図に示されるように2つの丘のふもとに挟まれた場所に配置されている。

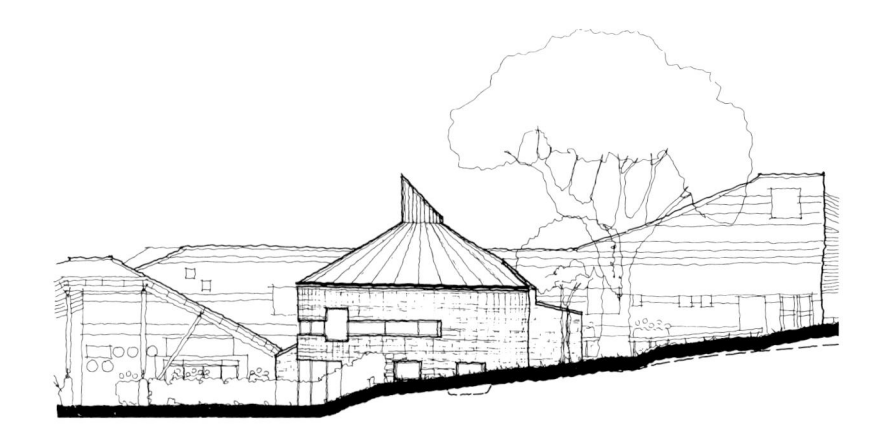

——1

——1　1階平面図
——2　断面図
——3　立面図

——2

——3

エーケロ・マラスタッド計画案

スウェーデン、エーケロ・マラスタッド　1977
Planning study, Ekerö Mälarstad, Sweden

協力者
オーゲ・ローゼンボルト
イルグマル・フルディヌ

アースキンは、スプロール化した村の新しい中心部を設計することを目的とする指名コンペに勝利した。しかしながら彼はこの計画は実現性に乏しいと感じていた。そこで、彼は計画地から少し離れた土手の両側に、住居を統合するタウン・センターを建てることを提案した。そこでは、メラーレン湖にある2つの島の間を通る航路がその街の中心を形成しており、近隣住民と休日に水辺で過ごす人々にとって魅力的な場になっている。その小さな街は近代的でありながら、古いスウェーデンの水辺の街の雰囲気もあった。既存のバスターミナルや工場や地方自治体のオフィスは新しい村と統合される計画となっている。

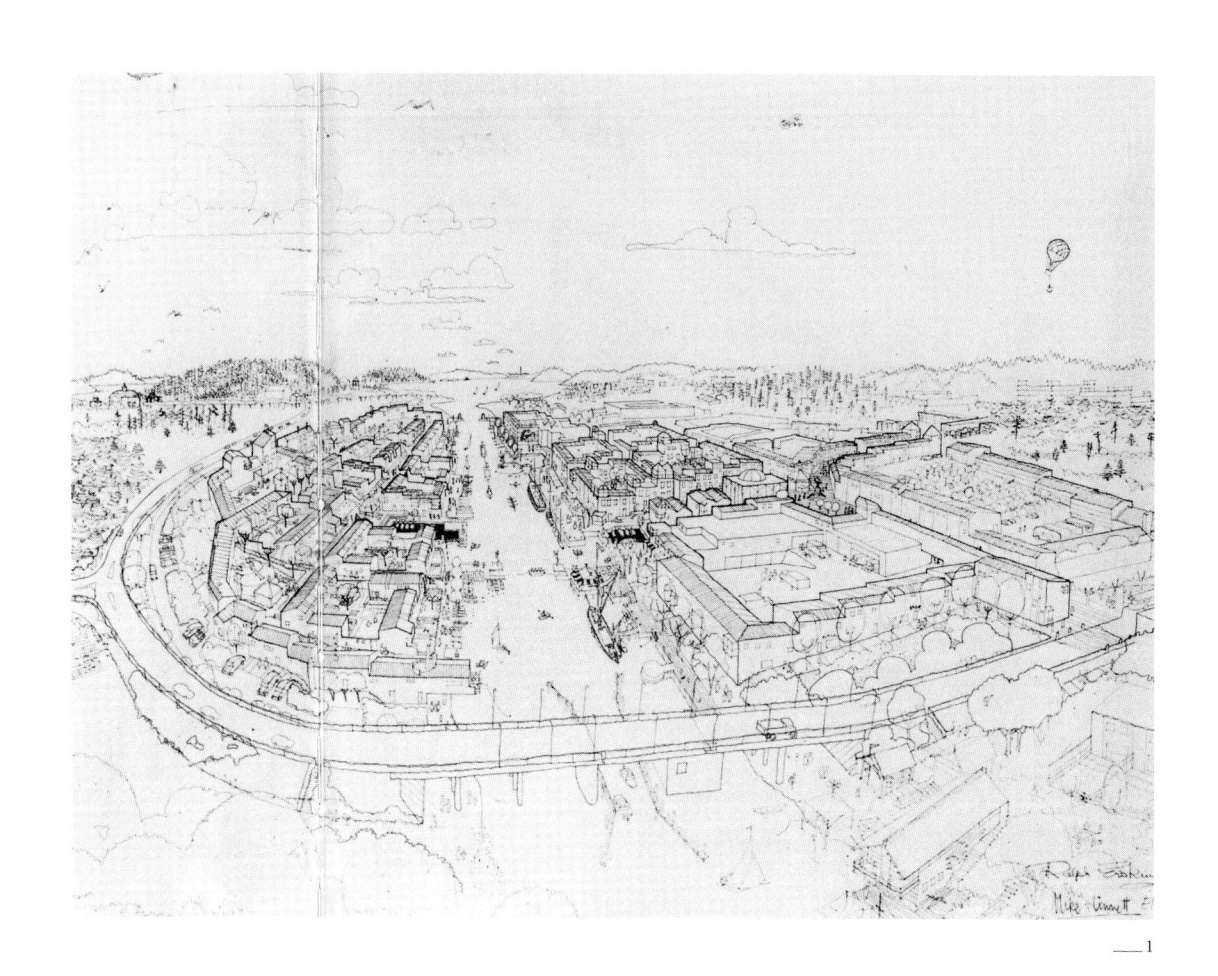

——1

——1　全体計画図。中央の川がタップストローム

エーケロ・マラスタッドの集合住宅地

スウェーデン、エーケロ　1983-91
Tappström and Gustavalund, Ekerö, Sweden

協力者
イルグマル・フルディヌ
オーゲ・ローゼンボルト
ジョナス・クラソンヌ
ロディカ・ウーチャーソン
クリシティーナ・ヘヌシェヌ

アースキンはエーケロの新しいセンターを設計するためのコンペに勝ったが、水際から内陸までの建設予定地は不適当な場所であるように思われた。彼は地元の政治家と交渉し、敷地を水辺の方へ移動することにした。こうした変更は工業用地域の再区分を必要としたが、その地区にはすでに工場がいくつか建てられていた。この計画は様々なタイプの約550戸の住宅を含むが、集合住宅が中心となっていた。一方、地区内には、店舗、オフィス、レストラン、図書館、老人ホーム、教会があり、アースキンホールと呼ばれるステージと客席を併設したホールがある。ガスタバーランドの道を少し下ったところに150戸以上の住居が建てられていた。自動車は敷地の周辺と集合住宅の下に駐車されている。

—1

—2

—3

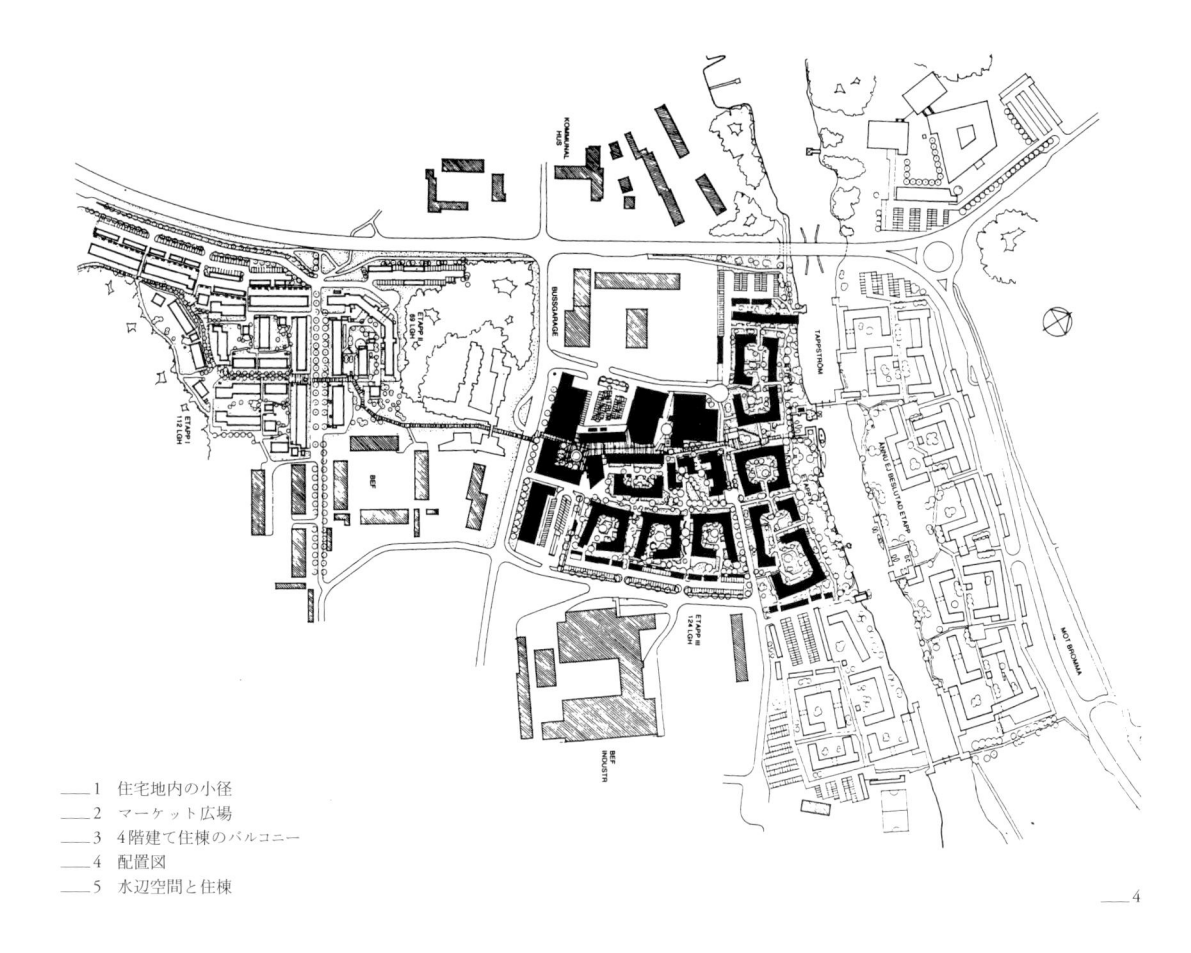

___1 住宅地内の小径
___2 マーケット広場
___3 4階建て住棟のバルコニー
___4 配置図
___5 水辺空間と住棟

___4

___5

161

バレンテュナの
休暇村計画案

スウェーデン、バレンテュナ、リンド・サテリ　1977
Holiday village project, Lindo Säteri,
　Vallentuna, Sweden

このプロジェクトは、屋外スポーツと休暇村の施設、そして会議設備を備えたホテルを含む計画だった。この計画は地主から依頼されたものだった。現在［訳注、1994年当時］、建築物は4人の建築家（アースキンはそのうちのひとり）によるパラレル・スケッチが行われている。敷地を購入したのは、ハルジュダレン（Härjedalen）プロジェクトと同じ開発請負業者である。

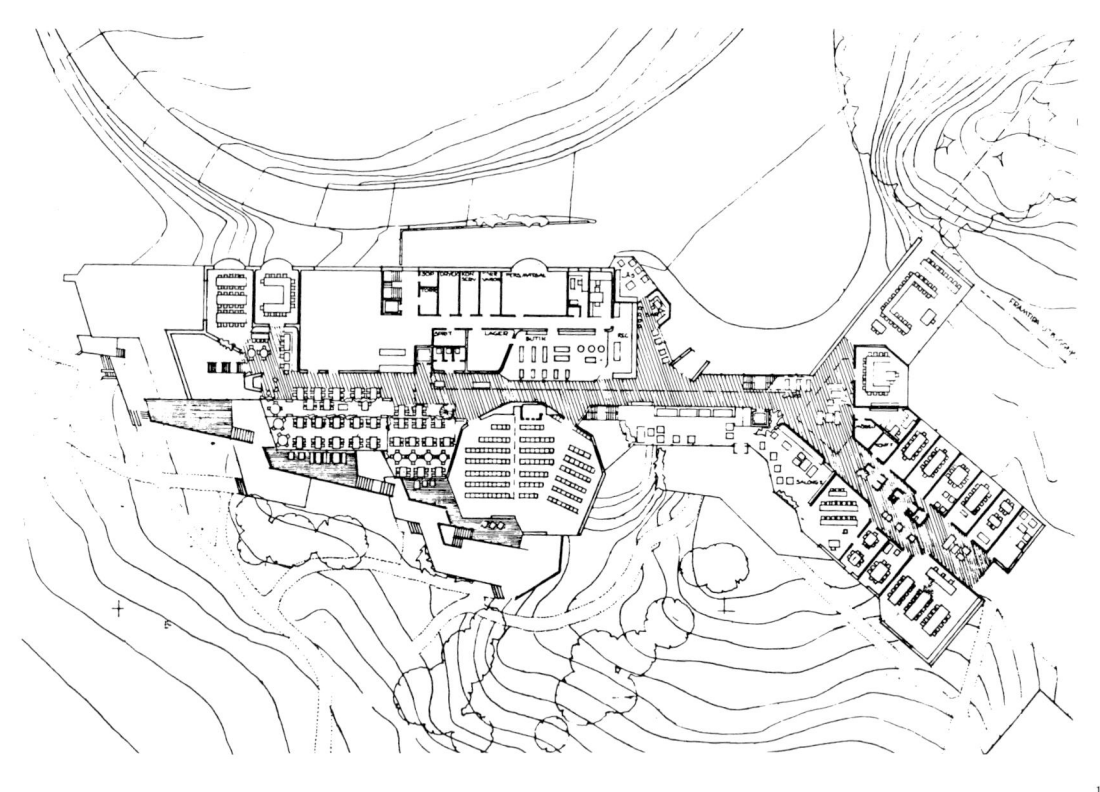

—1

—2

—1　修正されたコンファレンス・ホテルの計画案
—2　敷地計画図

マルミンカルタノの
集合住宅

フィンランド、ヘルシンキ　1980
Housing at Malminkartano,
Helsinki, Finland

協力者
ボリス・カリヤット
オーゲ・ローゼンボルト

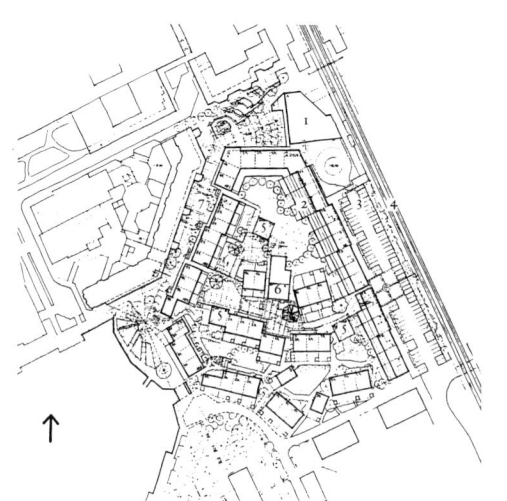

アースキンはヘルシンキの北西にある新興住宅地の一区画を設計するように頼まれた。そこは軽産業と町工場のある、およそ7,000人が住む住宅地域の一部だった。

この計画は2,800m²の商業地域に、異なる大きさの住居を約120戸建設するというものだった。その土地は市の所有であり、建築法規によって強く規制されている。クライアントは建築業者であり、独自の重量コンクリートのユニット構造システムを所有している。住宅は居住者が窓や壁の構成を選択できるように、部分的に未完の状態のままになっている。仕様書にしたがってつくられたバルコニーの上に、異なったタイプの小屋、温室、サウナ、パーゴラなどを設置する可能性があった。駐車場は主に敷地の外にあって、コミュニティ全体が利用する。北東の風と鉄道の騒音から地域を保護する役目も果たす。この高いテラス付きの小さな壁体建築の後ろ側のスペースも利用することができる。最初の会合が行われた後に、およそ45人で構成されるレファレンス・グループが設立され、設計が行われた。

1　敷地計画図
2　パースペクティブ

タペテセラレヌの
集合住宅

スウェーデン、サンドヴィーケン、タペテセラレヌ　1980
Offices and flats, Tapetseraren, Sandviken, Sweden

協力者
マイク・リネット
レナ・ポールソンヌ

このプロジェクトは、サンドヴィーケンの「ストーン・シティ(Stone City)」の一部であるバルベラレンの集合住宅地の西側に位置し、1981年後半に完成した。1階に保険事務所、2階に歯科医院と高齢者を対象とした社会的なケアサービスを行う事務所が入居する多目的ビルとなっている。そして上階にはアパートメントとメゾネット住宅があり、階段とエレベーターを使ってアクセスすることができる。また、外部につながる廊下も設置している。中庭の内側には、様々な利用者に適した社会活動のためにテラスが設けられていて、テラスから中庭につながる階段がある。

© Y. Kitao ___1

© Y. Kitao ___2

© Y. Kitao ___3

© Y. Kitao ___4

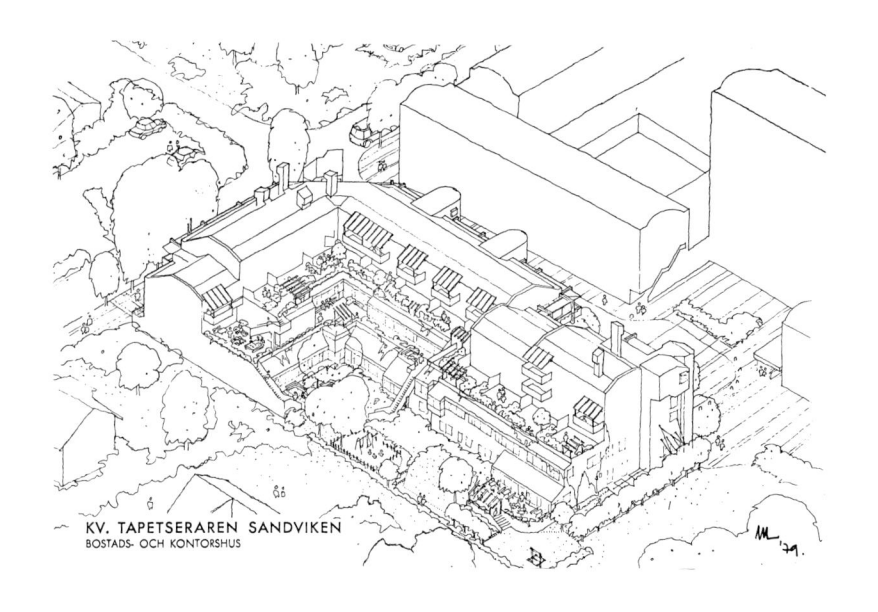

KV. TAPETSERAREN SANDVIKEN
BOSTADS- OCH KONTORSHUS

——5

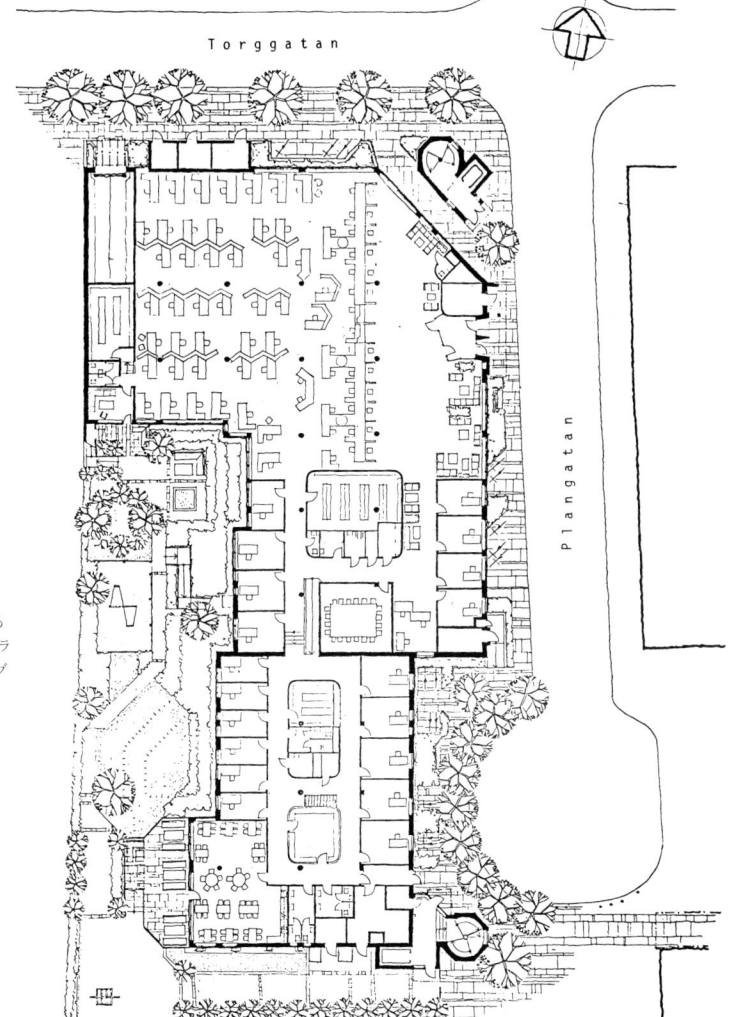

Torggatan

Plangatan

——1 街並み
——2 南東角の建物の表情
——3 段状になった住宅
——4 バルコニーを見上げる
——5 裏側から見たバルベラ
　　レンのパースペクティブ
——6 1階平面図(事務所)

——6

アキテーヌの
国民休暇村
プロジェクト

フランス、コート・ダ・キテーヌ、モリェット・エ・マー　1980
Village project, Moliets-et-Maa, Cote d'Aquitaine, France

協力者
パール・オヴェ・スコゥーネス
ローランド・ラルソンヌ

―1　休暇村の全体配置計画
―2　エクステリアのパースペクティブ

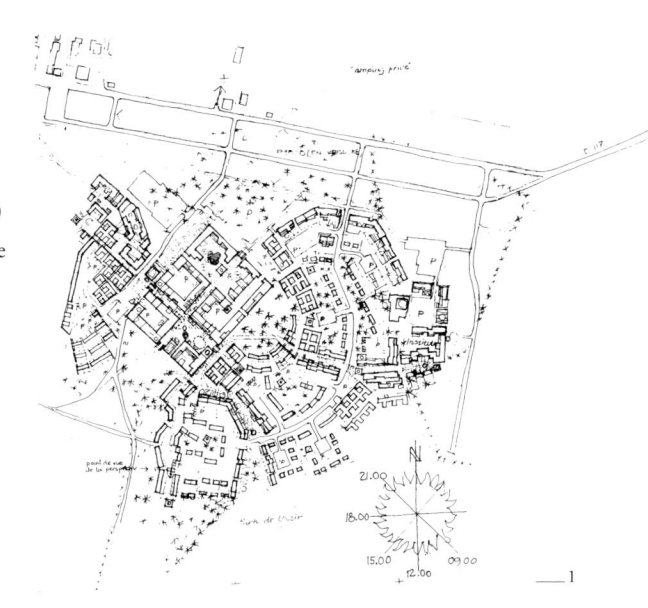

―1

―2

アースキンはフランス・アキテーヌの大西洋岸開発のために、政府の高官から招聘された。このプロジェクトは地方自治体と協力して、国民休暇村の開発計画を作成するというものだった。対象となった地域は森林に覆われていた。そこでアースキンは都市計画と住宅供給の専門家として仕事に取り組むことになった。というのも、この地方の木々がスカンジナビア的な風景を形成しており、そうした環境の中で彼はしばしば仕事をしてきたからだ。初期の開発は海岸部を対象としていた。そこは、旅行者がよく訪れる場所としての魅力を欠いた場所となってしまった。また建設に関わる問題がいくつかの局面で発生していた。

アースキンの計画は、砂丘から離れたところに開発地を設定しており、現在では、地方自治体が要請している施設が配置されている。そこでは、2,400床の中心的な村が形成され、6つの小さな村によって囲まれている。全部で約5,000床が供給される計画で、スポーツ施設も備えている。しかし休暇村は冬に問題が生じる。この問題を解決するために、小さな木工産業と連携し、地元住民に雇用を与えるような、林業研究所と会議施設を設置することが計画されている。

ヨッホベェルグの
ホテルプロジェクト

オーストリア、ヨッホベェルグ　1979
Hotel project, Jochberg, Austria

協力者
クラース・タム
ベングト・アールクゥイスト

このプロジェクトは数年間議論されてきたが、実現可能な建設計画としてはまだ疑問がある。ホテルは会議施設を備えていて、冬のスキーヤーと夏の登山家の利用が可能になっている。アースキンはこのプロジェクトのやり直しを考えている。自邸の屋根のように、断熱性の高いプレキャストコンクリート製の屋根とウオールシステムを使用し、その上部を傘状の自立した金属製の屋根素材で覆う予定である。

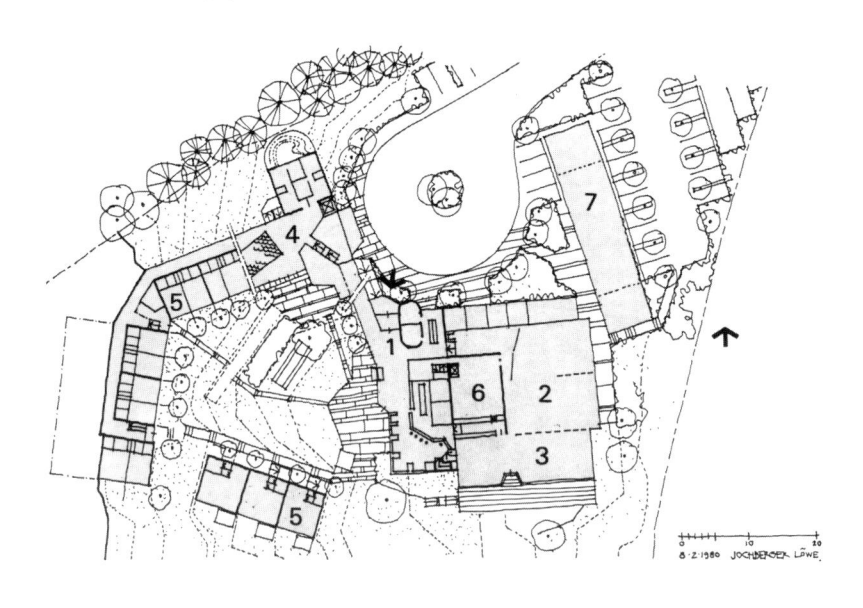

――1　ホテルの平面構成図
　1：エントランスロビー
　2：会議室
　3：レストラン
　4：プールとサウナ
　5：部屋
　6：キッチン
　7：カーリング場
――2　スケッチ

ウプサラの図書館計画案

スウェーデン、ウプサラ　1980
Library project, Uppsala, Sweden

ウプサラの中心部に新しい公立図書館を建設する目的で指名コンペが開催された。そこでは、通り沿いにある多数の既存建築物を図書館の敷地内に組み込むことが意図されていた。また、この図書館は遠隔地区の人々に利用される、移動図書館の基地となっている。アースキンはこのコンペの勝者とはならなかった。

1　インテリアのパースペクティブ
2　1階平面図

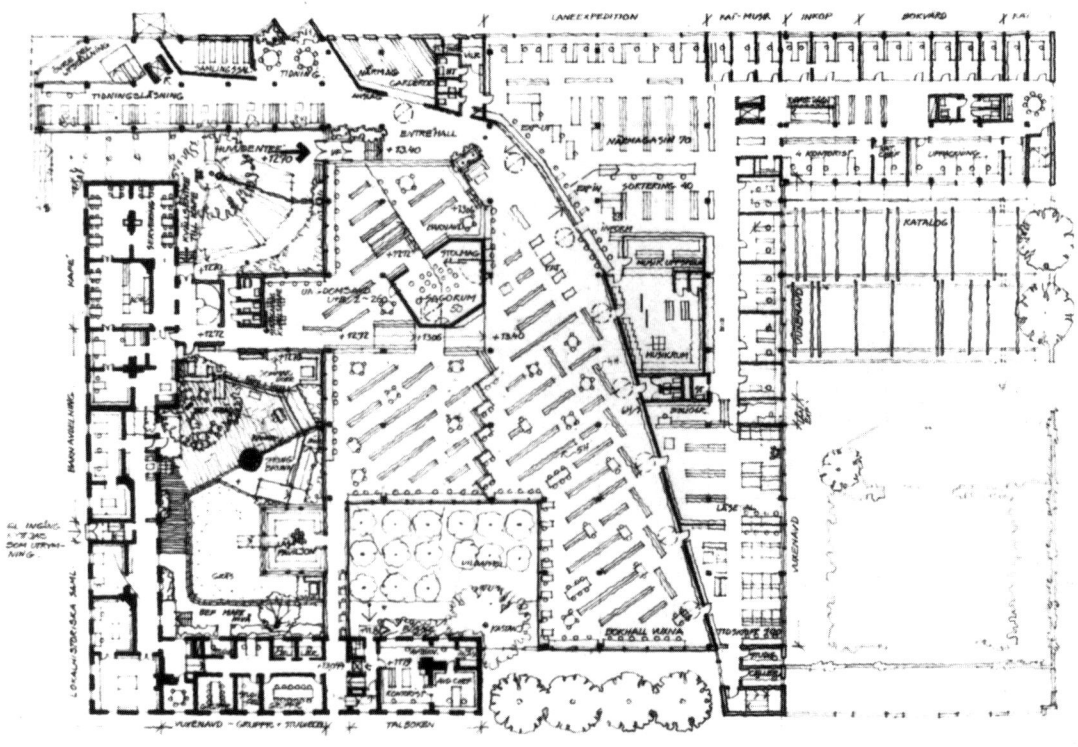

1980年王立庭園博覧会
パビリオン

___1　パビリオン全景
___2　会場計画案（初期）

スウェーデン、ストックホルム　1980
Temporary Exhibition '80,
Kungstradgardsgatan, Stockholm, Sweden

協力者
ベングト・アールクゥイスト
パール・オヴェ・スコゥーネス

このプロジェクトは1930年のストックホルム博覧会を祝うものであると考えられた。当時のグンナール・アスプルンドの日よけの付いたガラス張りのレストランは忘れることができない。
博覧会の建物の条件は、わずか数カ月で設計し、最小の予算でそれを建てることだった。アースキンは一般的な室内競技場の建物のように、プレハブ化した集成材の曲線アーチを使用することに決めたが、垂直壁に対して不規則に傾いているため、全体は白い半透明のプラスチック膜で覆われた。また、スライドショー、劇場、講演などに使用する会場はドーム形状とし、不透明な緑色の膜で覆われた。ここでは、リサイクル可能なアーチ部品が使用されている。

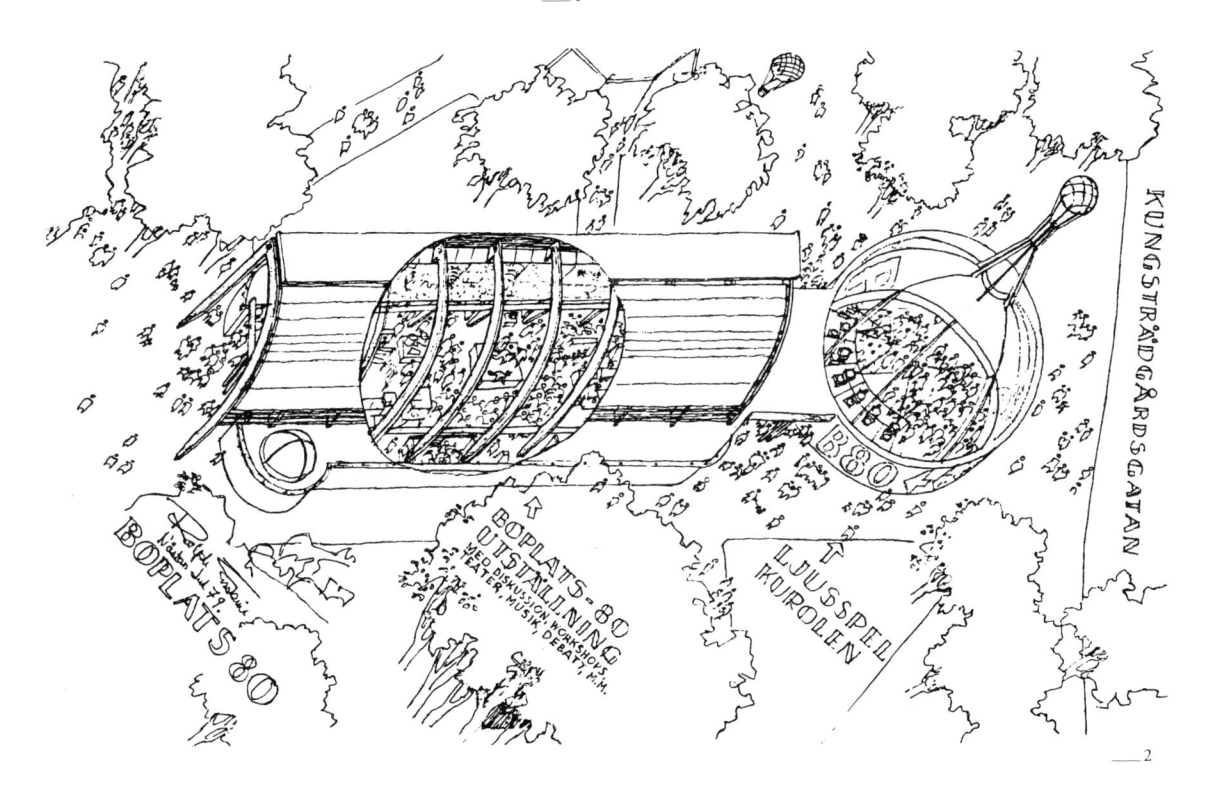

___1

___2

アーバッカの
集合住宅地計画

スウェーデン、ウメオ、アーバッカ 1981
Housing, Öbacka, Umeå, Sweden

協力者
ヒュバート・ライス

地元の都市計画家たちは、川沿いに新しい道路の建設を望んでいた。そして彼らはコンペで道路開発を伴う住宅地を設計するようにアースキンに働きかけた。彼はこの要望に応える計画案と、もうひとつの提案を作成した。計画案では、住宅地区から人々が川岸まで自動車にさえぎられることなく自由にアクセスできるようになっており、道路は敷地内に建設されるように提案されていた。またこの計画では、敷地を囲むような壁体建築を組み込んでおり、交通騒音を減少させている。

——1

——1 スケッチ。敷地内を通る道に対して壁体建築が住宅地を守っている

ティーゲル港
再開発計画案

ドイツ、ベルリン、ティーゲル港　1980
Planning study, Tegel Harbour, Berlin, Germany

協力者
ヒュバート・ライス

この指名国際コンペでのアースキンのデザインは、チェコスロバキアのスティヴォ・プロジェクト(Stavo Projekt)と同じ2位になった。3位は磯崎新、チャールズ・ムーア、ルブラー(Rubler)、およびユデル(Yudell)だった。このコンペは、図書館、スポーツ複合施設、学校など、住宅や研究所のためのもので、アースキンのデザインは、様々な要素を分離するよりも、むしろその地区やベルリンのサブ・コミュニティをつくるために、研究所と住宅を統合していた。

―― 1　街並みのパースペクティブ
―― 2　テーゲル港計画案

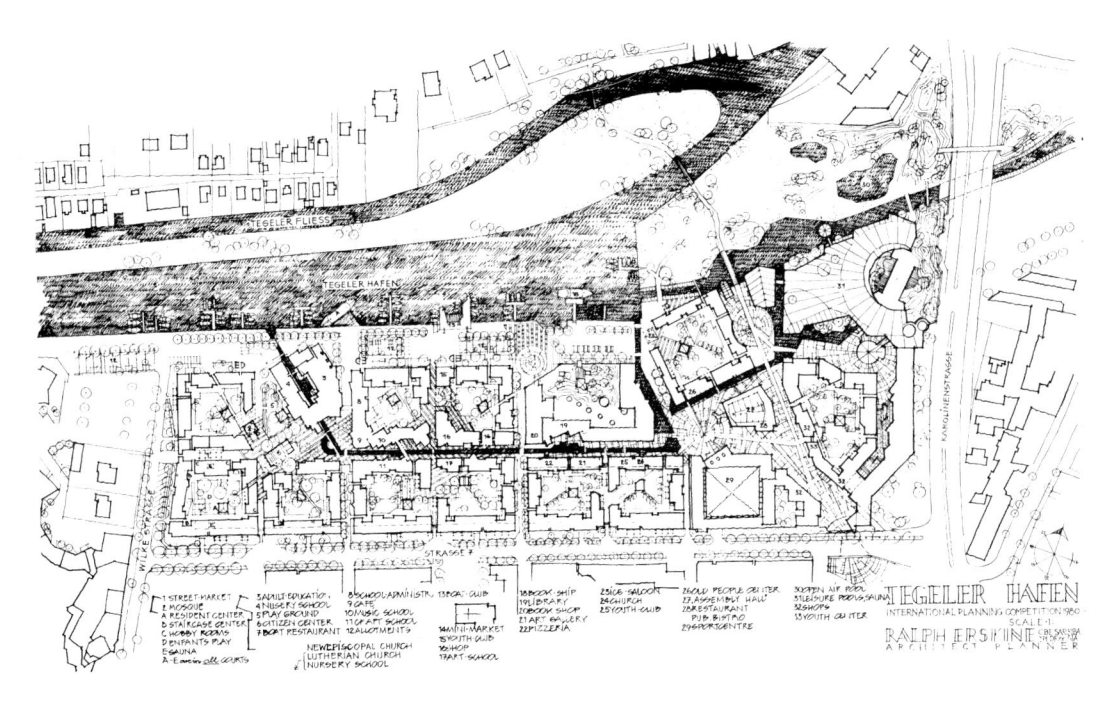

ケルンのオフィスビル案

ドイツ、ケルン　1981
Office building project, Cologne, Germany

錠を製造している会社事務所を建設するための国際指名コンペで、アースキンが提示したデザインは、鍵の形をした製品広告の塔の形になっていた。その塔は隣接している高速道路から見えるようになっている。

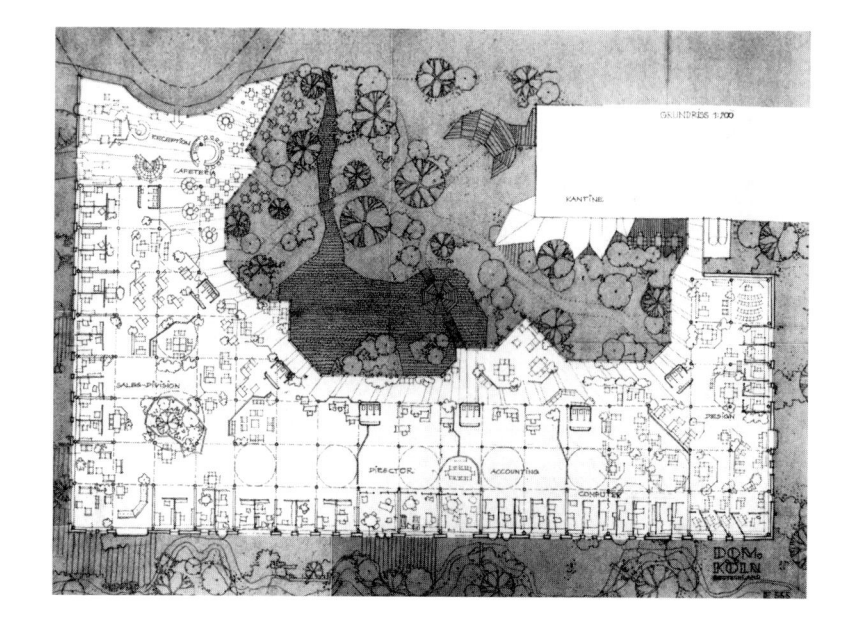

―1　西立面図
―2　平面図

―1

―2

グラーツの集合住宅地

オーストリア、グラーツ　1983-93
Housing, Graz, Austria

___1　バルコニーの詳細
___2　住棟の全景
___3　様々な色彩で構成された住棟
___4　全体計画の模型

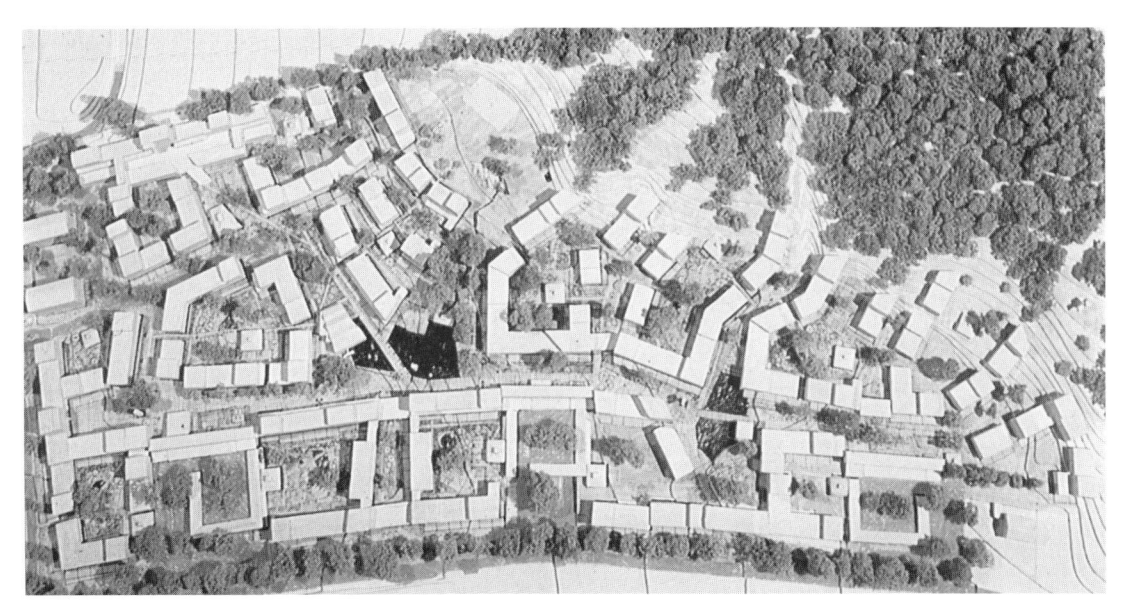

協力者
フーベルト・レイス建築設計事務所(グラーツ)

ドゥロットニングホルム(Drottningholm)において共同事業の経験のあるフーベルト・レイスによる招きで、住宅550戸を提供するコンペに共同で参加した。
プロジェクトは実施に移され、第1期には72戸が実現した。

シティターミナルと
世界貿易センター

スウェーデン、ストックホルム　1984-89
City Terminal and World Trade Centre, Stockholm, Sweden

協力者
アースキン・アルクヌ・テングボム協同事業体
ベングト・アールクゥイスト
ボリス・カリヤット
ステファン・サラモン
アルデルース・テングボム
マイケル・ヴォークト

この大きな建築物はコンペで勝ち取ったものであり、このコンペは建築家たちが、中央駅に接続するスウェーデン鉄道の路線上にどのような空中権を付与すべきかを考慮したものだった。新しい建物は多目的な複合施設である。1階は新しいバスターミナルとコンコースから構成され、上部には二重ガラスのヴォールト屋根の開口部がある。1階内部の「通り」は3つのアトリウムとつながっていて、そこには世界貿易センターとホテルや事務所施設などが入居している。ファサードは赤色の花崗岩で仕上げられ、内部は花崗岩片でつくられた壁仕上げとなっている。エレベーター塔の外側は白塗りのアルミニウム・パネルとなっており、インテリアは一般的には白色となっている。

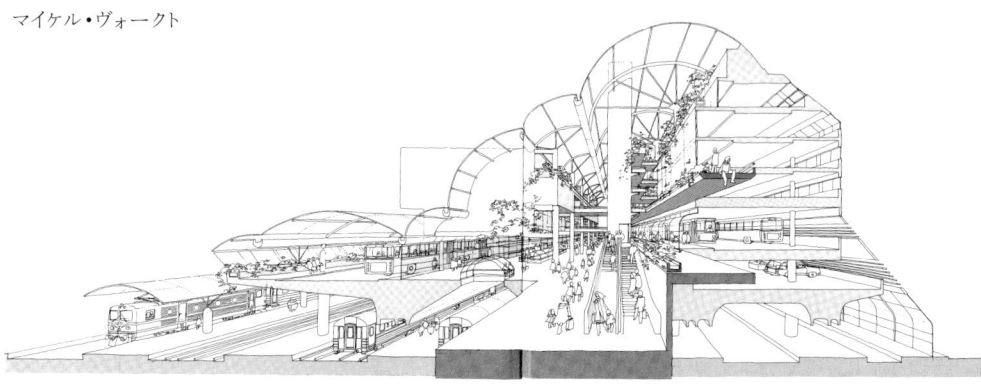

___1　断面パース
___2　ストックホルムの都市景観の中のバスターミナル（中央）
___3　中央駅の端部に位置する建物
___4　バスステーションのインテリアスペース

アンコナの都市再生案

イタリア、アンコナ 1985
Urban Renewal, Ancona, Italy

都市の中心を再生するプロジェクト。住居、文化センター、大学の建物の計画が、都市再生案に組み込まれた［訳注、マリステッラ・カッシアートによれば、このプロジェクトはジャンカルロ・デ・カルロとの関係により作成されたとされる］。

協力者
クラース・タム
ニーナ・ヤンソン

―1 古い街に挿入された空間の
　　パースペクティブ
―2 アクソノメトリック図

聖ヨーランス病院の
職員食堂

スウェーデン、ストックホルム　1985-86
Staff Dining Room, St Göran Hospital,
Stockholm, Sweden

この建物は、病院の建物とともに、中庭を形づくっている。庭に面しているファサードは煉瓦でできているが、他の場所では黒と白に着色された板張りで仕上げられた。小さな音楽室には十分な座席が用意されており、400人ほどを収容することができる。直線的な屋根型ガラスやルーフライトの太陽光調節器、そして先細りした鉄鋼コラムや手すりやフロアタイルのような細部によって、光がうまくコントロールされている。

協力者
ジョナス・クラソンヌ
イルグマル・フルディヌ
レナ・アンデルソンヌ

___1　平面図
___2　断面図（B-B'）
___3　敷地図
___4　病院の全景
___5　屋根
___6　食堂・インテリアスペース

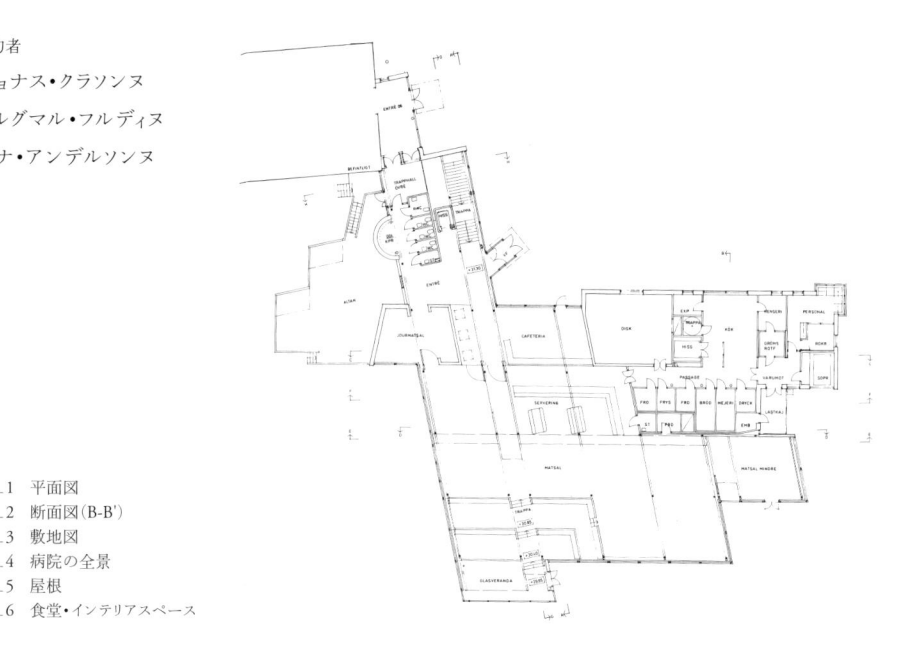

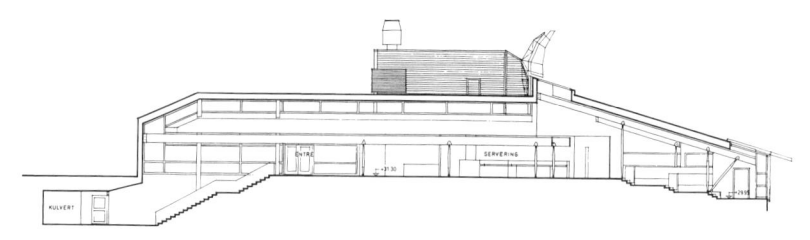

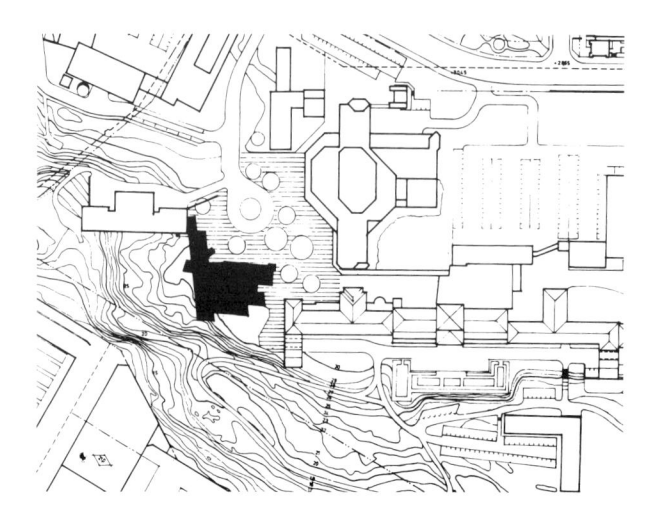

_4

_5

_6

エリクスバーグの
都市計画案

スウェーデン、イェーテボリ、エリクスバーグ　1986
Town Planning Project, Eriksberg, Gothenburg, Sweden

協力者
ホワイト・アーキテクツ
アルキテクトラゲット

イェーテボリの造船業が衰退したとき、西海岸の市域は見捨てられたような状態になった。この地域はリッラ・ボッメン（182ページ）から流れる水路の反対側に位置し、エルブスボルグス橋（Alvsborgs Bridge）付近の川下よりさらに遠いところにある。この計画は住居、オフィス、店舗、軽工業、および文化センターを含んでいる。

—1

—1　パースペクティブスケッチ

マーシュタの
スケートリンク

スウェーデン、マーシュタ　1986-87
Ice Rink, Märsta, Sweden

協力者
イルグマル・フルディヌ

主なスパンに楕円状の集成梁を使用するという点で、ストックホルム大学の体育館（153ページ）とよく似ている。スケートリンクは鉄道の反対側に位置しており、建物の前には草地が広がっている。また建物の両側面と端部に沿うようにして奇妙な木製の構造体が同様に用いられている。それらはオフィスを取り囲み、部屋と台所が変更された。また周囲の雪をほのかに照らす白い灯りが小さい塔の頂上に付けられている。強い色が再び金属屋根に使用されている。

——1

——1　建物全景

ウメオの集合住宅地

スウェーデン、デューバンヌ・ウメオ　1986-90
Housing, Duvan Umeå, Sweden

デューバンヌ(Duvan)はスウェーデン北部の煉瓦造住宅の地域だった。そこでは過去に設計された他のいくつかの計画がある。そのひとつは170ページにある。約230軒の賃貸アパートが住宅地域全体を構成している。

協力者
ジョナス・クラソンヌ
レナ・アンデルソンヌ
トーマス・エリクソン
リックスビゲン・コンサルタンツ

——1　住宅地のアイソメトリック図

トゥリアンゲルンの再開発計画

スウェーデン、ルレオ　1990
Triangeln, Luleå, Sweden

ルレオは北極圏の近くにある。アースキンは1954年に、ショッピングセンター(90ページ)を設計している。そこでは極地の気候が考慮に入れられねばならなかった。「保留」となっているこの計画には、様々な目的を持つ建築群がある。建物は暖かさを確保するために中庭を囲み、北極に背を向けたU字型をしている。

協力者
ジョナス・クラソンヌ

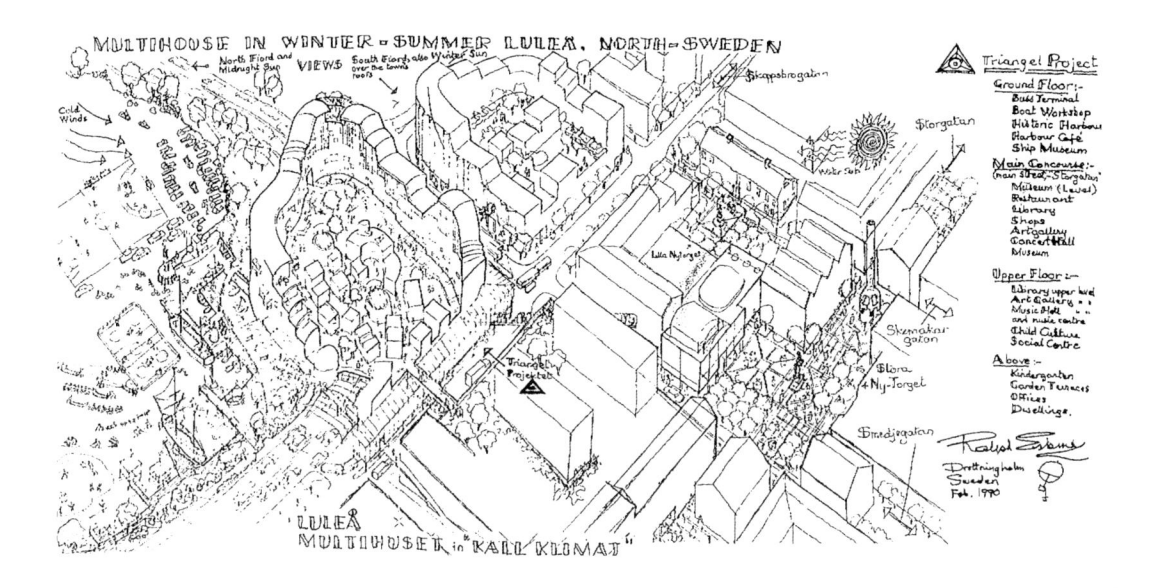

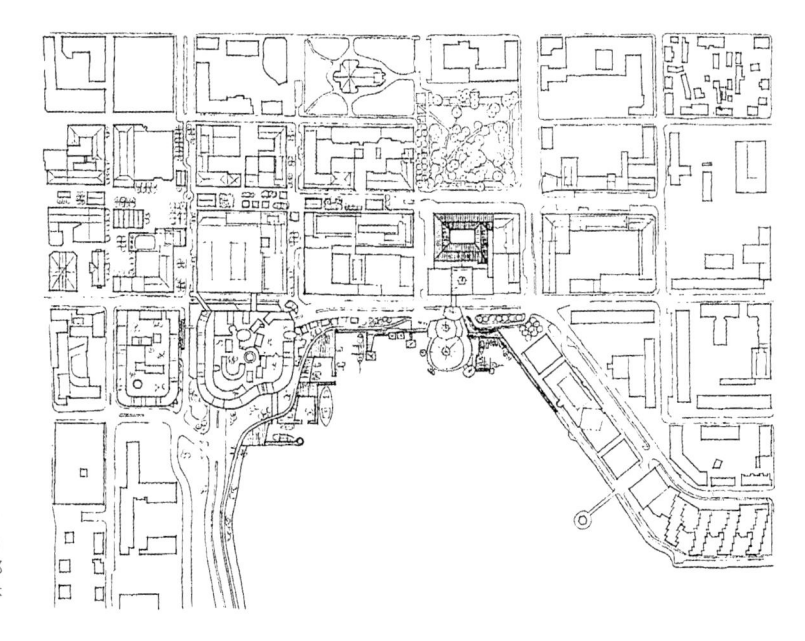

—1　住宅地のアクソノメトリック図
—2　敷地周辺の都市空間と全体計画図

リッラ・ボッメン

スウェーデン、イェーテボリ　1987-90
Lilla Bommen, Gothenburg, Sweden

協力者
ホワイト・アーキテクツ(イェーテボリ)と協同
ヘイック・サリー
ジャン・レイドストローム
ジョナス・クラソンヌ

大手建築開発会社であるスカンスカ(Skanska)は、賃貸用の事務所空間を備えた新本部ビルの建設を希望していた。もともと、社内で行ったデザインは敷地に合わせてつくられていたが、都市的な魅力があまりなかった。そこに、アースキンがホワイト事務所に協働設計者として招き入れられた。もちろんアースキンは、公共的な主体であるか、私的な主体であるかどうかにかかわらず、強大な組織に対して注意深く設計をする。彼はこのプロジェクトに興味を示し、ロンドンのジ・アーク(184ページ)のようにオフィスビルと社会生活のためのデザインに貢献することができるだろうと考えた。カフェとレ

———1

———3

———2

———1　川とリッラ・ボッメン。右手に新しいオペラハウスが見える
———2　港と建物
———3　アトリウムの内部
———4　建物の屋上にある'山岳都市'
———5　敷地図
———6　1階平面図

ストランがあるここのアトリウム・エリアは一般に開放され、イェーテボリの人々のために波止場周辺の空間を開放的にしている。スカンスカにはコンクリートの専門的な技術があったが、ここでは鉄鋼造の建築技術が使用された。建物の低層部分のオフィスには、シンプルなカバの木で縁取られているガラス・スクリーンがあり、それらが内部の動線が交錯する空間へと導いている。「マウンテン・ビレッジ」という塔の最上階には、スキー場の斜面のような大屋根があり、大小のセミナールームや階段室を収容している。頂上には展望室やエレベーターの機械室がある。

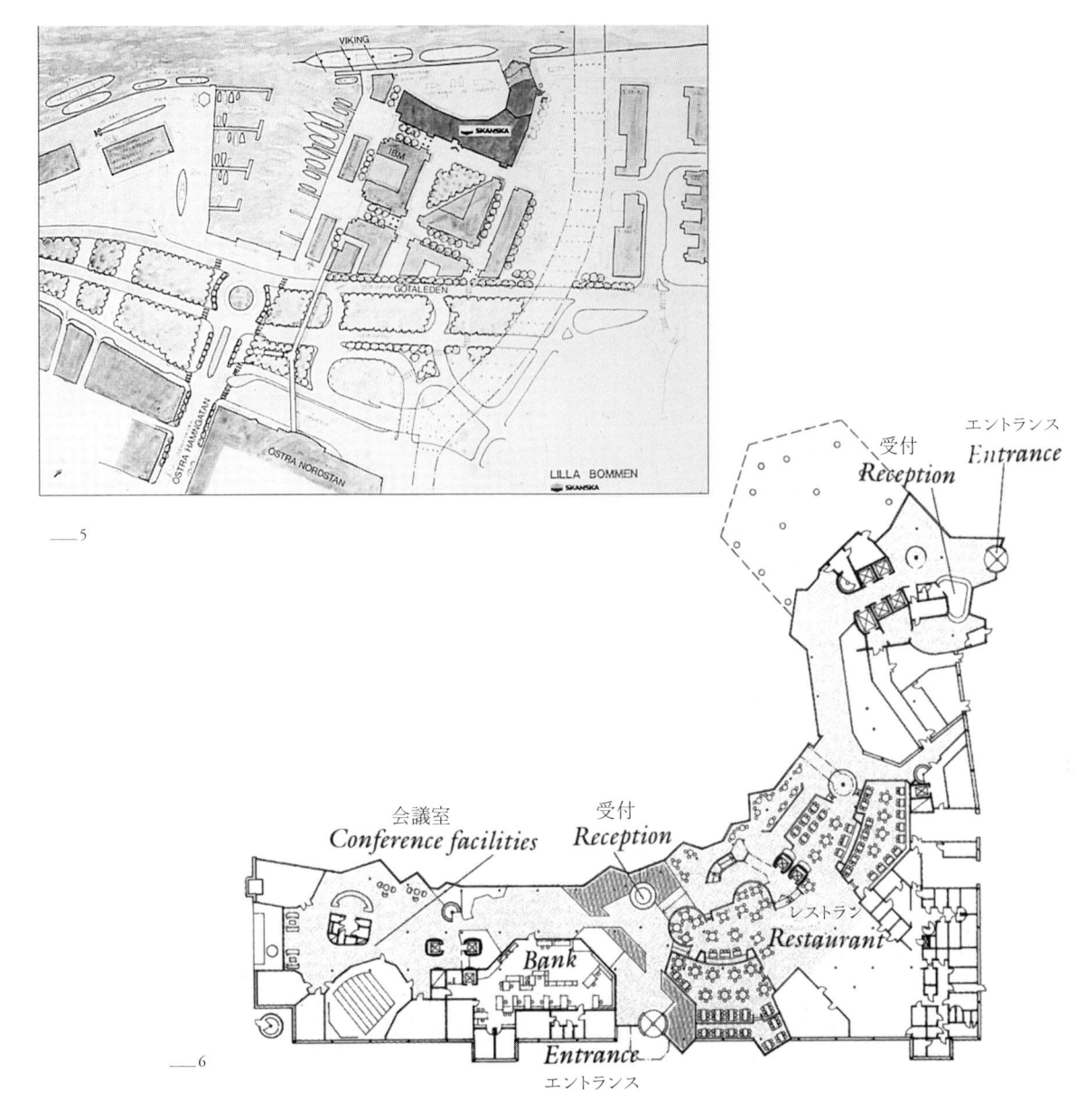

ジ・アーク

イギリス、ロンドン、ハマスミス　1988-91
The Ark, Hammersmith, London

協力者
ロック・タウンセンド
レナート・ベルイストローム
ヴァーノヌ・グレーシー
ディナ・エル・ミダニ
アリステア・ヘイ
マーク・アシポリッチ
ブー・スペンネソヌ
ラース・ウィルソン

オーケ・ラルソンヌ(Ake Larson)は、この魅力に乏しい敷地に事務所を建てるプロジェクトに参加すべきだとアースキンを説得した。当時アースキンは、オフィスの設計に対して賢明な姿勢を持つスウェーデンのこのクライアントを尊敬していた。建物の存在感と個性がこの地域を特徴づけていて、現在ではこの建物はよく知られ、ロンドンで高く評価されている。こうした場所では、そのような建築が歓迎されるのだ。「私の最初のスケッチは漏斗状の形態をした内部空間を示し、社会的な活動

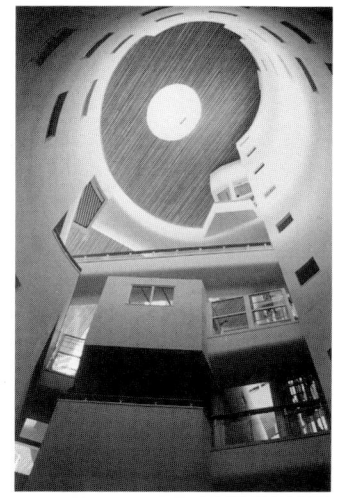

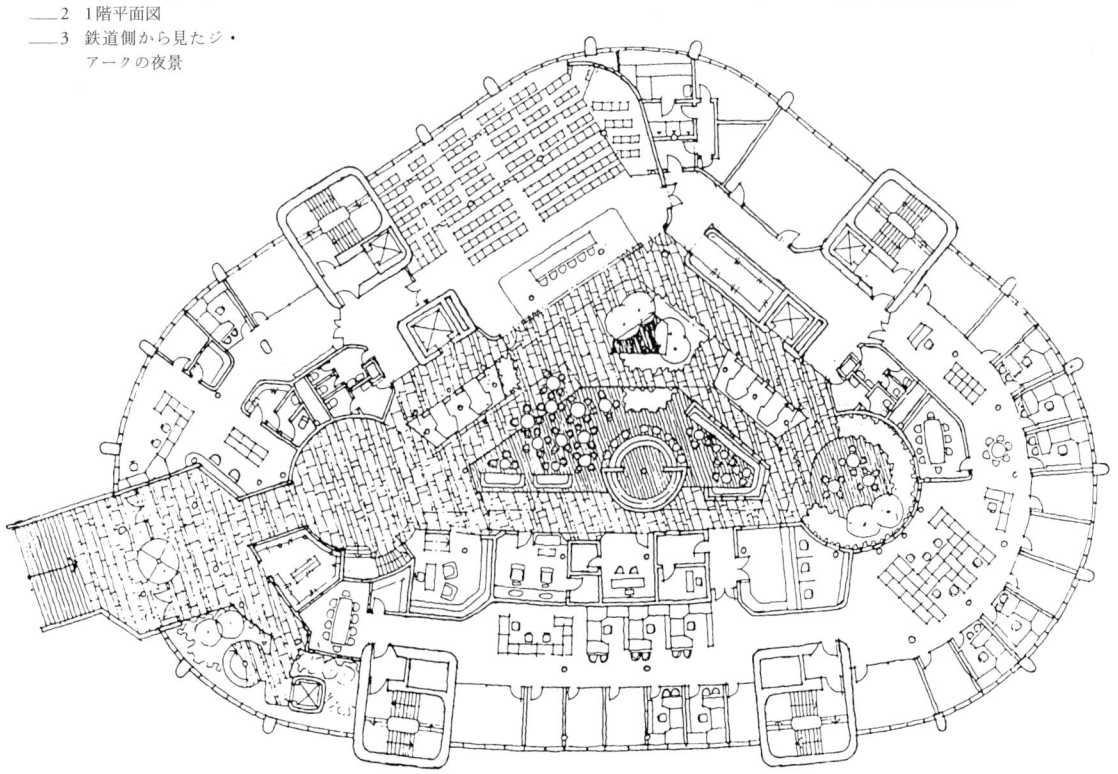

___1　吹き抜けを見上げる
___2　1階平面図
___3　鉄道側から見たジ・アークの夜景

が集中する場所として提案した。そうした考えによって、自然と少々風変わりな傾いた外観になった。この建物は、道路や線路の形状に合わせたり、外の景色を取り込んだりするために丸い形態をしている。そして、北側の往来の激しい道路の向こう側にあるホテル利用者が、極力影を感じることのないようにしている。オフィスのテーブル高で視界が開けるので、オフィスの人々は周囲の風景や光の偽りのない経験を楽しめるかもしれないが、目線より上にある空の眩しさと太陽の恵みに対応して、窓ガラスには薄く色がつけられている。銅が屋根とカーテン・ウォールのスパンドレルに使用されており、気候と時間の違いによってその色が変化することを意図している」。

ジ・アークの東側には、リラ・フーセット(Lilla Huset)という低層の建物がある。その建物は「プランニング・ゲイン(計画による建築ボリュームのコントロール)」を部分的に用いて建てられており、地方公共団体の職員によって使用されている。

―― 3

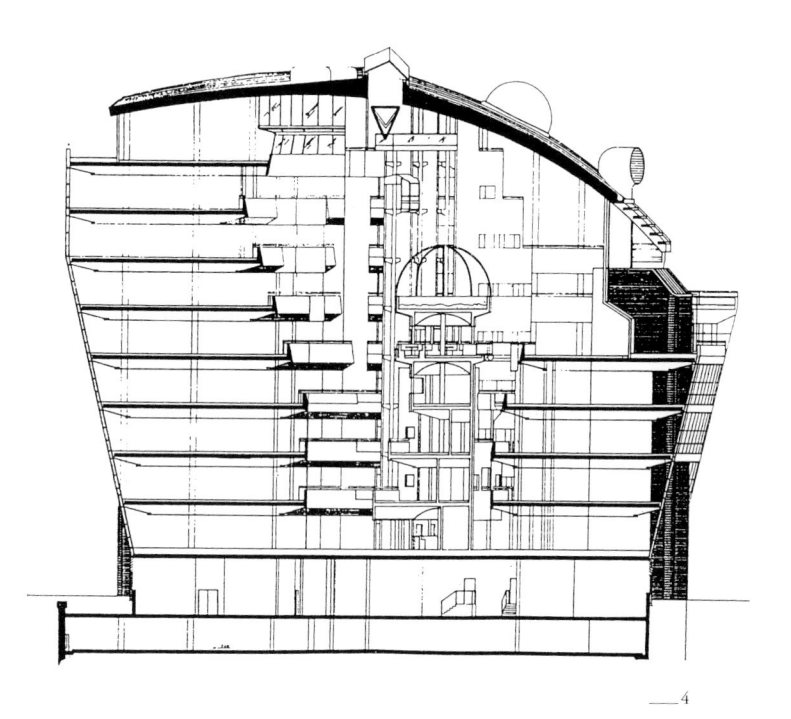

―4 断面図
―5 ジ・アークの足下
―6 インテリアスペース

バーデダンメンの開発

ノルウェー、スタヴァンゲル、バーデダンメン　1987
Mixed Development, Badedammen
Stavanger, Norway

協力者
アーケン・アーキテクツ
アロス・アーキテクツ（ノルウェー）
ヴァーノヌ・オラクル

この街には旧市街地があり、その都市再生が必要となった。全体で11万㎡の開発地域があり、その中の2万4千㎡の海に面する地区を対象に都市設計が行われ、アースキンはコンペで勝ち抜いた。

都市はフィヨルドの海底のコンタに合わせて埋め立て地がつくられた。地区内にはキャナルや小さな港があり、島々を結んでいる。住居は店、オフィス、学校と統合されている。島々を結ぶ高架橋の両端を中心に開発が進められた。住居や業務地区の地下には駐車場が設けられている。開発は1988年に始まり、1994年の完成を目指した。アースキンは現実的な共同体を想定した提案を以下のように考え、計画を実施した。

人々は様々な興味関心、そして要望を持っている。いきいきとした都市域は単純な部分だけでできていない。しかしこれが地主や開発業者の求めていることなのである。年間1,000戸の住宅を人々が求めている。住宅を供給する場所はたいてい都市から離れている。この計画では都市の芸術的な経験が、保存地区や親密な空間から得ることができるのである。日々の生活の場所をつくることが大切で、それは、一人ひとりの生活空間であり同時に家族や小さなグループのための空間である（小島央子＋北尾靖雅、Utbyggingen av Badedamsomradet i Stavanger, 1987参照）。

―1　スケッチ
―2　全体計画図

クロスレール駅計画案

イギリス、ロンドン　1992
CrossRail Stations, London

協力者
ビルディング・デザイン・
　パートナーシップ(ロンドン)
ヴァーノヌ・グレーシー
ディナ・エル・ミダニ
トニー・マックグイルク
ヒュー・クロフォード
ガレス・ジェーンズ

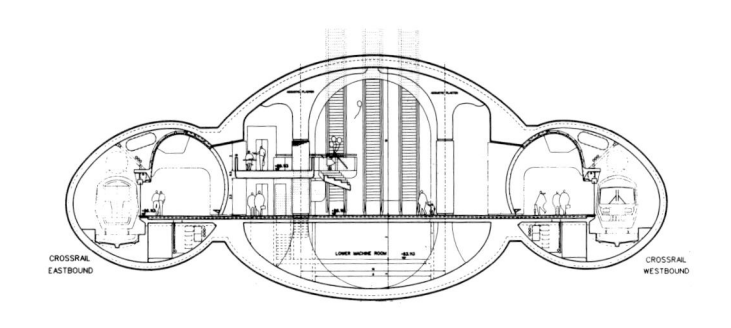

――1

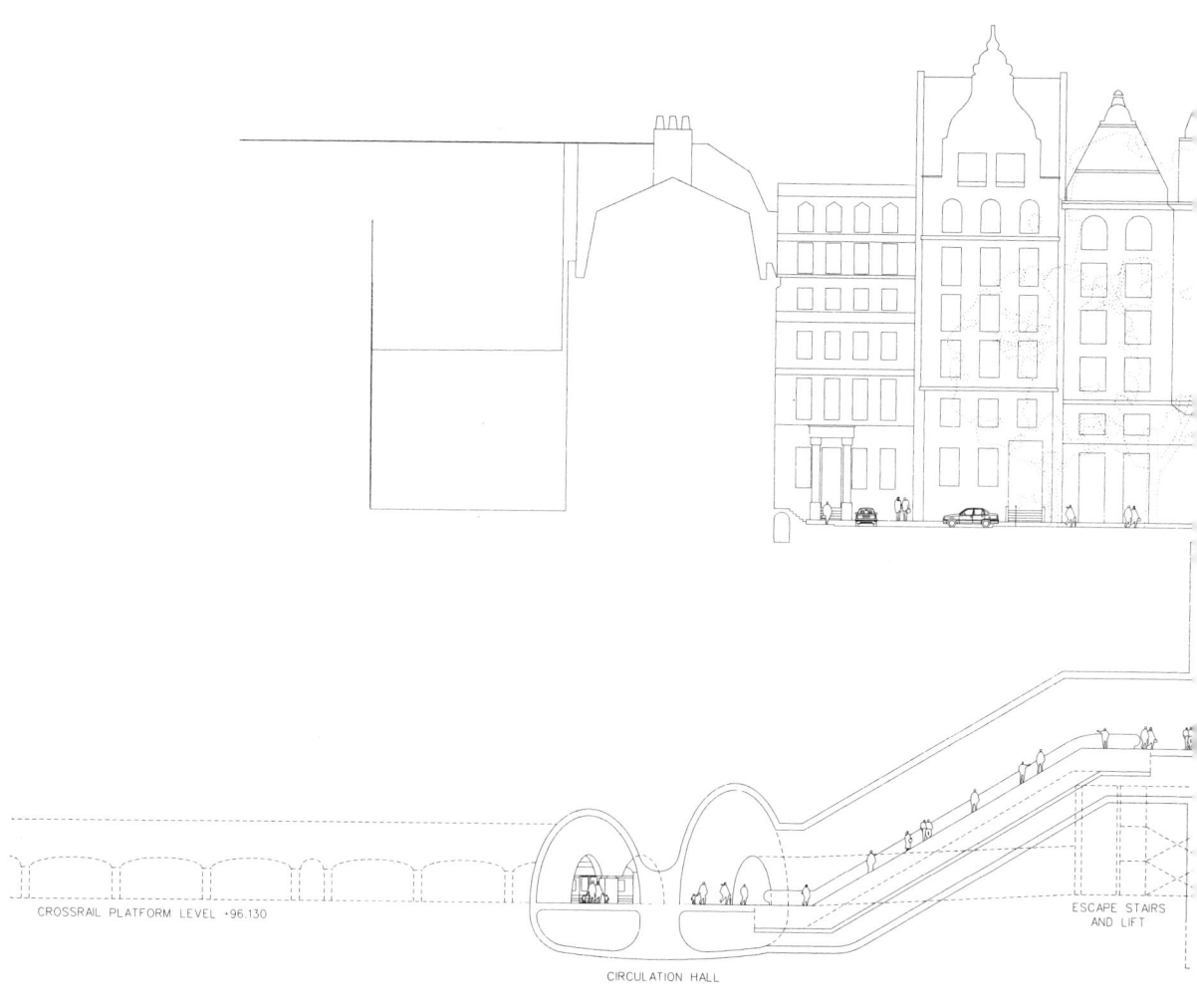

――1　プラットホーム断面図(初期の提案)
――2　ハノバースクエアーの断面スケッチ(計画案)

クロスレールのコンセプトは、イギリスの中でもユニークなものだ。それは高速で頻繁に往来する高性能な列車であり、乗客は都市の中心部シティとウエスト・エンドまで唯一直接アクセスできるようになっている。新鉄道の目新しい点は、既存の路面を走る鉄道につながる新しいトンネルだろう。路面電車には、機能的な地下鉄の駅が5つある。それは、パディントン(Paddington)、ボンド・ストリート(Bond Street)、トッテナム・コート・ロード(Tottenham Court Road)、ファリンドン(Farringdon)、リバプール・ストリート(Liverpool Street)だ。各駅にはチケットを購入するためのホールがあり、クロスレール専用のプラットホームの両端にチケットホールを設置する予定だ。

計画主体となるロンドン地下鉄と英国国鉄とレイルトラックは、クロスレールが1年当たり1億4,200万人の乗客を運ぶ能力があると見込んだ。それはヒースロー空港の容量のおよそ3倍だった。ビルディング・デザイン・パートナーシップは、アースキンと協働して設計をする仕事を持ちかけた。そしてロンドンの中心部の4つの駅において地下空間を設計するための契約を勝ち得た。

コンコースでは、楕円状の空洞をつくるため、トンネルの吹き付け工法を使用している。コンコースは天井が高く、多様な表現と自然な色で着色されたタイルと煉瓦で仕上げられている。広いプラットホームとコンコースが、待合や移動、そして乗り降りのための特殊なゾーンを生み出している。この計画の目的は、明快な移動空間と、親しみやすく、環境上快適な地下空間を提供することだった。

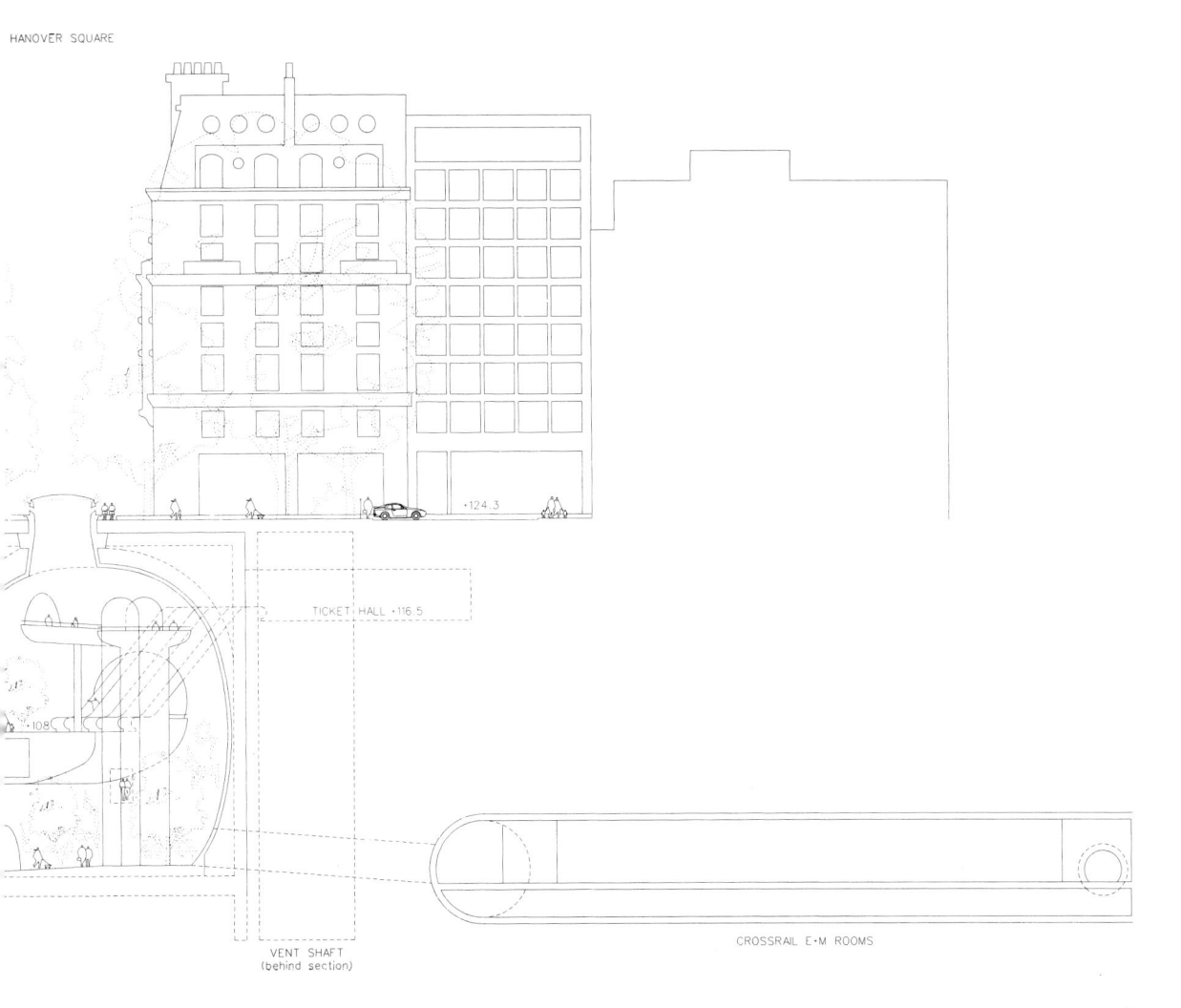

HANOVER SQUARE

TICKET HALL・116.5

VENT SHAFT
(behind section)

CROSSRAIL E・M ROOMS

___2

ステナングサンドの都市計画

スウェーデン　1992
Stenungsund, near Gothenburg, Sweden

ステナングサンドにある石油化学産業の町は不況に悩んでいた。そのためにこの計画は延期されていた。計画案では、海路となっている橋の近くに、水辺の町をつくることになっている。

協力者
ヴァーノス・グレーシー
ディナ・エル・ミダニ
リ・ベルグストローム
ヨハネス・トバット

―1　港のパースペクティブ
―2　全体配置図

オランダ城塞都市の再開発
ハーヴェン・ストラートの住宅地／カゼルネ・プレインの集合住宅

オランダ、フラーヴェとフォリンチェム 1993
Town Planning and Infill Schemes,
Grave and Gorinchem, Holland

［ハーヴェン・ストラートの住宅地(191〜192ページ)］

___1 フラーヴェ再開発全体計画図（新規のインフィルタイプの建物は濃い色で示されている）

協力者
ビルディング・デザイン・
　パートナーシップ（ロンドン）
ヴァーノス・グレーシー
ディナ・エル・ミダニ
トニー・マックグイルク
ヒュー・クロフォード
ガレス・ジェーンズ

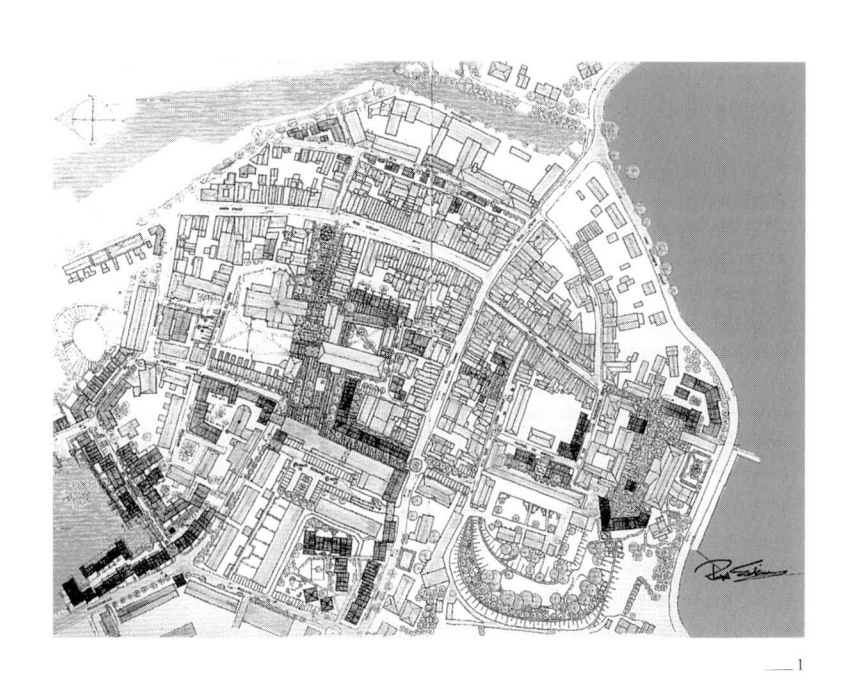

___1

17世紀に建設されたオランダの多くの城塞都市には、都市のインフラストラクチャーが老朽化していること、住宅と就労空間との関係が不安定なこと、交通状況の沈滞、住宅が文化的な遺産として十分な水準に保たれていないという共通した課題があった。

フラーヴェは、12世紀中頃にさかのぼることができる城塞都市である。都市はマース川を渡る交通の要衝にあり16世紀を通じて町は栄え、都市内に建物が増えてゆき、城や教会も大きくなっていった。17世紀には明確な星状の城塞都市が形成された。20世紀になり都市近傍に幹線道路が建設されて都市の構造は大きく変化した。一般的に1950年代頃までは住宅と仕事場は一体だったが、しだいに分離していった。1960年代には市役所周辺の再開発や多くの建築物が破壊され、都市は大きく変化していった。そして都市内の人口も減少し、歴史的な環境を維持することができないようになっていった。

そこで、フラーヴェは歴史的環境を尊重すると共に、将来へのビジョンを示す都市計画を必要とし、以下の3つの目的を立てた。それは1. 旧市街地への住宅を供給すること、2. 旧市街地中心部の親密な空間を形成すること、3. 都市再生を通じた社会的側面を再生することであった。

フラーヴェ市の市長と都市計画局はアースキンの社会民主主義的姿勢に対して興味を持っていた。また彼のアングロサクソン的な背景に関しても重要視していた。当時のオランダ政府建築家のキース・ラインバウトはアースキンの、個人の自由を可能な限り大切にする、民主主義的方法による決定のプロセス、非公式ながら問題解決にあたるという点を高く評価していた。

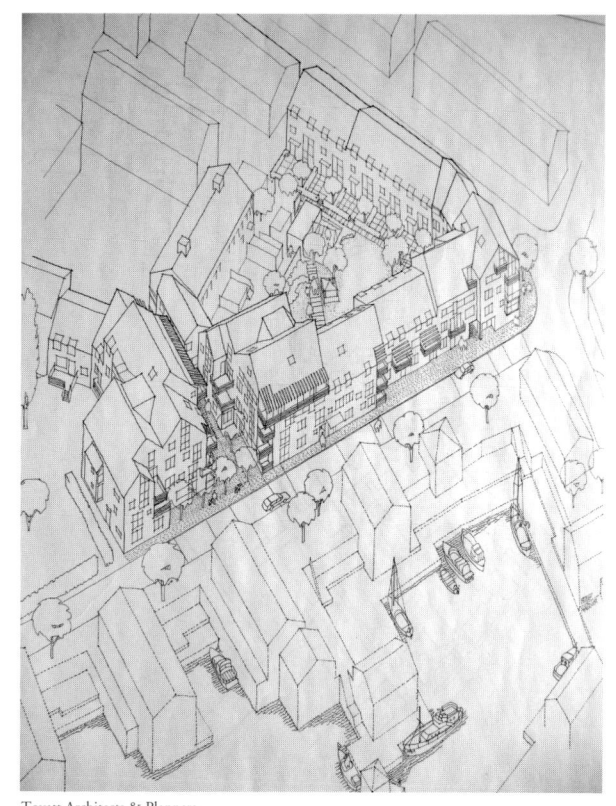

Tovatt Architects & Planners

---2
---3
---4
---5

---2	再開発地区の街路景観
---3	ホッフェシェ通りの集合住宅の俯瞰図
---4	ホッフェシェ通りの集合住宅の全景
---5	ホッフェシェ通りの連続立面図(提案)

　アースキンは1992年から2年間かけて、フラーヴェのマスタープランを市の議会(City Council)と共に作成した。アースキンの都市再生計画の到達点は都市の中心部に住宅をつくることであった。アースキンは自然、スケール、都市の街路、そして再生の段階を示した。アースキンの全体計画プランでは205の住宅と2,500m²の商業用途(文化的施設を含んでいる)、そして500m²の事務所などの用途が見込まれた。新しい住宅や労働空間を都市の中心部に挿入することは、空間的にも都市計画的にも都市の状況を大きく変化させるものである。アースキンの計画は都市に新しい施設を配置するだけでなく、計画自体をあらゆる種類の複雑な都市的な要素を統合する、すなわち、歴史、未来、個人と共同体を統合する機会と考えた。そのために自由度の高い多様性を保証したプランを提示した。

　空間的には、多くの領域が駐車場となっている公共空間を復活することや、駐車場を都市の周辺に持ってゆくこと、そして壊された建物の跡地に建物を建てることが基本方針となり、特に歴史的に用いられた空間を見直す作業が行われた。

　アースキンは'Good Harbor Life'というスケッチを描いた。タップストローム(160ページ)のような都市のイメージを描いた。フラーヴェの人々が近くの町、ナインメーヘンまで舟で通勤できるような提案であった。このようにアースキンは舟が出入りする港町の生活を描いた。これをアースキンは「アングロダッチ(Anglo-Dutch)」な生活と表現

［カゼルネ・プレインの集合住宅］

—— 6　カゼルネ・プレインの広場
—— 7　集合住宅のつくる街並み
—— 8　広場に面した回廊

した。フラーヴェの人々や訪問する人々にとっても港空間はレクリエーションであった。港にはボートハウスがあり、新しい港には人々が出会う通り(Havenstraat)が描かれた。またアースキンは都市の形態的な特色を生かした計画をアーバンデザインとして取り入れ、都市の構造を再構築した。アースキンは都市の持つ歴史そのものが都市の魅力であると考えた。プランが一般に示されたときに、人々はこれまでにない関心を寄せた。市民からは居住者が戻ってくることで城壁内の商業の活性化や、また、教会が集会室をプロジェクトに求めるなど共同体の再構築への期待が寄せられた。そして1995年に住宅の建設が始まり、教会と中庭を囲む集合住宅と港に面した集合住宅が建設された。アースキンは、歴史的な環境のスケール感や細街路からなる都市の空間構造を考慮した、歩行者優先の街路網の計画を住宅計画と同時に行った。市役所前の広場を商店や住宅で囲い、歴史的な空間の質を取り戻すための様々な提案が行われた。なお、アースキンのこのプロジェクトによりフラーヴェはドゥ・ピラミドゥ・ラウムトリュク・オルドゥニング(De Pyramide Ruimtelijke Ordening：環境計画ピラミッド賞)を受賞した（北尾靖雅、Gemeente Grave, *Erskine in Grave*, 1994参照）。

ライン(Rhine)川の支流にあるフォリンチェムにあるカゼルネ・プレインにある集合住宅と商店は街路を形成するように計画されている。そこには小さな広場が川沿いに配置されていて、既存の町とつなげられている。

ルグネットの都市計画

スウェーデン、ストックホルム、
ハッマルビー・フェスタッド 1994
Lugnet, Sickla Udde, Hammarby-Sjöstad,
Stockholm, Sweden

協力者
レナート・ベルイストローム事務所
ラース・エステランデル
ジョナス・クラソンヌ
ペルティ・キャヘイネン
ヴァーノヌ・グレーシー
ディナ・エル・ミダニ
ヨハネス・トヴァット

ストックホルム中央部にある水路近くの美しい敷地に、都市計画局は8,000〜9,000戸規模の住宅地の建設を計画している。「都市プランナーたちは、ハッマルビーの地域には都市南部の島に見られるような都心部の特徴があるべきだと考えて、私たちがそれに同意するだろうと考えていた」。しかしながらアースキンは支配的な一般構造があるはずだというこの考えには同意しなかった。アースキンは、街路の生活や複合的な機能を促進する多様な個性に関する「中世的な」構成について議論をした。地上レベルでは、ほとんど直射日光が差し込まず、交通の騒音にさらされているが、商店、事務所、商店のために空間を用意する必要がある。上の階に行くと、特に日光が重要となる中心部には住居があり、そこで人々は、バルコニーとルーフテラスから光と水辺の景色を楽しむことができるだろう。「昼夜と週末のどちらにおいても、いきいきした都市になるだろう」。

——1

——1 パースペクティブスケッチ

グリニッジ・ミレニアム・ビレッジ

イギリス、ロンドン、ノース・グリニッジ　2002
Greenwich Millennium Village, London, England

協力者
トパット・アーキテクツ&プランナーズ

___1

___1　住宅の玄関
___2　全景

© S. Morioka

___2

ロンドンの中心を流れるテムズ川に囲まれたグリニッジ半島はロンドンの中心地の東側に位置する。この地域は以前グリニッジ沼として知られており、野生生物が多く住んでいた。中世以来、半島は壁で囲まれた放牧地だったが近代化期に工業地帯となった。しかし工場の多くが有毒化学物質を使用していたため、敷地が汚染された。工場が撤退した後も1990年代頃まで土地は汚染された状態で放置されていた。そこで汚染を除去する大規模な改良作業が行われた。その後1997年の夏に建築家と開発事業者から構成される協同企業体を対象とした国際的なコンペが実施された。このコンペの勝者としてアースキンが指名を受けた。こうしてグリニッジ・ミレニアム・ビレッジの開発が着手された。

グリニッジのミレニアム・ビレッジは、持続性のある都市の未来を追求するために必要な技術的、社会的、経済的な可能性に関して都市の全体像を描くことが目指された。そして他のプロジェクトでも利用可能な持続性をもたらす様々なアイデアを実現する住宅地として開発された。プロジェクトは環境技術のデモンストレーションの場となった。この集合住宅地における共同体を構成するために、有機的なアプローチを現代の文脈において実現することが目指された。環境面に関してプロジェクトは、工事時間の25%の減少、建設費の30%の減少、そして最大限のゴミの減量化を目指した。

――3 街区内部の街路景観
――4 インテリア
――5 公園から見る集合住宅

商業的にも住宅の建設を成功させるために、鉄鋼は枠組構造とプレファブの被覆加工システムが用いられた。さらに都市の微気候にも注意が払われた。テムズ川を渡る冷たい北東風から居住地域を保護するために、敷地の南から2階から12階建てに北に向かって建物の高さを高くする方法が考え出された。そして地上レベルでの風の影響が最小限になるように検討され計画が行われた。エネルギーに関する戦略は全体論なアプローチに基づいている。土地の形状を活用した太陽エネルギーを利用することが採用された。熱と発電のプラントによるエネルギー供給、エネルギーの循環利用も検討された。エネルギーの流れは太陽、風、食物、および雨という自然エネルギーが住宅地で利用され、自然エネルギーの循環が可能な再生技術の実現を目指した。

全体計画では視覚的、社会的な接続性にも注意が払われた。また、渡り鳥のために沼地の環境を提供する生態環境の提案が行われた。地域における学校と総合健康センターは、共同体の焦点を提供するものとして重視された。このミレニアム・ビレッジでは郊外に住むことを希望する人々が抱くすべての切望を満たす新しい種類の都市をつくることが追求された。このプロジェクトは持続可能な住宅地の開発という挑戦であった（森岡紗代＋北尾靖雅）。

第二部

新経験主義とネオリアリズム

マリステッラ・カッシアート

ブルーノ・ゼヴィは、彼の編纂する建築雑誌 L'architettura cronache e storia 1958年6月号に、イギリスに生まれてイギリスで教育を受けた建築家、ラルフ・アースキンに関する長い論文を掲載した。この雑誌が出版されたことで、イタリア建築界は早い段階でアースキンの仕事に触れる機会を持つことになった。当時40代のアースキンは、スウェーデンに長い間住み続ける中で、注目すべきいくつかの村落や労働者向けの住宅をすでに建設していた。

この雑誌の掲載記事や写真を選ぶ際に、編集者として読者の反応を強く意識する立場にあった当時のゼヴィが、なぜアースキンの作品を収録したのか、このことを考えるのは十分に価値がある。その答えはイデオロギー性の強いアースキンの作品に関係があり、また独善的な近代建築の巨匠に対するゼヴィの批判的な見方に密接な関係があると思われる。記事に選ばれた建物は、当時支配的だったインターナショナル・スタイルに対するアースキンの受け止め方をよく伝えている。すなわち、掲載された建築作品は「キュビズムに偏った世界に柔軟性と人間味を加えること___1」を目的としていた。

もうひとつ、スウェーデンの「新経験主義」の概念がもたらした影響と深い関係がある。「新経験主義」とは、第二次世界大戦後、労働者の家族のためにつくられた近隣住宅地のデザインに見られた考え方で、この問題の本質は1950年代の動向に対する再評価に焦点を当てるものである。そこではCIAMの後期の活動で導かれた結論や、チーム・テンによって議論されていた建築や都市の実験的なプログラムが議論されていた___2。

さらにいえば、とりわけゼヴィはアースキンをロマン主義運動の個性的な解釈を行っている人物として見ていた。その動向は福祉国家の建設にふさわしく周囲との調和を保っていたし、建築に対するヒューマニスティックな姿勢と一致してもいた。

くわえて、「新経験主義」の概念は第二次大戦直後に登場してから、共同体を社会的にも、物理的にもつくっていくことのどちらにも関連しており、「アーキテクチュラル・レヴュー」誌上のニコラス・ペヴスナーやJ.M.リチャーズによる論説をとおして、イギリスで興味深い議論を巻き起こしていた___3。その議論は、すぐさまヨーロッパ大陸の国々に広まり、イタリアのような、ひどい戦災からの復興が緊急課題となっていた国で大きな反響を呼んだ。

ティブルティーノ地区（筆者提供）

アースキンを含むペヴスナーやリチャーズなどの若いイギリスの建築家、建築史家たちは、モダニズムの忠実な擁護者を代表し、ル・コルビュジエに英雄の地位を与えていた。彼らが賞賛していた英雄的な「新精神（レスプリヌーヴォー）」に対する信頼が失われ始めたのは、第二次大戦直後のことであり、若い建築家たちが世界の安定に向けて「新精神」とはまったく別の方向性を模索し始めたのもこの頃だった。

ロバート・グレゴリーは「英雄主義と経験主義」という明快なエッセイを「アーキテクチュラル・レヴュー」誌（この雑誌は1940年代に近代建築運動の功罪について議論するためのよりどころとなっていた）に書いているが、そこで彼は、近代建築の規範の見直しを求めて戦い始めた勢力（レジスタンス）が誕生したことについて、以下のように説明している。

「戦時中のリチャーズとペヴスナーは、若い世代のまなざしで、妥協と郷愁という英国的な慣習に捕らわれてしまったのである。彼らはコルビュジエの英雄的で

___1 L'architettura cronache e storia, 32, 1958.
___2 Team 10 1953-81 in search of a Utopia of the present, Max Risselada and Dirk van den Heuvel, eds., (Rotterdam: NAi Publishers, 2005)
___3 「新経験主義」については1947年の「アーキテクチュラル・レヴュー（The Architectural Review）」を参照

大陸的なモダニズムに対する熱狂から冷めてしまったように見えるし、両者ともに英国のピクチュアレスクの伝統を再評価し始めている。『アーキテクチュラル・レヴュー』の論考を見ると、彼らの議論はコルビュジエから、スウェーデンとその『新経験主義』へと移行している。新しい形態を探求するというよりも、1930年のストックホルム博覧会に学び、特殊なイギリス風土からもたらされるモダニズムのあり方を提唱している。彼らにとって、それはピクチュアレスクの伝統である。1930年代のストックホルム博覧会は『スウェディッシュ・グレイス』と『新即物主義』という2つの芸術的な傾向の集積を象徴している。前者は手工業とインダストリアル・デザインにおいてスウェーデンが世界的に認知されるようになったものであり、後者は社会の理想に関連して求められたものである」──4

　建築家に対するゼヴィのメッセージの意義を理解しようとするならば、それは次のように言えるだろう。つまり「新経験主義」の概念は、既存の概念にとって代わる考え方を体現しているということだ。そしてこの「新経験主義」の概念がいくらか「ネオリアリズム」に共通し、「ネオリアリズム」という言葉が戦後イタリアのローコスト住宅を論じる際に適切に使用されているということである──5。

　建築に対して使用される形容詞の「ネオリアリスト」という言葉は、様式を意味しておらず、厳密な言語の体系化もあまりされていない。むしろ、それは理知的な態度に対する抵抗感、あるいはファシスト時代のモニュメンタルでアカデミックなアプローチに対する拒絶を意味するものだった。それは日常生活の建築のために開かれていたし、建物を使用する一般の人々の物質的かつ心理的な必要性を直接的に扱おうとしていたのだ。ここでの一般の人々とは、神話的な意味ではなくて叙情的な世界に暮らす人々を指していた。

　「ネオリアリスト」とは、ヴァナキュラーな建築や地域的な田舎風の建築を指し、ときにはそこにスカンジナビアの住居様式の影響を見ることもできる。つまり「ネオリアリスト」たちのデザインには、職人的なディテールや伝統的な構法に対する関心が見て取れるのである。その建築は、地域の文化にしたがっているため、現実に即した建築となっている。そして地域の色彩を強調したり、地域の空間的な特徴にならっていたりしていたが、決して単なる模倣に陥らず、十分に研ぎ澄まされた感性が発揮されている。戦後期に見られた原点への回帰は、表現の新しい地平を切り拓き、建築家たちは現実の状況を変化させるために、建築家としての能力を発揮した。建築のモチーフとなる形態の読み込みは無邪気で表面的なものだったが、それは「ネオリアリスト」には建築的な表現手段が不足していると見なされていた。このことは、建築家が複雑な仕事を行うに値するというそれまでの認識を否定するものであり、そうした見方は戦後イタリアの改革を目指す文化的な戦略のプロセスの中で展開されたのである。

　ネオリアリズムの建築の中で最もよく知られ賞賛されている住宅地が、ローマのティブルティーノ地区にある。その地区は1950〜55年にかけて計画・建設され、700

ティブルティーノ地区のドローイング（筆者提供）

───4　*The Architectural Review*, January 2000.「レジスタンス」の概念については、Colin St John Wilson の著書 *Other Tradition of Modern Architecture*（2007）で紹介されている。
───5　この点については拙著「イタリア建築におけるネオリアリズム」を参照。*Neorealism in Italian Architecture, Anxious Modernisms. Experimentation in Postwar Architectural Culture*, Sarah Williams Goldhagen and Réjean Legault, eds., (Cambridge: The MIT Press, 2000)

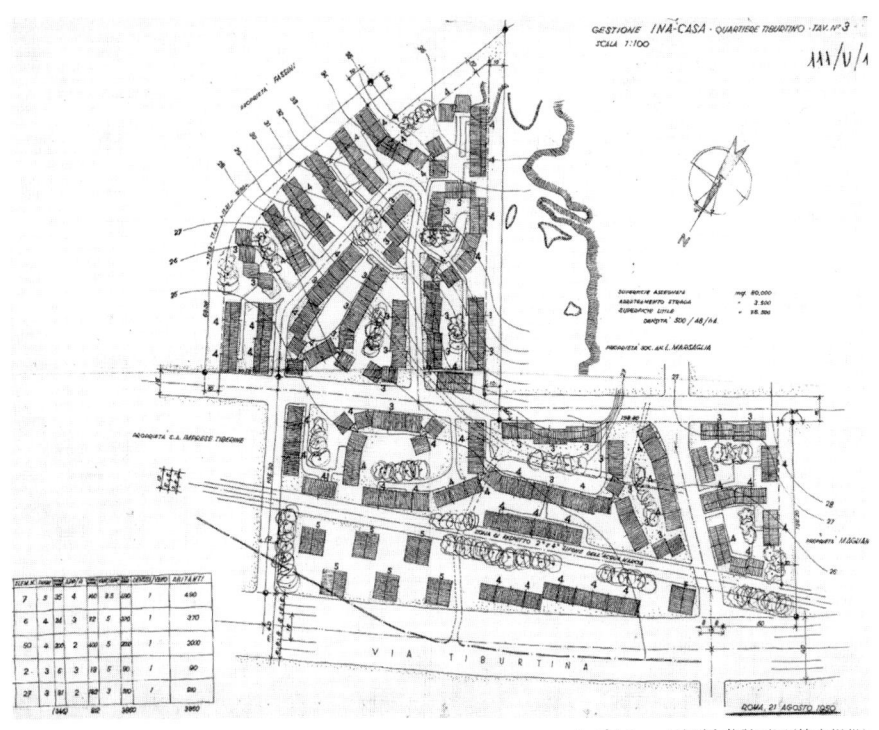

Between New Empiricism and Neorealism
Maristella Casciato

ティブルティーノ地区全体計画図(筆者提供)

戸以上の住居から構成されている。そこでは、村落のような空間的特徴を与えることが意図された。そこは郊外でも都心部でもない場所だったが、そこに新たな空間が提案されたのだ。このプロジェクトでは、自然発生的で自然の風景のように見せるためにスウェーデンと北欧の国々の都市モデルが参照され、そのモデルとイタリアの地域的な都市の伝統が統合された。つまりストックホルムの労働者向けの住宅地区がラツィオ州の地中海の村落のイメージに重ね合わされた。その地区の全体計画の責任者であった建築家ルドヴィコ・クアローニは、少々批判的な目で自分の経験を振り返り、「スウェーデンの都市計画の教訓と経験をイタリアで表現することを願うあまり、われわれはロマネスコ(ローマで生まれた方言)を話すように促したのである」と書き残している。

この計画に対して、ブルーノ・ゼヴィが「彼らは都市周辺部の住宅地区で、村落の形態を模倣すれば、人々がまるで幸福な村であるかのように感じて、そこで暮らすのだと信じていた」と皮肉をこめて評したのは、大変意義深いことである。

ゼヴィは実際の計画に見られるフォルマリズムを批判する立場にあったので、アースキンがアアルトやジャンカルロ・デ・カルロたちのように、普遍的な近代建築運動に対する抵抗感を示し、それをさらに昇華させていたことを発見した。そしてゼヴィはその考え方のいくつかの魅力を引き出すことに成功したのだ。アースキンはブルーノ・タウトのようなドイツ人建築家らによって公共住宅が設計されていたことを知っていたが、素材の持つ地域性や実験的な試みを好んでいたため、知的な即物主義を拒絶したのだと、ゼヴィは指摘している。

アースキンの環境に対する配慮や建設環境はピクチュアレスクに傾くことは決してなく、その代わりに2つのユニークな特質を示していた。ひとつ目は、彼にとって「ゲニウス・ロキ(その土地の精霊)」は、生活環境は不安定なものであるという信念に基づいて、環境の変化を楽しむことに関係していたということである。彼は環境に対して開く住居をつくり出していたが、住居の柔軟さが

多様な必要性に応答していた。2つ目に、彼は環境志向の哲学とテクノロジーの間の対立に対して、人間味溢れる職人的な技能を継続的に探求することにより、答えを与えようとしたということである。実際に、アースキンによって設計された居住地域は、すべての人々のプライバシーを十分に尊重しながらも、人々が集合して生活することに深い意味を持っている。

建築家たちの作品の多くは近代建築運動の持つ本来の意図から生み出されているのに対し、アースキンは「もうひとつの伝統」を重視し、そこに確かな根拠を与えていたといえるのではないだろうか。もしそうであるとすれば、彼はヨーロッパにおける有機的建築の実践者として見ることができるだろう。こうした理由により、ゼヴィは第二次大戦後の社会の再建プログラムに役立てようとしてアースキンを紹介したと考えられる。

ゼヴィの弟子の中で最も才能ある人物のひとりであったステファノ・レイが、1965年にスカンジナビアの国々の近代建築に関する緻密な研究書を出版したのはまったくの偶然ではない——6。レイの序論は「アーキテクチュラル・レヴュー」の引用に始まり、日常生活の美学をつくり出すことを目指して、「ヒューマニズム」や「自発性」(心理性、メンタリティ)という重要な概念を紹介しつつ、「機能主義」の原理に挑戦する「新経験主義」を賞賛している。

ラルフ・アースキンは、アアルト、アスプルンド、レヴェレンツ、マルケリウス、ヤコブセン、フィスカーといった巨匠たちと肩を並べる近代建築運動の主導者のひとりであった。彼らは平等性や協調性を持った建築をつくり、そこには人間的なスケールが備わっていた。また、何かを誇張したり、尊大に振る舞ったりすることなく、十分に自然や建築を構築する環境を尊重していたのである——7。

1970年代末頃にアースキンは、ゼヴィとレイに再会している。レイは、ゼヴィが編集した『世界の建築』のシリーズの一巻として『ラルフ・アースキン——参加によるブリコラージュの建築』という小さいが意義深い著書を記した。そのタイトルはアースキンの建築に対してアプローチするときの精神性をよく捉えている。アースキンは20世紀における近代的な「ホモファーベル(工作人)」と言え

る。彼の建築作品は、先入観を持ったどのような建築的表現も拒否しており、彼の実践は人間の生活環境の多様性を基盤としている。そして彼は、建築が人間に奉仕することを追求したのである。

参加型手法の伝道者であるアースキンは、グローバル化する世界の中で十分な信用を得るという、建設的なモデルへと続く道を切り拓いたと言える。彼の影響力についての理解を助けるために、哲学者ヘラクレイトスの言葉を紹介しておこう。「ことは状況の中、刻一刻と変化する」。

ステファノ・レイによる『ラルフ・アースキン——参加によるブリコラージュの建築』表紙写真(筆者提供)

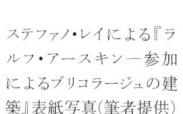

——6 Stefano Ray, *L'architettura moderna nei Paesi Scandinavi* (Bologna: Cappelli, 1965). 約10年後同著者によって出版されたものに次のものがある。*L'architettura cronache e storia*, 229, 1974 the itinerary-essay "Itinerario nell'architettura di Ralph Erskine".
——7 Smith G.E. Kidder, *Sweden Builds* (New York: Reinhold, 1957).

ラルフ・アースキンとスウェーデンのモダニズム：
機能主義と新経験主義

玉田浩之

年月が経ち、「即物的」的な住宅が使用目的に合わせて次々と現れた。人々が「新しい即物性（New Objectivity）」が期待していたほどには目的に見合うとは限らないことに、徐々に気づき始めたのはその頃である。人々は多くの美学的価値の欠如を感じていたし、それらは、私たち人間が大きく依存している心地よさというものにあまり貢献していないと感じていた。心地よさは、建築的な伝統と自国の伝統が発展させてきたものである。……この高まる見識の行く末は1930年代の図式的な建築すべてに対する反発である。現在の私たちが到達した地点は、捉えどころのない心理的な要素のすべてが、今まで以上に再び私たちの関心と結びついているというところにある。あるプログラムの解釈をめぐって、過去に後戻りしたり、反応したり、模倣したりするならば、この国の建築の発展を完全に見誤ることになるだろう。——1

スヴェン・バックストローム（1943年）

イギリスからスウェーデンへ

機能主義を標榜するモダニズムの建築は1920年代の中央ヨーロッパに始まり、周辺諸国へと展開したことで知られる。スウェーデンも例外ではなく、やがて機能主義の波が押し寄せることとなった。スウェーデンにおいて機能主義の到来を告げる機会となったのは1930年のストックホルム博覧会である。博覧会の建築部門を担当したグンナール・アスプルンド（Gunnar Asplund, 1885-1940）はいわゆるインターナショナル・スタイルで博覧会会場を構成し、スウェーデンの機能主義を広く知らしめた。このことは、建築評論家ピーター・モートン・シャンド（P. Morton Shand, 1888-1960）が「機械の美学こそがストックホルム展覧会の真髄であった」と評していることからもうかがえる——2。その後スウェーデンは機能主義の影響力が拡大していったが、この考え方が全面的に受け入れられたわけではなかった。上記の建築家スヴェン・バックストローム（Sven Backström, 1903-92）の言葉は、中央ヨーロッパの機能主義の建築から離れつつある当時の建築界の状況をよく伝えている。

1930年代と40年代のスウェーデンは、機能主義を受容したことで、建築潮流が変化した時代であった。こうした最中、ラルフ・アースキンは1939年にイギリスからスウェーデンへと渡っていった。アースキンが当時のスウェーデンの状況を把握したうえで渡っていたとするならば、そこに何らかの可能性を見出していたはずである。彼はスウェーデンに何を発見し、そこにどのような魅力を感じていたのだろうか。このことを考えるために、ここでは、アースキンが設計活動を本格的に開始することとなる1930年代から40年代のスウェーデンの建築潮流の展開に焦点を当ててみたい。

スウェディッシュ・モダン

アースキンとスウェーデンの関係に触れる前に、まず、スウェーデンにおけるモダニズムの受容の経緯を見ておきたい。第一次大戦前後のスウェーデンは、ナショナル・ロマンティシズムの建築が大きく開花した時代である。この時期の建築作品には、カール・ヴェストマン（Carl Westman, 1866-1936）の〈ストックホルム市裁判所、1915年〉やラグナル・エストベリ（Ragnar Östberg, 1866-1945）による〈ストックホルム市庁舎、1923年〉があり、これらは過去とのつながりや自然や生活を意識した、優しさや暖かみのある造形表現として高く評価された。1920年代に入ると、イヴァル・テンボム（Ivar Tengbom, 1878-1968）の〈コンサートホール、1926年〉やグンナール・アスプルンドによる〈ストックホルム市立図書館、1928年〉など北欧新古典主義が現れる。これらには、様式折衷的で、古典的なプロポーションと装飾の付加に頼らず、建築全体に存在感を漂わせて風土に溶け込むように建つという共通点があった。この点に着目したイギリス人建築評論家ピーター・モートン・シャンドは、新古典主義を用いつつ優雅な形態を実現した作品群がスウェーデンの名声を一層高めたと評した。これらの作品に見られるスウェーデン特有の手工芸による造形の質の高さは、「スウェディッシュ・グレイス」と称賛され、広く知られるようになる——3。

——1 Sven Backström, A Swede Looks at Sweden, *The Architectural Review*, September 1943, p.80

——2 P. Morton Shand, Stockholm, 1930, *The Architectural Review*, vol.68, 1930, pp.67-72

1920年代後半になると、スウェーデンの建築は次第にドイツの機能主義の考え方に影響を受け始める。スウェーデンに機能主義が到来したことを強く印象づけたのは、1930年に開催されたストックホルム博覧会である。この博覧会はスウェーデン美術工芸協会（Svenska Slöjdföreningen——4）の主導で行われており、その中心的な役割を担っていたのが会長であったグレゴール・パウルソン（Gregor Paulsson, 1890-1977）である。彼はアスプルンドらを率いて展覧会会場を機能主義の建築で構成しただけでなく、翌年には、G.アスプルンド、S.マルケリウス（1889-1972）、W.ガーン（1890-1985）、E.スンダール（1897-1974）、U.オーレンらとともに*Acceptera*（受け入れよ）という本を出版し、機能主義の考え方をスウェーデン中に広めることに成功した。その後「日用品をより美しく」をスローガンに掲げていたスウェーデン美術工芸協会が1930年代を通じて建築およびデザインの改善を推し進めた結果、1939年のニューヨーク万国博覧会を機にスウェーデンらしい低コストで質のよい生活造形のデザインが国際的に認められるようになり、それらは一般に「スウェディッシュ・モダン」と呼ばれるようになったのである——5。

　両大戦間期にスウェーデンは「スウェディッシュ・グレイス」や「スウェディッシュ・モダン」という国際的な評価を得るにいたった。このスウェーデンに対する国際的な注目は、スウェーデン美術工芸協会の影響が大きかったが、その一方でイギリスの建築雑誌「アーキテクチュラル・レヴュー」が大きな役割を果たしていた。当時の編集責任者であったP.M.シャンドは1930年にストックホルム博覧会の特集を組み、たびたびスウェーデンの建築やインダストリアル・デザインを高く評価する記事を掲載していた。たとえばシャンドは、スウェーデンは「イギリス、アメリカ、ドイツ、オランダそしてフランスが皆違った形で失敗した分野で成功しようとしている」と指摘し、自国の伝統を否定せずにモダニズムを導入した点を評価した——6。またH.ウェルナー卿は、スウェーデンは「大量生産にもかかわらず、美しいモダンな製品を手ごろな価格で」つくり出すことのできる国であり、「伝統とモダニズムの共存が可能な国」であると評している——7。ここで注目されるのは、彼らが高く評価した

のはスウェーデンにおけるモダニズムの受容の仕方であったということである。彼らはモダニズムの受容という点でスウェーデンから学ぶべきものがあると考えていたようである。イギリスで建築を学んでいたアースキンが彼らと同様の感性を持ち、スウェーデンに対して興味を持っていたとしても不思議ではない。実際にアースキンは1987年のRIBAロイヤルゴールドメダルの受賞講演の中（261ページ参照）で、「スウェディッシュ・モダン」に注目して、次のように述べている。

| 私はスウェーデンの中に、中央ヨーロッパの初期の機

アスプルンド、ストックホルム博覧会会場（Sweden, 20th Century Architecture, Prestel, 1998, Eva Rudberg 提供）

——3　「スウェディッシュ・グレイス（スウェーデン的な優雅さ）」とは英国のアーツ・アンド・クラフツを基盤として発展したスウェーデンのクラフトマンシップに対する賞賛に用いられていた言葉であるが、工芸だけでなく建築にも適用されるようになったものである。イギリスのスウェーデンに対する眼差しは、アーツ・アンド・クラフツの延長上に展開したモダニズムの展開に注がれていたようである

——4　スウェーデン美術工芸協会は、スウェーデンの新しい生活造形とモダンデザインの運動を推進し、機能主義の受容と喧伝に大きな役割を果たした組織である。パウルソンは「日用品をより美しく」をスローガンに掲げていた。鈴木正明「パウルソンとリード」、勝見勝監修『現代デザイン理論のエッセンス―歴史的展望と今日の課題』ぺりかん社、1966年、pp.198-217

——5　1939年に行われたニューヨーク万国博覧会のスウェーデン館（スヴェン・マルケリウス設計）に掲げられたスローガンは「デザインの健全さを目指す運動としてのスウェディッシュ・モダン」であった

——6　P. Morton Shand, Stocholm: 1930, *The Architectural Review*, vol.68, 1930, pp.67-72　シャンドはその後CIAMのイギリス支部MARSグループのメンバーとなる

——7　Sir Harold Wernher, Progress: The Swedish Contribution, *The Architectural Review*, vol.68, 1930, p.52

Ralph Erskine and Swedish Modernism:
Functionalism and New Empiricism
Hiroyuki Tamada

能主義に比肩する以上の広い考え方を見出しました。それは人間社会を公平に把握すると共に、家族や高齢者や子供たちの身近な日常の必要性を満足させるという、新しい信念だと言えるでしょう。また、その様式に対してあまり教条的にならないことを発見しました。……「スウェディッシュ・モダン」という黄金期のインダストリアル・デザインにおいて、ノスタルジックに溺れることなく、形態に関する長い歴史を経たことで培われた豊かさがあることを知ったのです。それは素朴な素材を実用的で美しく使用するという質素な国の歴史そのものでした。「スウェディッシュ・モダン」のよいところは未来に対して楽観的にとらえる文化であるということであり、それは見せかけではなく、時間と場所の間に微妙で独創的な連続した関係性をつくりだすというあの伝統的な文脈の中に息づいていたのです。
それは開放的で軽快で親しみやすい建築のデモクラシーでもありました。……私はここスウェーデンやスカンジナビアに、私の考えと同じくする感動的で適切なデザインと美学の原理を発見したのです。──8

ここでは、アースキンがどの時点でスウェーデンに関心を持ったのかについて触れられていないが、少なくともイギリスの批評家たちと同様、モダニズムのあり方に深い関心を持っていたことは確かである。彼はスウェーデンに「初期の機能主義」を超えた考え方を発見し、さらにそれがスウェーデンの伝統に基づいている点を評価していることから、彼にとって「スウェディッシュ・モダン」は狭義の機能主義とは異なる位相で捉えられ、「実用的で美しく使用する」という伝統を基盤にした広義の機能主義として位置づけられるものであったと言える。こうした機能主義に対する捉え方の違いが、アースキンを魅了し、彼をスウェーデンへと導いたと考えられる。

スウェーデンの機能主義

1930年のストックホルム博覧会はスウェーデン内外の建築家たちに大きな衝撃を与え、「一夜にして北欧の機能主義は確立された」とまで評された。機能主義はスウェーデンの社会民主主義体制を背景に急速な広がりを見せたが、人々に容易に受け入れられたわけではなかった。パウルソンたちが機能主義を伝えるために書いた著書を"受け入れよ"というタイトルにしたのは、当時それが受け入れがたい考えであったことを裏付けるものである。

1930年代までのスウェーデンにおける機能主義は、主にドイツの新即物主義(ノイエ・ザッハリヒカイト)を意味し、その考え方はfunkis(スウェーデン語で「機能」の意)という呼び名とともに広く普及した。新即物主義はヘルマン・ムテジウスによるデザイン理念に端を発するもので、「すべての皮相的な装飾を排除し、それが使用される上での目的に厳格に従う」ものと考えられていた──9。こうした原理が後のジードルンクの形成やインターナショナル・スタイルの定式化に結びついていくのであるが、そうした普遍性や大量生産を目指す機能主義は、伝統に捉われない象徴的な価値と共に一度は受け入れられたものの、目的に対する厳格さゆえに、国内の人々から疑義が提示されるようになったのである。機能主義は住宅計画に必要な考え方と見られていたが、陸屋根や大きな開口部はスウェーデンの気候と合わないため、とりわけ大衆には受け入れられていなかったようだ。1930年代後半になると、建築家たちの試みにも変化の兆しが見え始める。ストックホルム博の展示会場を担当したアスプルンドは、〈夏の家〉(1938年)において伝統的な住宅に見られる暖炉を中心とする居心地のよい空間を実現し、それまでの機能主義の形態を弱めて伝統的な要素と一体化させ、「伝統的機能主義(Tradi-funkis)」と呼ばれる新たな方向性を示した──10。

こうしてスウェーデンの近代建築は、次第に中央ヨーロッパ的な機能主義から批判的な位置をとるようになっていく。1940年代にはスウェーデンは機能主義の考え方を基盤にしながらも、ドイツやCIAMの文脈とは異

──7 Sir Harold Wernher, Progress: The Swedish Contribution, *The Architectural Review*, vol.68, 1930, p.52
──8 Ralph Erskine, Architecture: Extravagant Gesture or Useful Art, RIBA Gold Medal Lecture, 1987
──9 Kenneth Frampton, *Modern Architecture: Critical History*, Thames and Hudson, 1980, pp.130-141
──10 スチュアート・レーデ『アスプルンドの建築』鹿島出版会、1982, p.114

なる自国にふさわしい「機能」を求めていくことになる。

実用性の芸術

ところで、「機能」について考える際にまず押さえておかなければならないのは、その目的である。1940年代のバックストロームの思考の中心をなしているものも、やはり機能とその目的であった。では、アースキンは建築の機能と目的をどのように捉えていたのだろうか。その答えのひとつは、RIBAでの講演で示唆されている。彼は講演の冒頭で次のように述べている。

> ……私たちが忘れてはならないのは、建築は他のすべての芸術と異なり、手づくりの工芸品のように「実用的な芸術(brukskonst)」であるということです。その実用性、すなわち機能的な側面(functional aspect)——実用性と精神性を満たすすべてを織り込んだ豊かさ——が私たちの小さな身体を保護するだけでなく、私たちが抱く夢も表現しています。こうした特性によって建築は特殊な芸術となっているのです。——11

彼は、建築の目的は人間の必要性を満たすことであると考え、建築は「実用性の芸術」であると論じた。ここで注目されるのは、彼が建築に対する基本姿勢を述べるにあたって、英語のuseful artではなくスウェーデン語のbrukskonstという言葉を使用している点である。この言葉は19世紀頃スウェーデンに広まったもので、生産品の機能や使用上の効用について言及する際に用いられるが、この言葉の登場には、現実的で具体的な必要性を満たすという初期のアーツ・アンド・クラフツ運動に関係しているところがある——12。

当時スウェーデンのアーツ・アンド・クラフツ運動の中心となっていたのは、スウェーデン美術工芸協会である。20世紀になるとこの協会は、将来は工業製品や標準化に向かうと確信して「日用品をより美しく」(1919年)という影響力のあるマニフェストを提示し、機械生産を肯定しながら工業製品に独特の近代的形態をとその美的品質を要請するようになる。しかしこの要請は近代化に伴う工業化の過程で手工芸の美を完全に排除しようとするものでなかった。手工芸にたずさわる人々が先入観によって工業化に反対することを想定したうえで、現実的で具体的な必要性を満たすことを選択するように主張したものだったのである。

19世紀末から20世紀初頭までのスウェーデンでは、手工芸の伝統と工業生産の間を適切に埋めようとする方向性が模索されていたと言える。この経緯を踏まえてbrukskonstの概念を理解するならば、アースキンが注目したのは、手工芸の暖かな手触り感を残しつつ、工業化による実用性も否定しない、簡素ではあっても美しさを保つというスウェーデンが培ってきた芸術文化だったと考えられる。それは「質素な国の素朴な素材を実用的で美しく使用する」という伝統とも言い換えられるだろう。アースキンが基本理念に据えた「実用的な芸術(brukskonst)」は、伝統を守りつつ広い意味で機能を捉えるという考え方につながっている。

新経験主義

建築雑誌「アーキテクチュラル・レヴュー」は、戦前のスウェーデンの建築やデザインの評価を高めることに貢献したが、戦後になっても注目の眼差しは変わらなかった。1937年から同誌の編集長を担当していたJ.M.リチャーズ(James Maude Richards, 1907-)は、1947年6月に

ジグルド・レヴェレンツ(Sigurd Rewerentz)によるストックホルム博覧会のポスター(Sweden, 20th Century Architecture, Prestel, 1998, Eva Rudberg提供)

——11 Ralph Erskine, Architecture: Extravagant Gesture or Useful Art, RIBA Gold Medal Lecture, 1987
——12 Love Jönsson, "Konsthantverk" and "slöjd"- the old words are still with us, *Think Tank Edition02: Languages*, 2005, pp.17-21 スウェーデン語のbrukskonstという言葉はドイツ語のGebrauchkunstやノルウェー語のbrukskonst、デンマーク語のbrugkunstと同様の意味を持つ

Ralph Erskine and Swedish Modernism:
Functionalism and New Empiricism
Hiroyuki Tamada

スウェーデン建築の新潮流を紹介することを目的として小さな特集を組んでいる──13。このなかで取り上げられた建築家のひとりがラルフ・アースキンであった。まだアースキンは実作が少なく駆け出しの若い建築家であったが、すでに高い名声を得ていたスヴェン・マルケリウス(Sven Markelius, 1889-1972)──14のほか、スチュア・フローレン(Sture Frélön, 1907-1999)と共に近代建築の新しい傾向を持つものとして注目されたのである。この記事でリチャーズは3つの住宅作品を次のように評している。

最初の2つ[引用注、マルケリウスとフローレンの住宅]は一見すると地元のバンガロー様式のように見えるが、そこにはアヴァンギャルドの新しい表現が見られる。伝統的な素材で建てられたそれらの住宅は、平面的な要求を明確に解決し、とくに最初(マルケリウス)の住宅では工法や設備やディテールに十分配慮していて、ほぼプレハブ化されている。3つ目の(アースキンの)住宅は他の住宅よりも1年かそれ以上早く建てられていて興味深い。というのも、それは戦前の機能主義の表現が容易に認められるし、その他2作品とまったく同じ種類の問題に取り組んで、伝統的な素材を用いているからである。──15

ここで評価の対象となっていたのはスウェーデンで建築活動を開始したばかりのアースキンが1942年に手がけた自邸〈リスマの住宅(ザ・ボックス)〉(66ページ)である。この住宅は、連続窓と抽象的な箱型の形態を持つが、外壁はスウェーデンの田舎でよく用いられる赤く塗られた厚板で覆われていた。アースキンは大学を卒業した後に、モダニストであるバーソールド・リュベトキン(Berthold Lubetkin, 1901-1990)率いるテクトン(Tecton)やマックスウェル・フライ(Maxwell Fry, 1899-1987)の事務所への就職を志願していたこともあったが、スウェーデンに渡ってからは伝統的な住宅に関心を持ち、実作ではその地域の要素を積極的に取り入れている。ここに、アースキンが活動の初期段階から中央ヨーロッパのモダニズムから距離をおいていた様子をうかがうことができる。

アースキンの住宅はモダニズムにスウェーデンの伝統的な要素を取り込んだような作品であるのに対し、他の2つの住宅はスウェーデンの伝統的な建築にモダニズムを取り入れたような形式を持つ。それぞれに特異な点が見られるが、中央ヨーロッパの機能主義を地域に適応させようとしているという共通点があり、その共通点を示す事例として3つの住宅は注目されたのである。その新たな方向性は以下のように「新経験主義」として規定された。

スウェーデンのような国々では、戦時中に近代建築の哲学を発展させることができた。新しい理論が形づくられ、新しい形態がその空白を埋めている。これまでに機能主義が築き上げた原理に対して強い反応がなかったことは明白である。実際には、機能主義の原理は現在ほどには関連性がなかったのである。むしろこの(スウェーデンの)傾向は美学的側面である理論を人間味あるものにしており、さらに、技術的側面においては初期の合理主義に戻っている。……機能主義の美学的な表現を人間味あふれるものにする努力は数多くの翻案の可能性を開いている。ここに示されるスウェーデンの住宅は、スウェーデンの建築家たち自身の言説に基づくならば、「新経験主義」と呼ぶことができるだろう。──16

ここでいうスウェーデンの建築家たちの言説とは、前掲のスヴェン・バックストロームの言葉に代表されるだろう。彼は1943年に「私たちは建築において反動的な芸術性を求めているのではないし、過度に図式的な単純化を求めているのでもない。そしてこれまでとはまったく異なり、心理的な要素が私たちの主要な関心になるに違いない」と述べている──17。リチャーズは、それまでにスウェーデンが維持してきた伝統としての心理的な満足が、機能主義の登場によって満たされずに

──13 J.M.リチャーズ著、桐敷真次郎訳『近代建築とは何か』彰国社、1966, pp.121-123, pp.139-141 ここではスウェーデン近代建築の動向は「地域主義」と位置づけられる
──14 スヴェン・マルケリウスはCIAMの創設メンバーのひとりである。またニューヨーク万国博覧会のスウェーデン館(1939年)を手がけたほか、国連ビルの協働設計者のひとりでもあった
──15 The New Empiricism-Sweden's latest style, *The Architectural Review*, June 1947, pp.200(括弧内は筆者による補足)

ストックホルム展覧会会場(Sweden, 20th Century Architecture, Prestel, 1998, Eva Rudberg提供)

いるという建築家たちの反応を踏まえて、積極的に人間的な表現を求めようとする流れが形成されていると考えた。それを新経験主義と定義したのであった。そして彼は形態よりも人間の感覚を重視する新経験主義の実践者としてアースキンは注目されたのである。

同時代の潮流

第二次世界大戦後、新経験主義という建築潮流は国際的に知られるようになったが、実際には「機能主義」に対する単なる反動的な潮流と見なされていた――18。たしかに、新経験主義は1940年代に生じた機能主義の教条的な態度に対する反動という側面を持っていたが、形骸化した機能主義とは異なる方向性を目指したものであり、「実用的」で「人間のために(for the sake of human being)」つくられるものという機能主義の拡張と言える側面が特徴となっていた――19。1940年代にこうした建築潮流を形成できたのは、J.M.リチャーズが示唆するように、スウェーデンが第二次世界大戦で中立を維持し、建築活動を中断せずに展開することができたからであった。戦時中は建築の仕事が減ったにせよ、戦災復興に大きな労力を注ぐ必要はなかった。この事情はアメリカ合衆国も同様だった。

興味深いことに、アメリカでは新経験主義が提唱されたのと時期を同じくして、評論家ルイス・マンフォード(Lewis Mumford)がアメリカ西海岸に見られる地域的な建築潮流を「ベイ・リージョン・スタイル」として提唱している――20。マンフォードは「家庭的で人間的な形態からなるモダニズムに連なる展開を期待している」と述べ、その事例として、バーナード・メイベック(Bernard Maybeck)の系統を引くウィリアム・ワースター(William Wurster)の地域的な実践などに注目している。そして彼は「地勢、気候、生活様式、そして自由で慎み深い表現を、ある人はベイ・リージョン・スタイルと呼ぶだろう」と論じている。ベイ・リージョン・スタイルはモダニズムの広い枠組みの中で、地域性を踏まえ人間的な形態を模索しているという点において新経験主義と共通していた。

ベイ・リージョン・スタイルと新経験主義は注目を集めたが、インターナショナル・スタイルに対して批判的な性質を持っていたために、ニューヨーク近代美術館(MoMA)はこの建築潮流に敏感に反応した。MoMAは1948年2月に公開シンポジウムを開き、アメリカにおける建築潮流の主流をめぐって議論を戦わせている。そこでMoMAは世界各地で地域主義的、経験主義的傾向が見られることを認めつつも、フォルマリズム的な様式論を持ち出して、この傾向はインターナショナル・スタイルから派生した「インターナショナル・コテージ・スタイル」であるにすぎず、現在の建築潮流において重要でないものとして退けた――21。2つの見解に対してただちに反応したのが「アーキテクチュアル・レヴュー」誌である。同誌は、ベイ・リージョン・スタイルを支持する論考を発表し、この潮流はスウェーデンの新経験主義と同様に、近代建築運動に並行したアメリカ固有の展開であるとして高く評価したのである――22。機能主義だけが近代建築の理念なのではないという主張が展開された。

――16 The New Empiricism-Sweden's latest style, *The Architectural Review*, June 1947, pp.199-204
――17 Sven Backström, A Swede Looks at Sweden, *The Architectural Review*, September 1943, p.80
――18 What is happening to modern architecture?, *The Museum of Modern Art Bulletin* Spring 1948, vol.xv, no.3, pp2-21
――19 Eric de Mave, The New Empiricism: the antecedents and origins of Sweden's latest style, *The Architectural Review*, January 1948, p. 9
――20 Lewis Mumford, Skyline, *New Yorker*, October 11, 1947, pp.104-110
――21 What is happening to modern architecture?, *The Museum of Modern Art Bulletin*, Spring 1948, vol.xv, no.3, pp.7-8
――22 Bay Region Domestic, *The Architectural Review*, October 1948, p.164

Ralph Erskine and Swedish Modernism:
Functionalism and New Empiricism
Hiroyuki Tamada

一方で、「プログレッシブ・アーキテクチュア」など他の雑誌では、様式の議論はナンセンスであるという議論が展開されている──23。

こうしてMoMA陣営がベイ・リージョン・スタイルおよび新経験主義をインターナショナル・スタイルの亜流であると位置づけたことによって、シンポジウムでの議論は次第に様式論争の様相を呈するようになっていく。しかし実際にはそれは様式というよりも、姿勢というべきものであった。このことはのちにマンフォードが様式として論じることから生じる誤解を避けることを意識して、ベイ・リージョン・スタイルをベイ・リージョン派（Bay Region School）と言い換えていることからもうかがえる。

建築を教条的なスタイルの問題として捉えることを好まなかったアースキンにとってみれば、MoMAの様式の議論は不毛なものに感じられたであろう。この点についてアースキンは機能主義に対する考え方を論じる中で次のように述べている。

> 私は自分自身を機能主義者と考えるようになったので、私なりに経験的に概念を定義しておく必要があるでしょう。明確に認識していただきたいのは、私にとって機能主義とはスタイルではなく、思考の方法であり、私たちが関わっている活動に対して理解を深めるような作業のプロセスであるということです。それは機能主義建築の初期のプランやスタイルによって、定義されるべきものでは決してないのです。……私の理解するところでは機能主義は、神話やドグマといった不確実な性質を保持し、捨て去られることはないでしょう。それは、いままで以上により広く深くなっています。仮説と発明、経験と注意深い結果の検証が相互に続けられねばならず、また知識はすべての原理から求められねばないのです。──24

アースキンの言葉には、普遍的なものが存在するか否かという哲学論争の中で、普遍的なものの存在を否定するイギリス経験論の立場を髣髴とさせるものがある。彼は機能主義のドグマに陥らないように意識し、あらゆる設計の可能性を開いておこうとしていた。したがって彼にとって機能主義とはプランやスタイルの原理を導き出すものではあり得なかった。機能主義は経験により解を導き出すために必要なプロセスとして存在していたのである。アースキンは弟子たちに「建築は非常に様々な分野の知識の総合であり、同時に感情や経験とともに築かれる技術である。その技術の獲得は、人々が多くの異なる役割や思想や経験の中で、動き回り考えてきた、様々な知識によるものだから、それが建築家の喜びのひとつになるだろう」と語っていた。まさに経験主義の建築観が彼の思考の根底にあったのである。参加、協働、地域的な環境への順応といったその後のアースキンの試行は、そうしたプロセスを経て、経験的に最善の解を導き出そうとする方法ではなかったか。

機能主義を超えて

1930年代および40年代のスウェーデンに見られたモダニズム建築は、機能主義を完全に否定することなく、スウェーデンが長い間培ってきた実用性や有用性を重んじ、より人間的な建築を目指したという意味において先駆的であった。アースキンがスウェーデンに見たものはそうした自国の伝統を継承しつつ展開したモダニズムの姿、あるいは開かれた機能主義の可能性だったのではないだろうか。アースキンの簡素でありながら心地良さを求めた人間味のある空間造形と彼の言葉をたどってみるならば、彼が機能主義の限定的な原理やスタイルを超えた建築を目指していたのは明らかである。このような初期の機能主義に対する批判的な眼差しが、アースキンの建築思考に内在していたからこそ、その後の地域の文脈に根差した建築都市デザインのアプローチや住人の権利を尊重した住環境の形成、サステナブル建築といった現代の議論につながる地平を用意したと考えることができるのである。

──23 Architecture-not Style, *Progressive Architecture*, December 1948, vol.29, no.12, pp.49, 120
──24 Ralph Erskine, "The Concept of Functionalism", Architecture: Extravagant Gesture or Useful Art, RIBA Gold Medal Lecture1987

ラルフ・アースキンとスウェーデンの福祉社会

ラスムス・ヴァーン

　住宅供給はアースキンの経歴における重要な仕事のひとつであったにもかかわらず、彼はスウェーデンでは戦後の住宅供給の仕事に参加することはなかった。福祉社会の価値を伝えた人物としてよく知られているが、アースキンは生涯を通じて「非スウェーデン的」であると見なされた。こうした矛盾はアースキンだけでなく、20世紀後半のスウェーデン建築の様々な側面を浮き彫りにしてくれる。

　アースキンは戦時という特殊な状況を理由に外国に渡ったのではなく、それとは別の大きな志を抱いてスウェーデンに渡っている。彼が自分の意思で仕事を選択することができたならば、設計事務所でのキャリアはもっと早くに終わっていたであろう。彼はウェイケとオデーン（Weijke & Ödéen）の事務所で短期間働いた後、強い影響力を有していた住宅協同組合であるHSBで職を得ようとした。アースキンは、この影響力ある協同組合から紹介されたスウェーデンの建設会社で、住宅供給の仕事に関わることになったが、このことが彼の経歴に新たな方向性を与えることとなった。彼が多くの公共住宅事業のために設計活動を行うことになるまで、その状態は数十年間も続いた。彼への仕事は、公共の組織からではなく、個人から依頼されるようになっていた。

　スウェーデンの文化は非常に長い間、外国人から影響を受けていたので、「非スウェーデン的」であることが有益であると見なされていた──1。スウェーデン文化の創始者であるグスタフⅢ世は、18世紀にすでに「非スウェーデン的」であることを賞賛していたし、敗戦国のドイツより勝戦国であるイギリス領アメリカの理想に素早く転回した戦後スウェーデンの文化にとって、アースキンのイギリス人としての背景は大きな強みとなった。

　アースキンは個性が強く表現力の豊かな人であった。彼は直接クライアントに意見を述べ、政府機関や公共の購買業者を通すのではなく、地主との個人的な関係を通して自分なりのマーケットをつくり出した。コンペは、彼の初期の経歴では重要な部分を占めていたが、直接依頼された仕事が彼の名声と幸運を高めていった。クライアントの多くは大都市にある公共の住宅会社ではなく、社会において少数派の共同体であるという点で一貫していた。政治的なシステムの中で行われるよりも、小さくて階層的な構造をもつシステムの方が、決断は簡単であり、迅速であった。いったん信頼関係が確立されると、適切な手段を用いて建設する仕事が依頼されるようになり、芸術上の自由の道が開かれていった。

　彼は代理人を通さずに、クライアントと直接話をすることを習慣としていたが、その習慣は1969～81年にかけて展開したニューキャッスルの〈バイカー〉にて、住民参加のプロセスへと変容した。利用者が低所得層のクライアントであれば、その条件に合わせて対応しなければならなかった。彼らの問題や要求は深く検討されたし、その提案は彼らから承認を受けなければならなかった。あるいは、少なくとも建設が始まるまでにじっくりと案を練って提示される必要があったのである。

　戦争はスウェーデンに大きな影響を与えることはなかったが、それにもかかわらず、建築の状況は急速な変化を見せた。1930年代はモダニズムの勢力が増していたが、まもなくしてその巨匠グンナール・アスプルンドを失った。その後、無名のアースキンが自転車でやってくることになったのである。戦中戦後期のスウェーデン建築は、標準化や大量生産を中心とする能率性を新しい目標として発展していた。スウェーデンは1960年代に世界でひとり当たりの住宅生産量が最大となるまで邁進した。

　1954年にはヴェクフェのラサスコグにある高層のプレファブ式の建物が設計されたが、アースキンはそうしたプレファブの建物にも、高層の建物にも反対していた。彼は大きな住宅会社からの依頼には興味がなく、また住宅会社も彼に興味を持たなかった。彼はスウェーデンの建築家の中で「厄介な人物（手に負えない子供）」だと考えられていた。そのため、1950年代の終わりから60年代の初め頃までは、彼にとってあまり順調な時代ではなかった。彼はたびたびメディアに顔を出していたにもかかわらず、あるいはそのせいで、あまり仕事が入って来なかった。クライアントは、彼が実際よりも多く

　1　詩人E.テグナル（Esaias Tegnér）による講演「スウェーデン・アカデミーの50周年に向けて（1836年4月5日）」

Ralph Erskine and
the Swedish welfare society
Rasmus Waern

の仕事を抱えていて手がふさがっているだろうと推測していたのである。1960年代のスウェーデンの建築ブームがピークを迎える最中、アースキンには国内の目立った仕事がほとんどなかった。海外の仕事で多少埋め合わすことができたが、1966年にイギリスの〈クレア・ホール〉の仕事が終了した後、海外のプロジェクトであるニューマーケットやクリングワースやイーグルストーン、そして1969年にようやくバイカーのプロジェクトが動き出すまで、収入はまったくなかった——2。

アースキンは政治的な目的のためにイギリスからスウェーデンに渡っている。彼は、自分自身で表現しているように「スカンジナビア的な価値」に魅了されていたし、生涯を通じてこの信念に忠実であった。しかしスウェーデンの福祉政策が急速に進展し始めたとき、その理想は彼の理想とは懸け離れたところにあった。福祉政策という非常に大きな課題に必要とされる手段と目的は、アースキンのいう「スカンジナビア的な価値」とは正反対であった。彼の特殊な才能が求められたのが、イギリスにおいてであったというのは皮肉なことである。

つまりアースキンと福祉政策の関係には、2つの矛盾がある。ひとつ目は、1950年代半ばにすでに彼が探求していた工業生産を発展させることに対する抵抗である。2つ目は、社会的な責任のある建築の実現に向けた彼の努力が適応されたのは、スウェーデンではなくイギリスであったという事実である。

最初の矛盾は感情的な反発を示している。プレファブ化したコンクリート製住宅の先駆的デザイナーであった彼は、その結末を最もよく知っている人物のひとりでもあった。ヴェクフェにある〈ラスサゴグの集合住宅〉はレールの上に乗せられた巨大なクレーンで建設された。アースキンは住宅地より高密度で多様化されたコミュニティをつくるというビジョンを持っていたが、このプロセスはアースキンのビジョンとはまったく無縁の街づくりの道へと導いた。彼は工業的手段に抵抗感を抱いていたのでなく、常に差異と多様性を守ろうとしていた。彼は住宅地の建設プログラムを支援している国家の意図に対して、直接的な抵抗感を示していたのである。

このことは2つ目の（国家の意図の）パラドクスにつながっている。アースキンの理想は、機能と形態の混合によって村々を形成することであった。単一文化につながる「住宅供給」は、お互いの直接的な接触があまりない、あるいは接触がまったくない状態の地域に都市を分ける、ということを意味した。アースキンによれば、1960年代の都市計画には何も得るところがなく、それは精神的、感情的なスラムの状態をつくっただけであった。もちろん、この非難はスウェーデンでは、こうしたプロセスを運営していくために必要な協働の道がまったく開かれていないことに対して向けられていた。しかしながら、貧困層に比較的低い水準の公共住宅に居住することを強いているイギリスに対して、国からの潤沢な資金を受けているスウェーデン近代の住宅供給は高い水準を保っていた。アースキンはイギリス政府による低水準な住宅供給の仕事には決して関わろうとしなかった。

アースキンの人間性を求めた合理性に対する批判は彼特有のものではなかった。彼はアルヴァ・アアルトやアルド・ファン・アイクのような建築家たちとこの信念を共有していたが、彼らとは違って、アースキンは文章で自

スキーをするアースキン（1959年）

——2 協働設計者であったベングト・アールクヴィスト（Bengt Ahlqvist）へのインタビューによる（2007年11月21日）

© The Swedish Museum of Architecture, Stockholm

ブリットガルテン、ティブロ（1959年）

分の考えを表現することはほとんどなかった。彼の名声と影響は、彼の建物と強力に彼を支持するメディアに登場したことによる。彼の妻ルースは秘書として働いていたが、それは当時のスウェーデンの建築設計事務所のなかではユニークなものだった。彼の建築に対する精力的な態度は、伝統にしばられている建築家集団において、いつも歓迎されるとは限らなかったが、クライアントには強い印象を与えていた。雑誌「ラルシテクチュール・ドジュルデュイ」に掲載されたプロジェクトを見せたことで、キルナの政治家に良い印象を与えたと、アースキンと協働していたパール・オヴェ・スコーネスは回想している——3。

彼の建築と方法の両方ともに見られる、話し好きで直接的で表現力豊かな「非スウェーデン的」な態度は、スウェーデンでよく受け入れられていた「地に足の着いた」堅実な態度と協調しており、これが彼を「人々の建築家」にしたのである。少数派の人々に耳を傾けて話をするというこの方法は、彼のユニークな手段となった。その方法は、建設が開始される前に、建築と居住者の関係をつくり出し、「話し合いによる建築」を可視化

した。さらに、美学的な手法がバウハウスの抽象性からヴァナキュラー建築の物語へとシフトすると、アースキンの態度はスウェーデンで歓迎されるようになった。スウェーデンにおけるモダニズムの強烈なインパクトは、猛烈な反発を生み出した。ポストモダニズムの影響はおそらく世界のどの国よりも少なかった。1950年代の初めから1973～74年のオイルショックにかけて、スウェーデン経済はこれまでにない長期のすばらしい繁栄を経験した。「人民の家（peoples home）」という福祉国家の呼称は、主要な課題を住宅供給と捉えてそれに力を注ぎ込むことになり、連綿と続く社会民主主義の政治力がこれを可能にした。そのヘゲモニーが1976年に失われると、国によって規定されていた建築概念のすべてが疑問視された。いわゆる多産な時代につくられたアースキンの小さくても上品な作品は、建築におけるスウェーデン的（またはスカンジナビア的）価値に関連していないものとして高く評価された。1959年のティブロの〈ブリットコルデン〉や、1963年のランドウスクロナの〈エスペランヌサ〉（1969～70年にかけて建設）がひとつの可能性として示されるようになった。

Ralph Erskine and
the Swedish welfare society
Rasmus Waern

　アースキンはスウェーデンのポストモダン建築に非常に強いインパクトを与え、1980年代の初め頃、若い建築家たちは無給でも喜んで彼の事務所で働いた――4。1956〜64年にかけて使用した船の事務所を含めて、彼の創造的なライフスタイルは、戦後社会の主流に対する反発となった。これまでに書かれなかった、この時期に関する数多くのエピソードがある。そのうちのひとつは、当時の所員であったベングト・アールクウィストが語っている。このエピソードは、近代社会におけるこうしたアースキンの影響について、ひとつの結論を示してくれるだろう。

　アースキンは1965年にイギリス・ケンブリッジの〈クレア・ホール〉を検討するため、住宅を設計する委員会に呼ばれた。彼は、そこで求められているのはスケッチだけだろうと思い、クライアントに会うために真夏にケンブリッジに出かけたが、そこで実際に期待されていたのはドローイングであった。休暇のために所員を乗せたヴェローナ号はアーランド島に停泊していたが、ドゥロットニングホルムに戻さなければならなかった。所員一同が集まってみると、イギリスはインチ・フィートの尺を使っているので、インチの定規がなければ仕事ができないということがわかった。そこで近所の住宅で電話を借りて、イギリスから新しい定規を空輸してもらうことにした。次の日に、水上飛行艇がヴェローナ号の隣に着水し、定規は飛行艇の翼の上で手渡された。このようにして〈クレア・ホール〉は設計されたのである。電気も電話もなかった。そこにあったのは、紙と鉛筆と飛行機だけだったのである。

© Peer Ove Skånes

ヴェローナ号（1957年）

――3　2に同じ
――4　1981年にホワイトアーキテクツ（White architects）に勤務していたときに、このことを聞いたのを記憶している

近代都市計画におけるラルフ・アースキン
北尾靖雅

近代以前の都市形成

スウェーデンでの都市計画で、「計画(Plan)」という言葉は極めて複雑で、簡単に定義できるものではなく、計画は政治的行政的プロセスの中に現れ、美的で機能的な側面を持つと言われている。さらに町の配置から意思決定のプロセス、そして形態とデザインにまで関与しているのである——1[p.170]。こうしたスウェーデンの都市計画は17世紀の城塞型の都市建設に始まると考えられている。1620年代にオランダの計画理論を取り入れ、商業と防御という性格を備えた都市、イェーテボリはこの時代に計画された都市である。北欧の諸都市に共通する課題は都市防火だった。主に木造の建築物で構成される北欧の都市では火災は頻繁に発生し、そのたびに都市計画が実施された。ストックホルムでも都市火災があり、現代の都市の骨格はガムラスタンから1620〜30年代に形成され始めた。当時の技術者のアンデルス・トルステンソンヌ(Anders Torstensson)は17世紀に多くの都市計画を実施したと考えられている——1[p.170]。トルステンソンヌは当時スウェーデンの植民地だったフィンランドの都市計画も行った。彼が設計したフィンランドのトゥルクで1827年に大火災が発生し、ドイツ人建築家のエンゲルが赴いて都市の再建計画を作成した——2。北欧諸国では建築家が都市火災に対する防御と再建を通じて深く社会と関連する歴史が蓄積された。また北欧の都市計画では、中央ヨーロッパの建築家との関係も伝統の一側面なのである。とくに交易・軍事上、重要な都市では、ルネサンスの都市計画の手法が導入され、城塞都市の都市計画が数多く行われた。またスカンジナビアの一般的な都市ではグリッド型の都市計画が多く採用された——1[pp.170-173]。現在も都市の中心部に古い時代の格子状の街区の名残を見ることができる。

その後、国の権力の構造が変化したことや費用のかかる都市計画事業に対して市民の支持が得られなかったことが背景にあり、17世紀には旺盛に都市計画が行われていたが、18世紀には縮小していった——1[p.167]。その後19世紀に都市開発は停滞し、近代を迎える。

一方、17世紀、特にスウェーデン中央部で鉱山の町が開発され始めた。スカンジナビア半島のこれらの町はヨーロッパの中でも小規模な鉱業都市であった。これらの小都市を結ぶ商業ルートが開発され、特にドイツとの交易のネットワークが形成された。そして18〜19世紀にかけて、スウェーデン各地にブルーク(bruk)と呼ばれる小産業都市が建設されていった——3, fig. 1。教会、工場経営者や労働者の住居、工房、公園、教会などが一体となった小産業都市にアースキンは興味を持っていた。アースキンがブルークに着目していたことは、彼の都市設計を理解する有力な手がかりを与えるのである。

貧困な社会から福祉型の社会へ

産業革命以降のスウェーデンは、欧州の中で貧国のひとつであり、19〜20世紀にかけて人口が増加したが、多くの人々はアメリカ大陸への移民となっていった——4[p.144]。都市部においては、住宅問題は深刻だった——5。産業革命以降の都市人口の増加に対応する住宅整備は不十分で、ひとつの部屋に多くの人が密集して住んでいた。旧市街地ではスラムが発生し住宅は国民全体の問題だった——6[p.252]。第一次世界大戦中、住宅問題はさらに深刻化した。犯罪、疾病、社会的頽廃が貧民街に見られた。労働問題等も頻繁に起こり、社会は不安定だった。そして1930年代の初頭に、世界恐慌に巻き込まれた。この頃社会民主主義政党と農民党との間で政治闘争があったが、1936年に社会民

——1 Hall, Thomas (ed.), *Planning and urban growth in the Nordic countries*, London; Tokyo : E. & F.N. Spon, 1991
——2 山田真梨,「フィンランドの伝統的な都市形成手法に関する研究—近代におけるグリッド型都市構成手法の位置づけ—」2007年度京都女子大学卒業論文、2008
——3 アースキンは現在ベルギー南部に住むワロン人がこうした街を開発したと説明する(260ページ参照)。現在もベルギーは言語的にフラマン語圏(オランダ語の方言を使う地域)とフランス語に近いワロン語を話す人々の住む地域から構成されている
——4 岡沢憲芙・奥島孝康共編『スウェーデンの社会—平和・環境・人権の国際国家』早稲田大学出版部、1994
——5 1927年にドイツで発行されたセンサスによれば、1室型の住宅に住んでいる人口は、ワルシャワが28.7%と突出しているが、ストックホルム7.5%、ベルリン3%、ウィーン4.2%(——23, p.60)とストックホルムの住宅の状態が良好でないことを理解できる
——6 Andersson, Henrik & Bedoire, Fredric, translation by Roger Tanner and Henrik O. Andersson, *Stockholm architecture and townscape*, Stockholm : Bokforlaget Prisma, 1988

Erskine in Modern City
Planning of Sweden
Yasunori Kitao

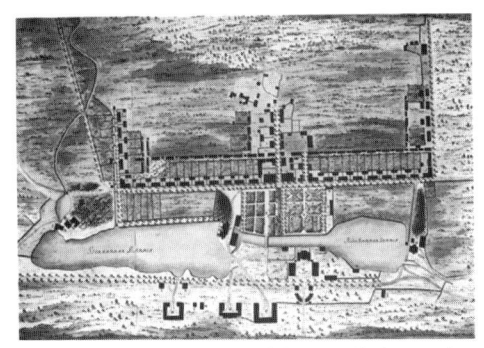

fig.1＿＿ブルークの例、ラーブスタ(*Planning and urban growth in the Nordic countries*, p.176, Thomas Hall 提供)

主主義政党は農民党と連立して政権を担当した。社会民主党のスローガンは「祖国内に安全に生活し得る可能性を全住民に平等に与えよ」＿＿7 [p.217]だった。そして「人民の家」という政策目標が掲げられた。近代のスウェーデンは社会民主主義者にとっては理想的な環境を提供した。特に生活環境の改善に力点をおいた政策を実施し、安全で高い水準の居住環境を実現していったのである。1930年代を通じて工業化が進み、サービス産業が発達した。さらに都市部に人口が集中し都市域が拡大した。国内の人口の半数は都市部に居住するという状況となった＿＿1 [pp.193-196]。社会民主主義政党を主体とする政府は政策的に住宅建設に対して補助金を出し、住宅難の解消と雇用の拡大を意図した＿＿8 [pp.122-123]。この時代を通じて、収入などに関係なく住居が人間の権利とする認識が形成されていった。近代における住宅政策が福祉型社会の建設と結びつくことを示した、歴史的にも意義の高い価値観が芽生えていた時代として注目できるのである＿＿9。

社会政策としての公共住宅が整備されてゆく1930年代、当時のスウェーデンは資本主義とも社会主義とも異なる第三の中道の経済体制をとる国として知られ始めた。アメリカのジャーナリストのマーキス・チャイルズ(Marquis Childs)は『中庸を行くスエーデン(Sweden: the middle way)』を1936年に出版し＿＿10、この本はアメリカ大統領のフランクリン・ルーズベルト(Franklin Roosevelt)の関心を惹いた＿＿11。同年にケインズは公共事業の拡大による不況失業対策を出したが、スウェーデンはその当時の独自の経済体制をとっていたことにより「ケインズ

以前のケインズ政策」と評された＿＿12 [p.6]。1920年～30年代にかけて住宅供給に対する議論が展開され、美的な内容ではなく生活にふさわしい都市や住宅が必要であるという観点から、不公平のより少ない社会建設が目指された。国は大規模な公共住宅の整備を中心とする政策を実現してゆき、近代の福祉型社会の基盤をつくる社会的な建築が様々に実現されていった。当時の建築は1930年代のスウェーデンの芸術を風靡するものであると評された＿＿7 [p.3]。建築が社会の変化を反映していたことや建築を通じて社会問題の解決に貢献できることを、若いアースキンがイギリスで感じていた可能性は十分にある。

1920年代以降のスウェーデンでは、労働運動の高まりを背景に機能主義の建築家たちが社会に関心を向けていった。その中で社会民主主義者とのコミュニケーションが活性化し、彼らは社会民主主義者となった＿＿1 [p.213]。スウェーデン社会の近代化を理解するために、社会民主主義の政治勢力の活動は重要な視点を提供する。Docomomoがスウェーデンで行った大会(1998年)のテーマは近代の建築家の社会性を扱うものだった＿＿13。社会民主主義勢力は近代建築家の設計する近代建築を生活環境の改善のために必要としたと考えられる。アースキンは資本主義でも社会主義でもない、中庸を歩む、より格差の少ない社会建設に貢献する意志を持ち、ストックホルムに渡ったと考えられるのである。

―――7 M. W. チャイルズ著、賀川豊彦他訳『中庸を行くスエーデン 世界の模範国』豊文書院、1938 (但し旧字遣いを改めている)
―――8 Andersson, Magnus, *Stockholm's Annual Rings*: A glimpse in to the development of the city, the committee for documentation on Stockholm, Stockholmia Förlag, 1996
―――9 アースキンは1930年代のこうしたスウェーデン社会の動向を高く評価していることがわかる (261ページ参照)。
―――10 この本を1938年に日本で翻訳したのが賀川豊彦と嶋田啓一郎である
―――11 C.V.ウッドワード著、大下尚一・麻田貞雄他訳『アメリカ史の新観点―比較史的こころみ』下巻、南雲堂、1976、p.148
―――12 丸尾直美・塩野谷祐一『先進諸国の社会保障5:スウェーデン』東京大学出版会、1999
―――13 Docomomo Sweden の大会テーマは、'Vision and reality: social aspects of architecture and urban planning in the modern movement' (構想と現実:近代における建築と都市計画の社会的側面)

fig.2 ＿＿ トゥラネベルグ、ストックホルム

fig.6 ＿＿ タルコログヌ田園都市、ストックホルム

fig.5 ＿＿ スメーデスラテン田園都市、ストックホルム

fig.7 ＿＿ ロンドン郊外の田園都市、ウェルウィン。アースキンが働いた田園都市

fig.4 ＿＿ ホヨルトハーゲン、ストックホルム（1934-37年、
（*Sweden, 20th Century Architecture*, p.95, Prestel, 1998, Eva Rudberg 提供）

Erskine in Modern City
Planning of Sweden
Yasunori Kitao

ドイツの近代都市設計の影響

　近代スウェーデンの重要な政治的目標は、よりよい住宅を人々に提供することで、そのための様々なプロセスが存在した。特に1920年代から力が注がれたのが、自治体レベルでの住宅地、郊外地、都市の再生、都市のクリアランス等の計画だった。こうした計画は「都市計画指針(Outline Planning)」と呼ばれ、1920年代からストックホルムで運用され、主に市内の都市再生に用いられた。そして1930年代になるとそれぞれの街はマスタープラン(Master Plan)を持つようになった。マスタープランは建築法規に位置づけられ、その役割は住宅、産業、交通、レクリエーションなどの土地利用に対する考えを記述するものだった。そして地域の開発の基盤となったのである＿＿1[p.167]。

　近代スウェーデンにおける最も典型的なマスタープランはフレッド・フォルハット(Fred Forhat)によるシューブデ(Skövde)の都市計画と言われ、彼を通じて1920年代に行われたドイツ(フランクフルト、ハンブルク、ベルリンなど)での都市計画が知られるようになった。興味深いことは1920年代に世界的な影響を与えたル・コルビュジエの「輝く都市」はスウェーデンでも紹介されたが、他の国ほど熱狂的に受け入れられなかったことである＿＿14。ドイツのジードルンクが重視されたのである＿＿1[p.207]。とくにヴァイマル共和国時代の都市計画が大きな影響を与え、機能主義の建築家や都市計画家たちは市民全体に利益がある建築や都市の建設を目指したのである。当時のドイツのジードルンクを意識したトゥラネベルグ(Traneberg)＿＿fig. 2などの開発が知られている＿＿8[p.126]。

　一方、ドイツの近代運動から発した並行配置型の住宅地の開発も行われた。イェーテボリではウノ・オーレン(Uno Ären)が1932年に「主任都市計画家(Senior Urban Planner)」となって都市計画を実施し、街区型建築のマスタープランを並行配置型のプランへと変更させた＿＿5, fig. 3。ストックホルムでもリクビー(Riksby)やホヨルトハーゲン(Hjorthagen)などの平行配置型の住宅地の建設が行われた＿＿1[p.212], 15[pp.94-95], fig. 4。ドイツ的な建築運動を展開することにより、着実に住宅供給での成果を上げていったのである。

田園都市運動の高まり

　ドイツへの関心が高まる一方で、イギリスの田園都市にも関心が持たれていた。田園都市の建設は1920年代初頭から行われた。ストックホルム市は1904年から首都周辺の土地を買収し始め、市有地の開発を行った。スメーデスラテン田園都市(Smedslätten)＿＿fig. 5やタルコログス地区(Tallkrogen)＿＿fig. 6が知られている。タルコログス地区では平坦な土地に独立住宅の配置によって変化を持たせる街路網が設計された。こうした田園都市での住宅は、スウェーデンの伝統的な農業者の住宅(Swedish Cottage)をモデルとしたものであった。壁面は白、ベージュ、グレー、小豆色に塗装された。小規模な戸建住宅は1930年代を通じて約3,000軒がストックホルム市内に建設された＿＿8[p.146], 6[pp.145-147]。こうした田園都市運動を促進したのが、ルイス・マンフォードの『都市の文化』である。この本を翻訳して出版したのが後述する協同組合連合会(KF、224ページ参照)の出版部だった＿＿16[p.250]。消費者の組合が都市計画の転換に大きな役

fig.3＿＿並行型配置への都市計画の変更例 (Sweden, 20th Century Architecture, p.98, Prestel, 1998, Eva Rudberg提供)

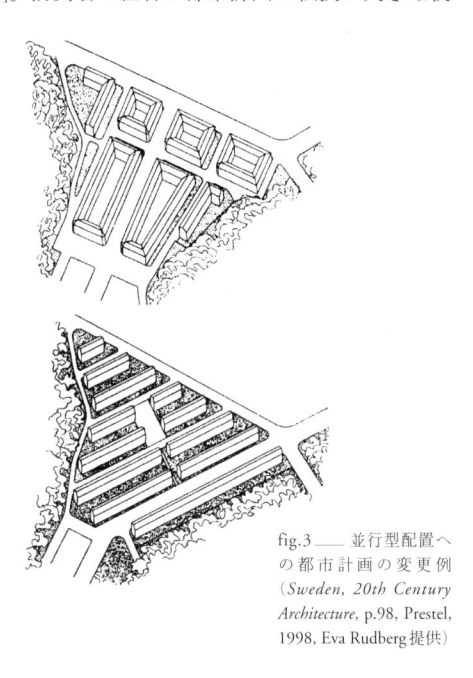

＿＿14　ウノ・オーレンはコルビュジエの1925年の博覧会での作品を熱狂的に支持していたと言われている
＿＿15　Rudberg, Eva, Caldenby, Claes, Lindvall, Järan, et al., *Sweden, 20th Century Architecture*, Prestel, 1998

fig.8 —— 郊外地の開発計画方案。ストックホルム市の都市計画局のスヴェン・マルケリウスにより描かれた郊外地の拡張計画(1945年)。建築物は中心部に集約され、そこは学校、デイ・ケアセンター、子供の遊び場、運動公園などで構成される帯により取り囲まれている。軽快電車が町とその周辺を結びつけている(*Sweden, 20th Century Architecture*, p.138, Prestel, 1988, Eva Rudberg提供)

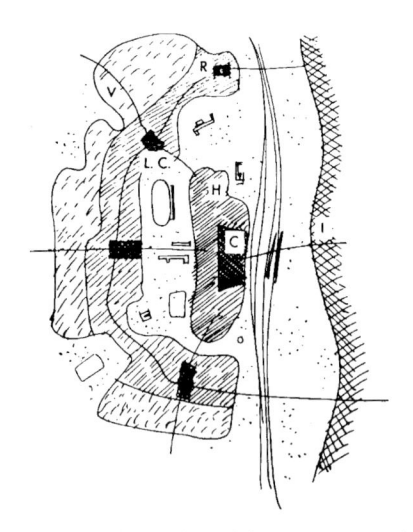

割を担ったと言える。

　田園都市の開発が順次行われた背景には、1930年代に木造プレハブ住宅の開発が進んでいたことが挙げられる。当時、スウェーデンは木造の工業化住宅の開発では世界に先駆けていた。また、木造の工業化住宅住宅はセルフビルドの住宅建設の展開とも関係していたと見られる —— 8 [p.147]。1928年から始められたオロウスルンド(Olouslund)のセルフビルドの住宅建設が知られている —— 8 [p.10]。セルフビルドはスウェーデンの近代建築運動の一側面なのである。つまり、田園都市運動は木造工業化住宅の普及に伴って展開し、1930年代後半からアングロサクソン型の都市計画手法へと関心が移っていったことに関連するといえ、1930年代を通じて消費型社会へと大きく変化していったこととも関連を見出せるのである。

　公共事業において木造住宅が注目されたのが戦間期のアメリカである。アメリカでは規格型の木枠式住宅が開発された。「トレーラーハウス」と呼ばれた、輸送可能な労働者のための住宅はルーズベルトのニューディール政策におけるTVA(Tennessee Valley Authority)の開発のひとつとして実現し、TVAでの住宅建設は大成功を収めた。しかしスウェーデンの木造住宅は断熱性能、二重ガラス、セントラルヒーティング、およびキッチン周りなどの設備面で高い居住空間を実現していた —— 7[p.42]。第二次世界大戦後のオランダで、人間的観点からスウェーデンの木造プレハブ住宅が、インパクトは強くないが、親近感の持てるものであると感じられていた —— 32 ことは当時のスウェーデンの木造住宅を知る重要な評価なのである。こうした時代の都市計画に大きな影響を与えたのが、CIAMのメンバーだったウノ・オーレンである。彼はイギリスの計画方法をマスタープランの計画に取り入れた。イギリス的な価値観が認識され、ドイツの機能主義の均一感のある都市計画は混合型の都市計画へと変化していった。たとえば、1940年代初頭にヨハネルホブ(Johanneshov)地区とハゲルステンスオーセンヌ(Hägerstensåsen)地区のプロジェクトで、平行配置型の住棟とポイントタワー型の住棟が混合した形式の住宅地が設計された。ポイントタワー型の住棟は丘の頂に配置され、地形の特色を生かした住宅地のランドスケープと、地域の中心を形成する建築景観を形成した —— 8[p.156]。混合型の建築構成はスウェーデンの近代都市デザインの特徴と言えるのである。

　1930年代はドイツとイギリスを中心に都市計画手法に関する様々な方法が取り入れられ、混合されていった時代といえよう。こうした時代にアースキンはイギリスの田園都市での設計経験を携えてスウェーデンに上陸した。スウェーデン社会はアースキンを、田園都市運動を知る「イギリス人建築家」として受け入れる準備を1930年代後半にはすでに整えていたと言える —— fig.7。

戦後高度成長期の都市計画
　第二次世界大戦中もストックホルム市内では住宅の需要状況は変化せず、終戦にかけて住宅の建設は着実に進められた。その後1950〜60年代にかけて貿易が振興し、経済は好調を維持、大きく成長した。工業生産は輸出全体の40％を占め、技術が社会の中心的な位置にあった。1960年代にはスウェーデンが未来にも成長するという楽観主義が一般化し、都市

の成長も含めて、すべてが巨大化するという「近代の現象」を体現していった＿＿ 1[pp.193-196]。この時代、都市郊外にアーバンセンターの建設が進められ、イギリスの郊外都市の開発計画がモデルとして取り入れられた。こうした開発の代表がヴェリングビュー（Vällingby）である＿＿ fig. 9。

ヴェリングビューは近隣住区の計画原理を実現した好例と評価されている。全体のマスタープランはスヴェン・マルケリウス（Sevn Markerlius）が描き、建築設計にはスヴェン・バックストローム（Sven Bäckström）など多くの建築家と、複数の住宅会社も参加した＿＿ 8[p.174]、1[p.220]他。計画は1940年に開始、1949年に敷地が買収された。中心部は地域の中心的な場所となるように計画され、自立性の高い都市を意図して住宅と就労の空間が一体的に整備された。やがて、当初計画された以上に商業用途の面積が必要となり、計画は拡大した。ストックホルム市の中心部のチェーン店を誘致し、レストラン、映画館、会議場が計画された。後には温水プール（水泳風呂）も建設された。中心部が完成した1954年、一般の人々はこの開発に大きな関心を寄せた＿＿ 1 [p.174]。このプロジェクトは近代建築運動における協働設計の発展に大きな足跡を残したと言える。

スウェーデン経済の成長の背景には、1946年から23年間政権を担ったターゲ・エルラヌデル（Tage Erlander）が内閣総理大臣として長期政権を維持したことも理由のひとつである。「大きいことはよいことだ」という信念のもと、様々なプロジェクトが進められた。地方の行政改革も行われ、1950年代には2,500あった自治体は1970年代中頃には278に統合された。住宅、農業、学校、病院などにも適用された。社会民主主義の政治家たちは消費が拡大することがよい社会を形成していると信じており、国民が住宅と車を持ち、休暇のための住宅（別荘）を持つ生活様式は一般的なものとなった。しかしその成長の背後に産業を失った共同体、環境破壊、郊外地の拡大などの問題が発生する。それでも政治家は関心を示さなかった＿＿ 1 [pp.193-196]。

こうした経済成長に伴って、都市計画を対応させる必要から、マスタープランの作成が求められた。マスタープランは1960年代を通じて自治体で重要な役割を担うようになった。マスタープランの作成は初期段階に都市計画の専門家が立案の役割を担ったが、多くの専門家は自治体の職員ほど、地域のことを理解できていなかったという問題もあった。この時代にアースキンはスウェーデンの建築家たちと協働でアーランダ空港近くの居住地、マーシュタ（Märsta）のマスタープラン作成に関与している（123ページ参照）。

1970年代になり都市計画をめぐる状況が変化し、すべての建築物に対して建築法規が適用されるようになった。地域の中でそれぞれの場所に対する計画案をつくることが求められるようになり、計画の内容がより詳細になっていった。そこで誘導的土地利用計画制度がつくられ、総合的な自治体レベルでの土地利用計画で、自治体全域のあらゆる場所の計画を描き出すことができるようになった。建築物の保存も含め、あらゆる建築、

fig.9-1 ＿＿ ヴェリングビュー、住宅地

fig.9-2 ＿＿ ヴェリングビュー、アーバンセンター

＿＿16 J.W.エームス著、嶋田啓一郎訳『スウェーデンの協同組合運動』家の光協会、1956

＿＿17 Bosma, Koos & Vos, Martijn, Van Hoogstraten, Dorine, *Housing for the millions: John Habraken and the SAR (1960-2000)*, Rotterdam, NAi Publishers, 2000

公共空間だけでなく森林等も計画の対象となった——1[p.200]。

こうした都市計画手法の変化に対して、アースキンは土地利用計画制度の、特にゾーニングに対して批判的な考え方を示す。チーム・テンの議論でアルド・ファン・アイク(Aldo van Eyck)とアースキンが共有した都市計画に対する問題提起はこの土地利用計画制度だった——18[p.83]。彼らは都市の特徴のある空間を調和させることでいきいきとする空間が生まれることを主張した。スウェーデンの1970年代以降の都市計画に硬直性があることは、鈴木成文が当時記述した論文でも指摘している——19[pp.251-254]。硬直化した土地利用計画は明らかな問題だったのである。近代の建築家が目指してきた混合型で、多様性のある都市空間を目指す立場から見れば、土地利用計画はあまりにも単純で、都市空間の「純化」を誘導する制度であった。こうした状況下でアースキンはヴェリングビューのように巨大ではないが、多様性をはらむ都市の要素が混合する空間を小都市で実現する挑戦を行っていったのである。

ブルークのユートピア

アースキンは1940年代後半からスウェーデンの小産業都市の住宅地や工場の設計を行っていった。小都市の近代化はアースキンがスウェーデンに移住するころの英国では重要な課題だった。産業革命の先鋒に立ち、工業化社会の建設に邁進していた英国の農村の状況の理解から、アースキンは建築家としての社会活動の方向性を小産業都市の近代化に見出したと考えられる。

ここに第二次世界大戦直後のイギリスで発刊されたトーマス・シャープ(Thomas Sharp)による The Anatomy of the Village という興味深い本がある——20, 21。この本の'Future'(未来)の章でイギリスの村落の将来計画が綴られている。トーマスの提案から、アースキンの小産業都市や住宅地の設計に対するアプローチを見出せるのである。トーマスは村落とは多様な職業をもつ人々が集まり、共同体をつくることであると述べ、工房なども必要と提案する。また近代的空間としてとくにビレッジ・グリーン(Village green)は重要な要素だという。ビレッジ・グリーンは商店や住宅、教会、学校で囲われ村の中心を形成す

るとされる。また小さなスケールの近代的な住宅が村落にあることや、村落を横切る街道が整備されるときに旧村落内の建物を囲み型に配置することにより、村落に特徴と調和をもたらせられることを提案している。緩やかな混在型の集落のイメージを読み取ることができる。住居の庭や前庭を外部の部屋ととらえ、子供の遊び場として、菜園として活用することも述べている。つまりコミュニケーションの場所として外部空間が位置づけられている。また、新しい農村を設立する場合には南斜面を活用することも提唱されている。このように見ていけば、アースキンが設計した小産業都市であるハッマルビーなどのブルークにおける、近代化の内容を読み出すことができるのである。

しかし、アースキンが関与したブルークの近代化は当時、高く評価されなかった。アースキンはこうした小都市において暴力的な行為を行っているという批判にさらされたのである。「オール・ザ・イヤー・ラウンド」誌1955年3月号において、エギル・ホルムセヌ(Egli Holmsen)は、とくにユットルプ(Gyttorp)のプロジェクトに対して、スウェーデンの伝統を破壊する建築家と見なした。「イギリスでは伝統に従わなくてはならないが、彼はスウェーデンではまったく自由である。アースキンは小さな町や村をレイプする輩である」と——18[p.42]。しかしこの近代の小産業都市は後に Docomomo Sweden が20選のひとつに選定している近代遺産である。Docomomo Sweden 代表のクラース・カルデンビ(Claes Caldenby)は、「このプロジェクトはアースキンが熱意を持って取り組んだプロジェクトで、様々なタイプの住宅があり、中心部には商業施設を併設するコミュニティセンターや学校がある。小さな工業都市だが、近代主義ではこうした小都市はほとんど成功しなかった。ニュータウンは新しい郊外地にしかならなかったのである。アースキンへの批判は美学的な問題であり、合理主義者にとってみればアースキンの建築作品はあまりにも自由であり夢が多い。つまりこれは1950年代のイデオロギ

——18 Egelius, Mats, *Ralph Erskine, architect*, Stockholm, Byggforlaget, 1990
——19 鈴木成文『住まいの計画・住まいの文化』彰国社、1988

一上の違いであり、それがアースキンの建築の表現に現れたのである」とユットルプの現代の価値を説明する＿＿22。アースキンは村落全体を近代建築で埋め尽くす近代化を行わなかった。既存の建物を残す穏やかな混合型の村落空間を実現した。ここには都市から遠く離れた村落から緩やかな近代化を推進するアースキンの姿勢が読み取れるのである。

しかしアースキンがブルークの近代化で活躍できた時代は1960年頃に幕を閉じる。森に散らばる中小都市の住宅供給の状況に変化が起こったためである。従来ブルークを経営していた工場の経営者は住宅供給など住民の福祉全般に責任を担っていたが、政治家が主導権を持つよう社会が大きく変化した＿＿18[p.8]。1960～70年代にかけて都市計画の力が強まり、ほとんどすべての自治体はマスタープランを決め、それらは建築規制と一体的に運用された。あらゆる対象が計画の枠に組み込まれていった＿＿1[p.199]。伝統的な小産業都市の共同体の生活基盤の形成に大きな変化がおこり、アースキンの小さなユートピア建設への夢は国家の強大な力の前で継続できなくなった。

近代主義の行き詰まり

1960年代からストックホルムでは郊外地の開発が急速に進められ、市は市域の西北部を中心に公共住宅用地として土地を買収していった。1960年代は巨大な住宅開発が行われた時代である＿＿1[p.224]。ストックホルムでの住宅の需要も高く、1964年の選挙では住宅政策が争点となった。住宅不足に政策的に対応するために「100万戸住宅建設計画」(One Million Dwelling Program)が1965年に国会で決定された。10年間に100万戸の住宅建設を目標とし、住宅難に終止符を打つことが意図された。おかげで、この時代のスウェーデンは世界の中で最も多くの住宅が供給されたと言われている。税金に優遇措置がとられ個人住宅の購買が進み、それも政府が主体的に住宅を建設する住宅供給ではなく、公的な組織が数多くの独立住宅を建設していった＿＿1[p.229, 224]。ストックホルム市でも住宅地が次々と開発され地下鉄建設も進んだ。しかし社会的な差別も生まれ始め、社会状況も良好でなくなっていく。

fig.10＿＿シャーホルメンの住宅地とアーバンセンター、ストックホルム

fig.12＿＿巨大開発の一例、ストックホルム

fig.11＿＿近代主義への批判（Kerstin Ebbersten提供。このイラストはKFに所属した建築家Mats Erik Molanderによって描かれた）

この時代を反映する巨大都市開発事例としてシャーホルメンのアーバンセンター（Skärholmen Centrum）が挙げられる＿＿fig. 10。この都市開発では北欧で最大級の駐車場と超大型のショッピングセンターが建設され、自動車道を中心に歩車を完全に分離した住宅地が1968年に完成した。この開発事業に対してラース・ジュレンスラヌ（Lors Gylensten）は「シャーホルメンは政治家、建築家、技術者、投資家たちの協働によってつくられた。ここに住む人のことは何も考えられていない。このプロジェクトは非民主的であり、まったく非人間的である我々の社会を端的に表している」＿＿8 [pp.184-185]と批判を展開した。また、100万戸住宅建設計画は新しい住宅地を開発するだけでなく、都市中心部の市街地の再開発問題をも引き起こした。既成市街地を取り壊す開発事業も含まれていたためで、1968年だけでも市内で2,200もの住宅が取り壊されている。1960年代後半から市街地の住民たちは抵抗運動を始めた＿＿8 [pp.184-185]。急速な近代主義による都市の再開発は大きな社会問題となったのだった。

　1960年代後期のスウェーデン社会の大きな変動期にアースキンがバイカーのプロジェクトを開始したことは興味深い。スウェーデンでは新聞の風刺画で建築行政や建築に対して頻繁に批判が行われる。風刺画のひとつに、ストックホルム市が刊行する書籍（Stockholm's Annual Rings）掲載されたものがあり、そこでは機能主義の建築がスウェーデンの気候にまったく役に立たなかったことを批判している＿＿8, fig.11。1930年代から人々に住宅への夢を与え続けてきた機能主義が概ね40年を経て十分に応えきれなかったことを意味しているのである。しかしアースキンは1950年代からすでに気候を考慮した建築方法を実践していた。彼は機能主義の限界に気候環境が関連していることも見抜いていた。アースキンは純粋な機能主義のアプローチに限界があることを感じていたのではないだろうか。1958年に発表した北極圏の都市計画（46ページ参照）を、すでにエコロジー・タウンと考えていた。この提案に対してオランダの建築家バケマは環境が建築を決定するというアースキンの方法を高く評価した＿＿33 [p.169]。近代建築運動の広がりの中で環境への視点を開拓したアースキンの現代的意義は大きい。

　巨大開発が進められた結果、ストックホルムでは1970年代前半に市の中心部から外れた住宅地で空き室が出てきており＿＿fig. 12、100万戸住宅建設計画の行き詰まりを示している。この政策を実現してきた機能主義の建築や都市計画は批判の対象となり、また、長期間政権を担当してきた社会民主主義政党も危機を迎えたのは偶然とは言えない。民主主義のあり方が人々に懐疑され始めていたことが都市計画への批判として現れたとも解釈できる。さらに急速に展開しすぎた経済開発にオイルショックが重なりスウェーデンの国民生活を支えていた工業力は低下、経済も破綻した。特に基幹産業の鉱業やパルプ工業の落ち込みは社会変革の動きに連動した。当時、高騰した賃金体系が国際競争力を失わせ、国内消費も落ち込んだ。政治的にも大きな変革がなされ、1971年に議会は一院制を採用した。社会民主主義勢力は40年間政権を担ってきたが、1976年の選挙で敗北し、自由党が政治的主導権を握った。しかし状況は好転せず、1970年代後半には国の負債は増大、失業者が増えた。クローネの価値の引下げなどの対策がとられたが、自由党の政府は1979年に終止符を打った。その後再び社会民主主義政党が政権を担ったが、絶対的な力を持ち続けない政治的状況となっていく＿＿1[p.195]。

伝統への回帰と多様性の都市環境

　1971年には59%の人口が都市部に集中していた。ところが1980年代には都心部の人口が減少し始め、郊外地の人口が増加した。ストックホルムではさらに郊外地の開発が必要となった＿＿1[pp.193-196]。この頃、アースキンはストックホルムの郊外住宅地の開発に参加する

＿＿20 Sharp, Thomas, *The anatomy of the village*, Harmondsworth, Middlesex, Penguin, 1946
＿＿21 この文献は日本でも終戦間もない1946年に都市計画研究連絡会によって「英国村落の分析」として翻訳されている。この本は当時の農村の近代化のために世界で広く読まれたと推定できる。なお、エゲリウスもこの書物が、アースキンの友人のゴートン・カレンの *Townscape* やJ. ゲールによる *Life Between Homes*、カミロジッテの *City Planning According to Artistic Principles* と同様に当時広く読まれたと述べている（＿＿18, p.136）

機会を得た。しかし1981年という時期、アースキンは事務所を再編成することを決めていた。そこで、事務所の再編に伴い分割されたアースキン事務所の所員たちが起こした設計事務所であるアーケン・アーキテクツ(Arken Architects)に、この郊外住宅地の開発は引き継がれた(30ページ参照)。この住宅地はスカルプネック(Skarpnäck, 1979-87)と呼ばれる郊外住宅都市である ── fig. 13。他にアーケンはストックホルムにウップランド・ブロォ(Uppland Bro, 1995)を設計した ── 15[p.177]。スカルプネックはアースキンの作品として記録されていないが、アースキンの住環境設計への思いを強く表現する事例と言える。この開発では5つの開発事業者が参加し、それぞれの事業者の設計を担当する建築家が参加する方式が採用された。敷地は1940年代に空軍の飛行場として準備されたが未利用のままだった。そこで1970年代から都市開発が計画され、1987年に完成した。3,000戸の住宅で形成された住宅地は古い村のスケールが意識されている。北欧の伝統的な都市にみられるグリッド型の街区計画を採用しており、都市空間の伝統回帰という方向性が見える。様々な住宅のタイプが混在しいくつかの商店が都市の中心を貫く街路に配置された ── 8 [p.221]。街区の建築は全体的に茶色系の煉瓦仕上げとし、一定の統一感を出しながら、ボリュームコントロールを巧みに導入することにより、都市空間に多様性と全体との調和を実現している。多様性のある建築景観を実現したことは、混合型の都市環境の価値を再び問うことになったが、このプロジェクトは市が最後に行った公営住宅となった。

アースキンがRIBAの講演で理想として挙げた都市設計方法はこのプロジェクトでの経験から着想を得たとも考えられる。アーケンの建築家たちはアースキンを建築家の相談役として位置づけ、設計を進めていったと考えられるからである。多様性の混在、都市構成の伝統的形態、壁体建築、吊り式のバルコニー、小店舗、囲い型の外部空間などアースキンが追求した都市空間が総合的に実現されている。アースキンが行ってきた近代的な都市計画への取り組みは、このスカルプネックに凝縮され表現されていると言えよう。

fig.13 ── スカルプネック(ストックホルム)
© Y.Kitao

──22 北尾が行った質問への返答(2007年6月)
──23 Teige, Karel, *The Minimum Dwelling*, MIT Press, Cambridge, 2002, p.60
──24 Docomomo *Scandinavia, Modern movement Scandinavia: vision and reality*,Fonden til udgivelse af arkitekturtidsskrift, 1998
──25 Sharp, Dennis & Catherine Cooke (ed.), *The Modern Movement in Architecture, Selections from the Docomomo Registers*, 010 Publishers, Rotterdam, 2000
──26 Bengt Persson, & Agneta Persson, *Swedish residential yards 1930-59: qualities for the future*, Agneta Persson', Stockholm, Byggforskningsrådet , 1995
──27 ビリングビィ「国際建築」国際建築協会事務所、1963年12月号、pp.105-110
──28 Kitao, Yasunori, Collective Urban Design: Shaping the City as the Collaborative Process' Delft University of Technology, Delft, the Netherlands, 2005
──29 Wolfgang, Förstern, *Housing in the 20th and 21st centuries*, München , Prestel, 2006
──30 Joedicke, Jurgen (ed.), 'Documents of modern architecture' [edited by] Oscar Newman by order of Jacob B. Bakema for the Otterlo 1959 participants, *New frontiers in architecture: CIAM '59 in Otterlo*, New York, Universe Books, 1961
──31 Max Risselada and Dirk van den Heuvel, ed. *Team 10 : 1953-81 : in search of a Utopia of the present*, Rotterdam, Nai Publishers, 2005, p.92
──32 Molema, Jan, *Nordic Propaganda by the Dutch magazine FORUM after WW* II , 2007
──33 Jürgen Joedicke (ed.), 'CIAM'59 in Otterlo: Group for the research of social and visual Inter-relationship', Uitgeverij G. van Saane "Lectura Architectonica", Hilversum, 1959

協働設計、現代への展開
北尾靖雅

近代建築運動と協働

協働設計(Collaborative Design Method：コラボレーティブ・デザイン・メソッド)とは、建築や都市を設計する方法のひとつである。協働、コラボレーションは近代に定着してきた考え方で、建築や都市の設計以外にも様々に広がっていった＿1。アースキンの作品には必ず協働者が存在し、彼が協働者として望むのは一般の市民なのである。彼はオランダの中世都市の再生事業(191ページ参照)で「私は建築については訓練を積んだので専門家ですが、私が設計している建築を利用者する人々が何を必要としているのかを知っているという意味においては、専門家ではありません。その一方で利用者は建築を知らないのです。そこでわれわれは出会い、お互いに同等に歩んでゆきます。民主的な方法で合意を形成するのです。そして人々は自分たちが何を最も必要としているのかを理解するのです」と協働による問題解決への明確な姿勢を述べている＿2 [p.22]。

協働は中世以来の村落共同体などのような閉じた社会に代わり、19～20世紀にかけてさまざまな目的に応じて人々が集団を形成するなかで行われるようになった。協働による都市の設計は20世紀初頭のアムステルダム市の拡張事業に始まるといえる。その後、協働の概念はCIAMに引き継がれ＿3 [pp.783-784]、グロピウスが第二次大戦の後にTAC (建築家協働集団)の宣言をした＿4。「協働」は近代が求めた方法のひとつなのである。協働の概念は民主主義の広がりと共に世界に広まっていったのである。

日本では前川國男の戦後の活動に出発点が見られる。前川は戦後日本の復興のなかで建築家が果たすべき役割を模索していた。彼は終生、建築がひとりの力でできるものではないと考え、彼の事務所と前川本人の建築作品に対するあり方を模索し続けたのである＿5 [p.18]、6 [pp67-72]。また当時所員だった鬼頭梓は前川が事務所でボスとして絶対権力を持つことを否定していた、と回顧している＿6 [pp.67-72]。前川はMID (Maekawa Institute of Design Group)を結成し、国際文化会館を坂倉準三、吉村順三と協働で設計している(1955年)。この際、協働が大きな成果として報じられた＿7。その後、日本の建築界で協働は茨城県や神奈川県での公営団地の設計で試みられる一方、博覧会の施設建設などでも積極的に行われた。東京都八王子市・南大沢15住区(マスターアーキテクト・内井昭蔵)のプロジェクトでは特に、都市空間の設計から景観形成の方法へと発展したものとして注目を浴びた＿1。

スウェーデンの協同組合運動

協働の視点からアースキンを見る場合に、1930年代スウェーデンでの社会民主主義運動の高まりは重要な視点を提供する。この運動を支えていた運動体がスウェーデン協同組合連合会(Kooperativa Förbundet：コーペラティバ・フェルブンデット、通称KF)である。KFの全体は中央組

fig.1　クワルヌホルメヌの社員住宅地、ストックホルム

＿1　Kitao, Yasunori, 'Collective Urban Design: Shaping the City as the Collaborative Process', Delft University of Technology, Delft, The Netherlands, 2005
＿2　Gemeente Grave, *Erskine in Grave*, produced with the Ministry of Welfare and Health and Culture Affairs and Cultural Department of Province Brabant, 1994
＿3　Kitao, Yasunori, 'Re-interpretation and re-development of European Urbanism between non-European countries: Co-development of the collaborative urban design method in Japan and Korea', European Tradition in Urbanism and its Future, Delft University of Technology (IFOU), Zutphen, the Netherlands, September, 2007, pp.232-239
＿4　ワルター・グロピウス、T.A.C.建築家協同集団 The Architects Collaborative 1946、「国際建築」1951年1月号、pp.20-27
＿5　橋本功、建築家の組織と組織の中の建築家、「Grass and Architecture」ガラス88、綜建築研究所、1986年6月号、pp.17-19
＿6　鬼頭 梓「前川國男における組織への思想」、『前川國男作品集・建築の方法Ⅱ』、pp.66-77
＿7　建設工業新聞、1954年11月15日

Collaborative Design, towards
Contemporary Society
Yasunori Kitao

fig.2＿＿KF本部、ストックホルム

fig.3＿＿協同組合の店舗の例（『スウェーデンの協同組合運動』、家の光協会、p.131）

fig.4＿＿グスタフスベリーの集合住宅

織である協同組合連合会とそれに加盟する単位組合から構成され、様々な消費者組合が連携する組織であった。協同組合運動の目的は「消費者の利益を確保することにあり、社会大衆の言葉でものを考え、最大多数の人々に最善の奉仕をなすと思われる事業にそのエネルギーと資源を献ける」ことであった＿＿8 [pp.283-284]。KFは民主主義的な経営方法の実践を目指したのである＿＿9。また組合は生活物資や建築資材のカルテルを打破することを活動目標としていた。KFに建築部が組織されたのは1924年で、エスキル・スンダール（Eskil Sundahl）が局長を務めた。KF建築部では「協働的な精神を合理的な表現で示すこと」が試みられた＿＿10 [pp.93-94]。代表作はウロフ・ツュヌストローム（Olof Thunström）が担当した住宅地と工場からなる小工業都市のクワルヌホルメヌ（Kvarnholmen）と言われており＿＿fig.1、アースキンもこのプロジェクトに強い興味を持っていた＿＿11 [p.8]。ドイツの近代建築とスウェーデンの伝統

への関心をあわせ持っていたツュヌストロームは、スンダールと1936年に協同組合連合会の本部ビル（Sulssen Kooperative Föbundet and Katarinahissen）＿＿fig.2を設計する。この建物は「協働の未来に対する強い意志を表現する建築物」と評される近代建築である＿＿12 [p.107]。一方、KFは地域の商店建築の設計に力を注ぎ、消費者運動を促進する新しい形式の商店設計を行った。設計の標準化にも興味を持っており、スウェーデンの伝統を考慮した小商店を全国各地に建設していった＿＿fig.3。現在のフランチャイズ方式の建築の粗型とも言える。KF建築部は組合関係の工場の建設や都市計画なども行った。グスタフスベリー（Gustavsberg）がよく知られている＿＿13, fig.4。グスタフスベリーは製陶工場を中心とする小規模工業都市である。近代的なブルークといえ、

＿＿8　J.W.エームス著、嶋田啓一郎訳『スウェーデンの協同組合運動』、家の光協会、1956
＿＿9　1941年には販売においてセルフサービスを始め、1946年には製品の品質表示を行うなど先端的な消費者への配慮を行った。この背景にはセルフサービスによる購買空間（スーパーマーケット方式）を導入し、従来の販売方法を変革させたことも関連している
＿＿10　Caldenby, Claes, Eva Rudberg and others, *Sweden, 20th Century Architecture*, Prestel, 1998
＿＿11　Egelius, Mats, *Ralph Erskine, architect*, Stockholm, Byggforlaget, 1990
＿＿12　Henrik O. Andersson and Fredric Bedoire, translation by Roger Tanner and Henrik O. Andersson, *Stockholm architecture and townscape*, Stockholm : BoKForlaget Prisma, 1988
＿＿13　グスタフスベリーに関しては、小川信子、藤井恵美『スウェーデン陶器の町の歩み－グスターブスベリィの保存と再生』（ドメス出版、2006）に詳しい

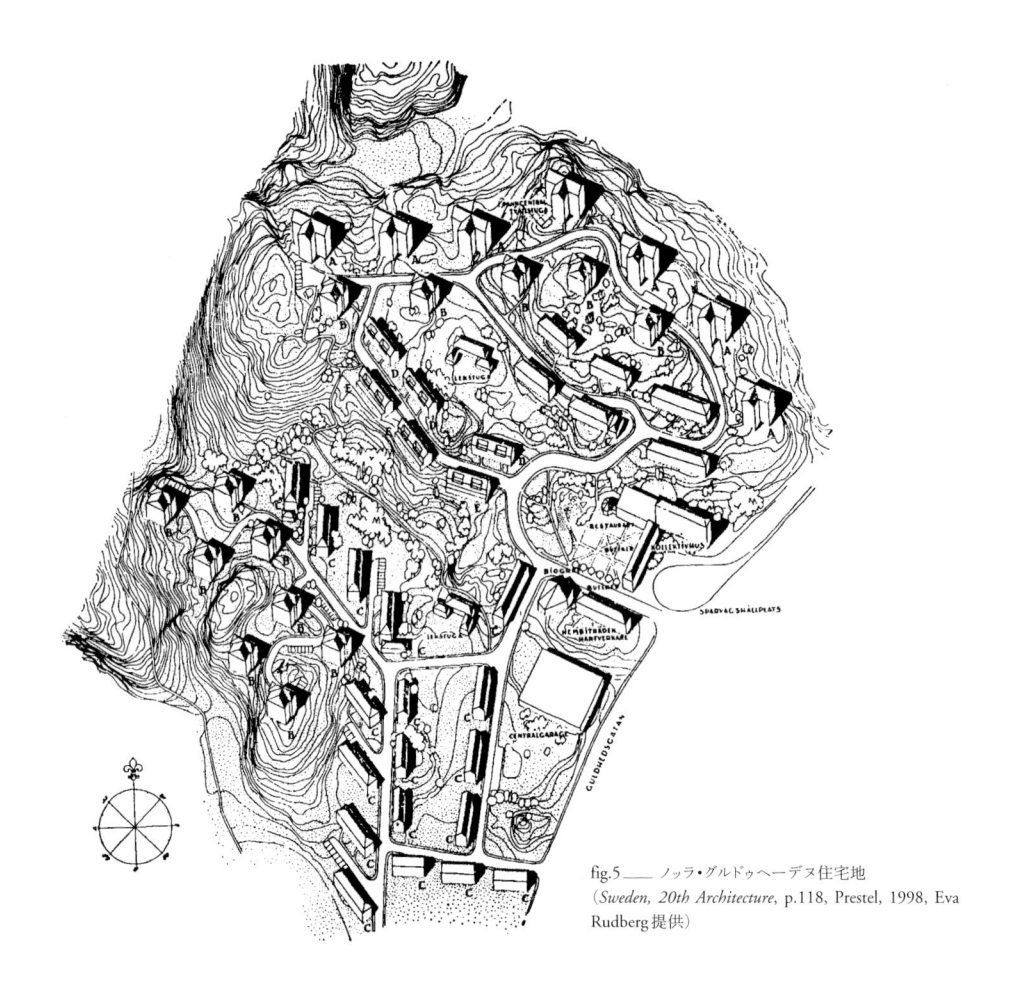

fig.5 ── ノッラ・グルドゥヘーデヌ住宅地
(*Sweden, 20th Architecture*, p.118, Prestel, 1998, Eva Rudberg 提供)

主にツュヌストロームが住宅や寮などの設計を担当した──14。KF建築部のグスタフスベリーのブルークや、クワルヌホルメヌのブルークには小産業都市に対するユートピアともいうべき価値観を見出すことができ、協同組合運動はスウェーデンの伝統的な産業共同体の近代化を視野に入れていたことがうかがえるのである。

KF建築部は社会的関心を持つ建築家を惹き付けた。その作品を社会運動の成果として捉える視点がアメリカから発せられた。アメリカ人のジャーナリストのチャイルズはアングロサクソンの視点からKFの建築作品を通じて1930年代のスウェーデンの社会を紹介している──15。出版当時イギリスにいたアースキンが、KFの消費者運動からスウェーデン社会の可能性を見出したことは十分に推測できるだろう。

戦後、日本でもKF建築部の作品に興味を示した建築家がいる。森田茂介は「国際建築」1951年10月号──14で、コルビュジエの作品が天才の作品として一方の頂点を形づくるものだとすると、KFの作品は共同的努力による成果といった別の方面の頂点を形づくるものであると評価している。近代における協働を評価する価値観はすでに存在していた。この記事でユットルプのテラスハウス（69ページ）が紹介されている。アースキンの作品が初めて日本に紹介された記事とみられる。また森田はグスタフスベリーの住宅が一団地として次第に発展してきていることに平和な民主主義国家の姿を見出している──14。戦後スウェーデン社会に強いあこがれを抱いていたオランダ人建築家もいる。アルベルト・ボーケン(Albert Boken)は1947年の手記で「オランダでもスウェーデンのように生活が送れないものであろうか」──16 [p.7]と述べている。第二次世界大戦後、スウェーデンの建築が一定の影響力を持ち始めていたといえる。

──14 「国際建築」1951年10月号、pp.12-19
──15 M. W. チャイルズ著、賀川豊彦他訳『中庸を行くスエーデン──世界の模範国』豊文書院、1938
──16 Molema, Jan *Nordic Propaganda by the Dutch magazine FORUM after WWⅡ*, 2007

Collaborative Design, towards
Contemporary Society
Yasunori Kitao

消費組合とアースキンの建築都市設計

　消費組合の運動に関連する建築家とアースキンとの間には、密接な関わりがある。そこからアースキンの建築に対する姿勢を理解できる。アースキンがストックホルムに来た当時、HSB (Hyresgästernas Sparkasse-och Byggnadsförreningä Stockholm)という消費組合と接触を持っている。HSBとは「借家人貯蓄・建築組合」のことで、第一次大戦中に高騰した家賃の搾取を阻止することを目的にストックホルムの賃貸住宅の住民により組織された「借家人連合会」から発展した組織である。HSBは自前で建物を建てて住居を提供する社会的役割を担った。HSBは1923年にストックホルムで設立され、スヴェン・ヴァレンデル (Sven Wallander)が活躍した。彼こそアースキンが尊敬する公営住宅の第一人者の建築家である。設立当時はヴァレンデル個人の能力がHSBの活動で重要だったが、1930年代中頃には単一の個人的能力に依存する時代が終わったと評されており＿＿15 [p.96]、協働的な組織へと変化していったことが読み取れる。HSBは機能主義の考えに基づく公共住宅をストックホルムや諸都市で実現し＿＿17 [p.211]、後に国内の全建築工事の約13％を占めるまで成長した＿＿8 [p.90]。消費者が公共住宅の整備に主体的な役割を担ったという点は、スウェーデンの近代の公共住宅の供給面での特色である。

　また、KF建築部に所属していたヴェイケ (Wejke)とオーデーン (Ödéen)とアースキンとの関係も重要である。ヴェイケとオーデーンはイェーテボリで1945年にスウェーデンで初めてコミュニティセンターを備えた一団の計画的住宅地ノッラ・グルドゥヘーデス (Norra Guldheden)を設計した建築家である。また、高層棟を効果的に配置して多様性を表現する住宅地を設計した＿＿fig.5。戦争勃発で仕事がなくなり、長くは参加できなかったが、アースキンは彼らの事務所で少しの期間働いている。彼らの共同体の形成を意図する設計姿勢には、アースキンの住宅地の設計に対する姿勢を読み取ることができるのである。

　KFの傘下にある消費組合でないが、スヴェンスカ・リクスビッケン (Svenska Riksbyggen: SR)という建設労働者の協同組合の活動も重要である。アースキンの代表作のひとつの〈ブリットコルデン〉(98ページ)はSRが開発した住宅地である。SRが行ったオールスタ (Årsta)＿＿fig.6は戦後の都市開発を知る重要なプロジェクトである＿＿8 [p.211]。SRは建設産業において高水準の住宅を提供するとともに、建設労働者の地位を向上させる目的を持っていた。SRは独特の文化生活を持つ地域をつくり出すことを目的にプロジェクトを展開した。オールスタは、アスプルンドとともにスウェーデンの伝統性を共有する社会性を意識した建築家と言われているアールセン兄弟 (Ahlsén Erik & Tore)が設計し、1953年に完成した＿＿10 [p.162]。この兄弟建築家は、都市の中心部で比較的小規模な空間に多様性のある建築と用途を混合させ

fig.6＿＿オールスタ (*Sweden, 20th Architecture*, p.120, Prestel, 1998, Eva Rudberg 提供)

fig.7＿＿Stugaの例、ドゥロットニングホルム近郊の田園地帯にて

＿＿17 Hall, Thomas (ed.), 'Planning and urban growth in the Nordic countries', London ; Tokyo : E. & F.N. Spon, 1991

た。映画館、レストラン、コミュニティセンターなどを一団の住宅地の設計として取り入れた混合型のアーバンセンターである。彼らは「このプロジェクトで意図することは個々人とグループが出会う場所をつくり出すことであり人々の意見交換を促す、そうした場所なのである。このことはこのコミュニティに属する人々の興味関心にすぐさま貢献する、また民主主義的社会への渇望に応えるものである」──10 [p.120]と述べる。混合開発の手法は後にヴェリングビューに引き継がれた──18 [p.246]。このようにスウェーデンの消費組合に関係する人々の、民主主義を表現した都市空間を実現するという数々の挑戦に、スウェーデンに渡ってきた当時のアースキンの初志が読み取れる。

スウェーデンの協同組合は、流通革命を製品生産の箇所から起こし、旧来の社会体制との決別を展開していくものであった──19 [p.1, 15]。社会運動としての消費行動による近代社会の建設を目指したと言えよう。同様に、スウェーデンの近代建築運動は消費者運動を主軸として旧社会との決別を端的に表現しようとしていた。KF建築部の設計姿勢は伝統的な建築の価値を重視する姿勢と同時に、当時のインターナショナルな建築への挑戦が混合していて、そして、相互に矛盾ない。これはスンダールの機能主義の理解とウロフ・ツュヌストロームの伝統への理解の共存を示している。異なる価値観を相互に求め共存する「混在の美学」ともいえる価値観が見いだせるのである。これがKFの協働的解決のひとつだろう。複層的な価値観が多くの消費者の賛同を得、協同組合運動は他の国に類を見ない展開をした。これらKFと関連する建築家たちの複眼的視点、多様性への取り組み、その根源にある民主主義的空間への挑戦を総称して協働的アプローチと理解できる。アースキンは、HSBやKF建築部またはSRに属してはいなかったが、この複層的な価値観を共有し、消費者運動を推進する近代社会を具体化する建築や都市設計を展開していった……、そう読み解くことができるのである。

建築家との協働

第二次大戦開戦中、スウェーデンでアースキンは建築

fig.8──ケンブリッジ大学の歴史学部の建物

を十分に実現できなかったのだが、やがて重要な意味をもつ建築家たち──アルネ・ヤコブセンや後にアースキンの協働者として建築活動を行ったオーゲ・ローゼンボルト(Aage Rosenvolt)との積極的な交流を行っていた。ドイツ占領下のデンマークからスウェーデンに逃れてきた彼らのうち、ヤコブセンはコペンハーゲンの建築学校で伝統と当時の建築デザインを融合する能力を養い、新しい建築をつくろうと実践していた。ヤコブセンは特に素材が建築の目的に応じる可能性を追求していたのである──20 [p.22]。建築表現における近代と伝統はアースキンが追求したテーマのひとつであるが、このテーマの追求がデンマークの建築家たちとの交流に始まる。特にオーゲの経験はアースキンの作品に重要な意味を持つ。オーゲはコペンハーゲンでブロックを積む訓練を受けた建築家で、アースキンの作品に見られる素材感はオーゲのデンマーク的感性によるものとも言えるだろう。アースキンの設計した住宅地が近代デンマークの住宅地の景観と類似していることは興味深い──21。

──18 Sharp, Dennis & Catherine Cooke (ed.), *The Modern Movement in Architecture, Selections from the DoCoMoMo Registers*, 010 Publishers Rotterdam, 2000

──19 内藤英憲「スウェーデンにおける消費協同組合の現状と問題点(産業、欧州(東欧圏を含む)における産業・経営の諸問題)」、産業経営研究(Journal of Business Research)、Vol.4, pp. 1-20、日本大学、1984年

──20 Solaguren-Beascoa, Félix, *Arne Jacobsen : approach to his complete works*, Copenhagen : Arkitektens, 2002

Collaborative Design, towards
Contemporary Society
Yasunori Kitao

ローゼンボルトはリスマの〈ザ・ボックス〉(66ページ)をアースキンと共に建設した。この協働の経験を通してアースキンは素材への関心を高めたと考えられる。イギリスの田園都市の価値観にデンマークの素材指向の近代建築の考え方を得たアースキンは、戦後の建築表現の可能性を展開できたと言えよう。

　アースキンの協働は彼の事務所の運営にも見られる。「スウェーデンで最も速力の速い事務所」と言われた〈ヴェローナ号〉自体に彼の協働の考えが現れている。この船には10人の建築家が働く場所があったがそこには形式的な階層がなかった。このことが設計に混乱を引き起こしたこともあったが、ドローイングが多すぎ、アースキンが不在のときには最終決定は所員の判断に任されるなど——11 [p.52]、アースキンが所員を信頼していたこともわかる。また船内で行われた会議には議長がいなかったというから、ここにも協働のあり方が示されている。その会議での議事録には所員全体の意思決定だけが残され、自由な議論が促されたことが推測できる。こうした議論の方法はクエーカー的な会議の方法といわれている——11 [p.50]。

　協働的な問題解決への興味はチーム・テンに参加(1958年)したこと自体にも見られる。当時チーム・テンは「協働作業手法」(working-together-technique)の開発を目指していた——22, 23 [p.92]。アースキンが最初に参加したのは、協働型の社会であるオランダであったことも興味深いことである。当時チーム・テンを率いたバケマやアイクは北欧に対して強い関心をも持っていた——24。またオランダの建築雑誌「フォーラム」の第1号はスウェーデンのインテリアの記事から始まる——16。工業技術を公共住宅へ適用する可能性を1950年代にオランダの建築家たちは模索していた——25。アースキンの工業住宅への取り組みがヨーロッパで評価され始めていたことがわかるのである。

　その後、1960年代中頃から海外での仕事が増え、事務所は様々な国から来た建築家が参加していた。そして、出身地に戻った建築家は、アースキンが海外で仕事を行うときのよき協働者となり、プロジェクトに参加した。多様な背景を持つ建築家が「混合」する事務所形態もアースキンの価値観を反映している。一方、アースキンはストックホルム在住の建築家たちともコンペによる協働提案や、協働設計を数多く行った。ストックホルムの〈バスターミナル〉は彼の参加した協働設計の代表作と言える。アースキンにとっての協働は、設計で求める多様な混合性を実現するための必要に応じた設計方法と考えられる。

建設施工業者との協働
　アースキンは施工業者との協働も積極的に進めていった。現代では設計施工の一体化に対して批判的な意見もある。しかし建築の品質を最大限に高めていくことや、施工費用を随時勘案しながら建築の可能性を模索できるという現実的な解決方法がとれる側面もある。また理論が先行する設計過程をコントロールすることにより、具体的な解決策を模索できるとも考えられる。施工者との協働の始まりは木造建築の近代化だった。アースキンは戦時中にストックホルムの大学で学んだ後、スウェーデン木造住宅協会と共に伝統的な木造住宅をつくる工業的な手法を確立した。その後戦後イギリスで開催された工業型の木造住宅の設計コンペで1,390ものエントリーの中から2等を獲得している。イギリスでは木造プレファブ住宅の取り組みは遅れており、コンペに出て来た提案は自動車や航空機産業の技術的成果を背景とした機械的な開発内容で、住宅とは呼べないものであったらしい——26 [p.42]。これによりイギリスから住宅建設への参加の要請を受けたアースキンは

———21 Kjeldsen, Marius, *Industrial housing in Denmark*, Danish Building Centre, Bookshop, Valby, 1988
———22 Team-X aimed to invent a 'working-together-technique', the goal was to arrive at meaningful groupings of buildings, where each building is a live thing and natural extension of the others (Risselada, 2005, p.92).
———23 Max Risselada and Dirk van den Heuvel, (ed.),. *Team 10 : 1953-81 : in search of a Utopia of the present*, Rotterdam, Nai Publishers, 2005, p.92
———24 モレマ博士によればバケマは彼の子供にスカンジナビア由来の名前を付けているという(——16)
———25 細川裕佳「ハブラーケンの建築的思想の形成と展開に関する研究：工業化住宅生産手法の展開における'オープンビルディング'理論」、2007年度京都女子大学卒業論文、2008年3月
———26 Bosma, Koos & Vos, Martijn, Van Hoogstraten, Dorine, *Housing for the millions: John Habraken and the SAR (1960-2000)*, Rotterdam, NAi Publishers, 2000

ライアントとの協働が実現できたと分析している___11 [pp.74-75]。また、人々との協働を可能にしているのは人々が理解できるところからスケッチを始めていった方法にあり、彼のスケッチ力が協働の実現の背景にあったと分析する___11 [p.202]。実際にオランダのフラーベでは、住民と行政側の意思疎通を図ることを目的としたスケッチを描いている。スケッチに対話のプロセスを促進する役割を担わせていたのである___2 [p.64]。またアースキンがクエーカーの教育を受けたことは、彼自身の協働的な方法を展開する根幹だった。クエーカーはお互いに意思疎通をとり、ものごとを決めてゆく方法をとる。このようにアースキンは会議に参加し、会議の参加者との意思疎通を通じて彼自身も影響を受けることで常に自己を開発していったと考えられる。クエーカーの会議はリフレクション・イン・アクション___30 [pp.10-11]が起こる方法だったと言える。

このクエーカーたちの合意形成は、世俗社会における意思決定と関連しているという見方もあるが、本来のクエーカーは主を待ち望む人々、つまり「イエスの名において共に集まらずにはいられない人々」の自由な参加の形態として17世紀のイギリス北西部で、ジョージ・フォックスが活動を始めたことによる。彼の仲間はオランダ、ドイツ、アメリカなどへ積極的に伝道活動を行った。キリスト教の中でもプロテスタントやカトリックとは根本的に異なる宗派で原始キリスト教の力を信じる人々と言える。性別、階級、国籍、人種による差別を排し平等を徹底する人々である。第二次世界大戦を前後する時代、アメリカではクエーカーは「アメリカの良識」といわれた。なお、フレンド(クエーカー)奉仕団評議会(Friends Service Council)は1947年にノーベル平和賞を受賞している___31。クエーカーとして知られている新渡戸稲造はアメリカの個人主義の社会に対して、日本の社会を「共同体主義」と説いた___32。

近代の労使問題が社会問題となった時代には、クエーカー教徒の資本家と労働者の特徴的な関係が形成された。特にクエーカー教徒は産業における「共通意志(common will)」を重視し、これは経営者と労働者の信念であった。そしてクエーカーたちは互いが善意を持ち、争いのない状態が適切で普通である産業組織を目標と

し、「産業民主主義の組織」の形成を目指した。1920年頃には労働者が企業の意思決定に関与するという考え方も出てきた。特にクエーカーの小企業では「自由集団討議」や進歩的な労働協議会方式などが採用された。このようにクエーカーの産業体で民主主義的な人間の相互関係の必要性が重視されたのは、これによってのみ個人の人格を十分に表現できるという見解が根底にあると考えられている___33。

このように見てゆけば、アースキンの事務所の形態や、都市設計／建設をひとつの産業体と見なすとき、アースキンの協働がクエーカーたちが目指した平等主義や平和主義に基づく産業民主主義のあり方に重なってくることがわかる。

さらに、北欧、特に北海、バルト海沿岸の人々の価値観の基盤にハンザ同盟もある。デルフト工科大学のモレマ博士はハンザ同盟時代の沿岸都市の文化的共通性があることを述べている___16。ハンザ(Hansa)は現在ドイツ語となっているが、ゴート語での「勇敢な騎兵隊」が語源である。のちに「結合、連合」または「協同、団体」の意味に用いられた。この言葉が中世ドイツ北部の諸都市の同盟を指す「ハンザ同盟」に使われた。ハンザ同盟の発端は商人に対して市場の開催や場所について許諾の権限を握っていた地方領主や司教などの都市の支配者に対して、商人相互が共同して交渉する平和的団体であった___34。ハンザ同盟の諸都市の商人たちはバルト海、北海を中心な生活必需品の交易を行っていた。生活必需品を大量に取り扱うためには商人達の協力が必要であった。特定の商人が抜け駆けをすれば北方の取り引き全体に大きな影響を及ぼしたので、商人相互の協力が「ハンザ」を成立させる根源であった。そのために、投機的な商業よりも着実な交易を重視した。ハ

___30 日本建築学会編著『設計方法と設計主体』彰国社、1989
___31 ルイス ベンスン著、小泉文子訳『クエーカー信仰の本質―創始者ジョージ・フォックスのメッセージ』教文館、1994
___32 鵜沼裕子「新渡戸稲造のアメリカ観とクエーカー主義」聖学院大学、聖学院大学論叢、Vol.16, No.2, 2004年3月, pp. 1-10
___33 ジョン・チャイルド(John Child)著、幸田 浩文訳「クエーカー雇用主と労使関係(Quaker Employers and Industrial Relations)」東洋大学、経営論集Vol.45, pp. 115-136, 1997年3月
___34 宮本英三郎「中世史におけるドイツの商とハンザ同盟」横浜商科大学、横浜商大論集Vol.2, No.1/2, 1968年12月, pp. 108-123

Collaborative Design, towards
Contemporary Society
Yasunori Kitao

ンザ同盟の商人たちはスウェーデンとの交易が極めて良好で、スウェーデンの産業開発にも大きな功績を残している。またオランダ・フランドル地方とも交易において競合的関係にあったがケルン同盟の時代（1367年）には北方交易を維持するために都市連合による一大勢力がつくり出された＿＿35。このようにアースキンの活躍する地域には協働的文化の基盤を見ることができる＿＿36。

スウェーデンの社会は20世紀中盤より後半にかけて、コンセンサスを重視する社会へと大きく変化していった。政治学者のレイプハルトは「スカンジナビア特有の文化と調整、調停の構造を有する合意促進的民主主義が発達」したと評価する＿＿37 [p.202]。アースキンは住民参加や建築家たちとの協働を進めていく中で、こうした社会の変化をつくり出す役割を担った言える。一方で社会の根底にあった伝統的な価値観を近代的な価値と結びつけ、建築を通じてその価値を表現する役割を担ったと言えるのではないだろうか。スウェーデン人は自助精神が高く、何事も自分で自分の圏内で解決してゆくという姿勢を持つと言われ、日常生活でも実用主義的なので協同組合運動をイデオロギーや慣習に捉われずに展開することができたと考えられている＿＿19 [p.12]。1920～30年代にかけて消費者自身が自立的に生活環境を整備する社会的風土があったと言える。アースキンが共同体の形成にとって一定の責任が住民側にもあると考えていたのは、自助精神の高い社会風土の尊重によると考えられるのである。

スウェーデン社会は1980年代を通じて利用者のプロジェクトへの参加が展開した＿＿17 [pp.193-196]。「利用者の声」を聞くことはスウェーデン型モデルと言われる社会のあり方なのである。経済活動が国際化する中、階層性の少ない組織体と一人ひとりの構成員の責任の大きさが強められていった。そしてスウェーデンの建築は国際的に「協力的イメージ（Corporative Image）」という評価を得た。この時代「パラレルコンペ」が実施され、建築家は開かれた環境の中、設計を競い合った。アースキンもこうしたコンペに参加した。この設計競技の方法はスウェーデンの協調的文化の象徴として知られていった＿＿10 [pp.189-192]。アースキンが1980年以降スウェーデンで高く評価され、活躍した背景には1930年代以降、社会が目指してきた価値が近代の文化として定着してきたことがあったと考えられるのである。

一方、スウェーデンの伝統的な社会には、協議による問題解決方法が存在したことも興味深い。スウェーデンの農村部には乏しい日照を等分に分かつため、農民たちが広場に集まり、区画分けを年ごとに協議して変更した、いわゆる「広場村、太陽分割制」のルールがあった＿＿38 [p.145]。オランダにおいて、人々の水との戦いがポルダーモデルと呼ばれる協働型社会をつくり出したのと同様に、スウェーデンでは乏しい太陽が、スウェーデン・モデルの原型をつくり出した。オランダ社会とスウェーデンの近代社会を結びつけるものは「合意形成による意思決定（Consensus decision-making）」と言える。こうした地域の伝統が高い水準で成熟しつつある民主主義社会の基盤となっていると考えられる。しかもこの伝統は厳しい自然環境と結びついており、協力的解決の重要な背景となっている。

アースキンは近代を通じて、建築や都市計画の分野から、合意形成をスウェーデン社会に定着させ、消費革命や流通革命＿＿39を伴う消費者運動が進展した民主主義的な社会の実現に貢献した建築家のひとりといえる。都市計画に市民社会を反映する過程における協働的手法を、北ヨーロッパで定着している伝統的な価値を引き出し、設計の方法やプロセスとして、また都市空間の表現として一般の人々に示してきた。ここにアースキンの近代社会の建設への貢献が見られる。スウェーデンの社会運動と彼自身の生活への価値観が相互に響きあい、アースキンの建築や都市設計のプロジェクトを特色づけてゆくことになったと理解できるだろう。

―――35 高橋 理『ハンザ同盟―中世の都市と商人たち』教育社、1980年9月、p.111他
―――36 近現代のオランダやスウェーデンで協働設計の展開を見る場合に、この地域の協働の文化的、歴史的背景が垣間見られるのである。
―――37 アレンド・レイプハルト著、粕谷祐子訳『民主主義対民主主義―多数決型とコンセンサス型の36ヶ国比較研究』勁草書房、2005
―――38 岡沢憲芙・奥島孝康共編『スウェーデンの社会―平和・環境・人権の国際国家』早稲田大学出版部、1994
―――39 内藤は流通革命の進行の速さに関して、スウェーデンの特色であると述べている（＿＿19）

ラルフ・アースキン：
時・空間の影響を強く受けた人生

ヨハネス・トバット

　彼の時代はまさに今現在にある。どの時点であってもアースキンの存在は、何か新しいものを提供してくれる。そしてそれは、ただ時代の精神を映し出しているというだけでなく、同時にそれを生み出し、現在に属していながら、未来を垣間見させるものであるといえよう。彼の個性を特徴づけているこの側面は、——ごく自然に——その形態と空間に強く表現されている。

　ドイツの哲学者であるヘーゲルはかつて、合理的な方法で世界を捉えようとする人には、それと引き換えに合理的な世界が現れる、と論じた。つまり別の立脚点から世界を見ようとする人は、代わりに何か別のものを見るのである。一人ひとりの社会に対する貢献や周辺環境の問題に取り組む人々の才能は、我々の世界の現実を形づくる。深い意味で、我々が世界を創造し、その世界に立ち向かうのである。このことは、明るい未来に向かって努力するという個々人の責任が、時空間に限定されないということを意味する。

　ラルフ・アースキンの空間のつくり方は、決して突飛な理論に基づいている訳ではない。彼の空間はある瞬間に成長し、彼の勇敢な奔放さは、しばしば雪だるま式に増大していく。彼がその動きを楽しみ始めると、空間や仕事内容や周辺の人々を大きく成長させるのである。世界に飛び出した多くの美しい雪だるまは、建造物や町の形だけでなく、直観力や形態を生み出す力も同じくらいに大きくなる。そして、それはとても美しく、このことはヘーゲルの言葉を非常に真実味あるものにしている。アースキンは自分のつくりあげた世界に向き合うに十分な機会と勇気を持っていた。

　ラルフは若い人や高齢の人、あるいは町や地域や島々の人など、どこでも彼と出会う人たちと話をするのが得意な人物だった。命あるものに対する人間味溢れる彼の態度、兄弟愛に満ちた接し方は、あらゆる可能性を開いていった。彼が作品に形を与えるための要点を見出したのは、そうした人々すべてとの対話からである。アースキンと共に働く人々が都市計画上のプロセスにおいて、利用者の要望が表やグラフで分析され、示されるとき、アースキンは人々と直接対話することを選んだのである。

　彼はコスモポリタン（世界市民）でありながら移民でもあるという立場から、スウェーデンの文化と理想を見ていた。当時彼がスウェーデンにやってきたのは、こうした理想のためである。彼をスウェーデンに留まらせたものは、より安全でより平等な社会に向けて建物を改良することや、公共の利益のための仕事に参加することを望んだからだった。しかし残念なことに、彼はこの理念が社会によって無視されたり、忘れられたり、他の道が選択されるのをたびたび経験した。だが、ラルフは決してあきらめなかった。例えば、彼は世界中の恵まれない人々の環境や生活を改良するために、ウォルフ賞の賞金を用いてルース＆ラルフ・アースキン財団を設立し、新しい世代の建築家をサポートし、勇気づけていた。

　ラルフ・アースキンは自分自身を機能主義者だと見なしていた。機能主義を態度としてではなく、建築の様式として捉える人々にはいつも驚かれていたが、ラルフにとっての機能主義は、問いや必要性に対する答えを提供することを意味した。それははっきりとした言葉で示される答えだけでない。共同体の精神、安心感、夢を実現し表現するための個人的な空間の必要性など、非物質的な価値に関わっていた。

　熟達した技能を持って長期間働いてきた彼は、延々と美しいスケッチを描き続け、製図板からアイデアを生みだし、ある時は船出し、ある時は羽ばたいていったのである。たいていにおいてかなり手間のかかる作業を所員や施主たちにさせたという事実は、おそらくそれほど問題ではない。賢明にも所員や施主たちはそれを許していた。

　ラルフ・アースキンが今世紀に向けて住宅をつくってきたアプローチは、人間らしく社会性があって機能的な環境をつくり出すという姿勢と価値の改革を意味している。このアプローチの中心をなしているものは、広い意味の「都市性」をもった環境を創造することである。アースキンにとってのより良い都市環境とは、公園、街路、広場など公共領域の供給とその定義づけができる

Ralph Erskine:
life was strongly influenced by time and space
Johannes Tovatt

ようにし、建造物群と空間の間に強い関係性をつくり出すことであった。

こうした空間に見られる寸法と規模と形態、そしてそれらの結びつき方は、形態に多様性と豊かさをもたらしている。その形態はそこを使う者に刺激を与え、その場所を所有している感覚を抱かせるのである。

囲いが巡らされ、親密でアイデンティティを感じることのできる空間をつくり上げることは、形式張らない空間をコントロールする基礎を形づくっている。公共空間を人間のいない空間にしたり、個々の責任感を阻害したりすることもない。

あらゆる都市と町と村は、住宅の適正な配置と、世代間の差異や、所得や文化的背景の差異の間に見られる生活の質に依存している。商業や公共の施設は、都市生活の快適性を統合する役割を担っている。

アースキンの都市に対する認識は、実用性を重視しながらも開かれた考え方で、非常に矛盾している。この矛盾は、大規模な市民の動向によって形づくられるが、その一方で小規模で自然発生的な空間の驚きも含んでいる。壮大かつ親密なスケールという、相反する事柄がアースキンの仕事の伝統的で基本的な方法になっている。これをわかりやすくいえば、親しみやすさと驚きである。

私たちの事務所の仕事を進める方法と伝統は、今も昔もつながりを捜し求め、関連性を回復させ、そしてかけ離れているものの橋渡しをすることであり、新しい試みの出発点をつくることである。都市計画の成功の秘訣の多くは、既存のものやコンテクストを本当の意味で尊重することにある。環境に対する絆が強くなかったり、絆が存在しなかったりすると新しい開発への強いアイデンティティの形成に失敗する。町や都市の新しい開発では、新しいものと古いものが互いに補完し合うことにより、全体性をうまく獲得することができる。都市計画は感性の芸術であり、成功と失敗の間の境界線は極めて細い。

私たち建築家には、アースキンによって注意深く用いられてきた洞察力という発想方法がある。彼は自分自身の責任と自分が行った貢献について常に考えていた。美しい都市というものは、権力を持った人々が各時代の創造的な才能を活用し、パトロンを啓蒙した結果なのである。

今日の極めて急速に変化する時代や、現実の人間同士の社会的な接触を妨げたり、変えたりする無制限のコミュニケーションの時代には、必然的にあらゆる種類の「人々の出会いの場」が求められる。その必要性を、都市や街や村々が反映しているという点が重要である。アースキンがつくり出してきた都市の構造とその概念が、現在の都市計画の傾向とは異なるということは重要なことである。彼は、過去の街や都市に多くの刺激を受けて、健康的な都市生活に部分的に見られる相容れないものを活用しようとしていた。彼は、共同体の未来に活力を与えること、つまり形式張らない空間を介して人々が接触することが何よりも重要であると理解していたのである。

1970年代、日本社会は人々に広く住宅を供給するという戦後の重要課題を量的に達成し、住宅供給は個性化、個別化の方向を模索していた。そこで建築家に公共住宅の設計で良好な住環境を提案することが期待され、多くの建築家が特色のある公共住宅の設計を実現し始めた。当時、公共住宅の設計を精力的に行っていた山下和正と藤本昌也は「都市住宅」1980年3月号（鹿島出版会）で当時66歳のラルフ・アースキンへのインタビューを行っている。

その後バブル経済期、失われた10年を経て住宅供給が市場原理により行われる現代までの約30年間、社会状況は大きく変化し、新自由主義という状況下で人が住む環境に対する問題は、今日再び重要な課題となってきている。そこでここではアースキンへのインタビューを抄録することにより、建築家の社会的な役割がどのようにあるべきかを見直し、検討するため、現代を生きる我々がこの対話を継承することを試みた。

建築家の立場
どの文化の担い手なのか？

編集———《都市住宅》誌の去年（1979年）の8月号でアースキンさんの特集を組んだわけですけれども、きょうはアースキンさんが来日された機会に直接いろいろお話をおききしたいと思います。

まず最初に、ご自身が発言されているかどうかは別として、各雑誌の編集者とか評論家、建築家たちの、アースキンさんの仕事に対する評価として、社会派の建築とか、建築家として社会的な役割を果たしているという評価があるようですが、その点についてアースキンさんご自身の考え方をおききしたいと思います。

アースキン─私の意見では、現代建築のほとんどはルネッサンスの産物であると思います。というのは、現代の建築家たちはモニュメンタリティ、記念碑性とでもいいますか、そういうものを非常に好む傾向をもっていると思えてならないのです。建築雑誌などを見てもそのことはわかります。大きな、高い、非常にインプレッシブな、びっくりするような建物に対する関心がありありとうかがえる論文がたくさんあります。私からみればこういうのはすべて、非常に少数のエリートの生活に対する考え方とか、彼らの莫大なおカネとか権力によって生み出されているものだと思う。ですから、社会のより大きな部分のニーズに向けてつくられているのではなくて、いまいったエリートのためにつくられている。だから、私は、これをルネッサンスだというわけです。

ラルフ・アースキンに聞く：
パブリック・ハウジングにおける
建築家の役割と住民参加

聞き手　山下和正＋藤本昌也

「都市住宅」1980年3月号より抄録

ルネッサンス期というのは何らかの重要な人物がいます。彼らが何で重要な人物かというと、たとえば、神によってその地位を授けられたという、そういう理由からその人は立派な人と見做されるわけですが、実際に、社会においてあるいは機構のなかでたいへん大きな権力をもっています。昔であれば教会の司祭であったり地域の豪族みたいな人だったりというわけですが、現代のそれというのは、大企業であったり政府の機関であったりということですね。私が最初この問題を考えたのは、英国のケンブリッジにいたころでした。私がケンブリッジ、オックスフォードをみるとき、こういった建物が重要な建築家によって設計されているということに気がつきました。それから、学生のための住宅というのがありますが、今日では学生というのは社会のあらゆる階層から集まってきているわけですね。ところが、その建物は大きくてしかも非常にかわった建物ばかりで、そうした建物は何をあらわしているかというと、大学というひとつの権威をあらわし、大学というものが社会的に非常に重要なものであるということを象徴する建物になっている。もちろん、それにはおカネがずいぶんかかっているわけです。

　私は、これはおかしいと思いました。というのは、イギリスは民主的な、しかも自由主義の国です。ですから、機会均等とか人権擁護ということをいつも考えてきた国であるはずです。それでいながら大学が宮殿のようなところへ学生たちを住まわせている。これでは建築家というのは文化に対する裏切者ではないかと考えました。私は実際にそういう建造物を設計した建築家を知っていましたから——どういう人たちかご存じでしょうけれども(笑)その人たちと話をしました。彼らはもちろん民主主義云々という話をします。みんなそういうんですね、話としては……　建築をひとつの芸術の形式として考える考え方がありますが、そういうものとして建築を見れば、そこには本音が現われているわけです。彼らが口では民主主義云々といいながら、ああいう大学の建物を見ると、実はこれは本音をよく表現しているのだと私は感じました。

　ですから、ほんとうに彼らが信じているのは、まず特権であり権力であり、それによってもたらされるチャンスです。大学というのは金持です。学生は、たとえばスラム出身の学生が奨学金をもらって来ていたとしても、いったん大学に入ってしまえば、いい教育を受けてエリートの一翼に入るということはわかっているわけです。専門職につき、あるいは政治・行政・経済という世界に入っていく。そして自分の出身階層とは接触を断ってしまうことになります。1年ぐらい学校へ行っていると、言葉まで変わってきて、非常に気取った英国のひとつの方言、オックスフォード、ケンブリッジの方言をしゃべるようになります。そういうものの考え方を、この建物は実によく表現していると私は思いました。

　ですから非常に重要だと思うのは、建築家は、自分の理想は本当に何なのかということについて明解な考えをもつべきであるということです。建築家はひとつの文化の担い手であると考えるならば、どの文化の担い手なのかということを明確にしなければいけない。そしてもっと正確に、言葉で、自分の言っている文化とは何であるかを表現しなければならないはずです。

　ルネッサンス期の建築家たちと現代の建築家たちは、お互いに非常によく似ていると思います、少なくとも重要と目される建築家たちは。そして建築関係の雑誌もある程度似ていると思います。《都市住宅》は読めませんからこれについては言及しておりませんけれども(笑)。

　何が違うかといえば、ルネッサンス期の建築家たちは自分たちが建てたものをほんとうに信じておりましたが、現代の建築家とクライアントはともに偽善者です。そこが違っています。すなわち、現代の建築家は、言っていることとやっていることが違う。たとえば平等であるべきだとか、質に関しては能書を言いながら、つくるものは特権的なものをつくります。権力とか特典という問題に関して、私の経験のなかからカナダのリゾリュート・ベイについて話をしたいのですが、カナダでは人権擁護という問題が非常に熱心に語られています。ところが、いつもいつもそれがほんとうに守られているとは限りません。それで、カナダで仕事をしていますと、こういうことを主張することができます。カナダでエスキモーはサブカルチュアである。そして、白人たちは支配的な文化である。エスキモーにはプランニングの経験というものはない、あるいは管理の経験というものも非常に少ない。あるいは抽象的思考などというのも彼らの文化の一部分には入っていないですね。

　同じように英国の労働者階級においても、抽象的思考というのは、その人たちの文化にはないわけですね。そして、労働者階級というのはイギリスのなかのサブカルチュアのグループであるし、しかも彼らは、ほかの人に比べてほとんど特典というものを与えられていない、恵まれていない状態にいます。

　それで、英国においてもカナダにおいても、こういう特典の少ない人たち、恵まれていない人たちには特に考慮しなければならないのではないか、という主張をすれば、それなりに通るのですね。たとえ本音として

は、みんながそのとおりだと思わなかったとしても、何らかの授助というものは得ることができるわけです。こういうことは全部、建築に関連のある問題だと思って、私はいま話をしているのです。

　こういうことを考えていくと、現代の建築のほとんどは、まったく違う建築というものが、いまいったようなことから生まれてくると思って私は話しているわけですが、私の意見では、こういうことを考えていくことが、ほんとうの意味での現代の建築というものをもたらすであろうと思います。

技術主義の陥穽
人間のニーズこそが第一

編集——そこで、その問題に関してもう少し具体的にお話しいただきたいのですが、アースキンさんがプランニングを進めるうえで、何が最も重要だとお考えでしょうか。

アースキン——私が常々主張しているのは、すべての建築というのはいうまでもなく人間に関する仕事であるということです。気候条件、それに関連する建築の技術の問題、地震、お金、いろいろな問題がありますが、そうしたことは人間のニーズと比べれば、つねに二義的なことになると思います。もちろん、どういう建物をたてるかで異なる分野・領域というものが存在します。建築家、エンジニア、管理者、政治家あるいは経済学者がいます。それぞれが自分の担当している分野の特別の側面に目を向けていくわけです。そのときのリスクとして、人びとのニーズという、一番重要なことをつい忘れがちになります。現在のわれわれの世界の問題は、本質的に言えば、雪とかお金とか、そういう問題ではないと思います。私が主に関心を向けてきたのは、やはり人間の問題です。たとえば、どういうものを人間の問題と考えるかといいますと、疎外の問題とか、子どもの現状であるとか、あるいは特権の問題――特権がある、あるいは特権がないという問題です。こういう問題はそれぞれ解決が非常にむずかしいと思います。その他の問題はたいてい、分析とかプログラミングで解決し得る問題です。それをカナダのリゾリュート・ベイを例にとってお話ししたいと思います。リゾリュート・ベイでは物理的に非常に大きな問題がありました。非常にきびしい気象条件のところで、マイナス50℃から60℃とたいへん寒く、かつ風が強いのです。冬になりますと5ヵ月半の間太陽が出ません。土地は恒久的凍土で、700mから800m凍っています。しかし、こういう物理的なすべての問題は技術的に解決することができます。たとえばお金をかければ、そういうリソースがあればそれで解決できます。たとえば、町全体をドームでおおってしまうというようなことも、しようと思えばできるわけです。（中略）

計画における住民参加
バイカー・ニュータウンの場合

編集——そこに住む人、あるいはそれを使う人の立場にたって建築を考えるべきだ、ということから、いわゆる住民参加の問題に移りたいのですが、バイカーの例に即してお話しいただけますか。

アースキン——このコミッションを受諾する前に、私はバイカーに住んでいる人たちと話をする期間を1ヵ月間欲しいと言いました。それまで政治家やプランナーや行政側の役人たちとは話をしましたが、ほんとうのクライアント、すなわち建物の中に住み、使う人たちとはまだ話をしていなかったのです。ですから政治家たちが、この仕事を引き受けてくれるかと言ったとき、〈いや、住んでいる人たちと話をするまでは最終的にはわかりません〉と言いました。

　彼らはそれを認めてくれました。そこで、私の娘や事務所の人たちがそこに住み、私たちはそこの人たちと話をしました。そして新しいプログラムをつくったわけです。市の計画とはいろいろな面で違う計画です。市がたてたプランは、だいたいにおいてアパートによって構成されておりました。ところが実際に住民の人たちと話をしてみると、ほとんどの人はアパートでなく庭つきの1戸建がいいという希望でした。私たちは計画を変えました。アパートは限られた部分だけです。ウォールに囲まれた、あまり騒音がない部分には高さの低い家が建っています。私たちとしては、何人がアパートに住みたいのか、何人が1戸建に住みたいのかを実際に知りたかったわけです。英国ではほとんどの人が1戸建の家に住むことを好むということはわかっていました。スウェーデンでは、英国よりも多くの人びとがアパートでいいと言っています。なぜそういう違いが出てくるかといいますと、天候もひとつの理由です。もうひとつはコストの問題。もうひとつは、スウェーデンの場合いなかに別荘というか、もうひとつの家をもっている場合が多い、だからアパートでいいという人が多いわけです。

　私はスウェーデンで永年にわたって住宅の仕事をしてきましたが、あらゆる流行は変わってきました。話を単純にすれば、ある時期にはスキマティックなポイ

ント・ハウス、また、ブロックみたいな長い建物を建ててみたりしました。いまはどういう時期かというと、1戸建の家を建てる時期です。

　私はいつもこういう議論をしてきました。何が最適な住居なのかという議論をするかわりに、人が変わればニーズも変わるし好みも変わるということを、まず認めなければいけない。あるいは同じ人でも、若いとき、子どもがいるとき、年をとったとき、それぞれ好みの選択が変わるということです。たとえばスウェーデンでは、若いときはアパートに住むほうを好みます。家族のある人はワンファミリー・ハウスを好みます。年をとれば雪かきをしたりということはもうあまりやりたくないし、特にいまは共働きが多いですから、庭いじりなどでもあまりできないから、むしろアパートを好む。ですから問題は、人びとが何を希んでいるかということを、まず掌握することです。

　もうひとつは、これは北方民族の話ですが、非常に隔離された地域で、特別の地域ですね。北方の雪の多い地域での仕事を始めたとき、私は、こういう状況にある固有の文化を、ここで発展させることが非常に大切であると考えました。そして、気象条件であるとか、隔離されているとか、そういういろいろな物理的な問題を考えました。それから、人びとの状況、人びとの考え方という順序で、物理的条件からだんだん内容のほうに入っていったのです。そして、いつもの私の方法がここで出てくるわけですが、人に会って、彼らと話をしました。私に理論を語ってくれる人じゃなくて、ほんとうにそこに住んだ経験のある人たち自身に会って、話を聞きました。あるいは、その近くに住んでいる人たちですね。漁民であるとか、農民であるとか、その周辺の産業に従事している人たちです。

　次が、その問題について考えて、そこに住んだこともあるような知識人たちに会うことでした。たとえば、スウェーデンの北方、要するに僻地の医者としての経験を長くもった人と話をするとか、文化人類学者であるとか、エンジニアであるとか、いろいろな人に話を聞きました。第3は、もちろん本を読むことですね。われわれはバイカーの人びとにもエスキモー（イヌイット）の人びとにも、ピッタリしたふさわしい仕事をしましたけれども、といってエスキモーのふりをしたり、まやかしのなりきり方をする必要はないわけです。私はイグルーにも住みましたし、スウェーデンの山に登ったこともあります。しかしこういう仕事をする場合にはそれだけでなく、彼らの言うことに耳を傾けて聴くということが非常に重要でした。

　そういうやり方をするといくつかの喜びが伴います。実際にそういう人たちとコンタクトがとれなければ、自分の頭の中で、多分彼らはこういうものを好むであろうというふうに考えるしかありません。そんなことをするよりは、〈あなたは何がいいですか〉と訊くほうがよほど簡単ではないでしょうか。われわれは、たしかにプランニングその他の専門家ではありますが、彼らは彼ら自身のニーズとか欲求のエキスパートです。彼らのニーズについて、彼ら以上のエキスパートはいないはずです。その専門家と、われわれのような専門家とが出合うわけです。一緒に仕事をしていて、エスキモーの人びととか労働者階級の人びとからたいへんいい感じを受けました。ストックホルムの大学とかケンブリッジ大学などで過剰にインテレクチュアルな人びとと一緒に仕事をしていますと、そういういい感じを受けることが非常にむずかしい。時間があれば、エスキモーとどんな話をしたかということをぜひお話ししてあげたいくらいです。すごくおもしろくて、すばらしかったです。これが第1の喜びです。

　第2の喜びは、非常に驚きを感じることがたくさんあるということです。私ひとりで考えていたのでは決して考えつかなかったことが次つぎと起きてきました。そして、ひとりでは決してできなかったようなものをつくること、思考を生み出すことが、このような関係の中ではできます。もしこういう仕事を頭の中だけですることすれば、よほど革新的な人でなければやれないだろうと思います。

　私が信じている建築家としての資格は、まず人間が好きであること。違う種類の人びとが好きで、人びとはお互いにそれぞれ違いがあるということを認め合うことです。もちろん、従来から言われている、高度な技術をもっているということなども資格の中に入りますけれども。われわれの夢はみんな同じではないわけです。もちろん同じ論理はもっているけれども、論理の多様性を信じたいということです。ただし、バイカーに関していえば、ひとつ基本的に間違ったことがあります。というのは、ほんとうの意味での参加が現実にはなかったということです。さまざまな情報、さまざまなコンタクトはありました。しかし、われわれがこのすべての建物を設計し、非常に大きな建設会社がこれを施工しました。ほんとうなら、小さい会社とか個人もこういうものを建てるなかに参加してもらうべきだったと思います。自分たちでプランニングを考え家をつくることを、全員が全員やりたいと思ったとは限りません。やりたくない人もいたかもしれません。しかし今日では、自分で

家を建てたい、最後まで自分でやりたいという人たちがどんどんふえてきています。しかしリゾリュート・ベイでは、私たちが建てたい家と、エスキモーの人たちがやりたいように建てる部分とが混ざってつくられました。そういう場合は、われわれは家の設計はしません。アドヴァイスと助力をするだけです。設計は彼ら自身がやります。向こうからわれわれに話をしてきて、それを聞いてわれわれが設計をしてあげる場合もあります。そうあるべきだと思います。そして、自分で設計をしたい、実際の建築にも自分でかかわりたいという人も、お金持あるいはミドル・クラスの人のなかにはおります。その場合は、彼ら自身が部分的に建築家の立場に立つわけです。そして建築家は、全体の調和などについて専門的に助言することになります。また、自分で建築家を選んで、この人に設計してほしいという人もいるのですから。

バイカーでもうひとつ誤ったことは、このニュータウンがひとつの階級だけで構成されている地域になってしまったということです。インテリや専門職の人びとはここには住んでいません。民主的な共同体的社会としてはそれが欠けているわけです。法律家とか医者とか、あるいは建築的なトレーニングをほどこしてあげられるような人、そういうタイプの人がここに住んでいないということは、参加という問題に非常に重要な意味をもっています。住民参加をやる場合には、そこに法律的な、経済的なサポートがちゃんと与えられているかどうかが重要な問題になります。住民参加ということになりますと、クライアントがいままでと違う様相を呈してくるわけですね。イギリスの場合一番多い例は、クライアントも建築家も中産階級の英国人です。ところが労働者階級の人びとあるいは西インド諸島から来ている人びとは生活に対する姿勢が違いますから、インテリなどとは違うニーズをもっているわけです。彼らのニーズが違っているならば、アーキテクト自身も変身しなければいけません。そういうことが始まってくれば、ほんとうの意味での現代建築が歩み出すだろうと思います。

バイカー・ウォール
防御と分離の両義性

編集——さて、そういったことをふまえたうえで出来上がったバイカー・ニュータウンの、フィジカルな側面について話を進めたいと思います。たしか、これが《アーキテクチュアルレビュー》誌で紹介された時に、〈バイカー・ウォール〉とタイトルが打たれていたように記憶しています。それほどに、この計画のなかでウォールが印象的に感じられるのですが……。

アースキン——このバイカー・ウォールは、モニュメンタルであるとか、すてきに見えるとかいうことが重要なのではなくて、これはちょうど中世においてそうであったような防衛のための壁であるということが重要です。昔は大砲だとか剣だとか矢だったわけですが、いまはメトロがあり、広い自動車道路が通っています。騒音もあるし匂いも強い。これはわれわれにとっては非常に不快なものです。そこで、騒音や匂いからどうやって自分たちを守ろうかと、いろいろな方法を考えたわけです。オープン・スペースを使って守る方法があります。しかしここは街の中心部ですから、それだけのスペースを無駄にしたくありませんでした。あるいは土手みたいなものをつくって場所をはなせばよかろうという案もありましたが、それも場所をとります。そこで、では建物でやろうという選択を行なったわけです。

しかし、このバイカー・ウォールに関して、ひとつだけ気になることがあります。バイカー・ウォールは、だれも否定できないぐらい、たしかにすごいわけです。1.5kmの長さをもっていますし、非常に高いですから。このリスクは、私もたしかにこのプランを見て感じたのですが、きれいだから壁を建てよう、すごいから壁をたてよう、そういうリスクがここにはあると思います。もちろん、この壁が〈場所のアイデンティティをもたらす〉とか、いろいろな言い方で正当性を説明することもできます。しかし、実際には壁というのは人と人とを分離する作用をしてしまいます。最悪のケースを想定するならば、人だけでなく文化をも分離してしまうおそれがあります。たとえば壁のこちら側にはトルコ人の外国人労働者がいてその文化があり、壁の向こう側にはドイツ人の文化があるというふうに、分離作用をしてしまうかもしれません。もしそうだとすれば、たとえこれがたいへん美しい壁だったとしても、壁をつくってしまうということはたいへん悪いことだと思います。すでにここに分離する要素として道とメトロがあるわけです。この道が従来からの伝統的なショッピング・センターへ行く道なのですが、そこへ人が行くのにこういったものがじゃまをしていたわけです。もしここにメトロと自動車道路がなかったらどういうプランをやるかを最初に考えました。それはたいへん違ったものになっただろうと思います。すなわち、もし道路とメトロがなければ、商店街のほうへあらゆるものが伸びていくかたちをとったと思います。

私たちは最終的に、守るためにはこれが一番いい方法であるということを発見しました。もともと限られた

予算でしたので、ファニーな、おもしろい建築をつくろうというような余裕はありませんでした。もちろん、たとえそういう財政的な余裕があったとしても、私はそういうおもしろい建築はつくらなかったと思います。もし予算に余裕があれば、たとえば台所や子どもの遊び場をもっとよくするとか、集会室をつくるとかしたと思います。ですから外壁には一番安いレンガを使いました。そして部分的に一番鮮かな色の違いを見せるものを選んだわけです。そういうパターンをつくることで、単なる退屈な壁ではない壁のデザインをしたわけです。みんながみんなこの模様を気に入っているわけではありません。けれども、もし全然模様がなかったらもっと気に入らないだろうと思います。ただ、非常に気に入ってくれているものがあります。それはこの壁の内側の環境です。非常に静かで、陽も当たるし、見た目もいいし、これは気に入ってくれています。ここには大きい家もあります。これはアメリカ流にいうタウンハウスです。まず小さなフラットもあります。子どものいる家庭は全部、地面と直接にコンタクトのある部分に住んでいます。上のほうは若い人たちとか年寄りとか、上のほうでも生活が楽しめるような人たちが住んでいます。

山下———私は、これは非常によくできているし、住民が喜んでいるということはたいへんいいことだと思います。たぶんうまくいっているだろうということは、この写真を見ただけで、私は建築家として感じるわけです。しかしそうはいっても、アースキンさんはやはりルネッサンス期の建築家ではないかと思います。というのは、これが非常にエクスプレッシヴで、非常にモニュメンタルで、ぼくにとっては非常に魅力的である、そういう意味で非常に成功していると思います。建築家にとって、社会的な問題とか技術的な問題とか経済的な問題を設計のなかにとりこむのは、非常に大切で、ちゃんと解決しなければいけないことです。しかしそれ以上に建築家としては、モニュメンタルであるとか、すてきに見えるとかいった、ある種の美学を人に見せることが本来の仕事であるし、あなたはそのことにたいへん成功しておられると思います。バイカー・ウォールがモニュメンタルであることが悪いといっているのではなくて、ぼくはたいへんいいと言っているのです。

アースキン———モニュメンタリティという言葉についてはっきりさせないと、堂々めぐりになってしまうので……。（中略）

山下———ぼくに言わせてください。ぼくが話しているモニュメンタリティというのは、建築としての魅力、環境としての魅力だろうと思います。だからモニュメンタリティというのはたいへん重要なものであるし、普通の、ユニフォームな建築にはない、ある種の建築的魅力のことを語っているのだと思います。

アースキン———私がいままで見た離宮のなかで一番すばらしいのは桂離宮でした。あれは、〈現代の宮殿〉と呼んでもいいのではないかと思います。ところが私がモニュメンタルというのは、大きくて、必要以上に威風堂々としているようなもの……。

山下———でも、われわれにとっては、あれはたいへん大きな立派な建築ですよ。モニュメンタルであるわけです、あの桂離宮は（笑）。

編集———ちょっと、ここで私なりの交通整理をしたいと思いますが、アースキンさんの言われているモニュメンタリティというのは、その言葉本来の〈記念碑のような〉〈がっしりした〉〈巨大な〉あるいは〈歴史的な〉といった意味で使われているように感じます。一方、山下さんの言われることは—ニュアンスとしてはわかるのですが—もう少し正確に言えば、その環境あるいは建築のもっている〈固有の質〉あるいは〈独自の魅力〉といった意味で、つまり型にはまったものではないということでしょう。

実用性の美学
どうやって建築の詩をうたうか

編集———そして、このバイカー・ウォールにはアースキンさん独自の魅力というか美学が発揮されているということだと思います。そこで、アースキンさんのもっている美学というか、建築を設計する上でのデザイン・ポリシーについてお伺いしたいのですが……。

アースキン———バイカーに即していえばこれはパブリック・ハウジングということもあって非常に限られた予算しかないという制約があったのですが—それは、むしろアドヴァンテージだと思っています。

予算がたくさんある場合には、哲学的な、道義的な、芸術的な要素などを全部そこに入れこんで選択しなければなりません。選択の幅が非常に広くなるわけです。美学的にいえば、非常に優秀な建築家とか非常に優秀な芸術家であればそれを満たすことができるかもしれません。ところが、そのように完璧にはできないのが多くの場合だと思います。

しかし予算が限られているのがアドヴァンテージだとはいっても、そこから良い結果を生み出すためには、自分はもっと新しい才能をみがかなければなりません。高くはなくてすぐれた性能をもっている構造、あるいは材料、それはいったい何だろうということを考えないわけにはいきません。この問題に関して技術の専門

家から適切な答えをもらいます。フィーリングではなくてファクツとして、その知識をもっている人から教えてもらいます。そうするとそこで簡単に選べるわけです、材質、コンストラクションについて。もしボックス型の平らな屋根をつくるとします。安い材料だと雨がもり、雨がもらないようにすると高くなります。ですからフラット・ルーフはやらないほうがいいわけです。これは非常に短時間で決められます。考えるまでもないわけです。そういった理由から屋根は傾斜のついたメタル・ルーフになっておりまして、ガットとかダウンパイプをもっと少なくしなければいけないというので、型をちょっと変えたりしてみました。このほうが安くて、しかも水もれがしないのです。これはひとつの例にすぎませんけれども。

絶縁性の良い、プレファブの、木の壁をつくりました。ところが、これはレンガでつくったほうが安いのです。しかしそれだとインシュレーションはしていない。インシュレーションができないとエネルギーの消費が高くなってしまいますから、それはやらないほうがいいわけです。しかし財政的な条件からレンガにしなければなりませんでした。インシュレーションはあとでやればいいということで、レンガにしました。こういうことは建物の性能に関係することですね。

このように経済性とか性能について、きちんと検討したうえで、その次に、どうやって建築の詩をうたっていくかということが問題です。これは絶対に必要なことだと思っています。人間に詩が必要なように、建築にとっても必要です。過去よりも現在、および未来を表わす詩。ですからそこでも自分自身の新しい才能、創造力を発揮しなければなりません。

美学的な意味では、建築とその他の美術との間には大きな違いがあると思います。家具と建物とかについて、スウェーデンではArt of the useful and usableという言葉がありますが、私はよく椅子の例を出して説明します。彫刻家は、自分の思想を表現するために椅子をねじって、ある角度にぶらさげたり、非常にめずらしい変わった椅子をつくったりします。ところが家具としての椅子の場合は、うしろに背を支える背もたれがついていて、座はちょうどいい高さであって、姿勢をいろいろに変えることもでき、長保ちして、しかも美しい椅子をつくらなければなりません。建築も同様で、椅子をつくるのと同じようなプロセスを踏まなければいけないと思います。

藤本——— このウォールの外壁の仕上げの材料の選択についてお聞きしたいのですが、途中から材料がかわっていますね。これは機能的な判断でかわっているのですか。

アースキン— ひとつにはプラクティカル(実践的)な理由から、もうひとつは美学的な理由からです。

藤本——— プラクティカルな理由というのはどういうことですか。

アースキン— 要するに、地上に近いほうにレンガをたくさん使ったほうが破損を受けにくいということ。あるいは、耐水性の問題で下のほうはレンガのほうがいい。ところが、このビル全体は、コンクリートのアロス・ウォール・コンストラクションになっているわけです。英国では、この外側にレンガ、あるいはほかのものをくっつけるというのは、大しておカネがかからないんです。

藤本——— これはレンガ構造ではないわけですね。

アースキン— 外側に貼ってあるだけです。これは英国では安くできるんです。スタッドに木です。インシュレーションのしてあるプラスター・ボードがなかにあって、紙があって、外側にレンガがあるわけです。それで、ここにクランプがあって、コンクリートがあって、そして、ここにティンバーのスタッド。基本的にはツー・バイ・フォーですね。だから、ウォータータイトで費用が同じであれば、その範囲内で仕上げの素材をかえることはできるのです。

それからバイカーの計画のなかで注意したことが2つあります。まず、ビルディングのスケールを小さくする。ウォールの外側は長大で拒絶的—これはもともと防音の目的があるからですが、内側はかなり開放的で親しみのもてる感じを出したかったのです。上のほうにいくと、スケールはもっと小さくなる。ギャラリーの扱いや屋根の材料にも気を配りました。だから非常に親近感があります。できる限りモニュメンタルじゃなく親しみのあるようにやったつもりです(笑)。

山下——— それも一種のモニュメンタリティじゃないですか(笑)。

アースキン— たしかに外側から見ればモニュメンタルな印象を与えるかもしれませんが、それは道路があるし、うるさいし、プロテクトすべきいろいろな理由があるわけです。しかし、このウォールも内側に向ってだんだん低くなっていき、最後は1戸建と同じ高さにまでなっています。

よくいわれる美学の論理—私はそれを正しいと思っているのですが—いわば空間のヒエラルキー、あるいはスケールのオーダーといったことを考慮しました。外側では車が40キロ、50キロというスピードで走っていますが、壁に穿たれたゲートを追って内側に入れば、そこには遊び場や小さな路地があります。一方ウォールの中のエレベーターを使って上にのぼると、そこには手摺のついたギャラリーがあって、温室には花が咲き、ギャラリーの

所々にはベンチがあります。ここでの材料の選択やスケールのおさえ方は、ヒューマンなそれであるように十分気を配ったつもりです。

ある建築評論家と話をした時に、彼は〈このギャラリーの手摺は、もっとがんじょうにすべきだったのではないか〉と言いました。たしかに、それは、ひとつの美学の理論であるかもしれない。つまり、大きな建物には大きなエレメントをくっつけるという考え方です。ローマのサンピエトロ寺院がそういうふうにできていますが、そのために非常にひどい建物になっています。サンピエトロ寺院は、小さいものでも全部拡大してつくられているので、唯一尺度がわかるのは階段だけです。小さな子どもが象みたいな大きさに見えてしまいます。

私はそれとは違う美的理論、心理的な理論をもっています。要するに建物の部分部分が、人間の体験にピッタリ当てはまるものでなければいけないという考え方です。

ギャラリーの手摺は、エンジニアが計算して、倒れない、折れない、大丈夫だという結論を得たのです。木ですから触感もいいし、丸みがついているので、これに寄りかかったとき、おなかのあたりが非常にいい気持ちですね。そういう良さもあります。ですから、これは非常に実利的、実用的な美学です。

山下————それはアースキンさんのほかの作品からも非常によくわかりますね。

ビューロクラシズム
画一化と多様性の相克

藤本————さきほどどちらの文化に立つかというお話がありましたが、ぼくたちの言葉でいうと、エリートではなくて大衆文化といいますか、そういう文化の立場にたってやるべきだ、という点に関連してお聞きします。実は私は5年前にスウェーデンに行ったとき、ストックホルム市の建築課の人にハウジング・プロジェクトを見せてもらい、説明してもらったわけです。ところが現実に見ると、日本でもそうなんだけれども、非常に形式的で、均一で、ワン・パターンなのです。どうしてそうなったか市の当局の説明によると、民主主義のもとではみんなが平等でなければいけない、どの場所においてもほかのいろいろな点でも全部が同じでなければいけないということなのです。ということは、大衆文化の側面だけでやっていくとみんなそういうふうになってしまうのではないか、と、逆に非常に官僚主義的な感じを受けたわけです。(中略)

そこで、建築家の役割としては、山下さんが言ったように、そこにもうひとつ何かがないと……。大衆の生活のなかにはもっと夢があり、そんなに均一なものでなく、別な意味のモニュメンタリティが生活そのものの中にあって、エネルギーもあり……。

アースキン————ソ連の話、カナダの話で若干いまの問題にふれましたけれども、住居というとき、そこにはいろいろな種類のニーズがあります。マス・カルチュア、大衆文化というものを、全部の人が同じだという意味で私は言っているつもりはありません。すなわち、多数のグループがあり、また少数のグループがあり、それが一緒にいることができ、多数派も少数派もどちらも異る文化を同時に発展させることができるような環境、そういうのが開かれた社会といえると思います。そういうことを重視した建築あるいはプランニングであれば、絶対にいま藤本さんが言われたようなものにはならないと思います。いまお2人がおっしゃったこと両方に関連があるのですが、バイカーの場合、私は、場所が違えばそれぞれ特色が違うようにつくりました。ひとつは地形の問題です。高い場所、低い場所によって人びとの生活様式が違ってきますから、そういうことも考えに取り入れて特色を出しました。

藤本————それは非常によくわかるのですが問題は、僕たちがそういう大衆文化に参加して建築をつくるときに、直接のクライアントは住民であるけれども、その間に入っている者、たとえば役所とかがいますね。その人たちが考えている民主的なものが、さっきいった平等主義的、日本でいうと悪平等的な性格なのですね。あの平等主義を僕たちが破りたいと思うと、果してアースキンさんがいうように住民に直接かかわることしかないのだろうか……。

アースキン————いま藤本さんがおっしゃったような悪い意味での大衆文化をつくる、そういうひとつの社会的な力がありますね。要するに、ヘンリー・フォード・インダストリアル・メソッドというか、そういう頭の働きです。ヘンリー・フォードは〈黒さえ選べば、あとはどんな色を選んでもいい〉というふうに言いましたが、そういう思考のしかたが問題なのです。こういった産業界の生産機構あるいは商品の流通機構、政治機構というものが、われわれに、それぞれがみんな同じようになれと思い込ませようとしているわけですが、多くの場合、彼らはそれに成功していますね。しかし、ここでも物事をあまり簡略化して表現しないほうがいいと思いますが。

まず第1にさっきの官僚の問題ですが、確かに官僚というのは、場合によっては、われわれ建築家とは違う

ものの考え方をしていることがあります。少なくとも建築家はそう思いたがりますね。

　私は〈バイカー・ウォール〉の計画で解決すべきいろいろな問題についての話をしましたが、官僚は官僚で、解決しなければならない問題を抱えているのだということを私も知っているわけです。彼らはもっと大きな、複雑な機構を動かすための自分の位置を知っているわけですね。それ自体非常に難しいことだし、多くの官僚たちは、それを途中でやめてしまうということもある。そして、あまりそういうことを考えないで、闘うことをやめ、言われたことしかやらないようになっていき、機構自体の要求に自分を合わせていくようになっていきます。ところで、いま私が言ったことは、果たして官僚について語っていたのか、それとも建築家について語っていたのか、どっちだと思いますか……。すなわち、いま、官僚はこうだと言ったことと同じようなことをやっている建築家はたくさんいるんですよね。

　藤本――それはわれわれの組織のなかにもあるし、人間のなかに存在している。

住民のための環境づくり
どこまでインヴォルヴするのか

　山下――具体的な質問をしたいのですが車の騒音などがたいへん大きいので、コストアップの分を土木工事費の一部としてホワイトホールに認めてもらう交渉をしたというお話ですが、そういう話はスムーズに決まって、おカネを余分に出してもらうことができたのでしょうか。それから、これはたぶん標準的なコストでできていると思いますが、どういうかたちでこういうおカネが決まっていくのか、説明していただけますか。

　アースキン――これはローコスト・ハウジングですから予算は非常にはっきり決まっていました。そのなかで、いかにいいものをつくるかということですから、規則とか、いろいろなやり方を研究してうまくやらなければなりませんでした。くり返しになりますが、ここでまず第1に解決しなければならなかったことのひとつに自動車の騒音の問題がありました。ここで道路側の建物を、限られた予算とありきたりの方法で作るとすれば、多分、奥行10mくらいのスラブ型の住棟になります。そうすると居間を優先して南側に配置すると、寝室は北側(道路側)に置かざるを得ません。そして寝室にも一定以上の採光をとるために大きな窓を開ければ騒音にさらされることは明らかです。そこで私の採った方法は、住棟(ウォール)の奥行を約半分におさえて、メゾネット・タイプにしたのです。こうすることによって居間・食堂、それから寝室にも南面開口を採ることができます。ということは、北側の開口を必要最小限におさえることができるし、しかも寝室の北側はバスルームを置くことによって寝室に完璧な遮音性能をもたらすことを可能にしました。しかし、こんなことは規定の予算ではとてもできません。私の主張は、こうすることによって発生するコストは、住宅をつくるコストではなく、道路をつくったり鉄道をつくったりする類のコストだということです。そして、もしここに道路やメトロがなかったらどういう建物をつくるかというプランを、もう1度見せたわけです。そして音響分析とコスト分析をしてみました。そして当局筋と話をしたのですが、町もお金がないというので、ロンドンの中央政府のところへ行ったわけです。そこで私たちの主張をし、彼らも私たちの考え方に同意してくれたわけです。

　これは非常に重要なことですが、この中に住んでいる人びとは低所得層の人びとです。彼らはほかの人びととの比率に比べて車の所有数が少ない。ショッピングをする機会も一般に比べて少ない。したがってトロリー・カーに乗ったりする回数もその人たちはあまり多くない。この道路や鉄道は地域全体の施設である。それなのにここに住んでいる特定の人びとが、それのために高い家賃を払わなければいけないとか、あるいはその被害をこの人たちだけが被らなければいけないというのはおかしい、と言ったわけです。こういった不便なこと、あるいは余計なこと、これらは彼ら自身がつくり出しているわけではないのに、その被害を被るのはおかしい、というわけです。

　英国のローコストの住宅システムにおいては、一種の予算基準があります。英語では〈アドホック〉と呼ばれていて、たとえば、土地の条件が悪ければ、それを地ならしするために余分のアドホックの予算が出るとかいうことはありますが、私たちはこの壁をつくるためのアドホック予算をとったわけです。で、それがうまくいったものですから、英国ではそれ以降、どこにこういうものをつくる場合でも、道路の騒音からの防御策のために、特別予算が出るようになりました。

　また、住民参加がここでは行なわれています。英国ではまだ法律的な義務づけにはなっていませんが、もし、町の真中を道路が通るというときには、その道の両側に住んでいる人は、たいへん発言力がある状態になったわけです。ですから、ロンドンで環状の基幹道路をストップしてしまったのは、そういう背景からです。

　藤本――いまのお話に関連して質問したいのは、

建築家の社会的な地位というか、力というものに対してです。たとえば、このバイカーの壁に即していいますと、周辺に対する配慮ということによってカネがかかって、それを特別なかたちで出させるということは、日本のパブリック・ハウジングではある程度法律化されています。この場合は防御ということですけれども、たとえばこのなかに集会所をつくるとしますと、このなかの人たちだけじゃなくて外の人も使う場合があります。そういうときに、積極的に別なカネをつけましょう、という制度が日本にはあります。ただ、いまアースキンさんが言ったような、住民の生活を考えてこういうふうにしたほうが良いというのはコストが上がってくるわけですが、そのカネを出しなさいというときに、研究をしたり、調査をしたり、いろいろな理屈を考える。そういうことをして当局を説得しているわけですね。そのときに、一般的な建築家がそういうことをやっても聞いてくれるのかということ、あるいは、建築家が具体的にそれだけの費用や時間をかけてやることに対して、保証があってやっているのか、自発的にやっていて説得しているのか。日本の場合には、その説得が非常にむずかしいというのが一般的な建築家がおかれている状況ですが……。

アースキン――それはやはりすべての国でむずかしいと言えると思います。ただし、私から2～3のことを言うとすれば、その場合、建築家がそれに費やしたエネルギーや時間をカヴァーするに足るだけの設計料をもらっているのかという問題ですね。ただし、これは建築家がどういう生活をしたいのか、あるいはどういうことに関心をもっているのかがわからなければ、そのおカネが十分であるとか十分ではないとかという判断はできないけれども、ほとんどの国では、ほとんどの建築家が、相当いい生活をしていると思います。ほとんどの近代的な国では、たとえば飢え死にしそうな建築家とか医療福祉をもらわなければ困るような建築家というのは非常に少ないと思います。ですから、建築家自身がどのくらいインヴォルヴメントしているのか、自分はどこまでほんとにやろうと思っているのか、ということとの相対的な問題だと思いますね。ただ、私はひとつ利点をもっている。スウェーデンでは、社会のなかで重要な建築家であるということは、大して優位な地位に立っているわけではない。英国の場合もそうです。一流の建築家であるということ自体は大した利点もない。一流の建築家だからといって何かおカネが入ってくるわけでもないし、自分でこれをやりたいといってやれるわけでもない。ただし、私の利点は何かというと、移民であるということ、外国から来て住んでいるということです。しかも、それは非常に正しい種類の移民というか、非常にうまい組み合わせなのです。ご存知のように、私は英国人でありながら、移民して永年スウェーデンに住んで仕事もしています。つまりスウェーデン的な面と英国的な面とを併せもっている。それを私自身 Sweden の Sw と English をくっつけて Sw-english（スウィングリッシュ）と呼んでいるのですが（笑）。

スウェーデンにいれば、スウェーデン的なやり方ではむずかしいけれども自分の英国的なやり方だったらやれるということもあるわけです。また、スウェーデンでは、トップの決定者に直接会うとルートをつけることがわりあい簡単にできます。英国の場合、ケンブリッジで仕事をしていたときに、問題があって、〈それじゃ、ロンドンに行ってもっと上の人とかけ合いたい〉と言ったら、〈いや、それは困る〉というふうに言われた経験があります。バイカーの場合はだいたいそれと似ていましたね。私はスウィングリッシュ的な姿勢、英国の文化を部分的にもっているけれども、完全にそのものではないという立場でしたから、私は、じゃ行ってしまえというので、行って、やれたわけです。私は、これまで行なわれてきた方法とは違うやり方を彼らにのませようとしているのですから、ある意味で、彼らに問題をぶつけに行くのだという自分の立場はわかっていました。ですから、この音響防壁をつくるためのコストの問題、財政的な問題について、時間をたくさんかけて考えたわけです。そして、それを官僚の世界の帳簿に置きかえて考えてみたのです。すなわち、かかる費用のある部分は道路の費用として帳簿につけるべきものであるということに置きかえたわけです。ですから、ただ単に私の提案をするだけではなくて、彼らが彼らの世界での問題を解決するのに、私たちが助けてあげようということ、彼らに、敵として対したわけではないのです。

建築家は自分ひとりでは仕事ができません。クリエイティヴな建築家やプランナーは、同様にクリエイティヴなエンジニアとか、そういう法律の専門家、政治家、そういう人たちと同盟を結ばなければなりません。そしてそういう人たちのなかに、建築家におけると同じような考え方を必ず発見するはずです。若干は違うこともあるかもしれませんが。要するにいままでどおりのやり方でしかやりたくないというタイプの人と、新しいものを新しいやり方でつくろうというタイプの人と、必ずそういう組み合わせが出てくると思います。そして幸運な場合は完璧な外交官のような人が、渉外係のような人が現れて、その人がむずかしい渉外活動をしてくれることになります。

（1980年5月15日　鹿島出版会にて）

今の建築家は詩をうたえるか
ラルフ・アースキンを巡る
対談ふたたび

山下和正＋藤本昌也
聞き手 北尾靖雅、編集部

アースキンと同じことを考えていた

────「都市住宅」1979年8月号、および1980年3月号にて、アースキンを大きく取り上げた際に、おふたりに寄稿頂いたり、あるいはアースキン来日に合わせてインタビューを行いました。今回単行本を企画するにあたり、当時のアースキンに対する思いや、当時と現在の状況、改めてアースキンを今の時代にどう捉えるかを振り返られればと考えています。

山下──── アースキンについては、1950年代の小さな作品群や大型プロジェクトのコンセプトなどの完成度の高さや造形的な魅力にひかれ、注目をしていた建築家のひとりであったことは確かです。単に形の面白さだけでなく裏づけを持った、理由のあるデザインであることが興味深く、彼が描くコンセプチュアルなイラストとともに興味を持っていました。

1980年頃、対談（「都市住宅」7908）が行われたときというのは〈バイカー〉の始まった頃で、小さい建築だけでなく規模が大きくなった際も、デザインプロセスに住民参加を取り入れるなど「ああ、彼はこういう方向でやれるのか」と思った記憶がある。高層住宅の市壁で囲った低層部に平屋の住宅を入れる"防御"の考え方は、彼のコンセプトをよく表していて、それがいい方向に発展しているという印象を持ちました。この対談のときにも「社会、技術、予算的な制約をクリアしなければいけないけれど、それだけではダメで、"建築家は詩をつくらなければならない"と話していたのは、僕の考え方と同じで、この言葉に非常に共感を持ちました。

藤本──── じつは僕自身が"奥手"なものだから（笑）、独立するまでは（1973年）正直、外国でどういう住宅がつくられていたとかに特別な関心はなかった。アースキンのこともそれ程詳しくは知らなかった。独立する以前の10年間は、建築家大高正人の事務所で〈多摩ニュータウン〉や〈坂出人工土地〉でまちづくりと建築のことを勉強させられた後、後半は〈広島基町高層住宅団地〉計画の立案・設計、工事監理業務に没頭していた。東が大谷幸夫さんの〈河原町高層公営住宅団地〉、西が〈広島基町〉、公営住宅で最初の高層住宅の2つが取り組まれていた頃でした。基町の現場で再開発に伴う生々しい現実の難問に次々と遭遇し大高さんと一緒に立ち向かっていて、海外の建築なんて見る暇がなかったのが正直なところなんです（笑）。〈広島基町〉は集合住宅がデザインの対象になった、つまり公営住宅がわが国で建築家の仕事になった"はしり"の集合住宅

です。当然、私は熱くなって取り組んでいたわけですが5年後に独立した頃はオイルショックという時代の転換期という時期でもあって、高層住宅批判が社会的なひろがりを見せていました。したがって私は独立当初から、"積み重なって住む"という建築つまり、積層集合住宅にどう取り組むか、という問題意識をもって、集合住宅に関わることになったのです。そういうときにアースキンのやっていることを知り、共通の問題意識で素晴らしい成果を挙げている建築家がいる、と感激したのを憶えています。

システムとしての地域性を表現

────── アースキンに通じる「地域性」は、山下・藤本両氏の建築で表現されているものと思います。

藤本────── 当時の住宅政策を推進していた建設省に簑原敬さん(現・都市プランナー)という方がいました。1973(昭和48)年のオイルショックがあり、住宅政策が「量から質へ」と変わったとき、(すべての都道府県において住宅数が世帯数を上回り、昭和50年代以降の住宅政策は、「量から質」へと転換する)これまでの開発の思想を変えて、西洋近代主義を追っかけるのではなく日本の土着の思想から考え直そうと、哲学的な思想を持とうとして私たちは、「日本土人会」というのをつくった。小能林宏城(建築評論家)、関根伸夫(彫刻家)、簑原さんなどで日本の風土に合った建築の有り様だとかについて議論をしていた折、簑原さんがちょうど茨城県の住宅課長に赴任されたんですね。じゃあ、これまで言ってきたことをそこで実現させよう、茨城から集合住宅を変えようと、私が設計を引き受け、〈六番池住宅〉を実現させたのです(1979年)。

敷地条件が低層だった場所を選び、当時"オールジャパンでマッチ箱"状態の標準設計の団地から、場所性を踏まえた低層集合住宅の素形をつくろうとした。この簑原さんの政策的、計画的意図が最終的には当時のいくつかの県や市町村になんとか受け入れられるところとなり、長きにわたって標準設計だった公営住宅のデザインが、次第に変わっていったのです。量の不足が解消されるにしたがい、「遠・高・狭」(都市部から遠い、家賃が高い、狭い)なんて言われ始め、国の押しつけで一律につくられる団地ではいけない、もっと地域の風景になじむ団地をという声が市民の側からもあがったのだと思います。

当時のアースキンの特集には〈六番池〉で僕が考えてきたことと、また、やりたいと思っていることが全部できているんじゃないかと思った。日本がまだようやく最初のハードルを越えたという状況なのに、アースキンを見てると"ずっと先に進んでいる"じゃないですか(笑)。そもそも建築家が集合住宅を現実に、デザインできるなんて当時、一般的にはまったく考えられないことでしたよ。彼我の差がありましたね。

山下────── 一般の建築家がそういう問題意識を持てない中で、藤本さんは五期会(戦後建築運動のひとつで、1956年に大谷幸夫、大高正人らが結成。辰野金吾以来5世代目にあたるとして村松貞二郎が命名した)世代に鍛えられて、集合住宅をつくる機会があった。〈六番池〉あたりが突破口になって、画一的なものを避け、地域性ということを掲げて地方が独自のことにチャレンジできる風土が日本にも生まれたわけです。

けれど地域性といってもいろいろで、では首都圏の中で都市にどれほど地域性があるか、果たして東京と茨城は何が違うか。東京と大阪で異なる地域性を表現できるかすらも難しい。地域性探しで過当競争をしていた、もっといえば演出していた状況も正直なくはなかった、といえると思うのです。

藤本────── たしかに「地域性」が本質的な意味でデザインできたのかの議論はあると思います。しかし、当時の私にとっての最大の課題は「地域性」を唯一の手がかりにして、国が強制する「標準住棟、南面平行配置」という強固な約束ごとを打破する以外に選択肢はなかったのです。「地域性」こそ県や市町村組長さんを説得できる唯一のキーワードだったのです。そして、この茨城県の取組みが突破口となって1983年、HOPE計画(「地域住宅計画」を意訳した Housing with Proper Environment〔地域固有の環境を活かした住まいづくり〕の略称)という地域住宅政策が打ち出され、少なくとも公営住宅の分野では建築家が集合住宅のデザインに関われるチャンスが増えていったのです。秋田、佐賀や広島などが地域発の、公営住宅に取り組もうと踏み出していったのです。そしてそれらの先進的事例を背景にやがてHOPE計画は、1994年から地方公共団体が策定する「住宅マスタープラン」として整理・統合されてしまい、結果的に没個性的でマニュアル的になる経緯をたどるのです。

北尾────── アースキンや、スウェーデンの建築家を「新経験主義」と捉える考え方があります。即物主義、ファンクショナリズム、モダニズム批判の中で行ってきたことを指していると。地域の首長が欲しがっていた地域主義に、スウェーデンの生協である消費者組合が率先して取り組んでいます。日本の場合は、語弊があるかもしれませんがお上が取り組んでいる……。

藤本────── 近代主義を乗り越えるのは地域主義(ローカリズム)だと

思います。今でいえばグローバリズムを超えようと。彼らがそれを意識していたかどうかはわからないけれど、日本と同様公営住宅に人気がなくなってきたことへの批判から始まったと。

山下――――大局的にたしかにローカリズムへの方向は正しいところがあるものの、建築の場合は話が多面的で、近代主義ですらローカルな味付けがあってひとつの言葉では括れないわけです。例えば1960年代のはじめにイギリスではFunctional Traditionということが盛んにいわれた。ローカルでもあるが、近代的、合理的でもあった、それがイギリスの伝統だという。Traditionという言葉を使ったことにローカリズムの意識を感じるわけです。でも、ローカリズムは観光地のおみやげ物と一緒で、みせかけの地域主義の表現という状況もあった。だから一般化して話をすればするほど、抽象的になってしまう……。

藤本――――ぼくはローカリズムというのは現在のグローバリズム一色の世界的状況を考えると結構、切実な思想的概念だと思うのね。今、山口県・宇部の中心市街地の再生事業に取り組んでいるんだけど、そこでいかに標準的ではないものを取り入れるのが難しいかを体感している。アースキンは住民参加に取り組んだけど、参加型のまちづくりをするときに、地域を大事にしようという気持ちあるいは地域の技術、大工さんや左官屋さんの技術など地場産業の連携に取り組もうという気持ちは共有できる。問題はその共有する気持ちを現実化する武器を地域が持っていないということにある。だから、地域にとって地域主義は常に具体的な問題で、決して一般的な問題ではないんです。アースキンのいう「詩をつくろう、詩を歌おう」という以前の問題を解決する段階で立ち往生しているというのが現実だと思うんです。

山下――――たしかに、表現に限ってしまうと、表現のための表現となってしまうから、おっしゃるような地域内のシステムだとか、コストや技術を考えることも重要

茨城・六番池団地（藤本昌也）

©Masaya Fujimoto

な地域性なのかもしれないね。

藤本――――アースキンは木材の使い方にしろ、"表現のための表現"となることなく、システムとして地域性を表現していた。権威主義からの距離のとり方、一貫性に大変共感を覚えますね。

コストを守る「美学」

山下――――それと、コストを守ろうとする考え、これが建築家の美学だというあたりが、非常におもしろい。ローコストにどう対応したらいいか何であったか非常に具体的なことを書いている。そういうことは我々にとっても必要なことだし、デザイン上の制約でもあるが、見方によっては、逆に助けになることですよね。それをちゃんと意識して解決を考え、ちゃんとみせている。美学の計算の中に入れているところがうまいなあと思うのですが。

藤本――――僕が聞いた際には、コストでしばられることがいかにデザインをきめる決め手になるかということを言っていて、なるほどと思いました。

山下――――確かに、コストがデザインの決定要因になるのはある意味当たり前の話で、だけどそれをうまくかわしてるなっていうのが彼の技なんじゃないかと思いますね。

藤本――――憎いのは、役人には役人の理屈があって、彼らの心配していることもちゃんとわかってあげて、彼らを助けてあげる気持ちを持つ、と言っていたこと。やはり役所批判だけしててもしょうがないという……そこらへんはなかなか通じるものがある。アースキンの説得術がすごいんだろうね。やっぱり彼は、自身が言ってたように人間が好きなんでしょう。ああいう建築家というのは珍しいのではないかな……。今の若い世代の建築家の中に、第二のアースキンというのはいないのかな？

詩をうたう場所がない

藤本――――今は、建築全体がグローバリズムに向かっているような気がします。資本、お金が東京に一極集中してしまい、地方の建築産業の状況は非常に落ち込んでいることは間違いない。公営や公団は退場を迫られている。そこで民間がとってかわって、市場を拡大するわけだが当然、そうなれば、商業主義にどっぷりのものしかできない。市場原理のグローバル経済ではそれも仕方のないこと。建築家が地域に根ざして一生懸命できるフィールドがだんだんなくなっているんじゃないかな……。だからこそ若い人には、市民を味方につけ

て地域を読み解く能力を、アースキンから学んで欲しいし、こういう状況だからこそ、苦しいときにこそ真剣に、哲学的に建築というものを考え直すべきだと思う。

山下——— 産業として自然淘汰も必要ですよね。商業主義という言葉では説明不足で、新しいものをつくっていくことに意欲がない。それは公営住宅にもあったこと。民間で本質的にデザインに挑戦したものというのはないのかもしれない。デザインに既視感があり、積極的にな意味で商業主義ではなくて、もっと事なかれ主義の安全側の商業主義を感じます。

藤本——— たしかに保身的商業主義という感じだね。また、まちづくりと建築家の関係で言えば、さまざまなプロジェクトは建築家が入ったところですでにプログラムはすべてできているだとか、途中までの絵を描いたら、あとは他に持っていかれてしまう……、建築家が責任ある職能者としてまちづくりに参加できない状況です。実は宇部のまちづくりでは「建築家」という肩書きではなく、「都市計画家」とかいう言い方をしないと、行政関係者と一緒に仕事ができないんです。「先生は建築家でもいらっしゃったんですね」と街の人にいわれてしまう（笑）。

山下——— かつては地方に行くと、地方の設計者の手本になってくださいということを言われたが、今は逆で「ならないでくれ」「必要ない」と言われてしまいます。

藤本——— それと同時に、住宅の供給者と住まう側ともに、まちづくりへの意識が希薄なのです。こうした状況でアースキンが今いたら、どれだけ驚くことか、あるいは何をするんだろうという思いがある。〈バイカー〉でアースキンがやったことをみていると、いったいどんな社会背景だったのかと。建築家がまちづくりに対して貢献しているかというと、状況は後退していると言ってよい。建築家、設計者が絵を描く舞台がない。「詩をつくる」どころか、詩をうたう場所がないと思うんです。

マスターアーキテクトとしての アースキン

藤本——— 大高さんたちは、まだ仕事のなかった戦後まもない時代に五期会をつくって知的運動をしていた。そして、故郷の福島県三春町のまちづくりではみずからが指揮を執って、当時の山下さんたち若手建築家に仕事をまわして建物でまちをつくるということをやった。

これはアースキンに通じるものがあって、長野県・小布施の宮本忠長さんや、岡山県・倉敷の浦辺鎮太郎さんも建築家が建築でまちをつくるという点では同様の活動といえるでしょうね。

茨城・田沢台団地（内井昭蔵、山下和正、藤本昌也）

山下——— マスターアーキテクトの役割をされていたわけですね。

藤本——— 今、マスターアーキテクトといえば、土木では篠原修さんや、内藤廣さんとかが景観デザイナーという制度をつくろうとしていて、それは評価すべきことだと思います。このように、建築と街をつなぐようなところで活躍できる人が出てくればいい。かつての大高さんが試みたことを僕もやってみたいと思っているんです。それこそアースキンは、それをやりきって天寿を全うした人でしょう。

北尾——— ええ。最後のプロジェクトが〈ミレニアム・ビレッジ〉ですし。それも全体のマスタープランをつくって、取り組んだという。ですから今でいうマスターアーキテクトです。

藤本——— まあ、まさにアースキンらしい。都市の近くに有りながらエコロジーを考えるアーバンビレッジというコンセプトといい。

山下——— アースキンのイラストには当時すでに「エコロジカルタウン」といった言葉があったり、環境への配慮が謳われているけれど、これはかなり先見性があったといっていいでしょうね。

北尾——— 当時はなかった言葉と思います。

藤本——— あれは今でいうコンパクトシティをつくりあげる構成要素の提案だと思うんです。現代に通じるコンセプトを持っていた。

建築家の「幅」を拡げる

北尾——— アースキンの中には「抽象的な市民」がなかったと思っています。常に人と向き合ってきた。

山下——— そう。僕は当時彼へのコメントのタイトルに「自分の掌の範囲で」ということばを書いたけれど観念的ではなく自分の知覚の範囲のことを大切にデザイン

しています。

藤本——そこへ来ると、今のまちづくりは本当に難しく、街に合った風景をつくる建築を建てなければいけないという意識が、供給側とユーザーの双方にない。僕は今、200坪くらいの緑地と一体化した宅地を単位にした土地区画整理事業を田園都市構想として計画しているんですが、そこでどういうことが起こっているかというと、当然のことながら地主が合意しないとまずできない。一方、景観について協定をつくろうとしても、屋根の素材を統一しては困るとユーザーから言われたりしてしまう。市民・行政、専門家、企業が共有すべき市街地像をいまだにもてないでいる。

とくに筑波などにはよい民家や集落の風景があるから、それを大切にしたいという建築家としての思いがあるけれど、その思いを供給側とユーザー側も共有できないでいる。アースキンならどうするかと思います……設計者が詩をうたうような場所をなかなかつくれない。まちづくりは70〜80年代よりもむしろ後退しているのではないかと思います。

結局、建築家の設計の業務領域をもっと拡大して、アースキンのやっているような、非常に総合的、包括的な立場からまちづくりを考え、生活者のニーズを捉えるような市民参加型のいわゆるコーポラティブのやり方を採用するなど、建築家の業務を拡大しなければならないと思うのです。

山下——そうですね。

藤本——アースキンが面白いのは、最初のプロジェクトが地方だったということです。アースキンが仕事をとってくるそういう方法は、非常に参考になりました。若い人も、汗かいて"仕事"はつくるものだという考え方が必要です。地方は知恵を求めてますよ。

北尾——アースキンは巨大さを求める近代主義の中、巨大であることに可能な限り抵抗し続けてきたのではないかと、考えています。

藤本——彼のその一貫した立ち位置っていうのも共感できるし、そういったものを今の時代こそ考えていかなきゃいけないと思っています。

山下——アースキン的な設計の作法ができるような土台づくりを建築家は自分で再構築していかなければならないですね。

——アースキンの仕事を見ていると、建築家の範疇に納まらないといえると思うのです。今、建築が閉塞感に襲われているとしたら、アースキンのやってきたことをあらためて眺めてみることで、自分にできることが見つかる——つまり藤本先生の言われる建築家の枠組みを拡げるような建築家が生まれるような気がします。建築そのものについても、捉え方が変わると思うんです。

藤本——建築家は仕事がないからといって、地域と一緒に落ち込むのではなく、地域に希望と知恵を与える立場にならないといけない。今の若い人に伝えたいのは、アースキンの取り組みともいえる、"もの・まち・くらし"づくりをトータルで考えられるよう、真剣に考えて欲しいと思っています——「建築家、敷地を出でよ」とね。

(2008年3月2日、鹿島出版会にて)

編者註——「建築の詩」という言葉は、アースキンが日本で対談をした際に彼が提示した重要なキーワードであり、アースキンの建築への姿勢を示しているともいえる。この言葉は、ヤン・ゲゼリウス(Jan Gezelius)がスウェーデンの伝統的な建築を説明する際に用いた。ゲゼリウスは、ポストモダニズム主義が展開するなか、ポストモダンの言説に対抗するためにスウェーデンの建築のもつ「のびのびとした伝統」を評価し、伝統的な建築を楽しむ言葉として「建築の詩」という概念を提示した。建築家のヤン・ゲゼリウスは、ウロフ・ツュヌストローム(Olof Thunstrom)がスウェーデン協同組合連合会(KF)に所属していた時代に彼と共にKF建築部に所属し、ツュヌストロームの考えを広めていった建築家である。ゲゼリウスはオールセンヌ兄弟(Ahlsen Brothers)やカラス・アンジウム(Clus, Anshelm)等と同様にアースキンを、のびのびとしたスウェーデンの伝統が持つ建築の詩をうたう建築家と考えていた(Claes Caldenby, *Sweden, 20th Century Architecture*, Prestel, pp.161-162, 1988)。

ラルフ・アースキン講演録：
建築——実用と普遍性の芸術

建築：それは大げさなふるまいか、それとも有用な芸術か

RIBA（Royal Institute of British Architects：王立英国建築家協会）は1987年、ラルフ・アースキンにゴールドメダルを授与した。以下はその受賞を記念してロンドンで行われた講演録である。アースキンの当時の考え方を知るためのメモランダムとして参照いただきたい。

芸術の本質

　人間がランドスケープをつくり変え、建物を築き、街に街路や広場や庭園、さらに家具や道具などを自分たちの環境への要求を満たすためにつくるとき、そしてコミュニケーションを手段としてこれらを意識的に結びつけるとき、建築はその姿を現します。建築は私たちにとって身近でいたるところにあって、私たちの生活に多大な影響を及ぼします。また建築は私たちの文化を端的に表現したものであり、最も広く普遍的な芸術の姿なのです。それはすべての人々によって体験され利用されています。

　同時に私たちが忘れてはならないのは、建築は他のすべての芸術とは異なり、手づくりの工芸品のように「実用的な芸術（brukskonst）」であることです。その実用性、すなわち機能的な側面（functional aspect）——実用性と精神性を満たすすべてを織り込んだ豊かさ——が私たちの小さな身体を保護するだけでなく、私たちが抱く夢も表現しています。こうした特性によって建築は特殊な芸術となっているのです。したがって、環境形成に携わるすべての人々には特別な責任があり、何が最も重要なのかを十分に考えるべきです。

文化とその対象の表現

　古代、中世、ルネッサンス期の偉大な芸術と建築は、権力を持つエリート階層の人々やその集団を賛美することに費やされ、貧しい大多数の下位階層にはまったく関係のないものでした。こうした状況は神と人間の間に定められた自然な秩序であると信じられていました。それゆえ、偉大な記念碑的建造物はこうした信念の表現であると考えられていました。その一方で、一般の人々は彼ら自身の必要とするものを理解し、資力と好みに合わせて建築を建てていました。

私たちは、彼らと同等の誠実さを持って現代の重要な信念を表現しなければなりません。現在を注意深く見つめることが私たちの最大の関心事になるはずです。私たちは現在、平等な人権と民主主義という深遠な信念を表明する時代にいます。そして科学者や文筆家やメディアが、世界の大多数の人々が貧困や差し迫った状況に置かれているということを警告する時代にいます。労働力と資本という莫大な資源が少数のオフィスビルや公共の建物、教会、博物館、その他の特殊な記念碑のために費やされており、住居や職場など大多数の人々が本当に必要としている建物で人間的な側面を備えたものはごくわずかしかありません。

　以前と比べると、比較にならないほどの資源や新しい技術や素材、建築美学を持つ時代になったにもかかわらず、私たちの街や村落の環境はほんの少しも改善されていません。

　この事実を見ると、建築家、クライアント、評論家、および建築出版関係者たちの多くが、形態と哲学と奇抜な建物に多大な関心を示しているということは、驚くべきことに見えてきます。ここで私は次のように問いたいのです。私たちは、人間らしさと民主的な信念を裏切る建築に関わりを持つかどうかに関係なく、自分たちの文化に夢を見ることができるでしょうか。また、総合的な芸術である建築は不平等で排他的な特権であると信じられているのでしょうか。私たちは盛んに議論されてきた近代主義やポストモダニズムの美学に誘惑されてしまうのでしょうか。その結果、私たちの批評の目は鈍ってしまうのでしょうか。建築が意思を表現するという重要な役割を持っていることは意識されていないのでしょうか。また不誠実が文化の基本的な特性なのでしょうか。

　建築は美しく、かつ正確にそれ自体が必要とされる理由を表現しなければなりません。そして、真摯に建築を見ていくならば、その存在理由が正当であるかどうかは明白となります。

　私たち建築家はどのような正当な理由があって、時間という計り知れない資源と知的で感情的なエネルギーを、無分別な時代の流行や熱狂に終わるような争いに費やすべきなのでしょうか。

　建築家たちは自分たちが世の中の本当の必要性を満たす上で不適当な作品をつくってきたことに気づいてこなかったにもかかわらず、時の権力を背景に、本当に必要とされているものを無視してきました。それがモニュメンタリズムであれば、現代の巨匠と呼ばれる建築家の作品は、不幸にも生き残ってしまった恐竜のようなものです。現代において、どうして私たちは巨匠建築家に関心を持つ必要があるのでしょうか。

アカデミックな伝統

　従来のアカデミズムはしばしば芸術家や建築家をユーザーと切り離す要因になってきました。狂信的で限られた専門家の中で語られる難解な迷路のような対話に深く関わることで、建築家と評論家はある種のカルトのメンバーになってしまっています。そこで、建築家と評論家たちの代表者とメンバーは、彼ら特有の秘密の言語を使用します。新しいメンバーに対しては賛辞を送りますが、部外者に対しては排除するような言語を使うのです。このようなカルト的な集団と特別な言語は、普段、社会・公共の利益について意見していますが、実際には、互いの称美のための孤立した排他的なクラブをつくっているに過ぎません。

オルタナティブ

　18世紀に人文科学は神秘説の立場をとる中世の分野を捨てて、物理的な世界を研究する科学とシステムを開発して以来、科学研究の成果は反響を呼ぶようになりました。こうした成果は、近年入念かつ体系的に自分自身を研究する学問となりました。つまり、人間とは何かを探求しているのです。この傾向は、近代的な科学と同様に、人類学、社会学、および心理学の分野においても目覚しい成果を導き出すでしょう。こうした種類の研究成果は建築と共同体の計画（コミュニティプランニング）のために必要不可欠ですが、一方で、市民を欺くために使用することもできます。私たち建築家はこうした知識をあらゆるところに探し求め、活用しなければなりません。そして何にも増して、日ごろの研鑽、そして直観力、知覚能力、感性を人々のために活用しなければいけません。これは、私たち建築家が非常に現実的で平凡な要求に応えていることを人々に伝えるために必要なことです。そして、建築家が対処しているそうした重要な現実を明らかにしたり、私たちがよく語る正義と平等の夢を伝えたりするときに、「詩」をもって実現しなければなりません。

　また、建築家は市民として、夢を現実化するために、政治的、経済的、そして管理上の仕事を、できる限り上手くやっていく必要があります。私たち建築家の希望とは適切な変革を求めるものであり、そのために保守的な哲学よりは急進的な哲学に、そして権力と富をもった人々の収益を高めるという贅沢な要求よりは、経済的、社会的に恵まれない人々の要求に忠実であることが必要です。このことは明確に理解しておくべきでしょう。

モダニズムの概念

　近代主義の概念は近代的思考により定義された可能性があります。この近代的思考とは、古典時代のギリシャで始まったものと考えられます。または、19世紀中頃の芸術運動において始まったとも見ることができます。さらに建築家が最近の50年間にわたって取り組んできた機能主義によるものであるとも考えられます。これらの考え方はどれも正しく、同時に私的な見解だと思っています。しかし最近の進展を見ていると、近代的な共同体が形成された18世紀の中頃の文化と関係があるように思えます。これは「西洋の文明化(western civilization project)」と呼ばれています。

　資本主義は西洋文明の経済基盤であり、産業化は西洋文明の技術的原理でした。これにより民主主義を実現することが可能となりました。あらゆる人々の幸せを実現するという信条がモダニズムにおける進歩的な神話となったのです。

　こうしたモダニズムに対する信条があるのですが、その信頼に対して現在疑問が投げかけられています。すなわち、「文明化」は失敗に終わったのでしょうか。それとも、不完全であるだけなのでしょうか。これには様々な見方があります。現在、西洋社会が経済に留まらず政治的にも、文化的にも、社会的にも危機的な状況にあります。しかし、西洋社会においてヒューマニティ(humanity)の精神が危機に瀕しているという見解はほとんど見られません。

形をつくる思想

　建築に形を与えるのは、建築家だけではないということは確かです。建築家自身、生活する文化に属し、その影響を受けています。そして、意識的であるかどうかは別にして、建築は社会や文化の価値観、あるいはそれを先導する思想を映す鏡としての役割を担っています。

　時代の変転期にある今、形をつくりだす力が何であるのかについて考えることは意味があります。

文化と新しいパトロン

　多くの人々は、資本主義の危機を語るよりも、資本主義の経済システムが以前にも増して、より機能的で、より効率的であると考えています。コンピューター上でデータのやりとりがなされ、多国籍企業やコンソーシアムが主役である現代では、資本は国境や税関を超えて自由に移動しています。資本の集積が自由な、このような状況下で、企業の芸術や文化に対する影響力は、出資活動を通じて強くなる一方です。

　過去のパトロンたちと同じように、企業による文化・芸術の支援もまた無私無欲とは遠いところにあります。そして意識するにしてもしないにしても、芸術家の創造活動はパトロンの意図を達成しようとするものです。このことはパトロンが教会であれ、王であれ、公的なものであれ、私的なものであれ、同じことです。このことは建築のような資本との距離が極めて近い芸術に特に当てはまります。

　他の芸術と同様、建築についても大半の部分は高尚な芸術ではなく、一般的なものだと考えなければなりません。しかし、このことに巨大資本が関心を持つことはほとんどありません。こうした理由から、「よい」建築をつくる「最良」のつくり手にとって、またその仕事を私たちが理解するために、この問いは重要になってきます。

建築家たちと新しいパトロン

　哲学者ハーバマス(Habermans)とリオタール(Lyotard)は、どちらとも政治的な視点から見れば、ポストモダニズムであると見なされています。つまり、彼らは芸術的な視点のみから捉えられるのではなく、さらに広い視点から重要だと見なされているのです。美学的な反乱は基礎的な価値への脅威となる場合がありますが、同時に基本的な社会システムに希望を与えることがあります。

　おそらく、スカンジナビアの人々にとって、ポストモダニズムは、何がよくて、何が真実で、何が美しいのかを考える機会となっています。機能主義を信奉した後の現在の状況下で、私たちが奉仕すべき社会の中で何が力を持つのかということに、あなたは関心を持っているでしょうか。内向きな「イズム」や建築家の専門用語による遊戯がそれほど実り多くないということを理解しておくことはとても重要です。

哲学の変化

　モダニズムは当初、キュビズムの考え方により形成されていました。しかし次第に、近代のドグマそれ自体が生産手段になっていきました。このことは、その目的に貢献するという機能主義の技術的な側面のみを選択し、本来の近代主義運動の初期には重要であった社会的、文化的そして美的な要素を拒否する結果となりました。そして大半の建築家はその信奉者となるか、あるいは受け取ったプログラムをただ実行するだけ

になったのです。

　こうしてみると、ポストモダニズムが同じ争いに敗れ、建築が直ちに販売装置やPR装置に成り下がってしまうかもしれないという差し迫ったリスクを理解しなければなりません。今日においては、商業主義が現代的で洗練された権力であるからです。建築物のファサードは着飾った、遠近画法的な美意識として今日見ることができます。これは最も人工的で、しかし徹底的に「イメージ」に関心を示しています。いわゆるパッキングの芸術とマーケティングの心理学が幅を利かせ、それが品質や独自性を十分に満たすことのない製品を取り扱う商業を振興させているのです。

ポストモダニズムの状態

　ここでは、アイデンティティを模索しているポストモダン建築の形態についてよりも、私たちの関心についてお話ししましょう。工業化社会から情報化社会への転換にともなって、これまでにない複雑な技術のもたらす利便性、国や社会の統治の正当性、そしてよりよい未来への信頼が失われています。このことが、ある種の不安定さを生んでいます。この不安定さは、国境を越えた人々の移動によって複数の民族からなる社会が急速に出現したように、男性と女性、高齢者と若者、雇用主と被雇用者の間にも新しい関係を探ろうとする動きを妨げています。これらはポストモダンに見られる重要な様相です。

　ポストモダンは、かつてのユートピア思想を喪失させ、新しいユートピアを不在にし、社会の崩壊傾向を先導していると考えられないでしょうか。明らかに、このような世界的状況において、建築と計画の行為は変化するでしょうし、そうしなければならないのです。そして、この状況の中で新しい道を探そうとする新しい自由は、非常に前向きで刺激的なものです。つまり、芸術に実際に携わる者が創作に取り掛かろうとするとき、この迷路の中にあっても自分たちの進路を選択する可能性はまだ残されているのです。

　私の信念には、年齢による保守的な傾向があることを前提として聞いて頂きたいのですが、私は判断力、直感力、感性の組み合わせである人間性に、問題を解決する大きな可能性があると確信しています。一方、人間性は成熟していくものであり、その思想も人と同じように成熟していきます。しかし現代社会は、そのような成熟を妨げようとします。私は、複雑な共同体の持つカオスを増幅させるよりも、望ましい多元主義的な共存の意味を強調していきたいと思います。

　私は未来への希望を建築に託して、その場その場で、奇抜ではなく、変わることのない価値観、つまり「多様性のある調和」を求めて努力していきます。

　1930年代から1970年代にかけて、多くの建築家とプランナーは深く社会問題に関わりました。現在、社会問題が私たちの理解をはるかに超えて、ますます複雑になってきている時に、多くの建築家たちは美学という安全な領域に引きこもってしまい、その結果、建築家は自分たちが操作されるということに抵抗する力は弱まっているように思います。

　もちろん建築美学も重要ですが、ポストモダニズムは、私たちに自分たちのドグマを問うこと、新しい知識を求めること、そしてより深く洞察することを求める挑戦そのものなのです。

様式についての討論、二流建築の言い訳か

　私たちは皆、現代の都市の環境の大半が陰鬱になり、無味乾燥であることを知っています。そこで、私たちは過去から形態を借りて遊ぶことによって、都市をにぎわせることができるでしょうか。この方法は、一般的で、簡単で、安上がりの環境改善の方法でしょう。しかし私たちは、こうしたやり方では満足できないということを経験的に知っています。ギリシャやローマのコラムとアーチは工業的につくり出すことができます。形態はすでに存在していて、コンクリートなどの新素材で製造されるだけです。つまり、古典的な建築から取り出された形態の要素は、とても重要な建築表現となり、記念碑的な意味を与える役割を担うことになります。これは建物の威厳を押し付けているに過ぎず、軽率で無責任なことだと言えるでしょう。そして残念なことに、それらの多くは意味のない遠近法のゲームとして都市に配置されるのです。

　アール・ヌーボー、アール・デコ、民族的な建築の形態も同様に利用される可能性があるのです。

　私たちはあまり努力せずに、都市環境を形成することができます。都市の環境は私たちに、文明の始まり以来私たちを取り囲んでいる環境をつくり出してきた建築的な形態の再生産によって我々にアイデンティティを与えるのです。また、ポストモダニズムは私たちのために囲われた場所と、シンメトリーという建築物の立面の調和をもたらすでしょう。

　しかし、ファサード建築により囲い込まれた空間を持つ建築において、重要な点はいったい何なのでしょうか。スウェーデンで議論を巻き起こしたリカルド・ボフィル (Ricardo Bofill) のプロジェクトはひとつのよい教訓だと思います。彼の「古典主義的モダン」である、バルセロナ近郊のウォルデン・セブン (Walden 7) とパリの住宅地を比較する

と、どちらの場合も、狭苦しい広場を囲むように量感のある建物が建っているのがわかります。私たちの目には、それは過剰な探求であるように映ります。ウォルデン・セブンは危険で住居に適さない美しい彫刻です。生活を貧しくする代わりに、そこでは10分の1のスケールを崇拝しているのです。美しい彫刻をつくるのと同じくらいに、生活を豊かにするべきでしょう。ウォルデン・セブンとは対照的に、パリの住宅地は、それほど住居に適さなくないとはいえませんが、すばらしい配慮の感覚よりも、むしろそれは皮肉な印象を与えています。

建築の問題

私たちが扱う建築の今日的な問題は、スタイルではありません。私たち建築家の思考の中心にあるのはスタイルですが、むしろ、ブリーフィング・スケッチにはじまり居住へといたる建築設計における全体のプロセスが問題なのです。

プロジェクトの初期段階からプロジェクトの後期にいたるまで、生産的な助けとなる事柄の多くはブリーフィングによって発見することができます。しかし、そこにビジョンがまったく見られないのは問題です。多くの場合、販売や収益以上の深い目的意識を持っていないのです。建築家たちが「目立つ人」や「象徴性」に興味を持っているとき、あるいはビジネスとして建築の仕事をしているときに、こうしたジレンマが生じます。

美学と様式建築

リカルド・ボフィルのような建築家たちは、古典的な形態表現に戻ることによって、環境と居住者にアイデンティティを与えようとし、作品に記念碑的な言語を取り込もうとします。しかし、居住環境における記念碑的であることの価値はとても疑わしいものです。記念碑的な建物が見る者に衝撃を与えることは明らかであり、その驚きは非常に特別な経験であるかもしれません。

しかしながら働いている人々やそこに住んでいる人々について言えば、この経験はすぐに消え失せてしまうのです。永久的な価値とは、人々の望む生活において環境が積極的に貢献しているという感覚です。環境は人々の関心の対象であり、設計者から理解するよりも、ずっとその場に居続けることよって理解が深められます。

一方で、建築の記念碑性の特徴は、建物の大きさとその要素を誇張する点にあるのですが、来訪者はそれをそれほど評価しません。そして、記念碑性はある社会において権力者か権力機構によっていつも利用されてきました。オフィスや住宅においても宮殿と同じように、その特徴はその人や集団のステータスを高めるために用いられます。また記念碑性は、彼らの自我を守り、優越感を与えるために利用されます。表面的な威信やステータスという概念は、人間の価値観からすれば、不適切であるにもかかわらず、マーケティングの心理学に見事に適合しているのです。

では、建築家はなぜ、または誰のために設計するのでしょうか。研究によって、建築のファサードが積極的に体験されるということが示され、その結果ファサードは分節化され、出窓とデコレーションで飾られています。こうした現象が様々なところで見られます。閉じた広場や街角でこのような要求があれば、同じような空間がつくられます。しかし、誰が、またどのくらいの人数がそこを使用するかということは、ほとんど考慮されないか、あるいはまったく考慮されていません。誰が広場や街角を使うのでしょうか。このような空間はいったいどのような空間なのでしょうか。

建築が空虚な形態の操作や生活のジェスチャーに関係があるとすれば、建築はそれ自体存続する価値がありません。

現代社会では、環境の価値が人々の生活にどのような意味を持ちうるかについて無関心になってきています。商業主義者や単純なデザイナーたちは、二流のプランニングと構造体を、豪華さとノスタルジアで包み隠して売り歩いています。そしてユーザーは彼ら自身が何を求めているのかを知らされることがありません。

建築哲学と地域的な文化

現在の哲学の中には、哲学者の属する地域の文化を強く言い表しているものもあります。私たちは普遍的な文化を望んでいるのでしょうか。それとも地域によって異なる文化を望んでいるのでしょうか。

天才的なデザイナーであるロバート・ベンチューリはある哲学を打ちたてています。この哲学は、フランク・ゲーリーの作品からも見て取ることができます。彼の作品はある意味、建築であると同時に哲学です。彼の作品には、多くのアメリカの都市の断片化した構造が結晶となって現れているように見えます。ベンチューリは「ラスベガス(Learning from Las Vegas)」について語っています。ゲーリーの解決方法は、明らかに私のそれとは完全に異なっています。私たちはただ人間の種類が異なっているのでしょうか。それとも私たちの文化的な背景が異なっているだけなのでしょうか。あるいは、まった

く異なったことを学んできたのでしょうか。夜のネオンの中、砂漠を走る道路を行くと不毛の砂漠の渓谷に、世界一の罪の巣窟がギラギラと輝いている——こんな姿を思い描き、強烈な視覚的な刺激に楽しみを覚えるとともに、道徳的には憤りを感じるだろうと、期待してラスベガスを訪れました。

　私は踵を返して去るべきでした。罪を避けるのではなく、幻滅を避けるために。ラスベガスとその「5マイルの地域」は、私にとってひどく退屈なものでした。そこには、安っぽいホテルや教会、駐車場、そして点滅するネオンがあり、退屈したり幻滅したりしている人々が無限に連なるスロットマシンを安っぽいホテルの玄関で引いているだけでした。悲しみばかりで、楽しみがありません。罪がありさえすれば、確実に楽しめるというのでしょうか。ソドムとゴモラはロトの妻にとっては楽しみのある場所だったに違いありません。なぜなら彼女はもう一度振り返るという危険を冒したからです（旧約聖書）。彼女がラスベガスを去るとすれば、振り向いてラスベガスを再び見ることは決してないでしょう。東京の銀座、新宿または赤坂と比べて、ラスベガスは私にとって退屈な地域であり、無能で醜く単調な砂漠の街でした。私はフロリダでも同様の経験をしました。ラスベガスは、私の建築やコミュニティプランニングのモデルにはなりませんが、文化の多様性を尊ぶゆえにアメリカ人は幸福になり、その偉大な成功が都市を育んでいるのだろうと期待していました。同様に、ヨーロッパにおいても、旧世界の都市に固有の素晴らしい特色を評価し、復興させることができるだろうと期待していました。

　しかしながら、私にとってヨーロッパのバロック式の都市計画や古代の帝国都市である北京の都市計画は、私の求めるところではありません。私は、民主主義にふさわしい都市モデルを、中世の都市に求めたいと思います。中世の都市では、個々の建物はそれぞれの力を表現しています。都市は、様々な条件、無数の経験、快適性への解決策を表現しており、様々な状況の変化に対応した結果そのものです。そこでは、発見と驚きの美が創造されています。

建築の詩

　すべての人類において、それが太古の人間であっても洗練された現代人であっても、精一杯に生きようとしている人々にとって美と芸術は、なくてはならない経験です。私たちが意識しようがしまいが、あらゆる芸術の基本は、

概念と信念を伝え、私たちの現在と未来の生活に道筋を与えていくことです。建築もこうした芸術の例外ではありません。すべての人間や社会的な建築の特質、そしてそこから生まれる空間の詩に対して心の底から興味をもつ人々や建築家たちがいるということを知ることは、とても喜ばしいことです。

　内発的な興味に基づいている場合や、次第に高度になっていく社会政策によって建築が進歩していく場合もありますが、本来建築というものは人間の基本的な要求により成り立っています。このことは、家具が備えられた部屋、実用的な台所、使い勝手のよい工場や事務所に見ることができます。また、大人や子供の創造的な屋内外の活動に適した場所や、外部に置かれたパブリック・ファニチュアにも見られ、そして恵まれない人々やマイノリティの人々の権利、エネルギーと資源などの利用、そして経済活動においても人間の基本的な要求が見られます。

　このことを考慮した建築は、これまでとはまったく「異なる」建築です。例えば、滑らかな美しさと「製造ライン」の無効性、「国際的」な建築と「バロックモダン」という折衷主義建築、「有機的」と「郷愁的」な傾向を持つ建築。これらの間を分け隔てる重要な境界線があることがわかってきました。その一方で、問題の多い私たちの世界の現実に向き合った本当の意味での近代建築があります［傍点、訳者］。真の近代建築については、たいていの場合、商業を目的とするのではなく、公共の利益を確立するために、社会学者や建築家などが協働した公共団体が、その運用において重要な役割を担っています。

　大切なのは、建築にはインスピレーションによる芸術的な発想が求められるということです。そうした発想は、現代的洞察、人間味あふれる希望、謙虚さ、精巧かつ思いやりのある創造性に対する深い感情から生まれます。その時代の信念や夢という衝動から湧き出たものは感動的であり、昔の無名の農民や棟梁によって創造された実用的な建物は人の心を揺り動かします。

　その一方で、宗教の組織やその時代の権力者の誇りと豊かさを褒め称えるために建設された歴史的な傑作も、数多く存在します。近代の才気あふれる建築や近代建築運動における巨匠の作品は、概してその時代で力を持った裕福な人々や組織を賞賛しています。私たちは一体いつになったら、本当の自由や平等、そして友愛という素敵な夢の表現を受け入れるのでしょうか。

建築の美学と創造

　建築美学の原理に関する知識は、自分自身の経験や人文科学や歴史の中に求められなければなりません。

そして、それぞれの方法がその他の方法を補完する必要があります。それぞれに意味があり、その価値は十分に理解されねばなりません。例えば、歴史の教訓について考えてみましょう。歴史の記憶は実際には私たちの遺産の一部です。ギリシャの柱、梁、アーチ状のヴォールト屋根、アラブやヨーロッパのドームには美しさがあることを知っています。意識するかどうかにかかわらず、それらは建築術の限界と発明から生じていることが理解され、それらは完全性や威厳を感じさせます。建物の荷重を適切に支えるという最も重要な意味が奪われると、それらが部分的な記憶となります。疲弊したその形態は、有形の芸術という建築の実態を偽っていることになります。彫刻や絵画や舞台芸術のように、魔術的で創意に満ちた幻想であることが浮き彫りにされます。そこでは、非現実を喚起することによって現実に対する理解を深めようとしますが、これらは建築の目的とはまったく異なった役割を、模倣しているに過ぎません。

建築においては、このような幻想は「スタイル」になるかもしれません。あるいは、ときには、お祭り騒ぎのような「愚行」として楽しむかもしれません。それはもの珍しいスパイスとなるかもしれませんが、文化的な栄養を与える日々食するパンには決してなり得ないのです。

音楽においては、調和とリズムに関する詳細な研究は限定されることなく、直感に関わる研究領域を広げました。私たちは音楽家たちのように、芸術体験の深い理解に到達せねばなりません。そのほか、構成原理、調和と対比という異領域の原理、室内と室外の「部屋」の構成と経験、光と影、形態と素材、質感と触感の影響、経験と構造、現実と主観、軽さと重さ、リズムを理解するだけでなく、どのようにすれば人間の魂に刺激と平穏を与えるのかといったことの理解も必要です。また、音や音響が部屋をどのように変えるのか、人間の存在がどのようにして抽象的な「空間」をあたたかみのある「場」に変えるのか、あるいは「住宅」から「住まい」に変える方法を学ばねばなりません。また、私たちがつくり出す「生活の舞台」としての空間をとおして、人の動きを理解する必要があります。

機能主義の概念

私は自分自身を機能主義者と考えるようになったので、私なりに経験的に概念を定義しておく必要があるでしょう。明確に認識していただきたいのは、私にとって機能主義とはスタイルではなく、思考の方法であり、私たちが関わっている活動に対して理解を深めるような作業のプロセスであるということです。それは機能主義建築の初期のプランやスタイルによって、定義されるべきものでは決してないのです。そうしたものは、体系的にプランニングや建築の理想に当てはめようとする初期の試みであり、社会的、美的、政治的、科学的な要素を内包しています。アテネ憲章や他の概念の限界は、当時、その後の社会の根本的な変化や結果を予見することが不可能でした。それと同様に、——典型的なのは——大きな問題へとつながる多様なプロセスのひとつの側面しか見ていないということです。私の理解するところでは機能主義は、神話やドグマといった不確実な性質を保持し、捨て去られることはないでしょう。それは、いままで以上により広く深くなっています。仮説と発明、経験と注意深い結果の検証が相互に続けられねばならず、また知識はすべての原理から求められねばないのです。

形態を生み出す5つの事項

いくつかの正統な理由によって、私の建築に影響を与えているのは変化の重要な道具となっている現在の建築理論ではなく、科学者や経済学者や哲学者、そして論者や政治経済的権力の機関に対する洞察であるといえるでしょう。建築的な変化における特殊な原動力は、そのような洞察が規則や建築法規やわずかな財政援助のなかで形式化されるときに生じるのです。

1. 気候の影響：寒冷地の保護・環境・調整装置としての建築

北国の建物の問題を考えるとき、建築の気候に関する話題がその大半を占めます。重要なことは、北国の気候にいる人々がその都市や風景のなか孤立しているのか、家族と暮らしているのか、群衆として生活しているのかということです。建築家ではない一般の人々で、北国で生まれた人々は北方を知り尽くし、そこに愛着を持つか、あるいは持とうとします。また、人口密集地から未開の人里離れた小さな集落に移り住む人もいます。そういう人たちは、以前親しんだ便利さや快適さを必要としています。私は、こうした季節の移り変わりにみるリズムや北国の生活の上に、自分の仕事を築き上げて、対照的な姿を見せるその豊かさのすべてを包み込んだ集落をつくろうとしているのです。私はそこに大きな魅力を感じています。私の建物は、冬に備えて完全防備した部分と、春や秋に用いる屋根つきの戸外空間の部分を用意しています。その背後には、北国特有の豊かな自然景観が広がっており、開放的な夏の生活を楽しむことができます。

3. マイノリティの権利、特に身体に障害をもつ人々について
（中略）

4. エネルギー使用と経済性

　エネルギーは貴重で高価な資源であり、環境汚染の源であるといえます。したがって建築のボリュームは単純にして、寒さや暑さに対してもしっかりと絶縁されねばなりません。そしてヒートブリッジは最小限になるようにし、窓は厳密に大きさを調整する必要があります。どんなに美しくてもガラスの建築はナイーブさや浪費の象徴であり、無責任な文化を象徴した広告塔に過ぎません。スウェーデンの省エネルギーに関する法律では、そのような建築は不可能になりました。新しく、賢明で、美しい建築を発明しなければなりません。

5. あらゆる資源の利用における経済性

　過去の建築家たちは、ある程度考慮されねばならない上記の4つの要素を無視してきました。5つ目に、いつも実用性のある建物のために、人権という基本的な条件が考慮される必要があります。この世界の資源は限られており、階級や人種や国家の間で不平等に分配されています。そうした不平等による悲劇的な状況は耐え難い不正義であると同時に、メディアによるコミュニケーションの普及とともに、非特権階級だけでなく、富によって資源を浪費する人々や世界中の特権的な地域にとっても脅威となるかもしれません。というのも、そうした特権は人間性を奪われた人々によって暴力によって異議を申し立てられる可能性があるからです。

　したがって、微妙で直感的な建築と「建築家なしの建築」にみられる経済性に対する美意識が、建築家の職能における最優先の関心事となり、そして残された資源の賢明な利用が市民の関心事となって来るのです。

　私たちは、自分たちの現代と未来の歴史を投影するという責務を怠ることなく、私たちの遺産がもつ影響力を理解し、また時代がどのように連続しているのかということを理解しなければなりません。私たちは、すでに存在する風景や都市環境に対して謙虚でありながら、新しい手法でそれを豊かにするといった成熟した判断能力を養う必要があります。私たちは、中世の都市と建物に見られるようなロマンチックな複雑さと温かさの意味を区別して理解できなければなりません。同じように、まったく異なる目的と「形式的な」構成原理を区別して理解する必要があります。

　私たちは常にこうした新しい領域に対する理解を深めて、それを使用するときの感性を磨いていかねばなりません。原則的には、人々との折衝に必要不可欠な技能として、これらすべてのことを学ばなければならず、「スタイル」に関する先入観を持たずに、その可能性を残しておく必要があります。私たちは、人間の必要性を満たすという基本的な欲求を充実させ、精神的な豊かさを実現するために、これら発展した技能を活用すべきです。

　つまり私は「実用的な芸術(brukskonst)」の重要性を主張しているのです。

理解と参加の芸術

　ただ単にスタイルについて議論しても的外れな議論を招くだけでしょう。なぜなら、本当の現状や必要性、そしてその環境を利用する人々の経験を理解して将来を予見するという責任を誰も取っておらず、実際にこれらの必要性を満足させ、美的に表現するという責任を誰も取っていないからです。

意思決定のプロセスに見る民主的な参加の方法

　「ユーザークライアント」という概念は、伝統的な建築家と「スポンサークライアント」との関係に、それまでとは根本的に異なる新しい考え方と評価基準をもたらします。建築と建築家は変わらなければなりません。新しい特質を理解して形態が与えられねばならず、その特質は守られねばなりません。

　利用者を理解する最善の方法は、あらゆる人々と会話してその人々に関心を持ち、さまざまな状況や人間の生活に興味を持つことです。同様に、どのような特殊な計画の状況にあっても人々と可能性について議論することが必要です。

　重要なのは会話をすることであり、その人たちの表現や振る舞いや活動を観察することです。なぜなら、そこには、その人たちのものの見方がより明確に映し出されているからです。

　ユーザーが参加している状況の中で、建築家は様々な役割を果たすことができるということを明確に理解しておく必要があります。たとえば、極端な考え方をする人々の間に立って様々な方法を示すことができます。一方で自宅や店やコミュニティをデザインする人々に、友人のようにアドバイスすることもできます。建築に関心の深いクライアントに対しては、伝統的な建築デザイナーとして振舞うこともできるでしょう。

　後者の場合、建築家の責任はスポンサークライアント

に対する建築家の仕事と変わるところはありません。おそらく、クライアントは企業や公共団体の責任者であるか、ユーザーによって任命された人でしょう。このことは先ほどと同様に、明確に理解しておく必要があります。どちらの場合も、クライアントはプロジェクトのもつ性格と機能に対して大きな影響力を持っており、それはクライアントの正当な権利です。その権利に付随して、クライアントには、建築の原理や原則を適切に十分に知るように努力すること、可能な限り明確に建築のプログラムを形づくるという義務が発生します。建築家はその義務をクライアントに委譲した上で、深い共感をもってスポンサーやユーザーとなるクライアントの願望やニーズを理解し美的に翻案すべきなのです。

どちらの場合にも両者は対等であり、その結果としての建物にはクライアントの個性や願望とそれに協働した建築家の個性の両方の痕跡が見られます。そうしたデザインにみられれる素晴らしい点は、建築家とクライアントの間のある相互の尊敬の念が確かに現れているところです。

建築家たちが設計に貢献した「住宅」が「住まい」になるのは、建築家が意見を完全に取り込んだときなのです。ユーザーだけがこれを実現することができるのです。そこで生活がはじまり、環境とともに成長し維持されねばなりません。したがって、少なくとも住民が創造のプロセスに参加し、責任や可能性やその状況のもつ限界を認め、受け入れることが非常に重要です。

公共と個人のどちらであっても、スポンサークライアントが設計に関わるのであれば、生活自体は住民の役目として残ります。住人に助言を求めることは、機能的で民主的で公正であるといえます。しかし物理的な状態を維持する責任はスポンサーに課せられており、その責任は狭い興味やその能力により異なります。そこでは、初期のプロジェクトの議論の有効性と、吟味して作成された維持管理用のマニュアルが無効になる可能性があります。そしてコミュニティのなかで葛藤が生じ、そこでの生活の質は損害を被るのです。

共同体の芸術としての建築

断片化した共同体
良好な共同体を計画するのは、とても困難な課題です。それは理解、知性、熟成された思考、および熱意があっても十分に難しい課題です。しかし、この能力と熱意がなければ、共同体を計画することはほとんど不可能になります。住宅や学校、工場を建てるためには不十分なのです。それぞれの建物は「ひとつの街」を構成する「ひとつの煉瓦」であり、お互い複雑な関係にあるのです。共同体を考察するということは、住宅と店、仕事、教育、ミーティング、およびレクリエーションのための場所、コミュニケーションなど、人間の必要性が多くの体系から成り立っているという認識をもつことを意味します。しかし、硬直的に考えて、「合理的であること」への興味から分析を行うならば、全体の深い意味を深めることなくつくり上げてしまうことになります。機能の追求は合理化という方法を生み出しましたが、たいていの場合、その方法は限定的な価値しか持たず、現実とはかけ離れた結果をもたらします。つまりそれぞれの機能には、良好な共同体を建設するためのとても重要な役割があることを無視しているのです。居住地域は単に人が住む場所に成り下がってしまいました。

輸送手段の発達は、モノや人を素早く、時には快適に運ぶことができますが、周辺環境にあまり良い影響をもたらしません。したがって輸送手段は共同体からできるだけ遠ざけるべきです。商業は、次第に商品の取り扱いを合理化しましたが、同時に人と人が接触する機会を与えるという大きな役割を失ってしまいました。

近隣の商業は、大規模なショッピングセンターの出現により孤立するようになりましたが、こうした場所では、建物内で行われる社会的なコミュニケーションが失われています。私たちが輸送の効率を追い求めたことが状況を一層悪くしています。その結果、私たちの家庭生活の場である家と家族と楽しみの場である市場の間に、境界ができたのです。学校と大学は単一の年齢層のための大きなゲットーになりました。そして、工業の合理化は生産工程自体の合理化に向かい、このことにより必要に迫られて作業を行うという、意味のある経験が失われてきています。また、昔の共同体で活発にみられた、妻、夫、子供そして隣人との直接的な接触も失われてきているのです。

多くの人々が業務団地に合理的な輸送手段によって送り届けられるという状況よりも、私はその地域においてできる限り合理的に物品を輸送することが必要だと思います。

共同体の建設（ある可能性）
産業社会が到来する以前のコミュニティにおいて、刺激を喚起する人間の接触が近代のビジネスや政府の重要な目的のひとつであったとすれば、建物やプランは現在とは違ったものになっていたでしょう。そこに、新しい

刺激や意外な美学が生まれたかもしれません。そうした人間性を求める方向性は、どのような結果をもたらすでしょうか。住宅地、通信線の建設、学校や大学、貿易や娯楽、街の大きさ、そして建築の個性と価値はどうなるのでしょうか。

私には、密接な相互作用とさまざまな見識や関心や世代、そしてサブカルチュアや活動や規模が変化していく過程でみられる対立の中に、近代のコミュニティが見失ってしまった重要な価値があるように思えるのです。人為的で美化された形態の操作よりも、こうしたものの中に、私たちの求める複雑さと新しい形態が現れるのではないでしょうか。住居地域や労働地域を設定する代わりに「生活のための場所」を創造することが重要になるでしょう。そこでは様々な生活様式が提供され、住居、仕事、研究、娯楽を楽しむ場所が、互いにできる限り近くに接するように配置され、それが街の一部となることでしょう。

したがって、適切で完璧な「生活の場」、すなわち利便性が高くて、思いやりのある、「詩的な場」を計画するには、知性や知識や人々に対する興味を持つことが重要になります。こうした場所は、私たちがよく知っている古い村や町に見られる考え方によく似ています。しかし形態上は似ていません。

私の経験から言えば、多くのことは研究、議論、書物から学ぶことができますが、同じくらいに多くのことが、古くからある町や村の建築形態と現在の生活との間にある相互作用に注目し、それらを経験し、観察し、考察することにより学ぶことができます。同じように、スタイルやディテールの美しさを見ていると混乱を引き起こすだけです。なぜなら、これらは経済性や技術を表現し、別の文化や世代の信念を表現しているに過ぎず、郷愁的な模倣という偽装につながっているからです。

不十分な共同体

私が小さな共同体や共同体の一部分を設計することができたのは幸運でしたが、その一方で、スウェーデンの小さな産業共同体であるハッマルビーやフォールスやユットルブでは、十分に機能を織りこむことに成功したに過ぎないということを認めねばなりません。これらを設計しているときに、ローヴスタとフォールスマルクの研究をしましたが、これらには大いに勇気づけられました。

そのほかの「住宅地」のプロジェクトのほとんどは平日には「死んだ」状態になり、週末には「週末の場所」になってしまいます。そこには、必要とされている生活の豊かさが見られません。こうした住宅地の状況は「美学上の落とし穴」であるかもしれません。そこには、改善された印象を与える芸術的な操作、親密さと、個人の空間の環境状態があるのですが、これらの魅力はいまだ十分ではありません。そこは共同体と呼べる地域ではなく、単一の機能しか持たない住宅地であるといわざるを得ません。それは住環境の解決策というよりも、むしろ一時しのぎの方法なのです。

さらには、公共管理団体や産業、近年「オフィスパーク」と呼ばれている事務所の集積地は、郊外都市に、企業従業員の求める都市的な特性を付与するように努力し、また、食堂や研究所や社会的な施設、そして娯楽施設がひとつの建物や一連の建築群の中に収められています。これらは、同じ年代や特定の集団に対して、同じ機能を提供するために建てられたものです。この「協力的な封建制度」は、さらに企業によるゲットーを生み出し、都市部の公共領域にある重要施設にとって必要な経済的な基盤を弱めることになるでしょう。郊外の都市においてはなおさらです。

このように、従来から見られる近代の断片化された都市構造は変更されることはなく、様々な部分が寄せ集められることで、ある都市の外見が与えられており、そこに社会的な操作がみられます。その結果、本当の複合機能と社会的に混合した共同体の生活は次第に貧困になり、一般的な公共性がめったに見られなくなってゆくのです。

過去から学ぶことの貴さ

17世紀と18世紀――スウェーデン建築の文化的表現

スウェーデンの王は17世紀に良質な鉄の生産を意図して、ベルギーからスウェーデンにワロンの人々を招き入れ、彼らに土地と資源を与えました。こうした政策によって、技術と労働力だけでなく、彼らの文化がスカンジナビアにもたらされ、「理想的な街」が森の中に建設されました。多くの場所が今も無傷で残っています。特に、フォールスマルクとローヴスタの2つの街は、現在も構造と形態の原型を留めており、それらは当時の社会、政治、経済の構造を美しく明解に示しています。そこには、人々を支配する産業階級があり、人々を支える教会があり、特別な事業や教育組織、労働者のための社会保障が用意されていました。これらの街は芸術的でありながら実際に、当時の大切な夢を表現しています。現在の都市は、これらの街と同様に私たちの夢を十分に表現していると言えるでしょうか。

20世紀初頭

　スウェーデンのナショナル・ロマンティシズムと新古典主義建築は高く評価されています。エストベリ、ヨハンソン、ウェストバーグ、グンナール・アスプルンドなどの上品で精神的な建物は、見るものに大きな喜びを与えています。

　私たちはなぜ、こうした建築表現を用いないようにすべきなのでしょうか。なぜなら、過去に戻るのは不可能であり、私たちは別の時代に生きているからです。フォールスマルクとローヴスタもそうですが、1920年の古典主義建築を再建することは、それをつくり出した社会との接触がなければできません。古典的な教育に価値があった社会では、建築家たちが学習してうまく使いこなしていた古典主義の形態が理解されていただけでなく、形態表現の全体が理解されていました。疲弊した信条は疲弊した形態を生み出すだけです。

　ストックホルム図書館のようないくつかの例外はありますが、北欧の新古典主義の建物はしばしば低価格の住宅地や慎ましやかな規模の学校のように日常的な建築です。このことに注意することが必要です。

　こうした穏やかで美しい計画事例のひとつに、世界で最初の公営住宅会社の企業家である建築家スヴェン・ワランダーによる初期の公共住宅があります。それは、良好な慣習や形式性が重要視される社会、つまり自由さに欠けると考えられる社会においてつくられたにもかかわらず、その美学上の巧妙さを高く評価することができるでしょう。

文化の変容と建築

　私はスウェーデンでおよそ50年の間に起きた壮大な文化の変動を目の当たりにしました。「当時」と「現在」を比べると、まったく異なる世界に見えます。スウェーデンの人々も1930年代と1980年代では完全に異なる人々として見えるはずです。現代の建築は近年の社会変化を避けることはできないでしょう。かつて建築が1930年代に新しい産業化と社会的な平等主義を確立し統合した時代の強烈な変化を反映したことと同様です。それはまた誰もがよく知っている均質文化の時代の幕開けでもありました。1930年の博覧会の時、そしてその後のアスプルンド、レヴェレンツ、マルケリウスやその他の古典主義の建築家は新時代の改革者となって、彼らの研ぎ澄まされた感覚と技能を駆使しました。形態と空間の分野で輝かしい新鮮な建築、家具、工芸、およびテキスタイルを彼らが熱望する新世界にむけて創作したのです。もし、古いしきたりや無知であることから人間性が解放される新社会を信じる建築があるとすれば、まさしくこういうものだったでしょう。それはモダニズムの本流よりもはるかに感性が高く、誰もが理解できる建築とデザインとして、「スウェディッシュ・モダン」という名のもとに全世界に知れわたり、賞賛されました。私はスウェーデンの中に、中央ヨーロッパの初期の機能主義に比肩する以上の広い考え方を見出しました。それは人間社会を公平に捉えると共に、家族や高齢者や子供たちの身近な日常の必要性を満足させるという、新しい信念だといえるでしょう。また、私はその様式に対してあまり教条的にならないことを発見しました。ハンガリーの民謡からインスピレーションを得て、バルトークが新鮮な未来の音楽を作曲しました。同じように、「スウェディッシュ・モダン」という黄金期のインダストリアル・デザインにおいて、ノスタルジーに溺れることなく、形態に関する長い歴史というものを経たことで培われた豊かさがあることを知ったのです。それは素朴な素材を実用的で美しく使用するという質素な国の歴史そのものでした。「スウェディッシュ・モダン」のよいところは未来に対して楽観的に捉える文化であることであり、それは見せかけではなく、時間と場所の間に微妙で独創的な連続した関係性をつくりだすという伝統的なコンテクストの中に息づいていたのです。

　それは開放性があって軽快で親しみやすい建築のデモクラシーでもありました。それはヨーロッパやエジプトの歴史に見られる権力や富を誇示する豪華で記念碑的なシンボルとは対極をなす建築でした。そうしたシンボル性の意味するものと効用は、私がまだ若かった時代に力を持っていた銀行や企業によって、またその後のモスクワやローマやベルリンの独裁者たちによって十分に認識され例外なく用いられています。スカンジナビア人以外で例を挙げれば、ドイツのワグナー、シンケル、シュペーアたちですが、彼らはブルーノ・タウトとバウハウス、ケーテ・コルビッツ、ベルトルト・ブレヒト、クルト・ヴァイルの思想に影響を受けました。私はここスウェーデンやスカンジナビアに、私の考えと同じくする感動的で適切なデザインと美学の原理を発見したのです。おそらくその傾向はデンマークのオーフス・グループらによる作風にもつながりうるものです。

　近年の歴史を見ても、私の考えは変わりません。スウェーデンの経済は発展しました。産業は近代化し、都市部へ人口は移動しました。そしてスウェーデンのスラム街を解消しようとする野心（良好な居住環境が基本的な人権であると考えられています）は、大量の建物の需要を生み出しました。その後、住宅の供給量は達成されました。人口800万人のこの国に、1960年代の10年間で100万

戸の住居を建設しています。この数は1930年代に匹敵します。その世代の建築家は社会的な関心を持ってそれまでになかった住宅政策の基礎をつくり上げ、ヨーロッパで最低の状況にあった住宅難の解決に貢献しました。その一方で、建設技術が変化し、「因習的な通念」と短期的なものの見方が広まって、「ヘンリー・フォードの方法」が使用されました。初期の機能主義の簡便なプランニングや工業化時代における技術と材料への関心が人々の心をとらえました。クライアントとなる建設業者には、繊細な精神的な部分を大切にする視点は好まれませんでした。建築家は与えられた仕事に抵抗するか、好むと好まざるに関係なく受け入れるしかなかったのです。こうして建築家を失望させながら発展してきたものは「生産性指向の建築」、あるいは「インターナショナル・スタイル」と命名され、大衆の抗議や拒絶により疑義が提示される近年にいたるまで、その建築のスタイルは存続したのです。

私の最近の仕事

私は、幸運にも何度もノルウェーとスウェーデンにおいて、すばらしい希望を実現することを共同体の目的とする多くの計画にかかわるようになりました。いくぶん人生の晩年でのめぐり合いでしたが、そこで私は何度も考え、そして人々と語ってきました。プロジェクトの内容は様々ですが、同じ原則で計画されています。

街との関係

それぞれのプロジェクトは比較的に街の中心に近い都市の境界領域にあるため、それぞれの計画地がその都市の第二の中心部となるように、買物や仕事をする場所、そして住居や娯楽施設を建設して周辺環境を豊かにするように計画をしなければなりませんでした。特にイェーテボリとスタヴァンゲルにおけるプロジェクトの場合には、魅惑的な海岸線に対して簡単なアクセスを提供することが必要でした。充分に楽しむことのできる港町としての波止場、港、レストラン、カフェ、ボート、フェリーターミナルのすべてを提供する計画となっています。どちらの場合にも、都市の歴史を思い起こさせるようなクレーンやドックなどの既存の建物は残され、新しい用途が与えられるでしょう。

機能、活動、経験の統合

これらのプロジェクトにおいて、私たちは道路に面した場所に店、工房を計画し、これらの上部に住居を設計しました。そして、適切な場所にショールームやオフィスを配置し、各要素をコミュニティの形成により統合させるように計画しました。水平に「機能的なゾーン」が連なることは、計画上のコンセプトではありません。建物を資産であるか、または「宮殿」と考えていた企業はがっかりするかもしれませんが、有力な企業であっても、用途を混合させるというコンセプトは受け入れられるべきではないでしょうか。

小規模商業施設

同様に、私は小規模店舗のすべての機能が活かされるように、スーパーマーケットやチェーン店の店舗の規模は抑えられるべきだと提案しました。オーストリアでは、この提案が実現しています。私たちは、大きな商業地、レストラン、カフェ、仕事場、そして住宅の集積した空間を中心部に計画しています。しかし地域の商業中心地と小さな街角に商店がある場所に対してはオフィスと仕事場を、そのコミュニティの中で分散させました。文化的施設とレクリエーション施設や駐車場は公園や庭のように、コミュニティの要所に適切に分散して配置されています。

輸送

イェーテボリでは効率のよい交通機関が計画されています。そこでは都市のシステムに連なるような路面電車が用意されることになります。路面電車の各停留所は都心部の広場と地域センターに設置されます。

自家用車の大部分は、クルドサックのある周辺道路を走って、目的地とは別のところに向かうことになります。実際にオスロのプロジェクトでは、輸送機関のすべてが地下に計画されました。駐車場の大部分は建物の地下階や各計画地の中庭部分に配置されています。

自動車の代わりに計画されたのは、快適で便利な車の通らない自転車やコミュニケーションを促す歩行者専用道路であり、何気ない喜びが感じられるように計画されています。

住宅地

それぞれのプロジェクトには、ノルウェーの私設の共同組合や不動産管理団体や銀行、スウェーデンのイェーテボリにある国営海運会社など、クライアントの考え方がしっかりと反映されています。この意味で、これらのプロジェクトは例外的に魅力的な状況にあります。それらは収入に関わりなく、すべての年代の人々やマイノリティの

人々や障害をもつ人々など、コミュニティを形成するすべての人々に役立つようにしなければなりません。こうした共同体はそれぞれの人々が最も望ましい状況で生活ができるように、資本が投下され、それぞれが望ましい状況の中で生活を営むことができます。あらゆる状況の変化にもかかわらず、スカンジナビアの夢は今も生き続けているのです。

街の拡大

私は計画のために力を尽くして、これらのプロジェクトが特権的な飛び地としてではなく、街の構造がさらに拡大したものとして、あるいは街を取り囲む織物として、機能したり、経験されたりするようにしました。

社会、「身分」ではない

すべての都市開発と住宅地は、建設費が高いか低いか、住居か店舗か仕事場であるかどうかにかかわらず、まったく同じ品質や表現であるという意味ではなく、基本的に同じような考え方で行われるべきです。

共同体、私的なグループ、そして人々

ゆるやかな文化的な変化と限られた技術と材料を選択することは、人々が共有する関心事となりました。このことは、街の形成においてとても重要であり、古い街がすでに表現しているとおりです。そこでは、個人の興味は共有されている美的な枠組みの中で表現されています。小規模の商業や産業が自然に集まるというような状況は、古い街を構成する建物に異なった機能を様々に混合していったことを意味します。かつての街の特徴、それは現代の新しい街が持つ特徴とは対照的です。私たちは、旅行者として、東方やヨーロッパの歴史的な街や街に住む住民を愛するのです。

この愛は、郷愁的な現実からの逃避や、歴史的な時間に対する賛美によるものではありません。それは人間性への深い理解に基づくもので、人間性はどのように機能するのかという問題にほかなりません。私はこのことを理解して以来、近代においても、知性を働かせて同じようにやっていくことを提案してきました。そのような設計プロセスのマネジメントが今日、多種多様な材料や技術、および建築の流行においては必要なのです。スウェーデンでは18世紀以降、建築物のファサードを構成する、建物の高さやプロポーション、材料や色彩はしっかりと制限されてきましたが、これは私たちの伝統が許容する特性となっています。こうした、しっかりした「状態」のコントロールは、すべての文化に見られます。

例えば、アメリカ合衆国は自由主義のメッカであると自称していますが、アメリカには厳しい独占禁止法などの法律があり、また、政治的選択の自由と企業体制の自由が制限されています。フランスでは、形式化された規制と幻想が、計画図、透視図、立面図についてまわります。

しかし、ここで指摘しておきたいのは、開発業者は狭い範囲の中から選択されるだけですが、建築家はいつも誰かから（信任を得て）選定されているということです。したがって、計画の基本方針は、建築家と賢明な計画主体が協議した上で決定されるべきでしょう。

ここで私が提案したいのは、建築家のリストをつくることです。このリストに登録される建築家は、有能で才能があり、人々との関わり合いを大切にすることのできる、さらに協調性があって、建築の哲学や目的を十分に理解し、容易に他の主体とも協力できるような人物です。このリストの中から選ばれた建築家やリストから外れていても承諾を受けることのできる建築家たちの中から、開発業者は事業に必要な建築コンサルタントを選ばなければなりません。建築コンサルタントは、プロジェクト全体の議論に参加しますが、自ら建築を設計することもできるのです。

おわりに

私が望んでいるのは、哲学を形成し、対象を見極め、それらに見合った全体を統括する道具や環境をデザインしようとする私の試みが、多くの新しいコミュニティにみられる機能的、社会的、美的に分裂している状況を回避し、古い街に見られるコミュニティと個人、調和とコントラストとの間の理想的なバランスを完成することなのです。なかでも最も大事なこととして私が望むのは、人間の生活をより豊かに満足させる真に好意的な構成であるといえる現実をつくり出す努力から最高の美が生み出されることなのです。そしてそうする中で、私たちの芸術を少しでも発展させることができるのだと考えています。

（1987年6月23日、ロンドン）

◎エピローグ
人権としての、良好な住環境
北尾靖雅

functionalismの解釈をめぐって

英語の'humanity'という言葉を「ヒューマニティ」や「人間性」などという日本語で記すと、少し意味が異なると感じる。これと同じことが、ピーター・コリーモァがアースキンを表現するときに使う'romantic'という言葉にも当てはまる。アースキンの人となりが「ロマンティック(浪漫的)なモダニスト」という表現となっては、違和感を覚えずにはおられない。

20世紀になり、西洋の近代の建築や都市、そして社会の理解にとって重要な概念が日本に入ってきた。その概念は'functionalism'である。日本では「機能主義」と翻訳するが、中国語では「功能主義(gong nong shuyi)」と翻訳する。中国の近代運動を論じることは目的ではない。しかし「功能主義」は「機能主義」よりも広い意味を持つことは直感的に理解できる。「功能(gong nong)」には、実質的な、実用的な、そして必要性への応答を想起させる意味が含まれ、「強」「用」「美」の「用」に対応した建築的概念と理解できる。後述するが、スウェーデンの近代社会を1938年に日本に紹介した賀川豊彦は'functionalism'を「構造主義」と翻訳した──1。'functionalism'に関して欧州でも、どう理解するのかは重要な課題である。デルフト工科大学で近代建築を研究するヤン・モレマ博士は'functionalism'と'CIAM functionalism'を使い分け、'CIAM functional-ism'が後に'modernism(モダニズム)'といわれるようになったと解説する──2。ここでは'functionalism'が「機能主義」であると日本語の翻訳を変更することを意図しているわけではないが、しかしアースキンという建築家の建築活動や思想を理解する際、単純に「機能主義の建築家」または「功能主義の建築家」として理解するわけにはいかないのである。

たとえば彼に限っていえば、彼の'functionalism'は「効能主義」といえないだろうか。効能、この言葉は中国では'efficient'を意味する。オランダでは、効用(efficiency)とfunctionalismは、アースキンの作品にとって重要な原理であると評価されている──3 [p.102], 4。

アースキンの効能的アプローチ

効能主義に基づく建築のアプローチを理解するために、アースキンの建築活動を社会との関係でまとめてゆくこととする。スウェーデンの近代建築運動は社会運動の側面を強く持つからである。

アースキンがスウェーデンに渡った際は、スウェーデンの文化の理解に努め、伝統的な民家であるストゥガ(stuga)を学び、その方法を活かした近代建築を設計した。また戦時中はデンマークの建築家たちとの社会的な交流を通じて、素材に対する建築的興味関心を高めていった。これはアースキンが地域の素材で建築をつくり出すことにつながってゆく。こうした伝統と地域を尊重する姿勢はスウェーデンの伝統的な小工業都市であるブルーク(burk)の近代化という課題へと展開した。

多くの建築家が大都会での近代化に邁進する中、アースキンはスカンジナビアの森の奥深くに分け入り、いわば社会の奥底からの近代化に挑んだ。しかも直接に住民と接触を持ち、住民の意見を取り入れ、参加と

──1 M・W・チャイルズ著、賀川豊彦他訳『中庸を行くスエーデン 世界の模範国』豊文書院、1938
──2 Molema, Jan 'Nordic Propaganda by the Dutch magazine FORUM after WW', 2007
──3 Gemeente Grave, 'Erskine in Grave', this book was produced with the Ministry of Welfare and Health and Culture Affairs and Cultural Department of Province Brabant, 1994
──4 Graveのプロジェクトを通じたErskineの評価は以下のように示されている。'All these aspects-respecting the characerisitc atmosphere and aesthetics of the town, fitting into existing scale, efciency and functionalsim-are the importnt principles in erskin's Work(以下略)

Epilogue
Livable Housing Environment as a Human Right
Yasunori Kitao

いう民主主義的手法を導入し、住環境を整備した。これが1948年に〈ハンマルビー〉で試みられたというのはあまりにも先進的である。民主主義は当時の最先端の思想であり社会形成の方法だった。そこでは、都市を中心に展開する近代化の中で取り残される、いわゆる「へき地」の人々への時代への参加を促した。こうした地域へ近代を導入したことは、社会の根底の近代化を進める基盤の形成への貢献と言える。

スウェーデンの経済活動が活発になり、開発の規模が巨大化してくると、アースキンは〈ブリットゴルデン〉で囲み型の住棟構成を用いて、ゴシップ・グループと呼ばれる人間の意思疎通の単位を空間の単位として空間構成に反映させ、個人から公共の間にある空間の階層を活かし、巨大な建築物が人を圧しないように工夫した。開発単位の大規模化に伴い、都市計画手法が硬直化・厳密化してゆくことで均質な空間の形成を誘導するメカニズムが形成された。近代社会の価値のひとつである「平等主義」が消極的な意味で現れた。するとアースキンは、スウェーデンでの民主主義の発展に伴って誕生した混合型の開発を追求していった。多様な価値観を反映させる都市空間の価値を主張し続けたのである。多様性は民主主義社会の空間的表現なのである。

「車社会」が到来したことに対しては、歩車を分離する計画や、子供を育成する環境と同時に社会的弱者への配慮を徹底した計画を〈ニア・ブルーケット〉において、大量の住宅供給が社会政策として行われた時代には、可能な限り複雑な街路と広場のネットワークを設計し、微小な場所の持つ多様な特性を活かした空間づくりを〈エスペランヌサ〉などで展開した。マイノリティの社会参加も重要な課題であった。カナダの〈リゾリュート湾の居住地〉の設計でアースキンは直接マイノリティの人々との意思疎通をすすめ、マジョリティとの協働を実現する重要な役割を担った。人々には平等に住環境をつくり出すための参加の権利があることを、設計過程を通じて示していった。そして〈バイカー〉では、住民の声を直接的に建築や都市空間の設計に反映させる設計プロセスを実現し、同時に、既存の環境を可能な限り残した都市設計を行うことで、持続的な都市設計方法を実証した。記念碑的な建築コンペへの参加の要請に対しては'No'の返事を出した＿5。権威に対する抵抗ともとれる行動を示した。

あるいはスウェーデンという、寒冷で気候に恵まれない地域では近代建築にも限界があることに気がついたアースキンは、建築を気候環境との関係で設計することを研究し、〈キルナの集合住宅〉などで実践した。これは建築がシェルターとして原始的な役割をもつことを科学的アプローチで人々に再認識させる貢献と言えるだろう。さらにはエネルギー問題に対し、〈ミレニアム・ビレッジ〉では環境問題を総合的な都市計画として扱うのが可能であることを実証した。アースキンはこうした問題解決にひとりでは挑まない。社会に何らかの課題があるので建築家、技術者、住民、科学者などとの協働が必要であった。協働は近代の建築運動であり、スウェーデンに独自の近代化を誘導し、イギリスの社会状況に議論の広がりをもたらしたのである。

このように社会との応答を見てゆけば背後に一定の価値観が見えてくる。それはシュマッハーが1974年に西欧近代の巨大主義、物質主義を批判し、新しい人間的な価値観として提唱した'Small is Beautiful'で＿6, 7、

＿5 オランダのロッテルダムにある建築美術館の設計コンペへの参加を要請されたときに、参加を辞退している(Grave, 1994, p.16)。
＿6 E.F.シュマッハー著、斎藤志郎訳『人間復興の経済』佑学社、1977

スウェーデンの1930年代の近代化の根底に見出すことができる価値観でもある。1936年にチャイルズは『中庸を行くスエーデン』の最初を「巨物崇拝」批判で始めた。これは驚くべき先見性であり、当時アメリカやソ連でおこっていた様々な問題を指摘し、スウェーデンを「小さな理想国」と述べている――1, [p.1]。1970年代以降に顕在化した巨大主義に対する「脱近代」の可能性が、スカンジナビアですすめられていた社会運動にすでに発見されていたのである。この当時のスウェーデンの人々の姿勢に共感したアースキンは、社会の大きな変化の中でも、強い意志を伴い、近代初期の共感を、グローバル化する現代にまで投影し続けてきたといえるのではないだろうか。巨大化する社会や技術を展開した近代化の中でアースキンは人が扱えるスケールに問題を還元し、ハンドリング可能な状況へと変化させる挑戦を続けてきた。これに関連して、衣食住、生活領域全般が工業製品と関係してくる工業化社会――8 に対しても、アースキンは明確な価値観を示した。彼は'brukskonst'という言葉を使っている。これは1950年代のKFのコンセプトで、KTHのラフグレン博士(Dr. Karin Löfgren)は「多くの人々のための品質の高い生産品」という価値観であると言う――9。

このようにアースキンの建築活動から、供給者の論理と、利用者の論理の違いをつなげてゆくという挑戦の痕跡を見出すことができる。特にアースキンの場合は供給者の立場にいながらも、供給者に対する批判的なアプローチを展開することで、供給者でありながら利用者の視点を取り入れてゆく方法を模索していった。供給者の論理が即物的であることに対して、供給者の立場から異議を唱えてきた。これは明らかにアースキン自身の持つパラドックスのひとつといえる。こうしたアースキンの建築へのアプローチを効能的アプローチ、そしてその背後にある強い意志を効能主義と呼びたいと思う。

効能的アプローチのパラドックスと限界
アースキンの'効能的アプローチ'は、社会に建築を供給し続けてきた。しかし、このアプローチもグローバル化する現代に課題を呈している。国際的にも高く評価されているバイカー地区の住宅地再生のプロジェクトは市民参加型の都市設計の代表例である。常に格差の少ない社会を求めていたアースキン自身が、様々な角度から平等性を保障する努力を建築家たちと市民と協働的に積み上げていった成果である。場所の特性を考慮し、民主的手法を取り入れて漸進的に再開発され、イタリアの山岳都市と比較される親密さを持つ設計密度の高い都市空間が実現している。この〈バイカー〉は、実は近代的な福祉型の民主主義が展開したスウェーデンではなくイギリスで実現した。そのパラドックスをはらむバイカーでは、いま社会格差の顕在化が起こっている。

ニューキャッスル市のカウンシルで都市再生を担当しているボーランド・テール氏(Boland Dale)は次のように説明する――10。開発当初は、漸進的な開発に伴う住民の移転は大きな課題だったが、それをどうにか克服した後、今度はバイカー地区の谷側住民が、都心部へのアクセスが容易で南側斜面を利用している山側(バイカーウォール側)に比べてその環境を嫌い、次から次へと

――7 E.F.シュマッハー著、小島慶三・斎藤志郎訳『混迷の時代を超えて: 人間復興の哲学』佑学社、1980
――8 細川裕佳「ハブラーケンの建築的思想の形成と展開に関する研究: 工業化住宅生産手法の展開における'オープンビルディング'理論」、2007年度京都女子大学卒業論文、2008年3月
――9 アースキンの研究に関する意見交換(2007年8月、Stockholm, Sweden)
――10 Housing-still more new ideas?', Architect's Journal, 2 July, p.12, 1975

Epilogue
Livable Housing Environment as a Human Right
Yasunori Kitao

転出して行ってしまう。そのため市当局は住民が減少した谷側の住宅地を活用するために、1990年代のバルカン半島の紛争から逃れてきた人々やアフリカからの移民などを受け入れる住宅地として活用し始めた——11。結果、谷側の地区では、アースキンの住宅地とは無縁と思われていたバンダリズム(破壊行動)が見られるようになり、住宅のコートヤードに通じる木戸の多くは閉ざされ、警察は重点的にパトロールを行っている。平等な社会やその環境を願って形成されたバイカーの谷の、上と下で社会格差が生じてしまったことを目の当たりにする——fig.1。

ここでわかることは、平等を社会に追求していっても、地勢的要因による「格差」の克服は困難であるということである。巨視的に見るならば、環境条件の良いところと、そうでないところ、言い換えれば、資源や食料の供給源であるところと、供給を受ける側との格差の現れを暗示していると解釈できる。アプリオリな環境条件の違いを、社会が今後どのように乗り越えるのか、そこに民主主義的手法は有効であるのか、という課題を我々に突き付けている。これが〈バイカー〉の現状であり、そこに投影されたグローバル化の影響は課題の困難さを多弁に語る。アースキンたちが民主主義的手法を用いたからこそ〈バイカー〉に見られる格差が、近現代の民主主義社会のあり方への警告として受け取れるのである。

課題はさらに続く。

〈バイカー〉を経験した建築家たちはスウェーデンに戻った後に、この手法による住宅地の開発に挑戦したが、人々の政治参加が活発で民主主義が世界的にも発展していると言われるスウェーデンでさえ、こうした手法の展開は期待できなかった——12。ところがイギリスではコミュニティ・アーキテクチュア運動がその後大きく展開

した。共に高度な福祉型社会をつくり出していった両国にも、パラドックスが見られる。アースキンの挑戦は福祉型社会の形成に起こるパラドックスを象徴し、同時に効能的アプローチに限界があるというレジェンド(遺産)をバイカーによって我々に残しているのである。市民社会形成への熱望、大衆運動が最も高まった時代を表現するプロジェクトである。現在、イギリスの歴史遺産委員会はこのバイカーを保存するための方法を検討している。その方法や背景の哲学から学ぶべきことが多いにあると考えられる。

日本の近代社会の形成に残された課題

一般に近代とは「外面的な意味では近代が追求してきた自由で平等な福祉社会システムが完成するこ

fig.12——再生前のバイカー地区(printed with permission from Newcastle Libraries, Information and Lifelong Learning Service)

——11 ボーランド氏はアースキンと共にバイカーの再生に携わった。彼に対するインタビュー(2007年8月, Newcastle upon Tyne, United Kingdom)
——12 Economist Intelligence Unit (EIU)はスウェーデンの民主主義の成熟度が世界1位であることを下記文献で報告している。Laza Kekic, 'Economist Intelligence Unit's index of democracy', THE WORLD IN 2007, http://www.economist.com/media/pdf/DEMOCRACY_INDEX_2007_v3.pdf

と＿13 [p.199]と理解されている。ところが現在の日本の社会をみれば、社会保障制度の破綻、格差を超えた階級的格差、都市と農村の格差、都市間の格差、労働条件の不安定化、食料事情も含む生活環境の不安定化、鬱病の蔓延など、本来、近代社会が目指した「自由で平等な福祉社会」を達成しているとは思えない状況に直面している。この理由として、冒頭で述べたfunctionalism＝機能主義・合理主義という翻訳、解釈が少なからず反映しているのではないかと考える。1930年代からの軍需による経済復興から高度経済成長期にかけての経済規模の拡大期、近代の価値を機能主義として解釈することは供給者側に都合のよい論理として利用されたのでは、という思いがする。あいまいな近代社会の形成が、結果、我々にとって日常生活の様々な局面で向き合わざるを得ないあらゆる不安を生みだし、危機的状況に直面している。

しかし、第二次世界大戦の敗戦後、日本社会は高度な福祉型の近代社会への道のりを構築した。その片鱗に現在接することができる。それには、当時、民主主義社会を構築する段階で日本国憲法や諸政策作成に深く関与したGHQの構成員に注目する必要があり、実は彼らがニューディール派であったことはあまり知られていない。UNRISD（国連社会開発調査研究所）の所長を務めたデイビッド・ウェスティンドロッフ（David Westendorff）はそれが日本の戦後社会を理解する重要な視点であると述べている＿14。また高山栄華は、GHQの構成員がアメリカでできなかったニューディール政策を日本で実現しようとする人々であったことを回想している＿15 [p.46]。実際GHQ民政局のチャールズ・ケーディスは日本の戦後における中道政治の発展を支援した＿16 [p.135]。実は、先に述べたチャイルズの『中庸を行くスエーデン』はルーズベルトやニューディール派の人々に大きく支持されていたということ＿17を鑑みると、日本の民主化には1930年代の"スウェーデンの近代"を反映させようとした可能性が推測できる。

近年、日本の戦後の政治潮流の中に戦前から続く資本主義でもなく、共産主義でもない中道主義が模索されていたことが知られている。こうした政治潮流は戦前から準備されてきたもので、GHQのニューディール派の人々が求めた社会と日本社会が内在的にも持っていた方向が、協同主義という中道的方向の発展において一致した。GHQはこの潮流の発展を利用した統治を行っていた。しかし、冷戦下において中道を行く協同主義は政治的に封印されたのである＿16 [p.112他]。

ここで1930年当時、中道を目指したスウェーデン社会民主党のスローガンを見れば、「祖国内に安全に生活し得る可能性を全住民に平等に与えよ」＿1 [p.217]は、戦後の日本社会の基盤となる価値観に見事に重なる。日本国憲法第25条を見てみよう。「1.すべて国民は、健康で文化的な最低限度の生活を営む権利を有する。2.国は、すべての生活部面について、社会福祉、社会保障及び公衆衛生の向上及び増進に努めなければならない」。つまり、アースキンを惹き付けた近代スウェーデン社会の価値観がここにあると言っていい。

しかし、やがて世界は冷戦体制に入る兆しを見せ始め、GHQに所属したニューディール派の人々は日本での職務を解かれる事態に見舞われた。そして冷戦下において、日本とドイツの工業力をアジアやヨーロッパの復興のために利用する方向にGHQの政策転換が行

＿13 大橋良介『日本的なもの、ヨーロッパ的なもの』新潮社、1992
＿14 住宅政策に関する研究会（2007年4月、Shanghai, China）
＿15 高山栄華・磯崎新、特集：近代日本都市計画史、「都市住宅」1976年4月号、鹿島出版会

われた——16 [p.156]。そこでは生活を重視するスウェーデン的な民主社会ではなく、経済と近代産業の発展に目的を定めた民主社会を日本の人々は選択することになったと言えるのではなかろうか。戦後の諸政策の根本的な課題が残るなかで供給者側の論理が先行し、利用者側の論理が後回しにされた。ここに現代社会を覆う不安の根源が見えてくる。

日本での近代運動の可能性

だからといって、日本の状況に近代の積極的な希望がないわけではなく、ネオリアリストにその希望がある。2005年春、来日されたカッシアート博士に質問をする機会を持てた。「日本の住宅のどの点が近代的ですか」というと、博士はこう言われた。「京都をみればよくわかる。つまり御所や二条城の建物から民家にいたるまで同じ建築技術が用いられている。この点が近代的だと考えている」。そして「近代は歴史上、建築家という職能人が一般の人々のために住宅を設計するということを始めたという意味でまったく新しい時代である」。日本の伝統的な建築の表現上の近代性が議論されるなか、建築方法やその背後の社会に及ぶ彼女の近代への考察は、日本建築の根底に存在するものを暗示している。

私が、近代と日本の住宅に関する質問をした背景には、近代の価値観と地域の伝統という問題意識、そしてその背景には、国際社会での人権としての住宅の課題があるが、このあたりは後述する。つまり「伝統から切り離す」という急速な経済発展や技術開発を促進するのに都合が良い近代の価値観、これに頼ってゆけば、明らかに人権に関して、特に住宅に関して矛盾が生じるのが自明である——19。機能主義・合理主義は近代の価値観の正当性を高めた側面は否定できない。同時に文化や伝統を無視したところに近代的価値観が存在しない近代は、近代が求めていた近代性を自ら放棄するという自己矛盾に陥る。

こうした近代の特質からアースキンの建築活動を考察すれば、アースキンは公共住宅の設計を中心に活動を進めてきた極めて正当な近代建築家であり、利用者と接触できる可能性を最大に模索する過程を「協働」ととらえ、建築設計方法の主題としている。抽象的な「市民」と呼ばれる人々を対象に決して設計しようとしなかったことは、アースキンへの理解を深める大切な視点である。近代が「近代の論理」で見落とした近代性を、近代市民社会を代表する人々の住宅という社会的な事業を通じて表現してきた。アースキンは、彼の視点から見える、彼が手の中で扱える範囲を対象に都市設計を推進していっただけなのである。

現在の日本にも、こうした芽が見られる。そのひとつが、地域の素材から地域の建築の可能性を展開する住宅供給の方法としての、「産地の姿の見えるいえづくり」の展開である——20。建築の生産を山林の保全育成と

——16 雨宮昭一『占領と改革』岩波書店、2008
——17 1930年代にニューディラーと言われる人々がとりわけスウェーデンに関心を持っていた。ルーズベルト自身も、スウェーデンの'The Middle Way'に非常に興味を持っていることを述べている。そしてスウェーデンの諸政策を1930年代、当時アメリカは多く学んでいる（C.V.ウッドワード編、大下尚一・麻田貞雄他訳『アメリカ史の新観点—比較史的こころみ』南雲堂、1976、pp.147-148）
——18 現在の自由主義の暴走を協同主義が抑える可能性について雨宮は指摘している——14 [p.181]
——19 文化的なアイデンティティーを考慮したすまい（Cultural adequacy）は基本的人権のひとつであるという考え方
——20 こうした住宅づくりの運動は全国に展開しており、地域の建築文化の継承だけでなく森林の保全とも深く関連している。関連する図書には下記のものがある。田中淳夫『だれが日本の「森」を殺すのか』pp.134-p.153（洋泉社、2005）や、緑の列島ネットワーク『近くの山の木で家をつくる運動宣言』（農山漁村文化協会、2000）などである。

関連づけ、建材の流通を改革、地域の大工と連携して建材の標準化など構法の合理化を目指し、設計の評価手法に環境指標を導入するなど、供給者の立場に立ちながら利用者のもとめる価値を積極的につくり出す、パラドックスを含む設計方法であり、環境問題への啓発それ自体は成熟した社会形成にする方向性を示している。そこでは、様々な専門家と利用者の直接的な接触が重要な役割を担う。こうした建築運動が起こっているのは香川、高知、兵庫、福島などで、いずれも大都市近辺での近代運動でないことに意味がある。これは明らかにネオリアリストの復権であり、また、脱都市部の地域の近代化はアースキンの狙いそのものである。こうした運動の連続の中に日本の近代社会が置き去りにした問題の修復と、伝統的であるが近代的な側面を持つ建築文化の復興の可能性を見出せよう。

基本的人権としての住環境

コロンビア、ハベリアーナ大学のハビエル教授（Prof. Javier Peinado）は、近代が行った様々な事業によって近代の負の側面を強調する見解があることに疑問を呈している。近代の消極的な評価は部分的には正しいかもしれないが、近代のすべてを批判することには慎重であるべきであると論じ、そして特に現代の状況で、スカンジナビアにおける近代の実践から我々は近代の積極的な側面を学べると述べている —— 21。この積極的側面のひとつとして 'humanity' をあげたい。1948年、世界人権宣言が発せられた。この時代に建築に humanity を求めたのが、アースキンをヨーロッパの戦後復興に登場させたゼヴィである。彼は、偶然にも人権宣言が発せられた同じ年に『空間としての建築』をイタリアで出版し、そこで近代建築の目指す方向として、記念的建築物を拒絶し、人々のための物理的、心理的、そして宗教的な必要性に基づく建築を求めたとされる —— 22 [p.113], 23。供給者側の論理に基づく必要性ではなく、利用者側の必要性を追求することが近代建築に求める humanity であると読み解ける。つまり humanity は供給者の論理ではなく、利用者の近代の論理なのである。

humanity が建築と接点を持つところが国連の国際人権規約である。1996年の第2回国際連合居住会議（イスタンブール）で「適切な居住の権利 (The right to adequate housing)」という概念を国際社会は基本的人権のひとつとして確認したここでいう「適切な」とは、社会的に、経済的に、文化的に、気候的に、生態的に、などであることを指している —— 24。この規約にあげられる内容は humanity を建築的に追求するアプローチと理解でき、アースキンの住宅作品やまちづくり活動をその具体例として読み取ることができる —— fig.3。

functionalism は1920年代に登場し、humanity は

—— 21　ラフグレン博士はアーケン (Arken) の建築家たちとつながりのある建築家で、アースキンの研究に関して意見交換を行った（2007年9月、Delft, the Netherlands）

—— 22　Zevi, Bruno, *Architecture as space : how to look at architectur*, edited by Joseph A. Barry ; translated by Milton Gendel, New York, Horizon Press, 1957, 'Translation of: Saper vedere l'architettura'

—— 23　イタリア語の原典は入手できなかった。英語版の該当箇所は以下のとおりである。'Superficial observes accuse the Renaissance of a more nostalgic imitation of past culture, whereas it was actually the cradle of the most advanced modern research and experiment. Our liberal objection to anything with weighs upon man, domination and oppressing him; our present day rejection of monumental architecture as such; our social axiom of the city planned for man; our conception of the house in terms of modern material, psychological and religious needs-all of these immanent, organic, spiritual attitude of ours can be traced in a direct line of decent from the architecture of the 15th century, (...)' —— 22 [p.113]

—— 24　Office of the United Nations High Commissioner for Human Rights, 'The right to adequate housing (Art.11.1)', CESCR General comment 4, Geneva, Switzerland, 1997

1940年代後半に出て来た。そのなかでアースキンの作品はイギリスにおいて新経験主義という近代の新たな可能性の発見に貢献し、即物主義への批判として福祉型の近代社会の形成に重要な役割を担った。アースキンは即物主義への反論の契機を与えたという歴史的役割を担い、それは近代的な福祉型社会の建設にあたり、humanismの建築をつくるという建築家の社会的役割を明示している。そして環境問題が出て来たときに、アースキンの、パラドックスに満ちた複雑さを全体として理解できる広い意味でのfunctionalismとして、建築の効能という側面を建築プロセスを通じて追求する意味が見えてくるのである ── fig.4, 5, 6, 7。

世界人権宣言が出された同じ年に、スカンジナビアの小さな集落で住民参加型のまちづくりをアースキンが始めて60年が経過する現在、現代や近未来の社会を見る視点をアースキンの作品は与える。それは、スウェーデン社会が、かつては貧国のひとつであり、そのなかで人々が協力的に生活の改善を通じて社会の改革を実施していった過程にアースキンが身を投じた。学ぶべきは貧困からの立ち上がりであり、この視点はグローバル化する世界の環境、エネルギー、社会格差などの諸問題の解決に向けた経験ともなり得るのではないだろうか。それは豊かになりきったアメリカを真似る近代化ではない。1930年代を通じて国民の半数が都市部に住み始めたスウェーデンの状況は、現在の地球上において、世界の都市部の人口が非都市部の人口を上回り、今後も増加してゆくとする国連が報告する世界の状況に極めて似ている。こうした時代に建築家の役割をもう一度考え直すならば、アースキン自身が最も貧困な時代に、半世紀後の社会の必要性を予感させる想像力を発揮して〈ザ・ボックス〉をつくり出した重要性を見落としてはならないと思う。

さいごに、私は賀川豊彦と『中庸を行くスエーデン』を翻訳出版した嶋田啓一郎が著した「スウェーデンの協同組合運動」── 25における訳者の言葉で嶋田が書き残した文章を引用してこの本を結びたい。これは、1955年、日本が民主主義を目指し始めた時代に書かれている。20世紀を生き抜いた人からのメッセージを、21世紀を生き抜かねばならない私たちや、私たちの子供達に伝えるために。

世界の強国と言われる国々が、覇権を争う力と力との対抗の中で、ともすれば国民の生活のつり合いや安定感をおびやかすような態度に共感をもたず、さればとて、分不相応な文化の華やかさに心ひかれる事もなく、清楚で能率的で経済的な生活形式のなかに、許されるかぎりの高い生活水準を実現しようとしているスウェーデンの質実なあり方に触れて、大国たらんとする一途な願望に駆り立てられて、むなしい戦争の苦杯を嘗めた日本人は、清新な視野を与えられた心地がするのである。山はただ高きをもって尊しとせず、鬱蒼たる森林をもって掩わしめよ。日本の行く手に、国民が厚みのある生活内容を一歩一歩築いてゆく地味な生活建設の中に、真に生きる喜びを感じるような、愛情と智慧と望みに満ちた邦を築くためには、われわれはスウェーデン人の実験に学ばねばならない。

──25 J. W. エームス著、嶋田啓一郎訳『スウェーデンの協同組合運動』家の光社、1955

1986-90	Law building, Stockholm University, Sweden
1987-89	Housing, Gustavalund, Ekerö, Sweden
1987	Planning scheme, Badedammen, Stavanger, Norway
1987	Urban renewal, Novoli, Italy
1988	Housing, Nebb, Oslo, Norway
1988-91	The Ark, Hammersmith, London, England
1989-91	Infill housing, Barberaren, Sandviken, Sweden
1992	Crossrail stations, London, England
1992	Planning scheme, Stenungsund, Gothenburg, Sweden
1992	Urban renewal, Peckham, London, England
1992	Hotel extension, Wiltshire, England
1993	'Box' replica built, Drottningholm, Sweden
1993	Aula Magna hall with chapel, Stockholm University, Sweden
1993	Planning scheme, Lugnet, Hammarby-Sjostäd, Stockholm, Sweden
1993	Planning scheme, Triangeln, Luleå, Sweden
1993	Infill housing and shops, Grave and Gorinchem, Holland

出典：リズネでの展覧会（Catalogue Raisonne）より、1941-1993

LECTURE
講 演

1956年	ワルシャワ（ポーランド）
1960年	東京（日本）
1962年	ヘルシンキ（フィンランド）
1963年	ボストン（アメリカ）／ハーバード（アメリカ）／モントリオール（カナダ）
1964年	RIBAによる例年の会話講演（ロンドン）ブリストル、マンチェスター、シェフィールド、ニューキャッスル・アポン・タイン、エディンバラ
1964年	ウィニペグとトロントにおける建築学校（カナダ）
1965年	イェール大学建築学部（アメリカ）
1966年	オスロ（ノルウェー）／ウレオボリー（フィンランド）
1967年	モントリオール、ケベック、バンクーバー、アンカレッジ（カナダ）
1971年	コングスベル（ノルウェー）
1975年	コペンハーゲン（デンマーク）／建築協議会、オックスフォード（イギリス）／ヨハネスブルグ、プレトリア、ダーバン、ケープタウン（南アフリカ）
1976年	ハル大学（イギリス）
1977年	スコット北極研究学会、ケンブリッジ／高度研究施設、ヨーク／グラーツ大学（オーストリア）／RIBA、ニューキャッスル・アポン・タイン（イギリス）／フロニンゲン（オランダ）／ヘルシンキ（フィンランド）
1981年	アンコナ、ローマ（イタリア）
1982年	エディンバラ（スコットランド）
1984年	マラティア（イタリア）／ハイファ、エルサレム、テルアビブ（イスラエル）／ブリスベーン、シドニー（オーストラリア）／ボゴタ（コロンビア）
1985年	UIA総会、カイロ（エジプト）
1987年	RIBA、ロイヤルゴールドメダル受賞講演（ロンドン）

BOOKS
刊 行 物

'Building in the Arctic'（北極における建築）, *Architectural Design*, May 1960

'Townplanning in the Swedish Subarctic'（スウェーデンの亜北極圏における都市計画）, *Habitat (Ottawa)*, Nov/Dec 1960

'The Challenge of the High Latitudes and Community Design for Production, for Publication or for People'（高緯度地域の人々、産業、出版のためのコミュニティ・デザインへの挑戦）, *Royal Architectural Institute of Canada Journal*, 1964

'Construire dans le Nord'（北極圏における建設）, *L'Architecture d'aujourd'hui*, No 134, 1967

'Architecture and Town Planning in the North'（北部地域の建築と都市計画）, *Polar Record*, No 89 1968

'Climate'（気候）, *Werk (Zurich)*, No 4, 1969

'8 Riposte a 8 Domande', *L'Àrchitettura*, Nov 1974

'Ralph Erskine Talks to AJ'（アーキテクチャー・ジャーナルへのラルフ・アースキンのインタビュー）, *The Architects' Journal (London)*, No 3, 1976

'Working on Projects Abroad and Byker'（海外のプロジェクトとバイカーのプロジェクトの作品）, *Arkitektur*, Stockholm, 1976

'On the Situation of the Architect'（建築家の立場について）, *Bauen and Wohnen-special Erskine issue*, Zurich, No 1, 1977

'Byker: New Building Best Solution'（バイカー：建物の最もすばらしい解決法）, *Arkitektur (Stockholm)*, No 2, 1977

'Nya Bruket: Day-nursery in Sandviken'（ニア・ブルーケット：サンドヴィーケンの託児所）, *Arkitektur (Stockholm)*, No 8, 1977

■アースキンに関して

'Studlands Park'（スタドランド公園）, Newmarket, England, *Arkitektur*, No 8, 1974

'Individual Houses in Sweden'（スウェーデンの個人住宅）, *Recherche et Architecture*, No 19, 1974

'Byker, by Erskine'（アースキンによるバイカー）, *Architectural Review*, No 12, 1974

'Bruket Nya Sandviken'（サンドヴィーケンのニア・ブルーケット）, *Arkitekttidning*, No 2, 1975

'Byker Architect Ralph Erskine'（バイカーの建築家、ラルフ・アースキン）, *Architectural Design*, No 6, 1975

'Housing-Still More Ideas?'（住宅地―さらに多くのアイデア?）*The Architects' Journal*, No 7, 1975

'The Village Lives'（農村の生活）, *Building Design*, No 11, 1975

'Byker in Newcastle, England'（イギリス、ニューキャッスルにおけるバイカー）, *Arquitectura*, No 3, 1976

'Ralph Erskine'（ラルフ・アースキン）, *Jano Arquitectura*, No 3, 1976

'Nya Bruket Sandviken'（サンドヴィーケン、ニア・ブルーケット）, *God Bostad*, 1975

'Romantic Pragmatism and Lyric Continuity'（ロマンチックなプラグマティズムと叙情的な継続性）, *L'Architecture d'aujourd'hui*, No 11, 1976

'Nya Bruket Sandviken'（サンドヴィーケン、ニア・ブルーケット）, *Arkitektur*, No 6, 1977

'Children's Day Centre Sandviken'（託児所、サンドヴィーケン）, *Baumeister*, No 1, 1978 and *L'Architecture D'Auiourd'hui*, No 9, 1979

'Byker Newcastle, England'（バイカー、ニューキャッスル、イギリス）, *TILLI, No 4, 1978 and ARK-Finland*, No 7, 1978

'Resolute Bay, Canada'（カナダ、リゾリュート湾）, *ARK-Finland*, No 7, 1978

'Brittgården, Tibro'（ティブロ、ブリットゴルデン）, *ARK-Finland*, No 7, 1978

'In Newcastle-Byker'（ニューキャッスルにおけるバイカー）, *Abitare*, No 12, 1978

'Nya Bruket Sandviken'（サンドヴィーケン、ニア・ブルーケット）, *Form*, No 2, 1979

'Byker-Newcastle'（バイカー、ニューキャッスル）, *Global Architecture*, 1980

■増刊

'Ralph Erskine'（ラルフ・アースキン）, *Arkitektur*, No 7, 1981

'Byker, the Spaces Between'（バイカー、空間の間に）, *The Architectural Review*, 1018, 1981

'Katalog: Erskine'（カタログ：アースキン）, *Deutsche Bauzeitung*, No 3, 1983

'Aktiverum-Sportshalle der Universität, Stockholm'（ストックホルム大学のスポーツホール）, *Deutsche Bauzeitung*, No 10, 1983

'University Library, Frescati, Stockholm'（ストックホルム、フレスカーティ、大学図書館）, *Arkitektur*, No 4, 1983

'University Sporthall, Frescati, Stockholm'（ストックホルム、フレスカーティ、大学の体育館）, *Arkitektur*, No 10, 1983

'Erskine's Humanism-Library, University of Stockholm'（アースキンのヒューマニズム、ストックホルム大学の図書館）, *Architectural Review*, 1038, 1983

'Frescati Campus, University of Stockholm'（ストックホルム大学、フレスカーティ・キャンパス）, *Global Architecture Document*, No 11

'University Library, Sportshall'（大学の図書館、体育館）, *Spazio e Societa*, No 17, 1982, Abitare, No 215, 1983, Domus, No 643, 1983, L'architecture d'aujourd'hui, No 4, 1984

'Universitatsbibliothek Deutsche Bauschrift in Stockholm'（ストックホルム大学図書館）, No 4, 1985

■特集記事

増刊 *L'Architettura*, No. 11, 1974

Bauen&Wohnen, No. 11, 1977

Architectural Design, No. 11, 1977

Toshi-Jutaku（都市住宅）, No 8, 1979, Japan

Arkitektur, No 7, 1981

■単行本

Peter Collymore, *The Architecture of Ralph Erskine*, 1982（ピーター・コリーモア著、ラルフ・アースキンの建築）

Mats Egelius, *Ralph Erskine, architect*, 1990（マッツ・エゲリウス著、ラルフ・アースキン：建築家）, Stockholm : Byggförlaget

JAPANESE ARCHIVES
日本語で読めるアースキンの文献とプロジェクト

作品名「掲載誌」掲載号／ページ番号／主な用途

バイカーの集合住宅「a+u」200503／129／集合住宅
イェードラオースの集合住宅、ミールステュグベリュエットの集合住宅「a+u」200503／128／集合住宅
ニア・ブルーケットの集合住宅「a+u」200503／127／集合住宅
バルベラーレンの集合住宅「a+u」200503／126／集合住宅
ハンマルビーの集合住宅「a+u」200503／125／集合住宅
ユットルブの集合住宅「a+u」200503／124／集合住宅
ヘーデスンダのアート・センター「a+u」200503／108-117／宿泊施設
サンクト・ヨーランス病院の食堂「a+u」200503／102-107／医療施設
ストックホルム大学フレスカーティ・キャンパス「a+u」200503／76-97／学校
ノードマルク邸「a+u」200503／66-73／一般住宅
ガデリウス邸「a+u」200503／62-65／一般住宅
エングストロム邸「a+u」200503／54-61／一般住宅
ボリアフィエルのスキー・ホテル「a+u」200503／50-53／宿泊施設
モリーン邸「a+u」200503／44-49／一般住宅
ザ・ボックス（旧自邸）「a+u」200503／36-43／一般住宅
アースキン自邸「a+u」200503／18-29／一般住宅
グリニッジ・ミレニアム・ヴィレッジ「a+u」200408／72-79／集合住宅
アーク 1992「a+u」199309／76-95／事務所建築
サンクト・イエーランス病院, 食堂棟「SD」198901／108-109／医療施設
アースキン邸 1963「都市住宅」198307／66-69／一般住宅
バイカー再開発（1969-)「都市住宅」198010／112-113／集合住宅
スティール・ヴィラ「都市住宅」197908／50-51／別荘
ヴィラ・カデリウス「都市住宅」197908／48-49／別荘
ヴィラ・ニルソン「都市住宅」197908／44-45／別荘
自邸+オフィス「都市住宅」197908／52-57／一般住宅
バイカー再開発「都市住宅」197908／60-76／地域開発
北極のニュータウン「都市住宅」197908／39-41／地域開発
スキー・ホテル「都市住宅」197908／46-47／宿泊施設
クレア・ホール「都市住宅」197908／16-22／寮
キリングウォース集合住宅「都市住宅」197908／38／集合住宅
スタッドランズ・パーク集合住宅 「都市住宅」197908／37／集合住宅
バルベラーレン集合住宅「都市住宅」197908／36／集合住宅
エスペランツァ集合住宅「都市住宅」197908／34-35／集合住宅
キルナ集合住宅「都市住宅」197908／32-33／集合住宅
スヴァパヴァーラ集合住宅「都市住宅」197908／30-31／集合住宅
ニヤ・ブリューケット集合住宅「都市住宅」197908／28-29／集合住宅
ブリットゴルデン集合住宅「都市住宅」197908／23-27／集合住宅

参考資料

「パブリック・ハウジングの可能性、藤本昌也に見る戦略と手法」都市住宅、鹿島出版会、1980年8月
藤本昌也『大地性の復権』星雲社、1998年
遠藤葉子「デモクラシーとインティマシー──ラルフ・アースキンの思想と作風の展開」、東京理科大学修士論文、2000年
「Housing in the City － New York, London, Paris」a+u　建築と都市、2004年
「ラルフ・アースキン　創造の軌跡」a+u　建築と都市、2005年
森岡紗代「地域環境型集合住宅とコミュニティ形成に関する研究──ラルフ・アースキンの環境デザイン」、2005年度京都女子大学卒業論文

謝辞
Acknowledgement

本書は実に多くの専門家との意見交換の中からそのコンセプトを練り出した。特に、本書の序論で触れている1940年代後半を見直すという試みは、ブエノスアイレス大学で都市計画を教える傍ら、国連で住宅に恵まれない人々のために住宅供給プロジェクトを実施しているフェルナンド・ムリージョ(Fernando Murillo)との交友から生まれた視点である。彼のお父上アントニオ・ムリージョ・ルーク(Antonio Murillo Luque)も建築家で、ブエノスアイレスで1950年代から地域に根付いた建築活動を展開してきた。国連からもアルゼンチン南部のパタゴニアにおける地域への貢献に対して賞を得ている(International Academy of Architects in Habitat II , Istambul 1996)。彼には医者の兄がいる。専門家一家なのである。彼らは週末に近隣の老人医療施設での慰問活動を続けている。「建築家の社会的役割」と一言でいうものの、一家がアコーディオンを片手に身寄りのない老人たちを慰問し、私も加わり私が知る唯一のスペイン語の詩をともに歌うとき、専門家とはいったい何であるか？　という疑問を強く感じた。そうした彼との議論を地球の裏側から日本を見たときに「はじめに」で示した問題意識が形成された。

UNRISD(国連社会開発調査研究所)でかつて所長を務めたディビッド・ウェスティンドロッフ(David Westendorff)と公共住宅の世界的課題について議論したことも本書の背景として重要である。デルフト工科大学時代から交流を続けている上海交通大学の胡昊(Dr. Hu Hao)教授の中国の公共住宅政策に対する問題意識からは人々の住宅という視点を学んだ。オランダでセントラル・ボーネンという住宅運動をすすめてきた建築家のフィリップ・クラーベンダム(Flip Krabbendam)からは近代建築運動の社会的側面を議論し、ヨーロッパの住生活の可能性と彼の得意とするユートピア思想の考え方を得た。デルフト工科大学のモレマ教授(Prof. Jan Morema)や、研究員のイワン(Dr. Ivan Nevzgodin)とも近代とは何かを議論した。また近代スウェーデン建築史に関して、助言や資料の提供を頂いた、エバ・ルードゥベルグさん(Ms.Eva Rudberg)やクラース・カルデンビ教授(Prof. Claes Caldenby)、トーマス・ホール博士(Dr. Thomas Hall)に謝辞を送ります。そしてこの本の完成のためにストックホルムからいつも暖かい心で支援し続けてくれたカリン・ラフグレン博士(Dr. Karin Löfgren)に敬意を表します。また、アースキンのご家族の方々からも貴重な写真提供を得ることができました。そのためにトバット事務所のアロン(Mr. Aron Swartz, Tovatt Architects and Planners AB)から大きな支援を頂きました。そしてこのプロジェクトの完成を見守って下さってきた京都女子学園の職員の皆様や教員の方々のご理解、そして家政学部生活造形学科の北尾ゼミに参加した学生の皆様との議論がなければ、このプロジェクトは完成に至らなかったと、感謝いたしております。

最後になりますが、快く解題を書くことを了承してくれた共著者の方々にお礼を申し上げ、極めて実現が困難なプロジェクトでしたが、アースキンの考えを書籍として表現することに熱意を込めて、粘り強くまとめあげて頂いた鹿島出版会の久保田昭子さんのご努力に特別な感謝の気持ちを送りたい。編者を代表して御礼申し上げます。ありがとうございました。

北尾靖雅

ピーター・コリーモァ氏について
about Peter Collymore

　ピーター・コリーモァ氏は1929年ロンドン生まれの建築家。兵役についた後に1949〜51年までケンブリッジ大学で建築を学び、1952〜54年、Architect Association (AA)に参加、ディプロマを得た後、1955〜56年にニューヨークのSOMで働く。当時のSOMは新しい設計組織のあり方を模索していた時期であり、そこで設計に参加していたことになる。1956年にイギリスに帰国した後、Robert Mathew & Johnson Marshall (RMJM) 事務所に1960年まで勤務、Peter Collymore Architects Associationを設立し、同世代の若い仲間と共に設計活動を行ってきた。主に個人住宅や学校の建築に取り組んできており、代表作は1964年に完成した作曲家の自邸と一連の作品である。現在は水彩画、作曲などを趣味としてロンドン郊外の田園地帯で静かな余生を送っている。

　アースキンに興味を持ったのは、キルナのプロジェクトやエングストロームハウスのプロジェクトを知ったからである。アースキンとはロンドンのRIBAで初めて会った。そのときのアースキンは、RIBA本部のグレー（薄暗い、陰気）な雰囲気を心地よくないと感じていたという。アースキンがpompous（大げさで、横柄）なことが大嫌いなことに親近感を抱き、自分にはできないプロジェクトをこなしてゆくアースキンに惹かれて、数度にわたりスウェーデンに行きアースキンのもとを訪れ、アースキンがイギリスに来るときにしばしばパブで会っていたらしい。アースキンの魅力はアースキンの持つhumanityであると語る。そのコリーモァ氏は、アースキンの代表作としてはストックホルム大学フレスカーティ校にある図書館を推薦している。（北尾靖雅）

アコーディオンを演奏するルーク（左端の人物）

コリーモァ氏と北尾（ロンドンにて2007年8月23日、白井季子撮影）

1950年代にアントニオ・ムリージョ・ルークが設計した都市型集合住宅（アルゼンチン、ブエノスアイレス）

プロフィール
Profile

北尾靖雅　Yasunori Kitao
1968年京都府生まれ。京都大学大学院工学研究科博士後期課程を経て、東京大学にてマスターアーキテクト方式の研究で博士（工学）を2001年に取得。その後オランダ・国立デルフト工科大学建築学部上席研究員を経て、現在は京都女子大学で教鞭をとる。主な論文に'Collective Urban Design: Shaping the City as a Collaborative Process', Delft University Press, Delft, the Netherlands, 2005（日本都市計画学会論文奨励賞、京都市景観まちづくり大賞など受賞）。

玉田浩之　Hiroyuki Tamada
1973年滋賀県生まれ。京都工芸繊維大学大学院工芸科学研究科博士後期課程修了、博士（学術）。2005年～06年米国コロンビア大学客員研究員。現在は京都工芸繊維大学にて研究員を務めるかたわら、京都造形芸術大学、摂南大学にて教鞭をとる。主な論文に「近代アメリカ建築における地域主義に関する研究」2006。

ヨハネス・トバット　Johannes Tovatt
1964年スウェーデン・ドゥロットニングホルム生まれ。スウェーデン王立工科大学および英国カンタベリー建築大学（RIBA）で学んだ後、1987年からラルフ・アースキン建築設計事務所に勤務。アースキンの協働者として多くのプロジェクトに関わる。2005年からはアースキンの事務所を引き継いだ自身の建築設計事務所（Tovatt Architects & Planners）を主催。主なプロジェクトにストックホルム大学学生会館（1995～97）、グリニッジ・ミレニアムヴィレッジ国際コンペ入選、設計（1997～2009）。

ラスムス・ヴァーン　Rasmus Wærn
1961年、スウェーデン・イェーテボリ生まれ。ストックホルム王立工科大学大学院博士課程修了。ストックホルムの王立工科大学で教鞭をとる傍ら、ストックホルムで建築設計事務所に勤務している。編著書にCrucial Words; Conditions for Contemporary Architecture, 2008

マリステッラ・カッシアート　Maristella Casciato
1950年ローマ生まれ。ローマ大学で学んだ後、ボローニャ大学で建築史学の教鞭をとる。1994年からはドコモモ・インターナショナル（Docomomo International）の代表も務めている。著書にThe Amsterdam School, 010 Publishers, Rotterdam, 1996

藤本昌也　Masaya Fujimoto
1937年満州生まれ。早稲田大学大学院修士課程修了、大高建築設計事務を経て、1972年現代計画研究所を設立。1997年～2000年まで山口大学工学部感性デザイン工学科教授。2002年～07年、関東学院大学建築設備工学科教授。現在現代計画研究所代表、日本建築士会連合会会長。主な作品にヨックモック本社ビル、多摩ニュータウンベルコリーヌ南大沢、つくば市立東小学校など、著書に『大地性の復権―集住空間づくりの戦略』（住まいの図書館出版局）など。

山下和正　Kazumasa Yamashita
1937年愛知県生まれ。東京工業大学工学部建築学科卒業後、日建設計、海外の建築設計事務所を勤務後、1969年山下和正建築研究所を設立。東京造形大学助教授、東京工業大学教授を歴任。古地図のコレクターでもある。主な作品にフロム・ファーストビル、つくば市立松代小学校、亜鉛閣など、著書に『江戸時代 古地図をめぐる』（NTT出版）など。

翻訳協力：森岡紗代（元京都女子大学家政学部生活造形学科北尾研究室）

ラルフ・アースキンの建築
The Architecture of Ralpf Erskin:
Contributing to Humanity
人間性の追求

2008年11月30日 発行

著者 ──── ピーター・コリーモァ
編・訳者 ── 北尾靖雅・玉田浩之

発行者 ──── 鹿島光一
発行所 ──── 鹿島出版会
　　　　　　107-0052 東京都港区赤坂6-2-8
　　　　　　電話 03-5574-8600
　　　　　　振替 00160-2-180883
　　　　　　http://www.kajima-publishing.co.jp/
印刷・製本 ── 壮光舎印刷

アートディレクション　堀渕伸治◎tee graphics
本文組版　爪丸登紀子＋森山聡平

©Yasunori Kitao, Hiroyuki Tamada 2008
ISBN 978-4-306-04518-7 C3052
Printed in Japan
無断転載を禁じます。落丁・乱丁はお取り替えいたします。